隧道工程修建关键技术丛书

U0825299

# 铁路盾构及TBM隧道施工技术及实例

TIELU DUNGOU JI TBM SUIDAO
SHIGONG JISHU JI SHILI

肖广智　郑孝福　编著

人民交通出版社股份有限公司

北京

## 内 容 提 要

全书共分为两篇6章。上篇为铁路盾构隧道施工技术及实例,分为3章,主要介绍了铁路盾构隧道发展及应用情况、铁路盾构隧道总体设计,结合典型案例,着重介绍了地中对接、上软下硬地层、浅埋下穿河流、下穿建(构)筑物、地下障碍物处治、轨下结构等盾构隧道施工技术。下篇为铁路TBM隧道施工技术及实例,主要介绍了铁路TBM隧道发展及应用情况、铁路TBM隧道总体设计,着重介绍了断层、破碎带段TBM处治技术,以及兰渝铁路西秦岭、南疆铁路吐库二线中天山TBM隧道综合施工技术。

本书可供从事隧道与地下工程建设管理、设计、施工的工程技术人员学习参考,同时也可作为相关院校师生的学习资料。

**图书在版编目(CIP)数据**

铁路盾构及TBM隧道施工技术及实例 / 肖广智,郑孝福编著. — 北京 :人民交通出版社股份有限公司,2025. 3. — ISBN 978-7-114-20132-5

Ⅰ. U459.1

中国国家版本馆CIP数据核字第20251DB999号

隧道工程修建关键技术丛书

**书　　名**:**铁路盾构及TBM隧道施工技术及实例**
**著 作 者**:肖广智　郑孝福
**责任编辑**:谢海龙　张　晓
**责任校对**:孙国靖　龙　雪
**责任印制**:张　凯
**出版发行**:人民交通出版社股份有限公司
**地　　址**:(100011)北京市朝阳区安定门外外馆斜街3号
**网　　址**:http://www.ccpcl.com.cn
**销售电话**:(010)85285857
**总 经 销**:人民交通出版社股份有限公司发行部
**经　　销**:各地新华书店
**印　　刷**:北京建宏印刷有限公司
**开　　本**:787×1092　1/16
**印　　张**:15.5
**字　　数**:364千
**版　　次**:2025年3月　第1版
**印　　次**:2025年3月　第1次印刷
**书　　号**:ISBN 978-7-114-20132-5
**定　　价**:96.00元
(有印刷、装订质量问题的图书由本公司负责调换)

# 作者简介

Brief Introduction of Author

**肖广智**，现任中国国家铁路集团有限公司工程管理中心副总工程师，教授级高工。毕业于西南交通大学铁道工程系隧道与地下铁道专业，1984 年 7 月至 2005 年 9 月，在中铁隧道勘测设计院工作，历任设计副部长、副总工程师、总工程师等职，2005 年 9 月至今，在中国国家铁路集团有限公司工程管理中心工作，历任桥隧部副部长、副总工程师等职。

长期从事隧道与地下工程的设计施工技术研究和管理工作，在特殊地质条件隧道设计施工技术等方面积累了丰富的经验。发表论文二十余篇，获国家科技进步奖三项，省部级科技进步奖七项，国家优秀设计奖两项。曾获国务院政府特殊津贴、中国国家铁路集团有限公司“百千万人才”领军人物、火车头奖章、詹天佑人才奖、茅以升铁道工程师奖等。

# 前言

PREFACE

自从2006年北京地下铁路直径线和广深港客专狮子洋隧道首次采用盾构法施工以来，盾构技术在铁路行业的应用日益广泛，其在施工安全、质量方面明显优于传统暗挖法。但在应用初期也遇到了诸多困难，如遇上软下硬地层地面发生塌陷、卡机，遇姜石胶结层刀盘、刀具损坏，遇前期工程遗留地下降水钢管刀盘严重磨损，轨下结构施工周期长等。本书上篇针对近年来铁路盾构隧道的应用情况、存在的难题及解决方案进行了总结和归纳，旨在帮助广大建设者汲取经验，推动铁路盾构隧道的技术发展和进步。本篇分为3章，第1章铁路盾构隧道发展及应用情况，介绍了铁路盾构隧道应用概况、铁路盾构隧道的特点及相关建议、我国盾构技术的发展；第2章铁路盾构隧道总体设计，介绍了盾构适用条件、盾构选型、盾构隧道结构设计、防灾救援、穿越建(构)筑物、盾构施工对环境的影响、施工常见问题及应对措施；第3章铁路盾构隧道施工技术及实例，介绍了铁路盾构隧道地中对接施工技术、上软下硬地层施工技术、浅埋下穿河流施工技术、下穿建(构)筑物施工技术、地下障碍物处治施工技术，以及大直径盾构隧道轨下结构同步快速施工技术。

我国铁路隧道首次使用岩石隧道掘进机(TBM)工法是1996年从德国WIRTH公司引进2台直径8.8m敞开式TBM，应用于西康铁路秦岭Ⅰ线隧道，截至目前铁路领域共有6座隧道使用了6台TBM，总长约87km，与水电等其他行业相比发展较慢，主要受制于装备造价高、设备利用率低、特殊地质条件施工风险大等因素。近年来，TBM在铁路隧道施工中也取得了快速掘进、同步衬砌、施工通风等很多成功经验，并在断层破碎带施工、TBM现场维修等方面有了诸多突破。本书下篇对上述成果进行了总结和归纳，旨在推动铁路TBM隧道技术发展，扩大其在铁路隧道应用范围。本篇分为3章，第4章铁路TBM隧道发展及应用情况，介绍了我国TBM发展情况、国内TBM发展面临的挑战、TBM施工技术面临的难题以及TBM技术发展展望；第 5 章铁路 TBM 隧道总体设计，介绍了 TBM 工作原理和适用条件、TBM 选型、总体设计以及特殊地质处置技术；第 6 章铁路 TBM 隧道施二技术及实例，介绍了断层、破碎带段 TBM 快速掘进技术，以及兰渝铁路西秦岭隧道 TBM 施工技术，南疆铁路吐库二线中天山 TBM 隧道施工技术。

本书的撰写要感谢广深港客运专线有限责任公司、京张城际铁路有限公司、太原西南环建设指挥部、北京地下直径线建设指挥部、中国铁路设计集团有限公司、中铁第一勘察设计院集团有限公司、中铁工程设计咨询有限公司、中铁工程装备集团有限公司（简称：中铁装备）、中国铁建重工集团有限公司（简称：铁建重工）、中铁隧道局集团有限公司（简称：中铁隧道局）、中铁六局集团有限公司、中铁十二局集团有限公司、中铁十四局集团有限公司、中铁十五局集团有限公司、中铁十六局集团有限公司、中铁十八局集团有限公司以及中国电力建设集团有限公司等单位提供的相关工程案例资料。

感谢许维青、魏文杰、蒋小锐、杜闯东、吴煊鹏、唐伟等提供了项目设计、施工总结资料，感谢同事吴川等参加了本书的资料整理工作。

由于时间急迫，水平有限，书中难免有错误之处，敬请读者批评指正！

作　者

**2019 年 12 月 31 日**

CONTENTS

# 目录

## 上篇　铁路盾构隧道施工技术及实例

# 下篇　铁路 TBM 隧道施工技术及实例

# 上篇

# 铁路盾构隧道施工技术及实例

# 第1章　铁路盾构隧道发展及应用情况

## 1.1　概　　述

盾构技术在铁路行业的应用始于2006年的北京地下直径线和广深港客专狮子洋隧道工程，近年来发展迅速，在城市、水下等工程环境中得到广泛应用。截至2019年底已建成铁路盾构隧道统计见表1-1-1。

**已建成铁路盾构隧道统计**　　表1-1-1

| 序号 | 项目名称 | 隧道外径(m) | 盾构类型 | 单双线 | 台数 | 隧道长度(m) |
|---|---|---|---|---|---|---|
| 1 | 北京地下直径线隧道 | 11.6 | 泥水平衡 | 单洞双线 | 1 | 5277 |
| 2 | 广深港客专狮子洋隧道 | 10.8 | 泥水平衡 | 双洞单线 | 4 | 9340 |
| 3 | 广深港客专益田路隧道 | 12.8 | 泥水平衡 | 单洞双线 | 1 | 3908 |
| 4 | 广深港客专皇岗隧道 | 9.6 | 泥水平衡 | 双洞单线 | 2 | 3253 |
| 5 | 天津地下直径线隧道 | 11.6 | 泥水平衡 | 单洞双线 | 1 | 2146 |
| 6 | 京津延长线解放路隧道 | 12.9 | 泥水平衡 | 单洞双线 | 1 | 2248 |
| 7 | 莞惠城际铁路东江隧道 | 7.7 | 土压平衡 | 双洞单线 | 2 | 2918 |
| 8 | 莞惠城际铁路隧道 | 8.5 | 土压平衡 | 双洞单线 | 11 | 26726 |
| 9 | 穗莞深城际铁路宝安隧道 | 8.5 | 土压平衡 | 双洞单线 | 4 | 6006 |
| 10 | 长株潭城际铁路湘江和树木岭隧道 | 9.0 | 土压平衡 | 双洞单线 | 6 | 10860 |
| 11 | 京沈高铁望京隧道 | 10.8 | 泥水平衡 | 双洞单线 | 4 | 8000 |
| 12 | 京张高铁清华园隧道 | 12.2 | 泥水平衡 | 单洞双线 | 2 | 4449 |
| 13 | 太原铁路西南环线隧道 | 12.14 | 土压平衡 | 单洞双线 | 1 | 4981 |
| 14 | 蒙华铁路白城隧道 | 马蹄形 | 土压平衡 | 单洞双线 | 1 | 3000 |
| 合计 | | | | | 41 | 93112 |

正在设计或建设的盾构隧道统计情况见表1-1-2。

**正在设计或建设的铁路盾构隧道统计表**　　表1-1-2

| 序号 | 项目名称 | 隧道外径(m) | 盾构类型 | 单双线 | 台数 | 隧道长度(m) |
|---|---|---|---|---|---|---|
| 1 | 汕尾—汕头铁路汕头湾隧道 | 14.5 | 泥水平衡 | 单洞双线 | 1 | 2190 |
| 2 | 深茂铁路珠江口隧道 | 13.7 | 泥水平衡 | 单洞双线 | 2 | 6000 |

续上表

| 序号 | 项目名称 | 隧道外径(m) | 盾构类型 | 单双线 | 台数 | 隧道长度(m) |
|---|---|---|---|---|---|---|
| 3 | 深茂铁路深江段隧道 | 12.8 | 土压平衡 | 单洞双线 | 2 | 8305 |
| | | 13.4 | 土压平衡 | 单洞双线 | 2 | 8430 |
| 4 | 深茂铁路深江段联络线隧道 | 12.8 | 土压平衡 | 单洞双线 | 1 | 1932 |
| | | 9.6 | 土压平衡 | 双洞单线 | 1 | 1584 |
| 5 | 南崇铁路留村隧道 | 12.7 | 泥水平衡 | 单洞双线 | 1 | 5720 |
| 6 | 杭长客专钱塘江隧道 | 11.7 | 泥水平衡 | 单洞双线 | 2 | 11036 |
| 7 | 甬舟铁路金塘海底隧道 | 14.0 | 泥水平衡 | 单洞双线 | 2 | 10870 |
| 合计 | | | | | 14 | 56067 |

## 1.2 铁路盾构隧道特点及相关建议

(1)铁路隧道断面尺寸变化较多,不利于盾构通用。由于具体隧道的运营速度目标值变化范围大,从120km/h、160km/h、200km/h、250km/h到350km/h,再加上单洞、双洞组合以及是否考虑现浇混凝土二次衬砌等因素组合,可能存在10余种断面尺寸,使得铁路隧道盾构的通用性不强,也使得盾构在单个项目的费用摊销较大,继而造成铁路盾构隧道造价较高。下一步应加强铁路盾构隧道断面的通用性研究,尽量减少断面类型,降低造价。

(2)铁路隧道断面大,施工难度大。铁路隧道断面较大,盾构直径一般在10~15m之间,施工难度也较大,特别是遇到上软下硬地层、穿土石分界面、遇孤石、浅埋等工况时施工难度更大,曾发生过地表塌陷、刀具损坏等情况。

(3)与地铁等工程领域相比,铁路隧道盾构应用还比较少,近年来全路应用也只有50~60台,主要应用在城区、水下铁路等。下一步应加大铁路隧道盾构应用数量,拓宽应用范围。

(4)铁路盾构隧道由于断面较大,一般采用泥水平衡盾构机,施工场地占地面积大,随着城市卫生和环保要求的提高,出渣和渣土运输困难大,应加强施工场地空间化发展及渣土排放新技术的研究。

(5)加强山岭隧道盾构技术的应用。浅埋、土质、含水砂层、第三系未成岩砂岩等地层采用矿山法施工难度大,安全风险高,建议尽可能采用盾构法施工。

(6)加强盾构法与矿山法机械化施工技术的融合。根据目前国内设备制造厂商的能力,建议研发适合于山岭隧道快速施工的新型盾构设备,既发挥盾构法开挖与支护的优势,又结合矿山法机动灵活的特点,以达到降低造价及安全、快速施工的目的。

(7)打破隧道TBM与盾构的界限,研发TBM、盾构双模式设备,以达到在好围岩段能快速掘进,在断层、破碎带、蚀变带等地段能安全掘进的目的。

## 1.3 我国盾构技术的发展

随着我国基础设施建设的发展,全国大部分地域的众多行业,均有盾构隧道的建设。无论是盾构设备的制造技术,还是盾构隧道的设计与施工技术,均积累了足够的实践案例及数据,盾构的新理念、新技术、新工艺不断涌现,使我国当前的盾构技术与国外相比,基本完成了从跟跑到并跑再到领跑的发展过程,实现了技术上的引领。

### 1.3.1 主要国产盾构设备调研情况

对国内两个较大规模的生产厂商——中铁工程装备集团有限公司(简称"中铁装备")和中国铁建重工集团有限公司(简称"铁建重工")分别进行了调研,主要情况如下。

1)中铁装备生产的设备及使用情况

中铁装备共生产盾构机770余台套。目前已出厂的盾构机用于国内外40余座城市的地铁、引水隧洞等项目,目前已累计安全掘进施工超过1130km。

经过近十年的快速发展,中铁装备已形成土压平衡盾构机、泥水平衡盾构机、硬岩TBM、异形掘进机、圆形顶管机、土压—泥水双模式盾构机、土压—硬岩双模式盾构机六大系列掘进机产品。目前中铁装备的圆形盾构机从直径为3m的微型盾构到直径为16m的超大直径盾构机,均有产品在加工制造或者工程施工使用中。在土压平衡、泥水平衡盾构机方面主要有以下几个典型的案例。

(1)微型盾构机(盾构机直径≤4m)

引故入新引水隧道,隧洞总长18713m,管片尺寸为内径3m、外径3.6m,开挖直径为3860mm,最大埋深160m,设计纵坡为1/1000。穿越地层为低液限黏土、砂质黏土岩、黏土质砂岩互层,引故入新引水隧道盾构机如图1-3-1所示。

(2)小型盾构机(4m<盾构机直径<6m)

4m级别的小直径隧道较多,如北京红军营电力隧道、郑州红旗电力隧道、长沙万家丽电力隧道、南京青龙山电力隧道等,典型工程案例有深圳北环电力隧道和广州楚庭电力隧道。深圳北环电力隧道项目西段起于龙珠大道,经过梅林变电站,终点为笔架山公园。其中盾构段长度为5260.5m,最小曲线半径为300m。主要穿越地层为可塑粉质黏土、硬塑粉质黏土,以及全、强、中、微风化花岗片麻岩。深圳北环电力隧道盾构机如图1-3-2所示。

图1-3-1 引故入新引水隧道应用的盾构机(直径3.86m)

图1-3-2 深圳北环电力隧道应用的盾构机(直径4.88m)

(3)常规直径盾构机(6m≤盾构机直径≤8m)

此种类型是使用最多的盾构机,累计650余台(包括我国台湾地区、吉隆坡、新加坡、印度德里、越南、以色列等)应用于国内外40余市政项目施工。

(4)$\phi$10.9m京沈客专望京隧道大直径盾构机(8m<盾构机直径<12m)

北京至沈阳铁路客运专线望京隧道为双洞单线客运专线(350km/h),盾构隧道总长约3700m(双线),隧道最大坡度为25‰,埋深10.5~27.5m,最大水土压力0.436MPa,最小曲线半径为2500m,望京隧道大直径盾构机如图1-3-3所示。

a)　　　　b)

图1-3-3　望京隧道应用的大直径盾构机(直径10.9m)

(5)$\phi$12.14m土压平衡盾构机——太原西南环线铁路隧道超大直径盾构机(盾构机直径>12m)

工程为单洞双线重载货运铁路(速度为120km/h)隧道,盾构隧道总长约4850m。该工程所用盾构机是目前国内最大的土压平衡盾构机,如图1-3-4所示。

图1-3-4　太原西南环线铁路隧道应用的超大直径盾构机(直径12.14m)

(6)$\phi$15.03m汕头苏埃跨海隧道超大直径盾构机(盾构机直径>12m)

苏埃通道是汕头市重要的过海通道,位于已建的海湾大桥和礐石大桥之间,线路全长6.68km,分东线和西线两条隧道,东西线间距为23.3~29.7m。汕头苏埃跨海隧道盾构机如图1-3-5所示。

(7)$\phi$15.8m深圳春风隧道超大直径盾构机(盾构机直径>12m)

春风隧道为深圳市城市快速路隧道。隧道工程跨越深圳市福田、罗湖两区,起于滨河大道上步立交,沿滨河大道地下向东穿行,终于沿河南路新秀立交以南,全线长约5.08km,其中盾构段全长3583m。盾构段最小平曲线半径750m,最大纵坡49‰。该工程所用盾构机是目前国内已出厂的最大直径盾构机,如图1-3-6所示。

(8)郑州市红专路下穿中州大道机动车道隧道顶管机

2013年12月13日,由中铁装备自主研发制造的当时世界最大矩形顶管机(图1-3-7)在郑州下线，此台矩形顶管机宽 10.12m，高 7.27m，应用于郑州市市政工程项目红专路下穿中州大道机动车道隧道施工。

a)

b)

图 1-3-5　汕头苏埃跨海隧道应用的盾构机（直径 15.03m）

图 1-3-6　深圳春风隧道应用的盾构机（直径 15.8m）

图 1-3-7　世界最大矩形顶管机

该项目为国内首次用矩形顶管工法来进行机动车道和非机动车道下穿隧道的施工，共有 4 条隧道：2 条机动车道隧道和 2 条非机动车道隧道，其中隧道覆土深度最小仅为 3.2m，下穿一根 DN600 污水管，距离顶管顶板 2.1m，隧道间距仅为 50cm，施工距离 105m，具有大断面、浅覆土、隧道间距小、推进距离长等特点，施工难度大。

2014 年 8 月 31 日，4 条隧道全部贯通，设备各项参数正常，施工进度较快，最快施工速度达到了 6m/d，工程各项指标均符合设计及相关规范要求。

(9) 国内首台出口新加坡的矩形顶管机

2015 年 10 月 28 日，具有自主知识产权的矩形顶管掘进机（图 1-3-8）在郑州下线，首次出口海外，应用于新加坡汤申线地铁出入口 T221 项目及后续 T216、T311 项目的施工。

T221 项目位于新加坡汤申线 HLV 地铁站，隧道覆土厚度仅为 5.5～6m，掘进长度为 156m，穿越的地层为碳泥/海相淤泥（标准贯入锤击数 $N=0\sim10$）、全风化花岗岩（$N=6\sim24$），弱透水地层。施工前，该地层进行了旋喷加固，局部加固强度达到了 2～3MPa。

a) b)

图 1-3-8 国内首台出口新加坡的矩形顶管机

2016 年 11 月 8 日，该地铁出入口隧道实现了贯通，设备穿越了孤石密布、废弃管道障碍物区域，经受了旋挖钻头等异物的考验，工程各项指标均符合设计要求，为新加坡地下工程的发展提出了新的思路。

（10）世界首台砂卵石地层矩形顶管机

2016 年 8 月 19 日上午，由中铁装备自主研制的世界首台砂卵石地层矩形顶管机（图 1-3-9），在成都市政建设施工现场成功实现洞通。

图 1-3-9 世界首台砂卵石地层矩形顶管机

该台设备应用于四川大学华西校区下穿人民南路人行通道项目，旨在缓解川大华西医学院附近区域停车难、交通拥堵、市民就医不便等问题，通道覆土 4.8m，底板距正在运营的地铁 1 号线 3.3m，全长 56m。由于施工必须在地铁和众多市政管线的夹缝中实现“三保”——上保路面交通不中断，中保各类市政管线不渗漏，下保地铁 1 号线运营不停止，因此被称为“迄今为止四川省乃至全国市政建设史上最复杂的通道”。

2）铁建重工生产的设备及使用情况

铁建重工目前已经生产盾构机 600 多台套，成功应用于铁路工程、水利工程、煤矿巷道、城市地铁、地下管廊等领域。在京沈客专望京隧道、豫机城际铁路双线隧道、穗莞深城际宝安隧道、北京机场线、沅江公路隧道、银川穿黄供暖隧道工程得到应用，尤其是在地铁工程中得到普遍应用。

（1）京沈客专望京隧道大直径盾构

2016 年 9 月 28 日，由铁建重工联合中南大学、天津大学、中铁十四局集团有限公司等单位共同研发，拥有完全自主知识产权的首台国产“高铁大直径泥水平衡盾构机”，在长沙顺利下线，该盾构机开挖直径为 10.87m，总长为 87m，总重达 1900t，装机功率为 5300kW，是针对京沈客专望京隧道“大断面、长距离、大埋深、高水压”等地质特点和技术难点，量身定做的针对性和适应性强的超大直径泥水平衡盾构机，如图 1-3-10 所示。

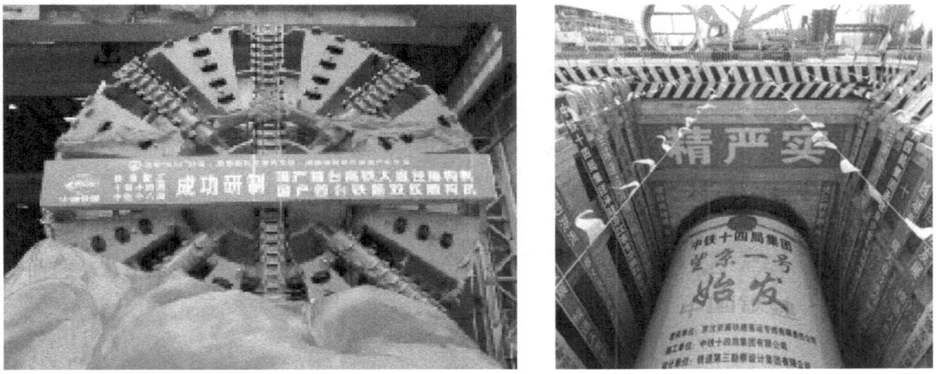


a)　　b)

图 1-3-10　京沈客专望京隧道应用的泥水平衡盾构机

(2)豫机城际铁路双线隧道超大直径盾构机

铁建重工研制的首台国产“铁路双线超大直径泥水平衡盾构机”，开挖直径达到 12.81m，总长为 78m，总重达 2200t，装机功率为 6600kW，如图 1-3-11 所示。

a)　　b)

图 1-3-11　豫机城际铁路应用的泥水平衡盾构机

(3)湖南常德沅江公路隧道大直径盾构机

常德沅江公路隧道大直径盾构机如图 1-3-12 所示。

(4)穗莞深城际铁路宝安隧道盾构机

穗莞深城际铁路宝安隧道应用的盾构机开挖直径为 8.85m，总长约 103m，总重约 1200t，总装机功率约 4500kW，总推力 70600kN，最大推进速度 60mm/min，最大工作压力 0.6MPa，最大适应坡度 35‰，适应最小转弯半径 500m，刀盘开口率 35%。实现最高日进尺 22.5m，最高月进尺 430m，如图 1-3-13 所示。

a) b)

图 1-3-12　常德沅江公路隧道应用的泥水平衡盾构机

a) b)

图 1-3-13　穗莞深城际铁路宝安隧道应用的土压平衡盾构机

(5)莫斯科地铁工程盾构机

莫斯科地铁工程表面覆盖有冰水或冰渍砂质黏土沉积层,下伏白垩纪砂质黏土和砂层、侏罗纪黏土。工程重难点:①施工环境温度极低,最低达 -30℃,冬季施工对设备选型、出渣配套设备等要求极高。②隧道坡度大,最大线路坡度为45‰,水平运输风险高。③出口设备、相关标准和规范不统一,需采纳相关国外制造标准和规范。④长距离砂层掘进,对设备磨损要求高;部分砂层为含水砂层,有涌水风险。⑤亚黏土,具有黏性,易糊刀盘刀具。⑥冰渍层含有漂砾,尺寸大,又分布于土层中,破岩较难,需要探清其分布位置,做好处理预案。

设备于 2017 年 6 月 20 日完成工厂验收。开挖直径 6.28m,总长约 83m,总重约 460t,总装机功率约 1600kW,最大工作压力 0.45MPa,最大推力 44598kN,采用连续皮带输送机出渣。目前 5 台盾构机陆续在莫斯科地铁中投入使用,莫斯科地铁应用的土压平衡盾构机如图 1-3-14所示。

(6)德黑兰排污隧道工程小直径盾构机

2015 年 9 月,DZ130 盾构机在长沙顺利完成工厂验收后,即用于伊朗德黑兰排污隧道开挖。该工程最高海拔1500m，气温温差大（－20～40℃），隧道全长12km，具有海拔高、温差大、透水强、地层稳定性差、长距离且弯曲半径小等难点。盾构机开挖直径3.785m，总长约65m，总装机功率约785kW，最小转弯半径100m。隧道埋深5～16m，穿越地层主要为新近冲积层、粉土、黏土、粗砂、粉砂、卵石层，其中最大卵石粒径在250mm左右。该设备于2016年8月5日始发，平均日进尺14m，如图1-3-15所示。

a)　　　　b)

图1-3-14　莫斯科地铁应用的土压平衡盾构机

（7）武汉电缆隧道工程小直径盾构机

2016年9月12日，首台国产微型盾构机“掘进1号”成功下线出厂，应用于武汉电缆管廊建设工程。武汉市雄楚电力通道沿雄楚大街修建，全长约4400m，盾构段长度共约4180m。最小埋深处为上部覆土埋深7m，最大埋深处为底板埋深15m，最小转弯半径250m。

设备开挖直径3.7m，总长约85m，能够实现单次掘进距离超过10km、曲线半径小于100m的复杂地质隧道工程施工。隧道穿越的地层自上而下分别为黏土、黏土夹碎石、红黏土、砾质残积土、强风化泥灰岩、石灰岩。该设备于2016年10月8日始发，最大日进尺20m，如图1-3-16所示。

图1-3-15　德黑兰排污隧道应用的土压平衡盾构机

图1-3-16　武汉电缆隧道应用的土压平衡盾构机

(8)深圳市滨河大道污水干管工程顶管机

2017 年 11 月 29 日,由铁建重工自主研发设计制造的首台国产小曲线长距离硬岩顶管机成功下线,用于深圳市滨河大道污水干管工程项目建设。该项目地质情况为硬岩、强透水地层,最大单轴抗压强度 100MPa,最大卵石粒径 300mm,最大水压为 1.0MPa。

该顶管机开挖直径 2710mm,整机长 40m,重约 115t,装机功率 550kW,如图 1-3-17 所示。

a)　　b)

图 1-3-17　深圳污水干管工程应用的顶管机

(9)重庆铁路枢纽东环线隧道管幕机

2018 年 5 月 7 日,应用于管幕法隧道施工的可回退式管幕机下线。该设备开挖直径仅为 740mm,属于超小直径隧道掘进机,不但解决了小直径隧道施工无法洞内拆机和维修的难题,还使得小设备建设大、长距离隧道成为可能。

该设备应用于重庆铁路枢纽东环线采用管幕法施工的某隧道,如图 1-3-18 所示。该隧道埋深浅,地质条件为人工填筑层及弃填层块石土、泥岩、砂岩等,隧道断面宽度约 8.4m,高度约 10m。

a)　　b)

图 1-3-18　重庆铁路枢纽东环线隧道应用的管幕机

### 1.3.2　我国盾构技术的发展成果

(1)盾构技术广泛应用于各领域、适用于各种地层和多种断面。“上天有神舟,下海有蛟龙,入地有盾构”。目前盾构法隧道施工技术已经成为国内各大主要城市地铁工程建设的主要施工方法。除广泛应用于地铁工程建设以外,随着机械制造技术的发展和国内盾构施工技术的积累进步,可实施的盾构隧道直径逐渐增大,盾构掘进长度和开挖深度都在不断地增加,盾构隧道技术在城市管廊工程、市政道路、公路隧道、铁路隧道、水电隧道和大型越江(河)隧道等工程的建设中取得了令人瞩目的成绩,建成了一大批环境复杂和使用功能全面的大直径盾构隧道工程。我国国内地质情况复杂多变,从目前国内盾构隧道工程实践经验和盾构技术发展来看,盾构法已可适用于各类地层条件下的隧道施工,包括各种软弱土层、砂卵石地层、复合地层(隧道断面内岩层和土层、软土和卵石复合出现,或者软硬、土岩交织出现)、软弱围岩地层等。断面形状多样化发展,已能适用于多种断面,如从主流圆形断面到马蹄形、矩形、类矩形、双圆形等各种断面结构形式。

(2)盾构制造业进入“异彩纷呈”的跨越式发展期,盾构设备制造技术发展迅猛。我国逐渐从“中国组装”发展到“中国制造”,全面掌握盾构机的核心制造技术,并已向“中国智造”蜕变,启动掘进机器人的研发、人工操作向智能化操作转变,实现机械化和信息化的集成,已达到盾构的智能化。

(3)大直径泥水盾构及越江越海盾构隧道技术发展迅速。一大批大直径泥水盾构及越江越海盾构隧道工程建成通车,攻克了诸多“世界性技术难题”,完成了众多技术创新。

(4)盾构施工新技术、新工艺成果丰硕,技术达到国际领先水平。我国各地复杂不一的地质情况为盾构施工技术攻坚发展提供了机遇,促进了盾构施工的技术发展。通过探索、试验和攻关研究,获得一批新技术、新工艺成果,如双模式盾构机、复合式盾构机、整体式滚刀、滚刀工作状态无线检测和传输、冷冻式刀盘、主驱动高承压系统、伸缩摇摆式主驱动、大直径盾构机常压换刀和带压换刀技术(常规的压缩空气带压开仓换刀和饱和法带压开仓换刀技术)、带压动火施工技术、常压换刀刀盘及刀具、钢套筒盾构始发和接收、衡盾泥开挖面稳定技术、复合地层盾构施工、隐蔽岩体环保爆破技术和工艺、土压盾构砂卵石地层的渣土改良技术等。

# 第2章　铁路盾构隧道总体设计

## 2.1　盾构适用条件

### 2.1.1　盾构法隧道的基本原理及特点

1）盾构法隧道施工工作原理

盾构技术的工作原理是在盾壳的保护下，通过刀盘切削土体，利用千斤顶等推进系统驱使设备挖掘前方土体。在盾构掘进过程中，盾壳对未衬砌（拼装管片）的隧道段起着临时支护的作用，承受周围土层的压力，有时还承受地下水压力以及阻挡地下水。掘进、排土、衬砌等作业在盾壳的掩护下进行。

2）盾构法隧道施工的特点

（1）地下施工，必须面对复杂的地质条件和敏感的地面环境。

（2）所用设备集成度高，技术含量高，对人的要求较高。

（3）涉及专业领域较多，对复合型人才有较多需求。

### 2.1.2　盾构法的优缺点

1）盾构法的优点

（1）在盾构支护下进行地下工程暗挖施工，不受地面交通、江河水域、地形地貌等条件的限制。

（2）对地表交通及地面商业无影响，无需切断、搬迁地下管线等各种地下设施，地面人文自然景观受到良好的保护，周围环境不受盾构施工干扰。

（3）盾构的推进、出土、衬砌拼装等可实行自动化、智能化和施工远程信息化控制，掘进速度较快，施工劳动强度较低。

（4）在松软地层中，开挖埋置深度较大、长距离、大直径隧道，具有技术、安全、经济等方面的优越性。

（5）适用地质情况范围宽，软土、砂卵土、软岩、硬岩地层均可使用。

2)盾构法的缺点

(1)盾构机的造价较高,制造周期长,建造短隧道经济性差。

(2)盾构机的通用性比较差,适应性有限,施工过程变化断面尺寸困难,并非所有地层都适合盾构施工,需要针对地层情况专门进行设计。

(3)盾构施工只能前进,不能后退,当隧道曲线半径过小或隧道埋深较浅时,施工难度大,在饱和含水的松软地层中施工时,地表沉陷风险较大。

(4)隧道管片预制、运输、衬砌、结构防水及堵漏、施工测量、场地布置、机械安装等需要施工技术的配合,系统工程协调复杂。

### 2.1.3　盾构机分类

1)按照开挖面敞开程度分类

(1)全敞开式,包括手掘式、半机械式、机械式。

(2)半敞开式,包括半挤压式、全挤压式、网格式。

(3)全封闭式,包括土压式、泥水式、复合式。

2)按照开挖面平衡方式分类

按照开挖面平衡方式,分为土压平衡盾构机(图2-1-1)、泥水平衡盾构机(图2-1-2)和复合式盾构机。

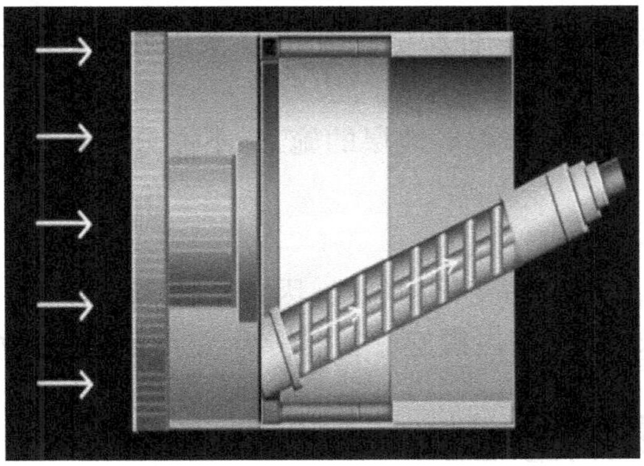

图2-1-1　土压平衡盾构机

图2-1-2　泥水平衡盾构机

3)按照直径大小分类

按照盾构机直径大小,分为巨型盾构机($\phi > 12$m)、常规盾构机($\phi > 6$m)和微型盾构机($\phi < 3$m)。

4)按照断面形式分类

按照盾构机断面形状,可分为圆形盾构机和异形盾构机(马蹄形、矩形、双圆形),如图2-1-3所示。

5)按照地层种类分类

按照穿越地层的种类,分为硬岩盾构机,软岩盾构机,软土盾构机,硬软岩土盾构机(复合盾构机)。

a)马蹄形盾构机

b)矩形盾构机

c)双圆盾构机

图2-1-3 盾构机断面类型

### 2.1.4 盾构机的适用范围

1)泥水平衡盾构机

泥水平衡盾构机由盾壳、开挖机构、推进机构、送排泥浆机构、拼装机构及附属装置组成，是目前各类型盾构机中结构最复杂、价格最昂贵的一种。

适用范围较大，多用于含水率高的软弱土层中，是一种低沉降、较安全的施工机械，对稳定的地层优点尤为明显，其工作效率要高于土压平衡盾构机，但随着土砂百分比的增加，会出现泥水分离难度增大的问题。

2)土压平衡盾构机

土压平衡盾构机是在泥水平衡盾构机基础上开发的一种新型盾构机，主要由盾壳、开挖机构、推进机构、排土机构、拼装机构及附属装置组成。

广泛适用于冲积黏土、洪积黏土、砂质土、砂、砂砾、卵石等地层的施工，不需分离装置，占地面积少，施工时的覆土层相对较浅。

3)复合式盾构机

复合式盾构机开挖面稳定，施工方法可视土质情况的变化而转换，因此适应范围较广，根据需要可以从土压平衡转换为泥水平衡方式，土料输送可由螺旋输料器转为泥浆及管道输送。

## 2.2 盾构选型

### 2.2.1 盾构选型的原则和特点

1)盾构选型的原则

(1)选用与地质条件相匹配的盾构机型，确保施工安全。

(2)选择对周围环境影响小的机型。

(3)盾构的性能应能满足工程掘进的施工长度和线形的要求。

(4)选择掘进能力与后续设备、始发场地等匹配的机型。

(5)选择可以辅以合理的辅助工法的盾构机型。

2)盾构选型的特点

(1)与其他隧道施工方法不同，盾构机是根据每一个施工区段的水文和地质条件、断面大小、区间线路条件、周围建筑物环境等条件进行设计制造。即盾构机不是通用机械,而是针对某种特定地质条件的专用机械。

(2)盾构机在地下的施工是不可后退的。当盾构机在地下开始掘进施工后,很难对盾构机的结构组成再进行修改。除刀头等部位可以通过特殊的设计得到更换以外,盾构刀盘、压力仓、排土器、推进系统等很难在施工过程中进行修改。

### 2.2.2　盾构选型影响因素

盾构机必须具备两种功能:一是与围岩的主动土压和水压的平衡方式,二是出土方式。将盾构机的这种平衡方式和出土方式称为盾构机的型,盾构机的选型就是对盾构机平衡方式和出土方式的选择,目前国内应用最为广泛的是按照掘削面的加压平衡方式选用土压平衡或泥水平衡盾构机。

盾构机并非通用设备,而是量身定做的,主要根据地层适用性、地层渗透性、隧道埋深、地下水压力、隧道断面大小等因素进行盾构机选型。此外,尚需综合考虑以下因素的影响:

(1)工期条件的制约;

(2)造价因素的制约;

(3)环境因素的制约;

(4)场地条件的制约;

(5)设计路线平面、竖向曲线形状的制约。

### 2.2.3　盾构选型主要方法

1)地层适用性

根据现有的工程经验,常用的土压平衡与泥水平衡盾构机选择应考虑地层条件及颗粒尺寸因素。

级配图说明细颗粒含量多则渣土能形成不透水的塑流体,容易并能够充满土仓的每个部位,以便建立压力并传递到切削面支撑土体,而又不发生堵仓,土压平衡可以实现;粗颗粒含量高的渣土不能形成具备这种功能的渣土,因而不能实现土压平衡机理,只能借助相对密度大的泥浆悬浮,传递压力并被输送。

图 2-2-1 中,左边白色、浅色区域为泥水平衡盾构机适用的颗粒级配范围,右边灰色、深色区域为土压平衡盾构机适用的颗粒级配范围。

2)地层渗透性

根据欧美和日本的施工经验,土压平衡盾构机和泥水平衡盾构机能够适应的地层渗透系数范围如图 2-2-2 所示。

从图 2-2-2 中可以看出,当地层的渗透系数小于 $10^{-7}$m/s 时,宜选用土压平衡盾构机;当地层的渗透系数在 $10^{-7}$ ~ $10^{-4}$m/s 之间时,既可以选用土压平衡盾构机也可以选用泥水平衡盾构机;当地层的渗透系数大于 $10^{-4}$m/s 时,宜选用泥水平衡盾构机。

3)根据地下水压进行选型

水压大于 0.3MPa 时,适宜采用泥水平衡盾构机,此时土压难以形成土塞效应,易发生喷涌造成开挖面失稳。当水压大于 0.3MPa 时,如因地质原因需采用土压平衡盾构机,则需增大螺旋输送机的长度或采用二级螺旋输送机,也可采用保压泵。

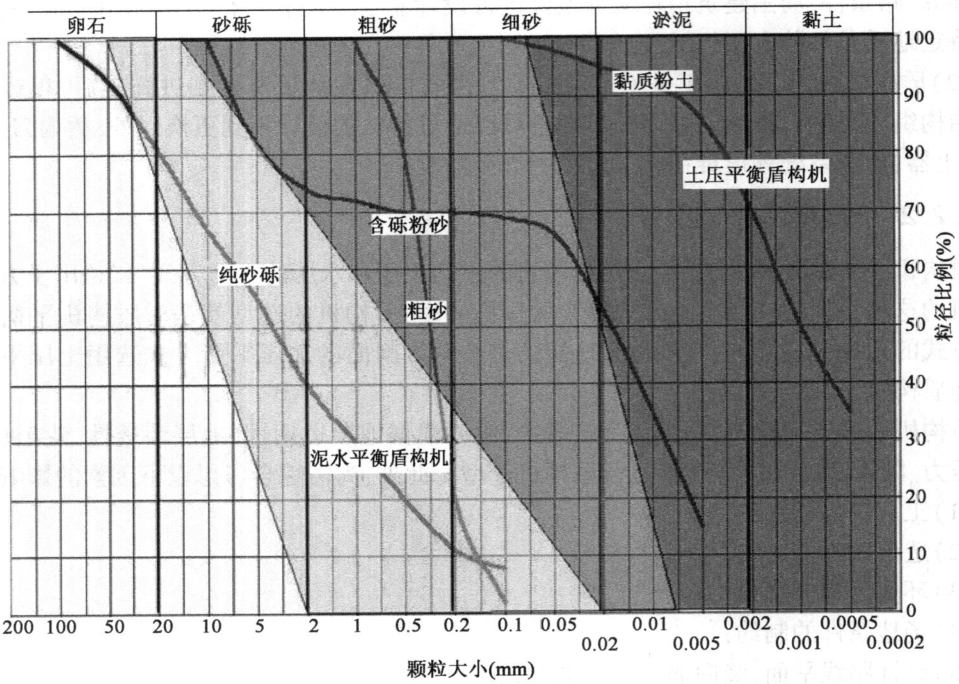


图 2-2-1　土压平衡、泥水平衡盾构机适应地层颗粒级配图

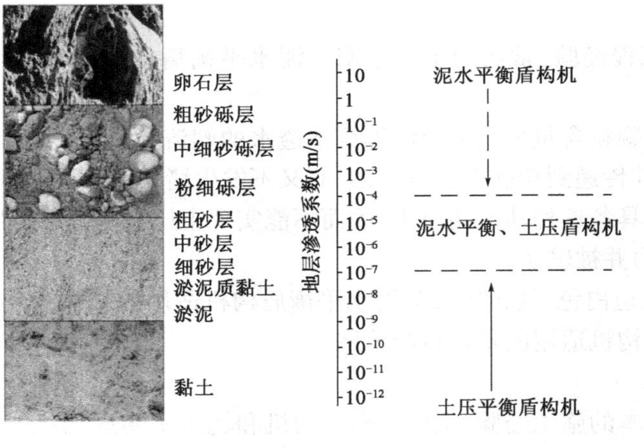


图 2-2-2　地层渗透系数与盾构选型关系图

4)场地条件

泥水盾构在细颗粒含量高的地层应用(粉粒、黏粒含量≥40%)时,由于泥水处理难度较大,要求能提供足够的施工场地确保盾构掘进连续进行。

5)沉降控制

泥水盾构压力控制精度高,有利于控制沉降及环境保护。

6)隧道直径

直径大于10m的隧道在大多数情况下选用泥水平衡盾构机。

# 2.3 盾构隧道结构设计

## 2.3.1 盾构隧道的设计内容

1)隧道方案阶段

线路选线;平、纵断面设计;横断面设计;隧道断面形状及尺寸等。

2)隧道设计内容

(1)衬砌结构设计

管片结构类型;管片拼装类型;管片衬砌环组合形式;管片的分块;管片的环宽等。

(2)管片结构计算

隧道荷载确定;计算模型的选择;管片配筋计算。

(3)管片细节设计

管片端面接头构造;手孔构造;螺栓设置等。

(4)管片防水设计

## 2.3.2 管片结构设计

1)盾构隧道的断面形状

隧道断面形式的选择,根据隧道的使用要求、施工技术、地层的特性、隧道受力等因素综合确定。最常用的盾构隧道断面为圆形。

隧道内部轮廓应根据建筑限界和使用功能要求,并结合盾构施工考虑曲线影响、盾构施工误差、不良地质条件等因素综合决定。

2)管片结构类型

(1)按材料分类(图 2-3-1)

铸铁管片:早期应用较多。

钢筋混凝土管片:占绝大多数。

复合管片:钢架混凝土(SRC)管片、钢材 + 混凝土、铸铁 + 混凝土等。

a)铸铁管片　　b)钢筋混凝土管片　　c)钢材+混凝土复合管片

图 2-3-1　管片按材料分类

(2)按形状分类

矩形管片:占绝大多数;梯形或平行四边形管片;六角形或翼型管片等。

钢筋混凝土矩形管片设备通用性强，设计、施工经验均很成熟，是目前国内盾构隧道的通用选择；钢+混凝土或铸铁+混凝土复合管片在地铁联络通道处有少量应用。

3）管片拼装类型

矩形管片环拼装形式有通缝拼装和错缝拼装，见图2-3-2。

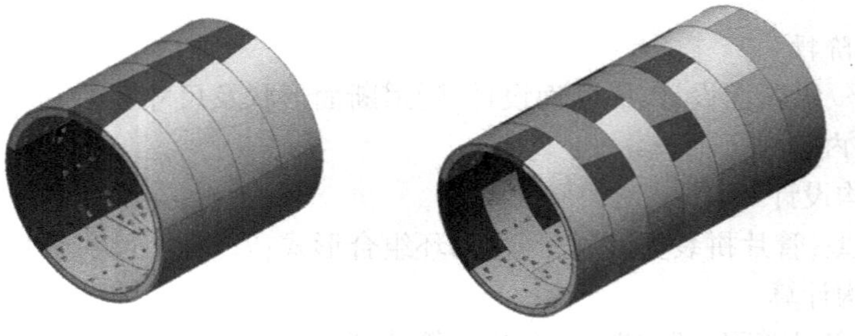

a)通缝拼装　　b)错缝拼装

图2-3-2　管片拼装类型

通缝拼装：所有衬砌环的纵缝环对齐，环缝和纵缝呈十字形，结构抗振、整体受力不利，防水困难，在地铁隧道中使用较多。

错缝拼装：环间纵缝相互错开，环缝和纵缝呈丁字形，管片结构整体性好，能加强衬砌环接缝刚度，防水效果好，在大直径盾构隧道中使用较普遍。近年来错缝拼装在地铁隧道中也开始广泛应用，逐渐成为主流的拼装形式。

4）管片衬砌环组合形式

国内盾构隧道通用的管片衬砌环组合形式有三种，三种方法均可拟合线路平面曲线和纠偏设计，前两种常用于地铁盾构隧道，后一种常用于在大直径盾构隧道，国内部分城市地铁也有采用，见表2-3-1。

**衬砌环组合形式**　　表2-3-1

| 方　法 | 特　点 |
|---|---|
| 标准衬砌环、左转弯衬砌环和右转弯衬砌环组合 | 直线地段除施工纠偏外，多采用标准衬砌环；曲线地段可通过标准衬砌环与左、右转弯衬砌环组合使用以拟合线路。该法施工方便，操作简单 |
| 左转弯衬砌环和右转弯衬砌环组合 | 通过左转弯环、右转弯环组合来拟合线路。由于每环均为楔形，拼装时施工操作相对复杂，国内地铁盾构隧道有所采用 |
| 通用楔形管片（万能管片） | 通过一种楔形环管片模拟直线、曲线及施工纠偏。管片排版时，衬砌环需扭转多种角度，封顶块有时位于隧道下半部，管片拼装相对复杂，在国内部分城市地铁中有采用，在大直径盾构中应用较多 |

5）管片环宽

根据隧道直径、平曲线情况、盾构机设备性能、运输系统、施工组织等因素，综合考虑确定管片宽度。如有条件管片尽可能宽点，以提高施工速度、节约造价。

隧道直径越大，平曲线半径越大，理论上环宽应越宽，大直径盾构可采用1.8～2.2m的环宽，中等直径盾构可采用1.2～1.5m的环宽。

6)管片厚度

管片厚度一般控制在0.05*D*~0.06*D*(*D*为隧道外径),并经结构受力计算确定。

7)管片分块

管片一般由封顶块(K)+邻接块(B)+标准块(A)组成,小直径盾构管片多采用5~6分块;中等直径盾构管片一般采用6~7分块;大直径盾构管片经常分为7~9块。

根据封顶块与标准块分块角度的关系,封顶块可采用小封顶或大封顶方式,其中小封顶块的分块角度与标准块分块角度的比例可取1/2、1/3或1/4。大封顶块的分块角度与标准块分块角度相同。

1/2封顶块方案如采用全环错缝拼装,对于直径较小的隧道,由于错缝角度和弧长较小,推进千斤顶可能难以布置或需要采用不均匀的千斤顶布置方案,不利于掘进施工。

1/4封顶块方案,封顶块尺寸与标准块相差悬殊,其真空吸盘结构复杂。同时由于千斤顶数量较多,在通常的隧道直径下,千斤顶布置困难。因此,工程实例较少。

大封顶块方案可减小纵缝数量,利于防水。但其缺点是:①由于封顶块较大,弧面较宽,拼装操作人员视角较小,拼装精度控制难度较大。②由于封顶块圆心角较大,为保证其径向拼装时的顺利插入,封顶块的径向插入角度较大,接缝处容易产生较大的局部应力。

在综合考虑衬砌结构受力、千斤顶布置、管片运输、拼装等因素的基础上,结合目前盾构法铁路隧道1/3封顶的应用实例较多,经验成熟,推荐采用封顶块角度比例为1/3的分块方式。

### 2.3.3　管片结构计算

1)计算模型

(1)匀质圆环法(修正惯用法)

匀质圆环法(修正惯用法)是一种应用较为成熟的方法,它将管片环简化为弹性匀质的圆环,即假设管片环是弯曲刚度均匀的环。

(2)梁—弹簧模型法

梁—弹簧模型法在匀质圆环法的基础上,将管片环简化为曲梁或直梁,通过旋转弹簧模拟管片间的纵缝承受的弯矩、剪力和轴力。

(3)地层—结构模型

采用Midas、Plaxis等有限元计算软件,模拟地层与管片结构间的相互作用。

由于管片采用错缝拼装,计算模型的选择必须考虑管片接头部位抗弯刚度的下降、环间螺栓等对隧道结构总体刚度的补强作用。根据国内外常用的模型和计算方法,可选择匀质圆环法进行结构计算,并以梁—弹簧模型法进行校核。所用的荷载系统如图2-3-3所示,梁—弹簧模型法结构计算模型见图2-3-4。在有详细地质资料时,也可以采用地层—结构模型进行内力计算。

2)结构荷载

根据现行行业规范《铁路隧道盾构法技术规程》(TB 10181)等规范要求,荷载取值与分类见表2-3-2。

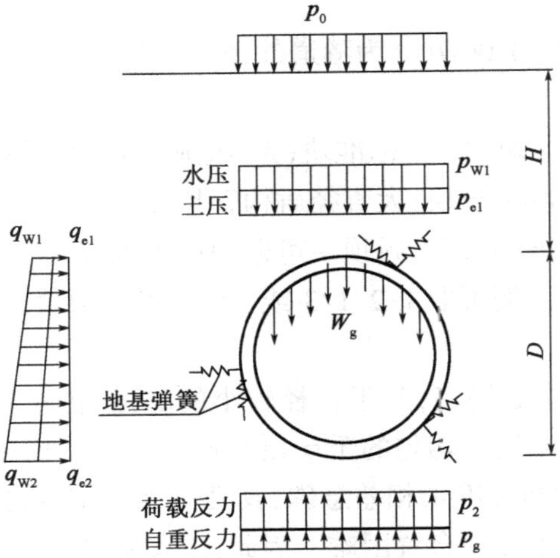


图 2-3-3　荷载系统示意图

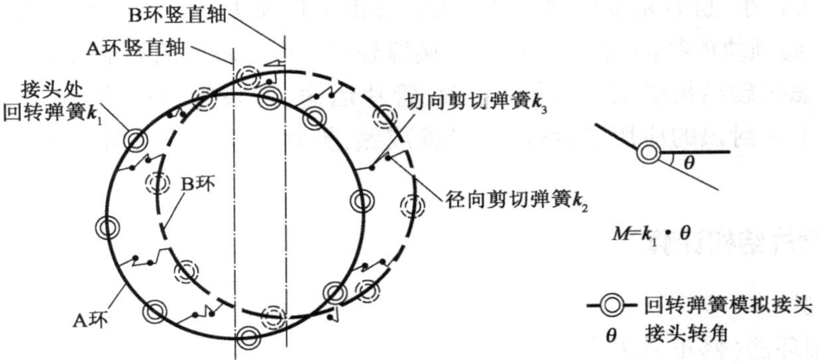


图 2-3-4　梁—弹簧模型图

**结 构 荷 载 表**　　　　表 2-3-2

| 荷载类型 | 荷 载 名 称 | 荷载计算及取值 |
|---|---|---|
| 永久荷载 | 结构自重 | 按构件实际重量计算 |
| | 附属设备自重 | 按照实际设备重量计算 |
| | 地层压力 | 分为垂直压力和侧向压力，参照现行行业规范《铁路隧道盾构法技术规程》(TB 10181)进行计算 |
| | 隧道上方或破坏棱体范围的设施及建(构)筑物压力 | 对既有和已批准待建的建筑物应根据结构物与隧道的相互关系确定荷载取值；当隧道覆土厚度足以形成卸载拱时可按卸载拱理论考虑其作用力 |
| | 水压力 | 按最高、最低水位分别计算 |
| | 地层抗力 | 根据结构与地层间实际作用取值，可采用单向受压弹簧模拟 |
| 可变荷载 | 地面车辆荷载 | 可简化为与结构埋深有关的均布荷载 |
| | 施工荷载 | 应考虑各可能的施工荷载及其最不利组合 |
| | 冻胀力、膨胀力等 | 按相关规范取值 |
| 偶然荷载 | 地震作用 | 按相关规范取值 |
| | 人防荷载 | 按相关规范取值 |

3）结构检算

结构检算参照相关规范采用概率极限状态法分别进行承载能力极限状态和正常使用极限状态检算。

（1）隧道结构构件承载能力极限状态设计应符合下式要求：

$$\gamma_0 f_z = f_c \tag{2-3-1}$$

式中：$\gamma_0$——结构重要性系数，取1.1；

$f_z$——承载能力极限状态下荷载效应组合设计值，按现行国家标准《建筑结构荷载规范》（GB 50009）计算；

$f_c$——结构构件承载力设计值。

（2）隧道结构构件正常使用极限状态设计应符合下式要求：

$$f_{z'} \leqslant C \tag{2-3-2}$$

式中：$f_{z'}$——正常使用极限状态的荷载效应标准组合值，根据现行国家标准《建筑结构荷载规范》（GB 50009）计算；

$C$——结构构件达到正常使用要求所规定的变形、裂缝宽度和应力等的限值。

### 2.3.4　管片细节设计和防水

1）管片接缝

（1）防水密封垫沟槽

防水密封垫沟槽应配合管片接缝防水设计综合考虑，密封垫沟槽的截面积应满足以下规定：

$$A = (1.05 \sim 1.15) A_0 \tag{2-3-3}$$

式中：$A$——密封垫沟槽截面积；

$A_0$——密封垫截面积。

密封垫沟槽与管片边缘的距离应满足隧道施工时局部承压的要求。

密封垫沟槽深度应配合密封垫设计，考虑零张开量及最大允许张开量与错台量时的防水能力确定，见图2-3-5。

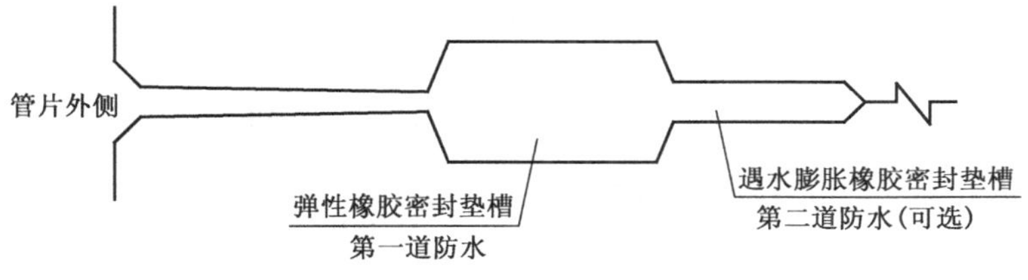


图2-3-5　防水密封垫沟槽示意图

接缝可按一道防水设计，预留第二道防水密封垫空间，可根据地层渗透性及水压大小选择是否进行双道防水。

（2）接缝面构造

纵向接缝一般可根据管片结构特点及拼装要求选择设置凹凸榫槽、定位杆或平板接头。

定位杆滑槽通长设置,定位杆可分段设置。凹凸榫高度根据其定位功能及抗剪受力决定,见图 2-3-6。

图 2-3-6　防水密封垫沟槽

环向接缝可根据盾构施工及地层条件选择是否设置凹凸榫槽(图 2-3-7),以减少盾构施工的错台及局部管片破损。

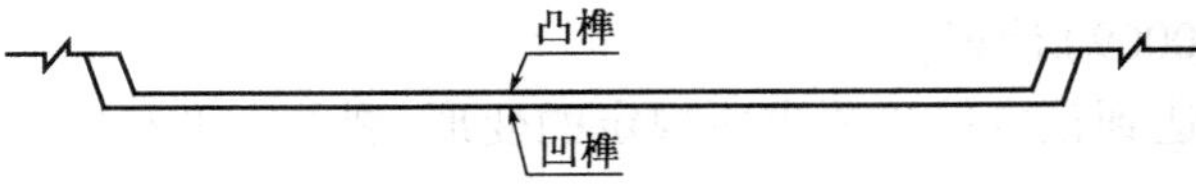


图 2-3-7　凹凸榫槽示意图

(3)内侧嵌缝

在管片内侧环纵缝设置嵌缝槽,管片接缝综合布置如图 2-3-8 ~ 图 2-3-10 所示。

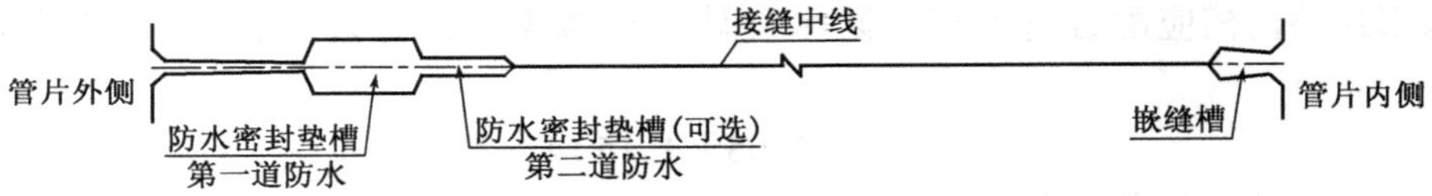


图 2-3-8　环纵缝平板接触示意图

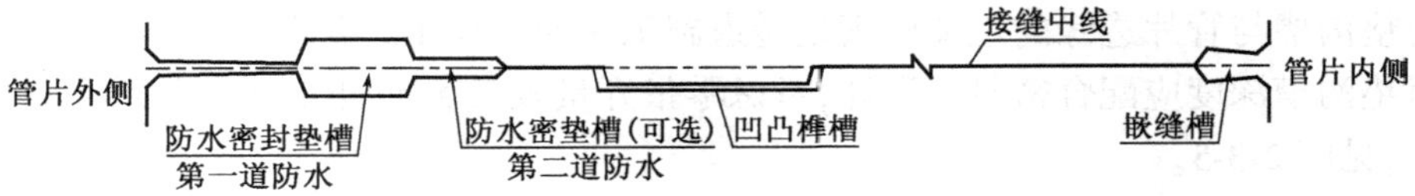


图 2-3-9　环纵缝凹凸榫接触示意图

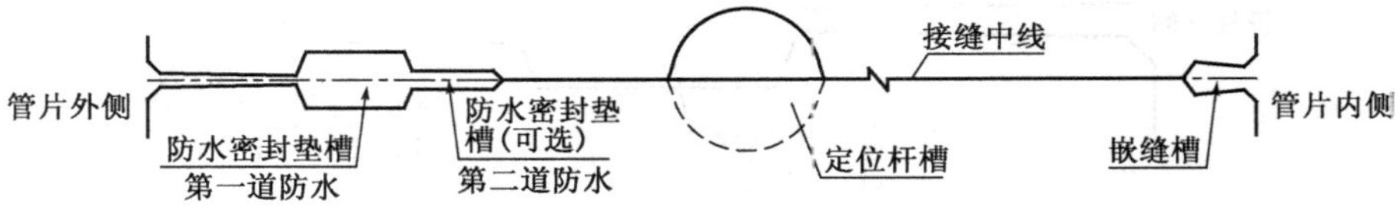


图 2-3-10　纵缝定位杆槽接触示意图

2)管片连接方式

螺栓接头结构是常用的接头构造,有弧形弯曲螺栓、平直螺栓、斜直螺栓三种,见图 2-3-11。

弯曲螺栓[图 2-3-11a)]刚度较大,且手孔较小,对管片的削弱很小。但它轴线弯曲,用料多,且弯曲螺栓及管片钢模在制作时对弧度与精度要求高,施工时螺栓穿孔较困难,耗时耗力。平直螺栓[图2-3-11b)]抗弯刚度大,用料省,经济合理,预紧效果好。平直螺栓的不足之处在于:①具有相当大的手孔,对管片截面有很大的削弱;②需预先放置于管片中,后期无法根据腐蚀情况进行更换。平直螺栓及弯曲螺栓的两端均暴露在外面,需对螺栓头两端进行防水和防腐处理。

斜直螺栓[图2-3-11c)]用钢少,手孔小,对截面削弱较小,受力合理,施工方便,只需对螺栓的一端进行防水和防腐蚀处理,由此加快了施工进度,降低了造价。在大型的盾构隧道中得到了广泛应用,如武汉长江隧道、南京长江隧道、上海长江隧道、广深港狮子洋隧道、长株潭城际铁路、珠三角城际铁路等。

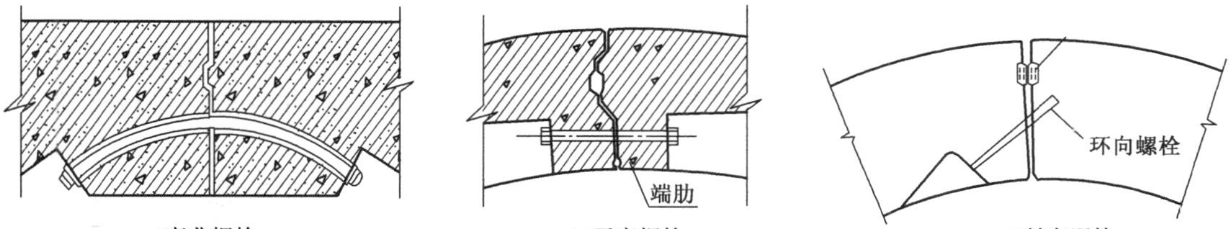

a)弯曲螺栓　b)平直螺栓　c)斜直螺栓

图2-3-11　螺栓连接方式

综上所述,结合铁路隧道管片外径较大,厚度较厚的特点,推荐环纵向接缝均采用斜螺栓连接。

3)管片防水

管片防水设计内容主要包括密封垫防水、螺栓孔防水、嵌缝防水等接缝部位防水以及盾构隧道与工作井、连接通道、盾构始发和到达的洞口临时密封防水,见图2-3-12。

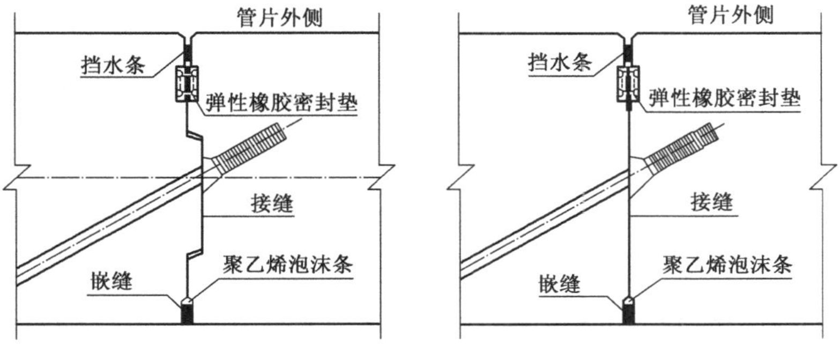

a)　b)

图2-3-12　管片防水

# 2.4　防灾救援

## 2.4.1　铁路隧道防灾疏散救援工程的总体原则

1)总体原则

《铁路隧道防灾疏散救援工程设计规范》(TB 10020—2017)对隧道内防灾疏散救援工程

设计明确了如下总体原则。

(1)铁路隧道防灾疏散救援工程设计应遵循以人为本、安全疏散、自救为主、方便救援的原则。

(2)列车在隧道内发生火灾时,应控制列车驶出隧道进行疏散。

(3)发生火灾的列车不能驶出隧道时,应控制列车停靠在紧急救援站进行疏散和救援。

(4)隧道设计火灾规模按同一隧道或隧道群同一时间段内只有一节旅客列车车厢发生火灾确定。

(5)隧道防灾通风设计遵循人烟分离的原则。

2)一般规定

(1)长度20km及以上的隧道或隧道群应设置紧急救援站。

(2)长度10km及以上的单洞隧道,应在洞身段设置不少于1处紧急出口或避难所。

(3)长度5km以上10km以下的单洞隧道,宜结合施工辅助坑道,在隧道洞身段设置1处紧急出口或避难所。

(4)防灾疏散救援配套设施及控制系统应纳入运营单位的应急管理系统。

### 2.4.2 铁路盾构隧道土建工程

1)疏散通道

(1)隧道内应设置贯通的疏散通道,单线隧道单侧设置,多线隧道双侧设置。疏散通道走行面高度不应低于轨顶面,宽度不应小于0.75m,高度不应小于2.2m。

(2)利用下部空间作为疏散廊道时:在隧道行车空间与疏散廊道之间应设置竖向通道,竖向通道沿隧道长度方向的间距不宜大于200m;疏散廊道通行净空宽度不应小于0.75m,高度不应小于2.0m。

2)紧急出口及避难所

选择竖井作为紧急出口时,其垂直高度不宜大于30m;紧急出口及避难所内应设置通风、应急照明、应急通信、监控等设施。

3)横通道

采用双洞方案的隧道应设置横向连接通道,通道间距不宜大于500m,困难条件下不应大于1000m;横通道净空宽度不应小于2.0m,高度不应小于2.2m,并设置防护门。

### 2.4.3 通风系统及其他机电设施

1)通风系统

紧急救援站按火灾工程进行防灾通风设计;紧急出口、避难所按列车故障工况通风设计。隧道火灾防排烟通风设计需综合考虑位置、类型、人员疏散路径及疏散方向等因素。紧急救援站防灾通风要满足通道、待避区无烟气扩散要求。紧急出口、避难所及底部疏散廊道可采用纵向通风方式。

2)机电设施

隧道内疏散救援工程机电设施包括应急照明、应急通信、设备监控、应急供电、导向标志等。

# 2.5　穿越建(构)筑物

## 2.5.1　风险类型

(1)铁路盾构隧道多位于城市区域或下穿江河水域等,不可避免地会穿越地面建筑物或地下构筑物等环境风险区域,隧道穿越的建(构)筑物风险因素一般包括市政道路,高速公路,轨道交通,地表水塘、河流,地表房屋,地下管线等。

(2)隧道穿越建(构)筑物的位置关系包括下穿和上穿;交叉穿越;侧向邻近穿越。

## 2.5.2　设计和实施流程

铁路盾构隧道在城市区域穿越轨道交通、市政道路、地表房屋等基础设施和建(构)筑物,一般需参照城市轨道交通,在设计阶段和施工阶段开展如下工作。

(1)工前检测评价:在隧道穿越前,委托具有相关资质的单位,通过调查、检测等手段,对既有基础设施的变形、劣化、损伤等现状进行分析、评价。

(2)专项设计:设计单位依据工前检测评价结果及评估单位提出的变形控制要求,开展相应的专项设计。

(3)安全评估:在工前检测的基础上,根据穿越工程专项设计方案,通过建模、计算和分析,评估穿越工程对既有设施的安全影响。安全评估一般分为初步设计安全评估和施工图(或施工阶段)安全评估两阶段进行。

(4)征求产权或运营单位意见:施工单位根据专项设计编制专项施工方案,并征求既有建(构)筑物产权或运营单位意见,专项设计方案和专项施工方案经相关单位认可后方可组织实施。必要时根据产权或运营单位要求,开展第三方监测,并编制专项监测方案。

(5)后评估:穿越工程施工结束后,对既有设施进行检测、分析和评估。

## 2.5.3　风险控制措施

1)洞内措施

(1)工艺措施

充分利用盾构先进的施工工艺,控制盾构掘进参数、盾构姿态、地层损失,尽量减少盾构施工对地层的扰动。

(2)工程措施

在盾构掘进过程中,加强管片背后注浆(同步注浆、多次注浆、深孔注浆),调控管片背后注浆工艺(浆液配比、初凝时间、注浆量、注浆时机等),减少盾构过后地层沉降,减少地铁车站及附属结构沉降及轨道变形,见图 2-5-1、图 2-5-2。

2)地面措施

地面措施一般包括地表建(构)筑物的监测和建筑物基础注浆加固措施。

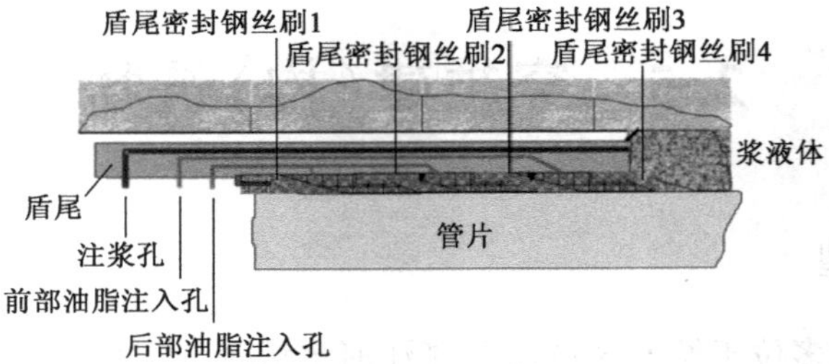


图 2-5-1　管片背后注浆示意图

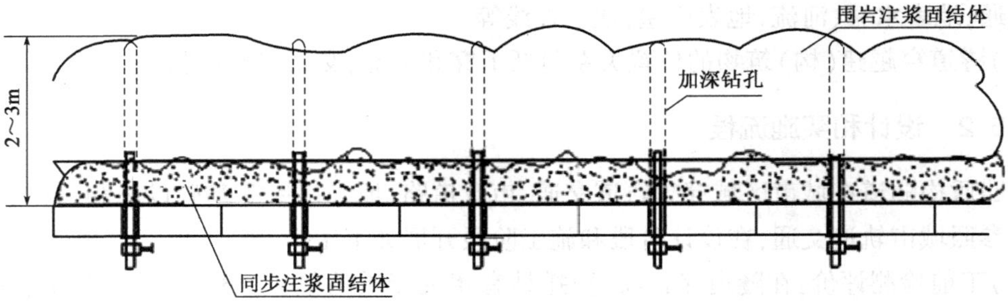


图 2-5-2　盾构同步注浆示意图

# 2.6　盾构施工对环境的影响

## 2.6.1　盾构施工对环境的影响

1）泥水盾构施工引起的主要环境问题

隧道内工作污水的排放。隧道掘进过程中产生的污水，冷却设备排放和污水，以及清洗设备产生的污水，这些污水如不经处理直接排放到河流或市政排水管道，会给周围环境和饮用水造成严重污染。

循环泥浆排放污染。泥水盾构施工主要是依靠泥浆来循环携带切削产生的渣土，如不经处理或处理不当，对环境污染较大。

渣土堆放污染。盾构隧道产生的渣土不处理会造成大片土地被占用，污染耕地，破坏植被，造成土地资源污染和浪费。

2）土压盾构施工引起的主要环境问题

土压盾构施工为提高渣土的不透水性和流动性，一般通过在土仓或螺旋输送机内注入水、泡沫、膨润土、高分子聚合物等添加剂进行渣土改良，造成隧道渣土内含有大量的有害物质，如果不经处理进入受纳场，所含的泡沫剂一旦进入水体，会产生大量泡沫，影响正常生产生活，同时对水中微生物造成不良影响。

## 2.6.2　对环境的保护技术措施

1）隧道内污水排放处理

隧道内工作产生的污水，经排污管路排放到地面的泥水处理系统，通过压滤处理，分离出泥饼和清水，清水满足环保排放标准，且可回收再次利用。

在接续管路时产生的泥浆和污水，通过移动排污泵或最低点的排污泵集中收集，再经排水污管路排放到地面的泥水处理系统，进行压滤处理。

2）泥浆循环利用

采用泥水平衡盾构机施工的隧道，主要依靠泥浆循环来携带切削产生的渣土实现盾构掘进施工，通过地面泥水处理系统除砂、除泥、压滤处理后，部分泥浆经沉淀等处理可以回到泥浆循环系统进行重复利用，降低泥浆排放量。

3）渣土堆放处理

将泥水分离出的渣土进行临时集中堆放，待渣土干燥硬化后或压成泥饼，通过渣土运输车运至指定的堆放点，不得随意倾倒，避免占用土地堆放，造成土资源浪费和污染。位于城市等区域的盾构隧道渣土，参考地铁建设经验，一般进行消纳处理，统一运至具有相关资质的渣土消纳场。

# 2.7　施工常见问题及应对措施

## 2.7.1　地下不明障碍物

1）地下不明障碍物的危害

盾构机是一种高度机械化、自动化的隧道施工设备，在掘进过程中，一旦遭遇残留桩基、钢管等不明障碍物，如果处理不当，轻则造成盾构机刀盘磨损严重，无法正常掘进，重则盾构机姿态失控，刀盘刀具卡死、损坏，甚至盾构机瘫痪或引发安全事故。

2）常见的地下障碍物类型

（1）地下残留桩基、地质钻杆、钢管、水井等。

（2）废弃和临时地下构筑物遗存等。

（3）弧石、风化残留体等不良地质体。

3）处理措施

盾构掘进时一旦遇到上述不明障碍物，必须及时进行清理，清除方法按照操作方式分为人工清障和大型机械清障。

（1）人工清障：竖井开挖、定向爆破、直接带压进仓清除、地层加固后进仓清除。

（2）大型机械清障：采用全回转钻机等大型机械进行拔除（如京沈铁路望京隧道采用该方法进行了水井拔除）。

## 2.7.2　大直径盾构长距离掘进

1）盾构长距离掘进潜在风险

（1）刀盘、刀具等设备磨损严重，盾构掘进效率降低。

（2）采用泥水盾构施工时，增加泥水处理的难度，影响盾构机的正常掘进，变形控制难度增加。

（3）受测量误差累积影响，对盾构掘进定位造成不利影响。

2）应对措施

（1）盾构设备制造阶段，根据工程地质条件对刀盘、刀具、盾尾密封等设备部件进行适应性设计，提高盾构设备的耐磨性能，必要时配备一定数量的可更换刀具。

（2）根据盾构掘进长度、周边环境条件，设置定点停机检修点，对盾构设备进行维修养护、更换盾构刀具（如京沈铁路望京隧道结合联络通道综合考虑了盾构停机换刀配套的地层加固措施）。

（3）施工过程中加强测量控制，强化地面、洞内联测，避免盾构长距离掘进的施工偏差。

（4）加强盾构掘进姿态控制，减少盾构掘进偏差，避免出现大的偏差。

### 2.7.3　盾构始发、接收

1）盾构始发、接收的潜在风险

盾构施工段落一般均位于地下水位以下，尤其在高水位的软土地层中，大直径盾构始发、接收是盾构施工的关键，始发或接收处理不妥，将会发生突水、涌泥等危害，安全风险非常高。

2）应对措施

（1）对盾构井的端头进行地层加固，以提高地层稳定性和止水效果，见图 2-7-1。

（2）在洞门处设置临时防水密封措施，保证泥水平衡顺利建立，防止盾构进、出洞时发生渗漏，见图 2-7-2。

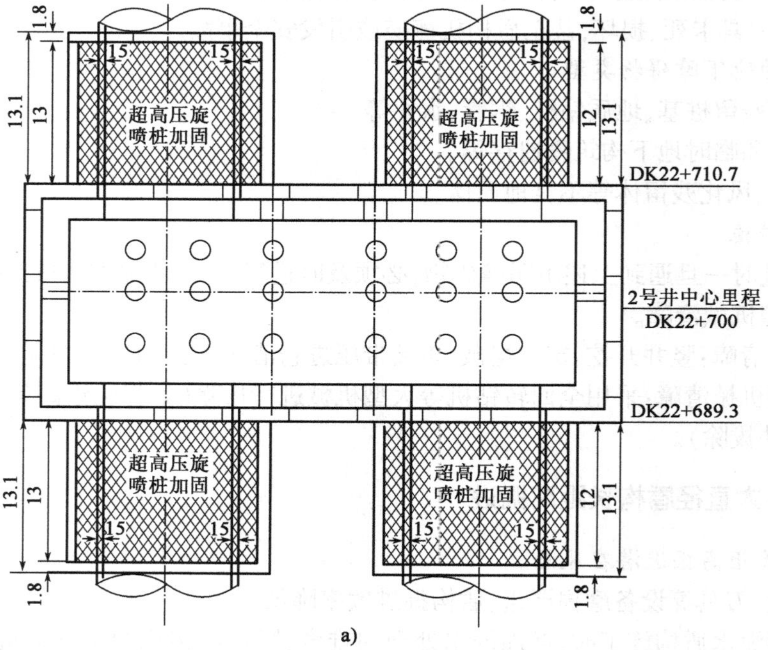


图　2-7-1

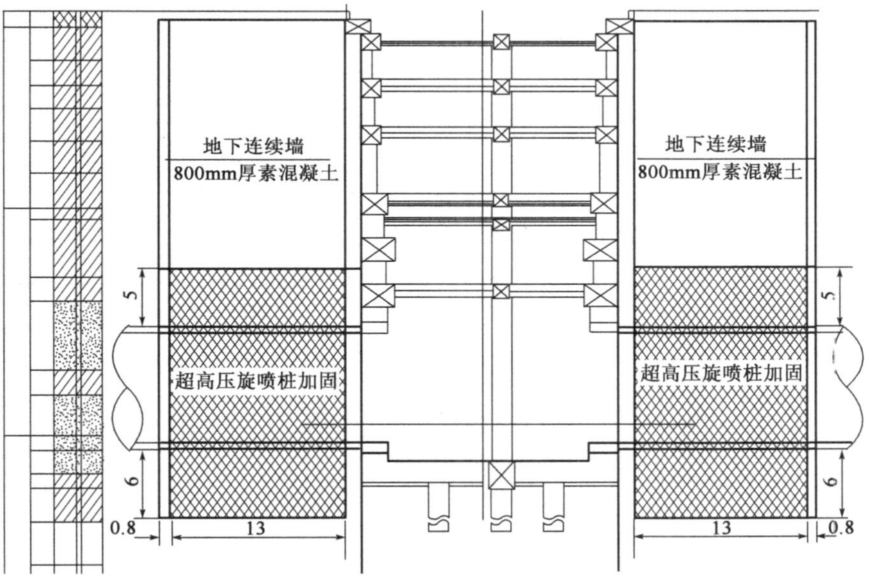


b)

图 2-7-1　盾构井端头加固(尺寸单位:m)

a)

图　2-7-2

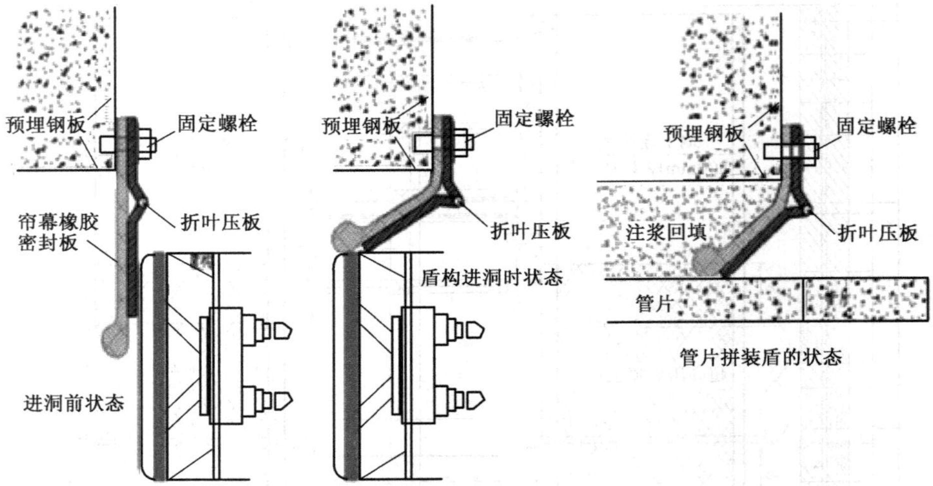


b)

图 2-7-2　洞门处设置临时防水密封措施

## 2.7.4　管片上浮和曲线地段掘进

1)潜在风险和问题产生的原因

受盾构管片背后注浆及地下水的影响,尤其在具有承压水的地层中,管片拼装完成后,盾构管片易发生上浮,如果管片上浮过大,易造成盾构隧道轴线偏差过大。

盾构隧道在曲线地段推进施工时,盾构机姿态控制难度大,轴线不易控制,盾构机容易推偏,管片拼装困难。如盾构掘进偏差过大,同样易造成盾构隧道轴线偏差过大。

2)风险控制措施

(1)在通过曲线段落之前,施工单位加强盾构设备对地层适应性的摸索与掌握,将盾构掘进顶推力、掘进速度、盾构机姿态进行很好的匹配。

(2)加强盾构掘进过程隧道轴线的测量,对掘进中的偏差,坚持"小纠偏、勤纠偏"的原则,在盾构贯通后进行贯通测量。

(3)可适当压低盾构掘进轴线,防止盾构机产生较大上浮。

(4)管片拼装完成后,通过控制管片背后注浆工艺,配合注浆过程中的管片位移监测,调整注浆位置和注浆顺序。

# 第3章　铁路盾构隧道施工技术及实例

## 3.1　铁路盾构隧道地中对接施工技术

随着我国基础设施建设的快速发展,规划修建的各种长大隧道越来越多,TBM 法和盾构法施工日益广泛。为保证长大隧道施工的顺利进展,单条隧道同时投入多台盾构机施工,采用"地中对接"技术将成为一种趋势。该技术在国外一些重大工程中被多次运用,在国内,广深港铁路客运专线狮子洋隧道首次采用"相向掘进、地中对接、洞内解体"施工技术。

### 3.1.1　国内外盾构地中对接施工技术概况

1)英法海底隧道

英法海底隧道全长 49km,其中海底段长 38km,由 2 条外径 8.6m 的铁路隧道和 1 条外径 5.6m的服务隧道组成。隧道掘进投入了 11 台盾构机,英国和法国两侧的 6 台盾构机在海底实现了对接。

英法海底隧道采用盾构在结合点一台向下小角度错开,然后再采用矿山法掘通中间对接部分隧道,严格来说不叫盾构正面直接对接,见图 3-1-1。

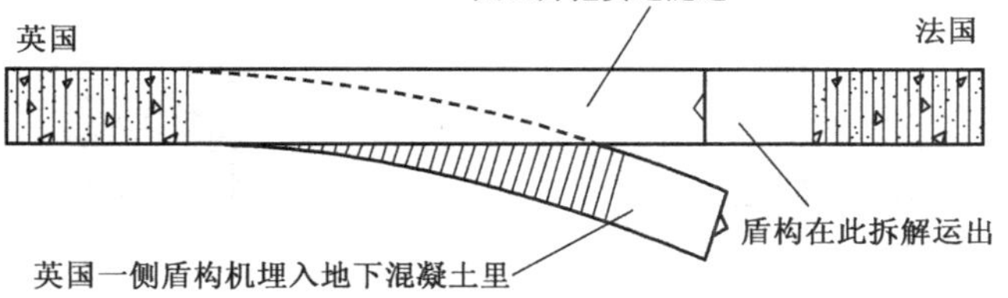


图 3-1-1　英法海底隧道盾构海底对接示意图

2)日本东京湾海底隧道

目前世界上最长的海底公路隧道,横贯东京湾,总长 15.1km, 盾构段 9.1km,由 2 条外径 13.9m 的单向公路隧道组成,采用 8 台直径 14.14m 的泥水平衡盾构机施工。

日本东京湾海底隧道采用冻结法对接方式,实现了真正意义上的正面对接,但对设备的设计制造有较高的针对性设计要求,一般适用于软弱富水地层中。同时,该法现场冻结管的安设施工风险非常大,而且冻结周期比较长(一般要 2 个月以上),见图 3-1-2。

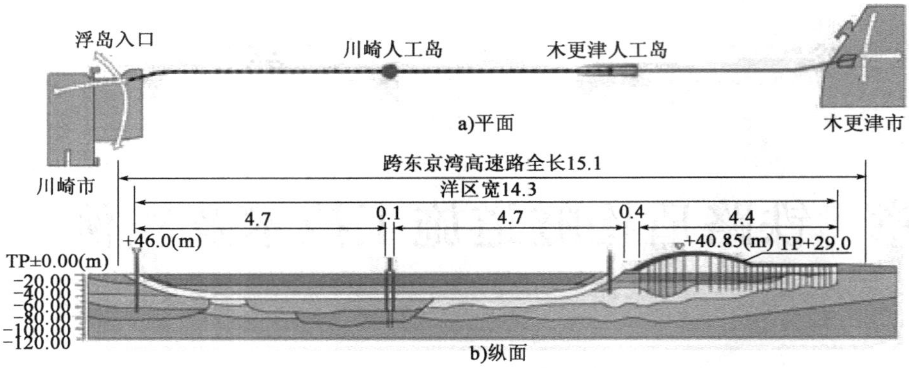


图 3-1-2　日本东京湾海底隧道平纵断面示意图(尺寸单位:km)

3)丹麦斯多贝尔特大海峡隧道

工程全长 18km,海底隧道长 7.9km,隧道部分由 2 条外径 8.5m 的铁路隧道组成,采用 4 台直径 8.78m 的混合式土压平衡盾构机施工。

隧道在盾构相距 30m 时采用冻结法,冻结了 2 台盾构机之间的地层,然后用人工开挖将隧道贯通,可以说是一种辅助土木式对接,见图 3-1-3。

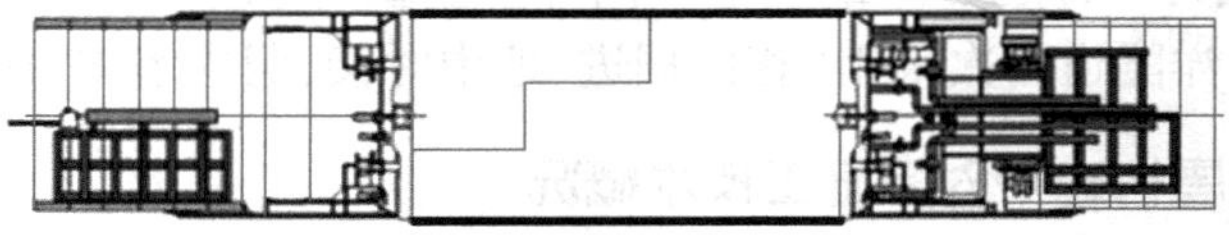

图 3-1-3　丹麦斯多贝尔特大海峡隧道地中对接

还有一些工程采用机械式对接方式,刀盘对接后可实现刀盘辐条收缩,内盾壳向前伸出,达到 2 台盾构机盾壳直接对接(也有称其为自动对接),机械对接方式对盾构设备的设计制造要求比较高,对于掘进硬岩地层的复合式刀盘设计来说难以实现。

狮子洋隧道在借鉴以往经验基础上,进行了大量的探索试验和研究分析,并通过在项目现场的具体施工组织实施,选择较好地层段,进行必要的周边止水注浆加固,实现了地中对接、洞内拆机,形成了大直径水下隧道泥水盾构地中对接施工技术,为一种直接土木对接方式,见图 3-1-4。

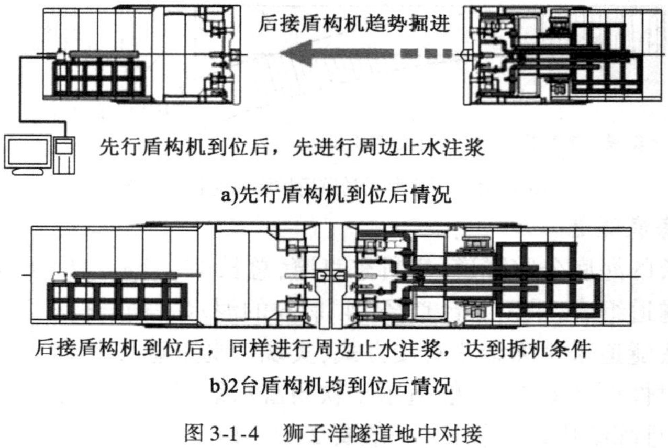


图 3-1-4　狮子洋隧道地中对接

### 3.1.2 广深港高铁狮子洋盾构隧道地中对接施工技术

1)工程概况

狮子洋隧道位于广深港铁路客运专线东涌站—虎门站区间,全长 10.8km,盾构段长 9340m,设计时速 350km,是我国首座水下铁路盾构隧道,双洞单线设置。该隧道是世界上速度目标值最高的水下隧道,为铁路客运专线水下大直径泥水盾构圆形隧道,是广深港客运专线全线的控制性工程,总平面见图 3-1-5。隧道分为进出口两个标段,投入 4 台直径 11.18m 气压调节式泥水平衡盾构机,采用"相向掘进,地下对接,洞内解体"方式组织施工。盾构隧道采用预制拼装式管片衬砌,管片采用"5+2+1"双面楔形通用环管片,错缝拼装。管片内径 9.8m,外径 10.8m,管片环宽 2.0m。

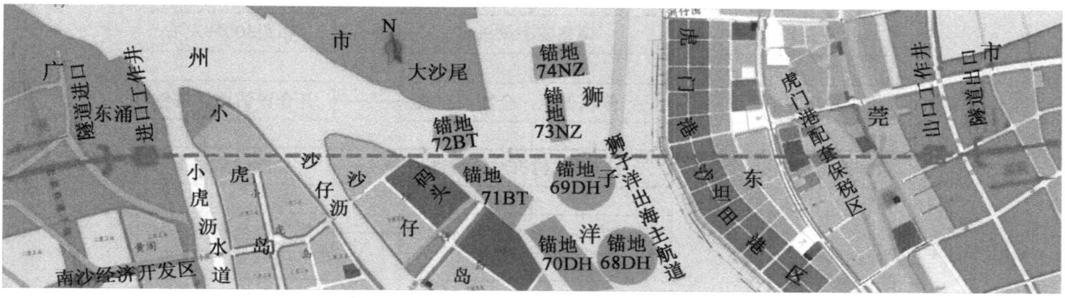


图 3-1-5　狮子洋隧道平面示意图

盾构隧道大部分处于微风化泥质粉砂岩、砂岩和砂砾岩中,进出口段位于淤泥质与粉质黏土中,局部地段穿越软硬不均地层。盾构隧道穿越基岩的最大单轴抗压强度为 82.8MPa,基岩渗透系数达 $6.4\times10^{-4}$m/s,基岩石英含量最高达 55.2%,岩石地层的黏粉粒(≤75μm)含量为 26.1% ~ 55.3%。狮子洋隧道纵断面见图 3-1-6。

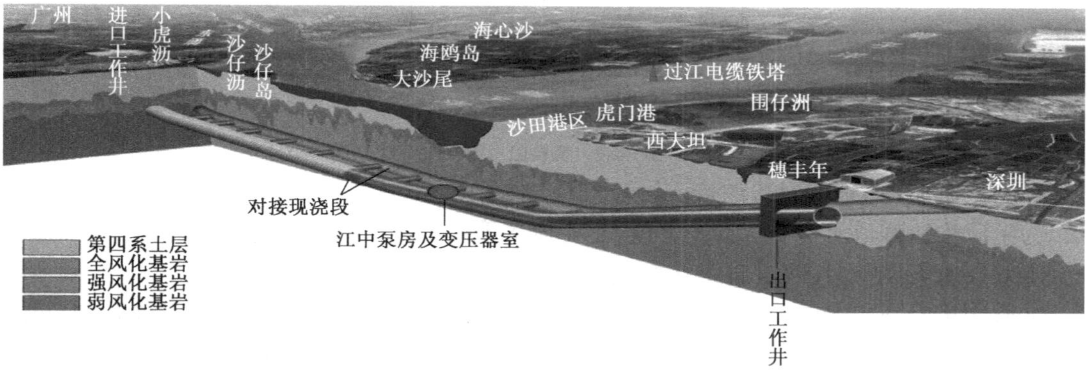


图 3-1-6　狮子洋隧道纵断面示意图

2)水下隧道盾构对接总体方案

对接施工考虑直接土木对接方式,当两台盾构临近预定对接点之前、相距 30 环左右时,两台盾构都进行开仓,进行地质确认,在满足对接施工的条件下,选择处于较好地层的一台停止掘进,进行停机保压注浆作业,并可先进行后面其他同步施工工作。另一台盾构机进行姿态调整掘进,直至与先停的一台盾构机刀盘完全相接。然后,对第二台盾构机进行注浆作业,最后开仓确认,完成对接工作。

对接工作完成后,开始拆机工作。拆机工作完成后,施作对接段铺底、二次衬砌及沟槽施工。

3)对接施工

(1)对接施工流程

对接施工流程见图3-1-7。

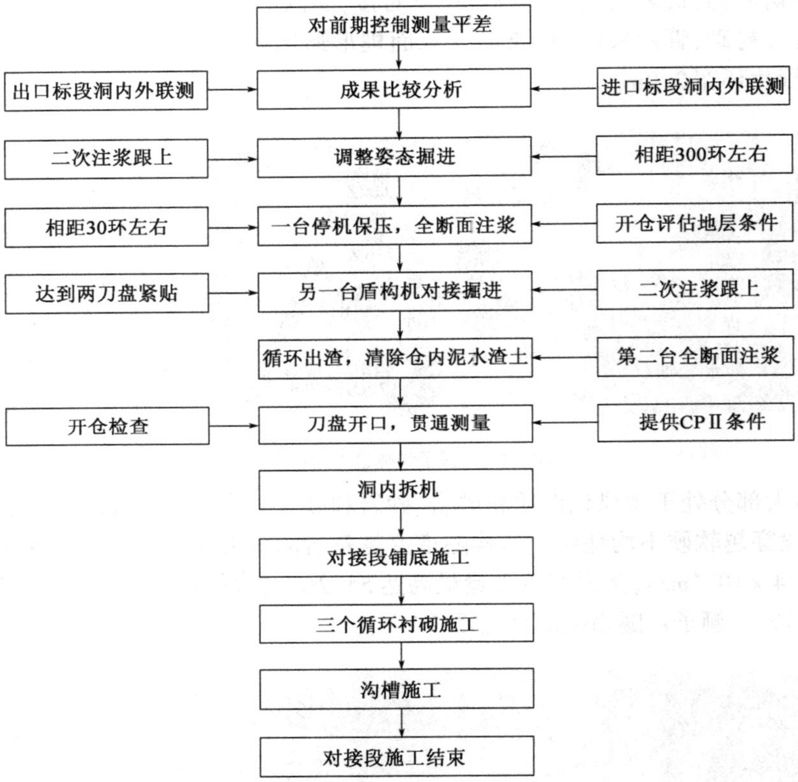


图3-1-7　对接施工流程图

(2)盾构机针对地中对接的特殊设计

为了盾构法隧道对接和拆卸的方便,盾构设备采用了以下特殊设计:

①双层盾壳设计,且两层盾壳互相独立。

②盾构机沿圆周方向均布设置22个超前注浆孔,倾角13°,孔径110mm。该孔洞可用于超前注浆,同时可利用注浆管作为超前支护,为盾构在地中成功对接提供有力保障。

③盾构机中体内预留超前钻机支架,管片拼装机也可以安装超前钻机进行超前钻探和注浆。

④刀盘设计成分块结构,可以进行分块拆卸。

⑤盾构机内部构件总体设计按可在盾壳内拆卸,全部能实现与盾壳的分离,并且考虑到分离的可操作性。

⑥限制了盾构机部件单件的最大重量(120t),最大尺寸也确保洞内拆卸和运输的便利。

(3)两台盾构机地中对接前的准备工作

在两台盾构机进行地中对接之前要做好盾构对接准备和设备检查工作，主要准备工作内容如下。

①增加对盾构机和隧道的测量频率，检查导向系统的精度及其工作状态。

②检查盾构机的工作状态。

③准备好盾构机洞内对接拆卸的工具和材料。

④在距离交接面一定距离时，两台盾构机应加强联系，并进行贯通前测量，同时加强盾构机姿态的测量，确保顺利贯通。

(4)盾构机对接区域选择及地层稳定性分析

①对接区域地质水文评价。

江中对接范围的地层处于弱风化砂岩中，地质勘探资料显示，弱风化岩石的抗压强度为6.54~82.80MPa。弱风化岩层的渗透系数在一般地段：0.033~1.475m/d；强透水（大于$10^{-4}$m/s）地段：10.02~30.84m/d；个别段：55.2m/d。因此对接面应选择弱风化地层岩石单轴抗压强度较高，而渗透系数较小的地段。

②对接区域选择。

a. DK38+020~DK37+920（2490环~2540环）、DK38+250~DK38+150（2375环~2425环）段隧道周边地层较破碎，不宜在该段对接施工。

b. DK37+780~DK37+720（2560环~2590环）、DK38+150~DK38+020（2425环~2490环）、DK38+480~DK38+420（2260环~2290环）段隧道顶部局部存在破碎地层，在该段对接施工时应进行周边地层注浆加固。

c. 在其余地段选择对接时应提前探测前方地层情况，并开仓检测，根据不同地质情况选择不同的施工方案。

结合地质水文条件及施工进度等综合评价，左线对接位置选择在DIK38+099.2（2450环）左右，右线对接位置选择在DIK38+096.4段（2450环）左右。

③对接区域地层稳定性分析。

2450环对应地质钻孔Jz-Ⅲ05-珠隧53号孔芯样图（图3-1-8），上覆土层为42.335m，洞顶及洞身主要为(5)3地层。本层分布广泛，呈褐红色、灰色等，主要由泥质粉砂岩、泥质细砂岩组成。陆源碎屑结构，中厚层状，泥质、钙质胶结，局部铁质胶结，局部裂隙发育，岩芯呈短柱状、柱状及碎块状，岩质稍碎，揭露层厚1~53.3m，平均层厚17.91m。

从地质钻孔结果可以看出，此位置洞顶稍破碎，通过超前注浆加固等措施，可以满足长时间停机。

图3-1-8　53号孔芯样图

（5）对接测量方案

水下隧道盾构对接测量方案计划在两台盾构机距离300环时，施工双方精测队分别利用设计院所交桩点，对洞外、洞内控制桩点进行复测。

洞外平面控制采用GPS静态测量；洞外高程采用二等水准，跨河段采用GPS跨河水准和光电测距跨河水准两种方法；洞内导线采用交叉双导线闭合环方式，在横通道处联测，以满足施工所需精度。

进出口施工单位分别对己方及对方控制点独立进行测量，两家各自处理测量数据，形成测量成果。然后两家进行成果对比，研究确定现场控制点采用结果，形成最终的测量成果和调整方案。测量成果和调整方案聘请测量专家进行评估，以保证尽量小的贯通误差。评估后，双方盾构机按照最终的测量成果调整姿态进行掘进。

（6）对接施工方案

①对接施工步骤。

进出口隧道先行到达的一台，在到达前30环提前开仓，进行地质检查，以此选择一个较好地层，进行对接作业，在地层满足对接施工条件较好一方，停机保压进行注浆作业。利用多次平差GPS联测，导线测量平均保证贯通限差在100mm以内，后掘进至此位置的一台盾构机进行掘进姿态调整，在两台盾构机距离20cm位置停机，循环出渣后，第二台亦进行停机注浆作业。

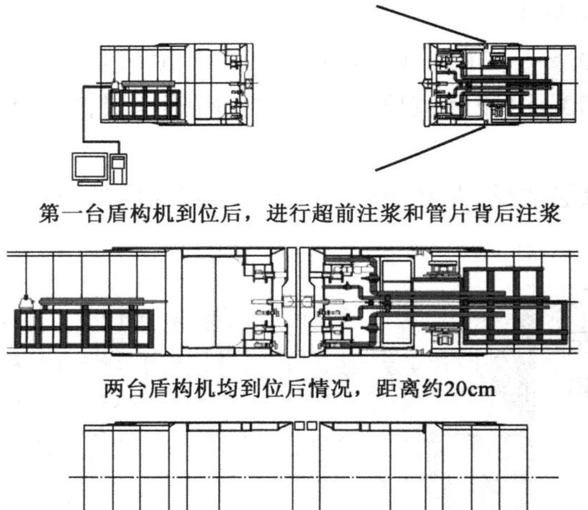


图3-1-9　对接施工步骤示意图（单位：m）

贯通之后，先割除辐条与方形门正对的部分辐条，保证通视进行贯通测量，提供进出口隧道贯通测量条件。

对接施工步骤见图3-1-9。

②对接位置最终选择。

根据对接区域地层选择，在两台盾构机刀盘皆进入里程DK38+150～DK38+020段，相距30环时，双方进行开仓检查地层，共同选择对比地层较好一方作为对接施工位置。对接位置选择以地层稳定性及涌水量综合评判。

③后30环掘进施工。

对接位置确定后，地层较好一方进行保压停机注浆作业，仓内压力设定为保证大于自然静水压力，保证仓内液位不上涨。另一方进行掘进施工，掘进一方在双方刀盘相距3m时，调整参数，降低刀盘转速和贯入度。相距30cm时，逐渐降低贯入度进行掘进，尽量保证掌子面不掉大块，以免堵塞泥浆环流，直到与第一台盾构机接触，然后利用仓内压力，后退刀盘一定距离，连续循环出渣，尽量减少人工出渣量。开仓后将刀盘旋转至合理位置，仓内渣土由人工装编织袋，用蓄电池车运至洞外。

④对接地层加固止水。

对接地层加固止水施工包括管片背后二次注浆封堵仓内盾尾后部来水施工与盾构机超前注浆对对接地层加固止水施工。

a. 管片背后二次注浆封堵仓内盾尾后部来水。

最后100环的掘进中，相向施工两台盾构二次注浆需紧跟掘进施工，对接位置确定后，先停机盾构对盾尾后20环管片进行注双液浆处理。两台盾构机对接后，后停机盾构也同样对盾尾后20环管片进行注双液浆处理，见图3-1-10。

a)　　b)

图3-1-10　管片背后二次注浆

采用两套双液注浆设备同时注浆。一套注浆设备置于G0拖车下方轨线两侧，对盾尾后10环管片进行补充注浆，另一套注浆设备置于G1B拖车一层平台上，对盾尾后第10～20环管片进行补充注浆。

注浆施工顺序：两台注浆泵对需补充注浆的20环管片分别从两头向中间施工；每环管片的注浆按“从上至下，两侧对称”的顺序施工。

注浆工艺流程：布置双液注浆孔位置→安装注浆嘴→钻孔→管路连接→双液注浆→管路泄压及密封清洗。

浆液拌制：双液浆拌浆材料为普通硅酸盐水泥和水玻璃。

水泥浆：水玻璃＝1：1（胶凝时间大约在30s）；水泥浆的密度为$1.5g/cm^3$，水泥搅拌均匀后倒入储浆桶内；必须将搅拌桶内的水泥浆完全放入储浆桶后方可拌制下一桶浆液。水玻璃浓度为35°Bé。

注浆前准备工作：注浆前，打开管片中间预埋的注浆孔，先观察管片背后回填注浆情况，作为判断注浆结束时的参考。注浆过程中值班工程师要注意观察管片错台、破损及变形情况，发现异常，及时停止注浆。

注浆量控制标准：二次注浆结束标准采用压力控制及注浆量控制双重标准，注浆压力不大于5MPa。隧道内管片背后二次注浆为每环$5m^3$，为保证对接段止水效果，对接段20环管片二次注浆量保证每环$8m^3$。

双液注浆工程质量的保证措施：配料计量工具必须经过检验合格按照设计配方配料；双液注浆按照设计的双液注浆程序施工。进浆量必须准确，严格控制双液注浆压力、双液注浆方向，并由专人操作，当压力突然上升或从孔壁跑浆，立即停止双液注浆。应采取措施解决并确保双液注浆量；由专人负责每道工序的操作记录。

b. 超前注浆地层加固。

先停机盾构，利用盾构机超前注浆孔对对接区域地层进行加固。两台盾构机对接后，由后停机盾构利用盾构机上超前注浆孔对对接区域地层进行加固。

盾构机沿圆周方向均布设置22个超前注浆孔，倾角13°，孔径110mm。该孔洞可用于超前注浆，同时利用注浆管作为超前支护管棚，见图3-1-11。

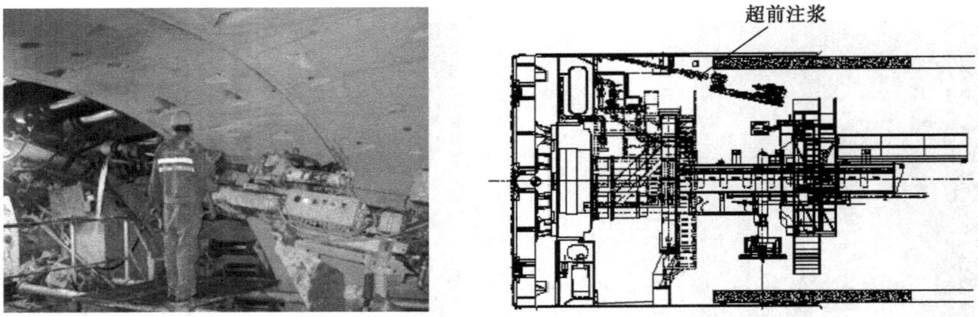


a) b)

图3-1-11 超前注浆地层加固

使用盾构配备的自身钻注设备进行注浆。钻孔注浆深度为15m，注浆管采用$\phi$65mm钢花管进行注浆。钢花管同时作为超前支护管棚。

超前注浆地层加固流程：打开超前注浆孔球阀→注入聚氨酯→钻孔施工→注浆管安设→注浆施工。

注浆顺序：盾构机沿圆周方向均匀布置22个超前注浆孔，注浆以“从上至下，两侧对称”的顺序施工。

聚氨酯注入施工方法：超前地层加固作业时，地层与盾壳间隙是与泥水仓连通的，而超前地质加固时，仓内是建压状态，为避免钻机钻进时从超前注浆孔返浆，钻进前对盾壳与地层间隙进行封堵，封堵采用注入聚氨酯的方法进行。同时，聚氨酯压浆还可以起到封堵盾尾后部来水的作用。注浆设备采用1台150型注浆泵，聚氨酯注入施工流程见图3-1-12。

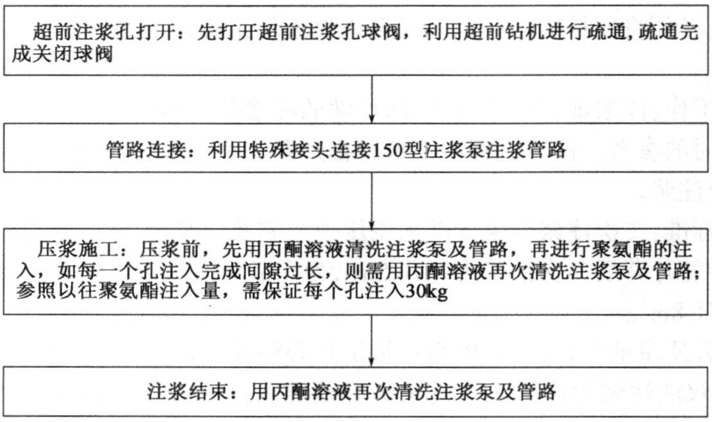


图3-1-12 聚氨酯注浆施工流程

钻孔施工：超前注浆钻孔施工采用盾构机自带超前钻机完成，钻杆采用$\phi$90mm钻杆。注浆深度为 15m，超前钻孔长 4.4m，则钻杆长度至少为 20m。

钻孔时采用相对密度为 1.2～1.3［水：膨润土 = 1：0.36～0.58（质量比）］的护壁泥浆；钻孔过程中遇涌水或因岩层破碎造成卡钻时，停止钻进，进行注浆扫孔后再进行钻进。

注浆管安设：注浆管采用 $\phi$65mm 钢花管进行注浆。钢花管同时作为超前支护管棚。钢花管采用内丝连接，端头焊接固定于盾构机超前注浆管路上，注浆钢花管与盾构机超前注浆管路间隙设止浆塞，与注浆软管连接处安设球阀及三通泄压阀。

注浆施工：注浆采用水泥和水玻璃双液浆，水泥浆：水玻璃 = 1：1（胶凝时间大约在 30s）；水泥浆密度为 1.5g/cm$^3$，水玻璃浓度为 35°Bé。

注浆施工完成后，进行泄压，关闭钢花管端头球阀，拆除注浆管路。

注浆标准：根据地质资料及本标段已施工盾构地层加固施工参数，对接区域地层水泥掺量为 10% 左右，扩散半径 6m，超前注浆钻孔长度 15m，加固体为长 20m、盾壳外 6m 的一个加固环，每台盾构总加固体积为 6400m$^3$，则总注浆量约为 640m$^3$。

c. 注浆加固标准及检查。

注浆加固作业完成后，进行开仓检查，检查内容为地层加固后稳定性及涌水量。对于先停机盾构，在对接前应先检查仓内涌水量，要求小于 20m$^3$/h，对接后检查总涌水量要求小于 30m$^3$/h，并要掌子面稳定，则可进行下步施工。若先停机盾构涌水量大于 20m$^3$/h、总涌水量大于 30m$^3$/h，则应根据地下水来源再次进行封堵。

⑤管片加固措施。

为防止对接拆机时因管片无液压缸推压引起管片环向及纵向松动，造成管片环、纵缝漏水，盾构机到达对接位置后，需立即进行管片加固。

管片加固方式为对到达段最后 20 环用［14 槽钢将管片沿隧道纵向拉紧。同时采用 H20 型钢拱架支撑后 10 环管片，以防止其纵环向松动变形。在最后一环拼装管片向掘进方向一侧端面与盾壳之间焊接 $\delta$40mm 钢板，最后一环管片封顶块处焊接一道，其他 7 块管片每块焊接 3 道。钢板焊接见图 3-1-13。

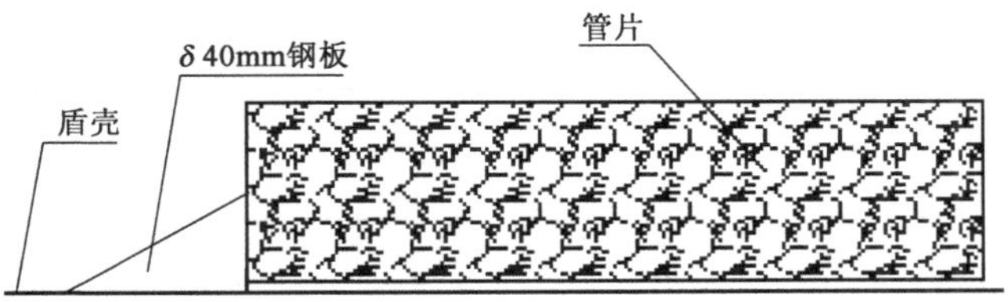


a)

b)

图 3-1-13　管片加固钢板焊接位置示意图

⑥贯通测量通视条件。

贯通之后，进行开仓作业，刀盘转至辐条位置正对土仓方形门，先割除辐条与方形门正对的部分刀盘辐条（割除辐条前拆除要割除部位刀具），保证满足进出口隧道贯通测量条件。部分刀盘辐条割除后应立即用 30mm 厚止水钢板将两台盾构机的盾壳焊接，确保隧道安全。

⑦施工监测。

图 3-1-14　施工监测

对接施工中应加强盾壳变形和管片变形(水平直径和竖直直径共 4 点)监测,气压仓封板打开时应加强水量监测,出现变形过大或者有突变趋势时应及时处理。盾壳变形监测点的布置应与盾构的设备设施配套,使监测点布置于最危险的位置。管片监测主要在最后拼装的 100 环管片范围进行,监测频率应为正常段施工要求的 3 倍,见图 3-1-14。

⑧对接施工机具材料。

对接段施工机具见表 3-1-1,对接段主要施工材料见表 3-1-2。

**对接施工主要设备机具表**(单线)　　表 3-1-1

| 作业内容 | 设备名称 | 数　量 | 规格参数 | 来　源 |
|---|---|---|---|---|
| 管片背后二次注浆 | 双液注浆机 | 2 台 | 30kW | 自有/购买 |
| | 搅拌桶 | 4 个 | | |
| 超前注浆 | 超前钻机 | 1 台 | | 盾构机自带 |
| | 双液注浆机 | 2 台 | 30kW | 自有 |
| | 搅拌桶 | 2 个 | | |
| | 150 型注浆泵 | 2 台 | | 自有 |
| 排水系统 | 变压器 | 2 台 | 300kVA | 调转/租赁/购买 |
| | 发电机 | 2 台 | 250kW | 租赁 |
| | 污水泵 | 8 台 | 37kW | 自有 + 购买 |

**对接施工主要材料表**(单线)　　表 3-1-2

| 作业内容 | 材料名称 | 数　量 | 规格参数 | 来　源 |
|---|---|---|---|---|
| 超前注浆 | 钢花管 | 22 根 | $\phi$65mm,每根 20m | 购买 |
| 对接区域两盾壳钢板连接 | 钢板 | 95m$^2$ | 30mm 厚,宽 2.7m | 购买 |
| 管片加固 | 型钢拱架 | 32.6t | H20 型钢拱架,1m 一榀 | 购买 |
| | 钢板 | 20m$^2$ | $\delta$ 40mm | 购买 |
| | 槽钢 | 3.5t | [14 | 购买 |

4)拆机施工

(1)后配套拆运

盾构后配套采用局部设备拆除或内移、每节后配套拖车利用汽车平板整体运输出洞的方式进行,见图 3-1-15。

(2)主机拆运

盾构主机及刀盘采用分块拆除、汽车平板运输方式,见图 3-1-16。

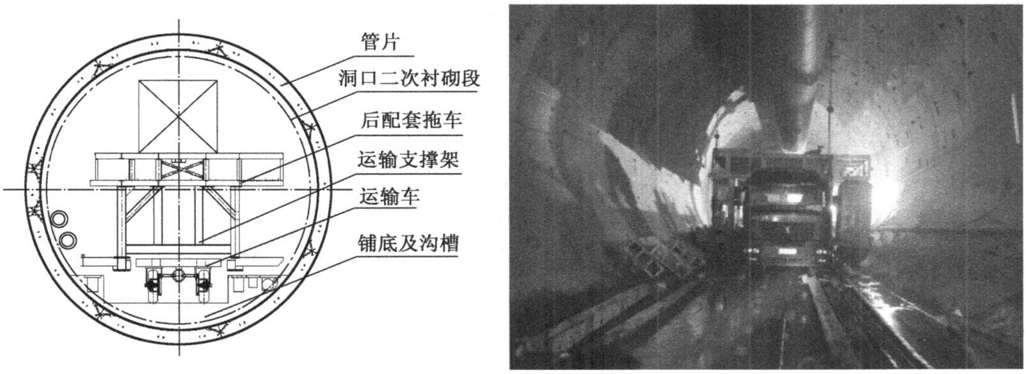


a)　　　　b)

图 3-1-15　后配套拆运

a)　　　　b)

图 3-1-16　平板运输

盾构部件、设备吊装主要采用在盾壳焊接及管片螺栓上安装吊耳、吊梁，设置手拉葫芦吊装，个别部件利用液压千斤顶辅助拆卸、翻身和吊装，从而完成各个部分的拆装和运输，见图 3-1-17。

a)　　　　b)

图 3-1-17　盾构部件、设备吊装

拆机施工是后期施工最大的风险点，主要是高空作业与起重吊装工作，另外，施工动火和运输也是重点风险源,因此拆机施工是后期安全管理的卡控重点。

5)对接段衬砌施工

(1)刀盘位置地层的初期支护施工

刀盘拆除阶段,每拆除一块,立即对暴露岩层进行支护,支护采用30mm厚止水钢板,两端分别焊接在两台对接盾构机盾壳上。钢板尺寸根据现场实际情况量裁。

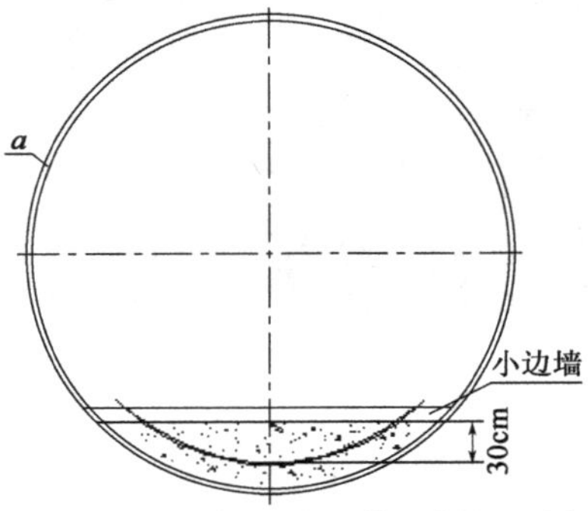

图3-1-18 对接段混凝土第一次施工示意图

(2)衬砌施工

对接段结构施工只能在拆机完成后进行,最好考虑由一端施工,以减少资源投入,先一次性施工隧底填充,再做低边墙(图3-1-18),然后采用拱架内胎、小模板分三次衬砌,最后施工对接段沟槽。对接段隧底、小边墙及沟槽施工同普通段施工技术方案。对接段衬砌设计见图3-1-19。

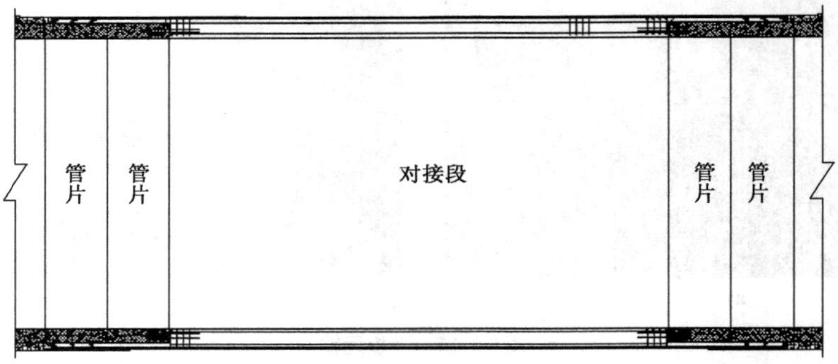

图3-1-19 对接段衬砌设计示意图

①衬砌施工技术措施。

对接段位置衬砌采用钢模板+型钢拱架内胎+满堂支架支撑+拉杆施工,拉杆一端焊接于盾壳之上。将衬砌钢筋与管片接触处焊接于管片预埋钢板处。衬砌采用分段施作,每段8m。对接段第二次混凝土施工见图3-1-20、图3-1-21。

②施工流程。

搭设台架→钢筋绑扎→胎模安装→模板、堵头安装→混凝土灌注→混凝土养护→脱模进入下一个循环。

③搭设台架。

台架采用钢管支架。钢管间距为600mm×600mm。钢管架搭设先满足钢筋绑扎及拱架模板搭设要求。

④钢筋绑扎及焊接。

利用搭设好的台架,作为钢筋绑扎平台,在钢筋绑扎及焊接过程中,要做好钢筋的标识和保管工作,避免锈蚀、油污,确保钢筋表面洁净。环向钢筋(受力筋)保护层的厚度为50mm,允

许偏差为 +10mm、-5mm。环向钢筋(受力筋)水平间距:拱部允许偏差为 ±10mm,边墙允许偏差为 ±20mm。纵向钢筋(分布筋)间距允许偏差为 ±20mm。焊接搭接长度要求为双面焊不小于 $5d$($d$ 为钢筋直径),单面焊不小于 $10d$。钢筋绑扎搭接长度不小于 $42d$。环、纵向钢筋(受力筋)同一截面内焊接接头及绑扎接头数量不得大于 50%。

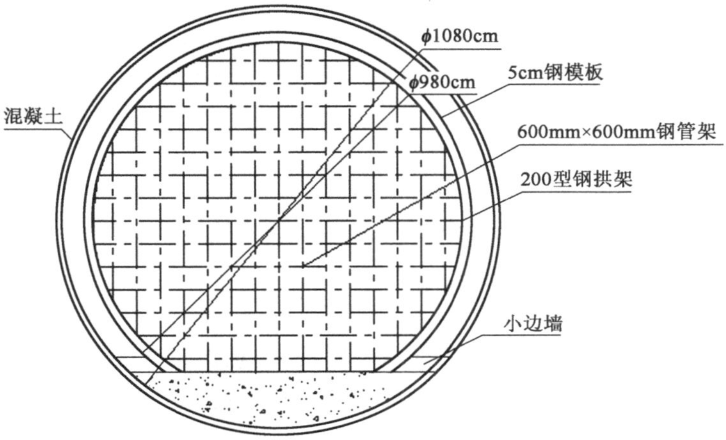


图 3-1-20 对接段混凝土第二次施工示意图

a) b)

图 3-1-21 对接段混凝土第二次施工现场

⑤拱架固定。

拱架为 200 型钢拱架,每 75cm 固定一榀拱架,在加固时外侧用 φ22mm 拉杆沿环形方向每间隔 1m 焊接在盾壳上,在刀盘位置焊接于连接两盾壳止水钢板上,然后在拱架上用螺帽固定。最后利用钢管架支顶。底部在仰拱混凝土植上 φ25mm 钢筋,再用工字钢或槽钢固定。焊接于盾壳及止水钢板上拉杆弯成"L"形,与盾壳搭接焊不少于 50cm,采用双面焊接。

⑥模板、堵头安装。

模板采用长 150cm、宽 30cm 定型钢模,在清理模板打磨时尽量使用灰刀、钢刷、角磨机、砂纸等清除,严禁使用钢钎、钢铲及锄头等敲击模板面,确保模板表面不受损伤,模板清理要全面、彻底,涂刷脱模剂时,用棕刷(排刷)把脱模剂涂匀,不得使脱模剂出现线柱状、成堆积聚和流淌现象，并不得出现遗漏现象。堵头安装利用内衬 $\phi$20mm 钢筋焊接在内衬钢筋网或者固定胎模的钢筋上及盾壳上。外侧在盾壳上焊接 $\phi$25mm 钢筋，打斜撑固定。

⑦混凝土灌注。

混凝土采用输送泵灌注。混凝土运输采用拆机自制宽轮距平板运输，拆机运输完成后，将自制平板车改造，自制平板车上加一台混凝土罐车及一台混凝土输送泵车。混凝土的供应，必须保证输送混凝土的泵车能连续工作；运输混凝土以中速行驶，运输过程中以 2 ~ 4r/min 的转速搅动，防止混凝土发生离析和水分散失过多。卸料前高速搅拌 20 ~ 30s 后中速卸料至泵车受料斗。输送管线宜直，转弯宜缓，接头严密。

⑧等强脱模。

待混凝土全部灌注完毕后，为保证衬砌质量，拆模时混凝土强度应不小于 12MPa，脱模强度应以同步养护混凝土试件强度为准。因此段衬砌在管片上进行，若洞内湿度不能达到混凝土自然养生条件，需专人养生，养生时间不得少于 7 天。

(3)质量保证措施

所有进场材料必须具有出厂合格证、质量检验报告，经检验合格后方可使用。

加强施工技术管理，严格执行以总工程师为首的技术责任制，使施工管理标准化、规范化、程序化。认真熟悉施工图纸，深入领会设计意图，严格按照设计文件和图纸施工。

模板按配模图和施工说明书的顺序组装，先将模板加工成模块再进行现场拼装，以保证模板系统的整体稳定；模板位置准确，接缝严密、平整。防止混凝土灌注过程中漏浆及错台。支柱和斜撑下的支承面平整垫实，并有足够的承压面。

模板定位严格按照规程进行，确保定位质量；同时在混凝土灌注过程中，注意严格控制模板两侧混凝土高度，使模板两侧对称、连续灌注，并随时注意加固松动的模板，杜绝漏浆、跑模、模板移动现象发生，拉杆焊接焊缝应饱满。

加强振捣，确保混凝土均匀密实，不存在漏捣和过捣现象，杜绝衬砌混凝土表面出现蜂窝麻面和流砂现象。

混凝土拆模时的强度必须符合设计或规范要求，严禁未经试验人员同意提前脱模，脱模时不得损伤混凝土。

拆模后，及时对拉杆、预留洞孔、预埋件周边不规则、麻面等病害进行处理。

6)应急预案

(1)事故类型和危害程度分析

超前支护效果达不到要求、监控量测对数据不能及时处理，将可能导致掌子面失稳、坍塌。

(2)应急处置措施

①对接隧道出现塌方后，抢险组立即营救伤员，并采取加设临时木撑、刚支撑等方式控制塌方的扩展。

②用钢拱架、钢筋网和喷射混凝土对塌方处进行结构补强，并封闭掌子面。

③有可能发生坍塌的支护系统进行支撑加强。

④当坍塌无法及时控制，并且危急抢险人员安全时，根据情况将人员撤离，避免人员伤亡；同时向掌子面堆码沙袋并输送砂浆回填，支撑掌子面，避免地层的进一步坍塌。

⑤当隧道出现涌水时，可先将涌水导流，然后用喷射混凝土将掌子面封闭。同时将水抽排

为抢险创造条件，然后利用导流管注浆将水封堵；同时在涌水点周边打密排超前小导管，并进行注浆，将涌水彻底封堵。

⑥当涌水很大，无法及时控制，根据情况将人员撤离，并向掌子面堆码沙袋并输送砂浆回填。同时地面进行降水井施工降低地下水位。

⑦完善逃生系统的设施（如通道、应急照明、通风、排水、通信、报警等）。

⑧对接施工应急抢险设备、物资见表 3-1-3。

**对接施工应急抢险设备、物资统计表** 表 3-1-3

| 序 号 | 名 称 | 规 格 | 数 量 | 备 注 |
|---|---|---|---|---|
| 1 | 双液注浆机 | FBY-50/70 | 4 台 | 存于现场 |
| 2 | 湿喷机 | | 2 台 | 存于现场 |
| 3 | 清水泵 | $80m^3/h$，扬程 80m | 2 台 | 现场 1 台，库房 1 台 |
| 4 | 污水泵 | $200m^3/h$，扬程 40m | 1 台 | 盾构隧道最低处 |
| 5 | 污水泵 | $250m^3/h$，扬程 40m | 2 台 | 竖井内 |
| 6 | 污水泵 | $100m^3/h$，扬程 40m | 1 台 | 正道暗挖 |
| 7 | 风钻 | $\phi$42mm | 5 把 | 存于库房 |
| 8 | 小导管 | | 1000m | 存于库房 |
| 9 | 普通硅酸盐水泥 | P. O32.5 | 100t | 存于现场随时补充 |
| 10 | 水玻璃 | 35°Bé | 30 桶 | 存于现场随时补充 |
| 11 | 中砂 | | $2000m^3$ | 存于现场 |
| 12 | 米石 | | $2000m^3$ | 存于现场 |
| 13 | 速凝剂 | | 30t | 存于库房 |

# 3.2 铁路盾构隧道上软下硬地层施工技术

大直径盾构隧道遇上软下硬地层刀盘易产生偏磨，泥水或土压平衡模式较难建立，极易导致地表发生较大沉降甚至塌方。下面以广深港高铁益田路隧道、莞惠城际铁路某隧道为实例阐述大直径泥水平衡盾构和大直径土压平衡盾构隧道上软下硬地层施工技术。

## 3.2.1 广深港高铁益田路大直径泥水平衡盾构隧道上软下硬地层施工技术

1）工程概况

原设计益田路隧道全长 6236m，其中，盾构法隧道长 3035m，直径 12.8m，单洞双线。纵断面布置示意见图 3-2-1。分两个区间，第一区间：1 号工作井至 2 号工作井，长 1472m；第二区间：2 号工作井至福田站，长 1563m，其中含 509m 的矿山法开挖盾构空推段。盾构机从 2010 年 9 月 12 日始发至 2012 年 4 月，完成掘进 368m（其中全断面硬岩 285m，上软下硬复合地层

83m)，在进入上软下硬复合地层后发生五次地面塌陷，平均日进度不足1m。

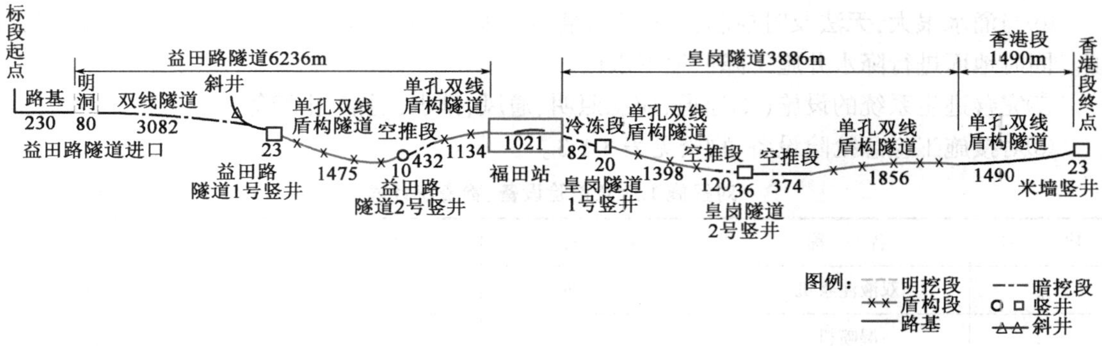


图 3-2-1　益田路隧道纵断面示意图

从控制风险和工期方面考虑，将益田路隧道盾构段剩余段工法进行了调整。将原益田路隧道第二区间盾构法隧道调整为矿山法隧道；从益田路隧道2号工作井向小里程方向采用矿山法开挖，开挖至DK109+105。DK109+387(2号工作井)~DK109+105采用矿山法开挖盾构通过段。盾构完成第一区间剩余DK108+284~DK109+105段821.4m掘进任务后空推282m至益田路隧道2号工作井解体、吊出并转场。其中DK108+284~DK109+105段为盾构掘进段，DK109+105~DK109+390为矿山法开挖、盾构空推段。盾构隧道剩余821.4m中有9段计417m上软下硬复合地层，对剩余段复合地层，地表采用三管旋喷和袖阀管注超细水泥浆，与竖井洞内注浆相结合，进行加固处理。

2)施工中出现的问题及处理措施

盾构自2011年3月进入上软下硬地层后，4~5月在中康小区内曾发生4次漏气塌陷，后通过顶部覆土加固，并采用跟踪注浆措施，保证了下穿中康小区居民楼的安全(地面最大沉降值13mm)；通过中康小区后，9、10月份掘进作业11天，换刀等作业49天，进尺仅30m。10月30日9时27分，在准备带压进仓换刀作业时，梅林路与梅村路交叉口处地面塌陷，塌陷范围沿隧道纵向长16m，横向宽20m，深度6m。塌陷区域中心处于刀盘正上方。

施工中存在的主要问题：一是在上软下硬地层中施工难度大、安全风险大；二是大直径泥水平衡盾构机在上软下硬地层中的施工经验以及设备制造经验不足；三是盾构施工进度慢，上软下硬地层设计进度指标80m/月，实际8个月仅完成68m。

(1)中康小区塌陷情况及处理措施

①塌陷情况。

2011年3月27日早7点，益田路隧道盾构施工至DK108+218.3(中康小区)产生地面塌陷。塌坑直径约5m，深约8m。塌坑回填混凝土410m$^3$，水泥15t。塌陷情况见图3-2-2、图3-2-3。

中康小区塌坑后，对塌坑周边及塌坑至小区9号楼之间实施注浆加固。根据塌陷后土体情况及现场调查：小区6号楼南侧早期为一冲沟，深10m左右，冲沟内有大量生活垃圾。6号楼建成后，在冲沟内回填了一些建筑及生活垃圾，9号楼建成又再次回填一些建筑垃圾，上面培种植土，进行绿化。经判定地面以下10m范围内为回填的土，其下为全风化变质砂岩，侵入隧道拱顶3m。隧道埋深约27m；隧道中心为强风化变质砂岩，埋设约5m；隧道底部为弱风化花岗岩,侵入隧道约5m。为上软下硬复合地层,掌子面自稳性差,盾构施工中开挖仓泥浆波动冲刷拱顶软弱地层,导致地面塌陷。

图3-2-2 中康小区第一次塌陷情况

图3-2-3 中康小区第一次塌陷回填陷坑

加固过程中为保护刀盘,防止水泥浆固结刀盘,对刀盘附近3~5m范围进行控制压力注浆,计划待盾构向前推进,管片拼装至该范围后再从地面实施注浆加固。

2011年5月4日20点40分,盾构机刚恢复推进至DK108+226.7即出现第二次塌陷,塌陷位于第一次停机加固时盾构机刀盘附近的DK108+218,直径1.5~2m,深约7m。塌坑回填C15混凝土180m$^3$。

2011年5月10日6点40分,盾构在停机换刀时产生第三次塌陷,位于第二次塌坑的左侧。塌坑中心里程DK108+219,直径1.5~2m,深约7m,塌坑回填C15混凝土198m$^3$。地面第三次塌陷见图3-2-4。

a) b)

图3-2-4 地面第三次塌陷

②主要原因分析。

盾构机刚由全断面基岩进入半软半硬地层,在上软下硬地层中施工,盾构机刀盘分布荷载差异大,造成刀具偏磨、刀圈断裂现象严重,频繁换刀整修,致使施工进展缓慢。

上部土体自稳性差,容易剥落坍塌,压力平衡难以控制,刀具非正常损坏严重。

由于协调原因,施工单位无法进入中康小区按设计方案进行预加固。

③加固方案。

加固方案分前期原设计和后期追加两部分。

前期原设计部分包含两个区域：第一区域为塌坑周围3m和塌坑至刀盘前方4.5m，采用袖阀管注浆加固；第二区域为刀盘前方2.7m至中康生活小区9号楼之间，长20m，宽19.2m，采用高压旋喷注浆加固。

第二区域刀盘至刀盘前方3m范围，采用控制压力（比正常地段压力小）注浆加固。因为该区域距盾构机近，正常注浆压力为20～25MPa，高出盾构保压（维持开挖面水土平衡）75倍。在该区域如果较正常压力注浆，必然会出现水泥浆进入盾构机，固结刀盘及盾体。一旦发生这种情况就必须在小区内，开挖竖井至盾构机底部，人工凿出固结体，完成这一工作需要7～8个月，施工期间将会给小区业主生活带来更大的不便。鉴于此，采取有保留的控制压力注浆加固方法。

后期追加部分：在中康小区9号楼西墙增加两排斜向钢管桩，对9号楼基础进行加强。采用直径108mm、壁厚3.5mm的钢管桩，间距700mm，排距600mm，见图3-2-5。

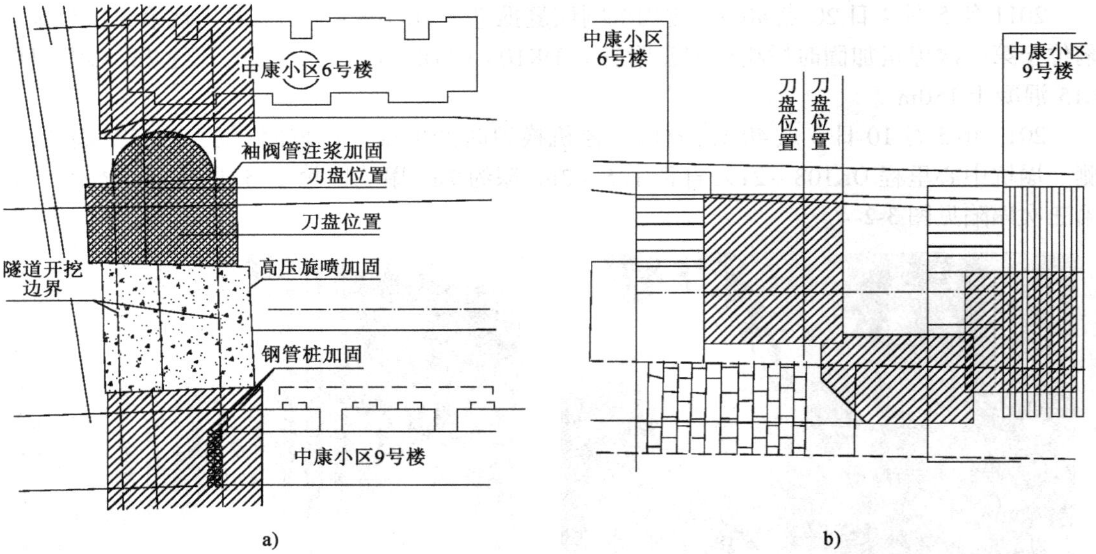


图3-2-5　地面加固示意图

（2）梅林路塌陷及处理情况

2011年10月30日上午9点，益田路盾构隧道DK108+272～DK108+288（即梅林路与梅村路交叉口）突然发生地陷（图3-2-6），地陷的范围南北宽16m，东西长20m，最深处为6m。地陷发生时，该路段地面已经封闭，地下盾构机也处于停机保压状态，未造成重大机械损失和人员伤亡。

①原因分析。

a.软硬不均地段泥水压力波动大，容易造成超挖，形成局部空洞。

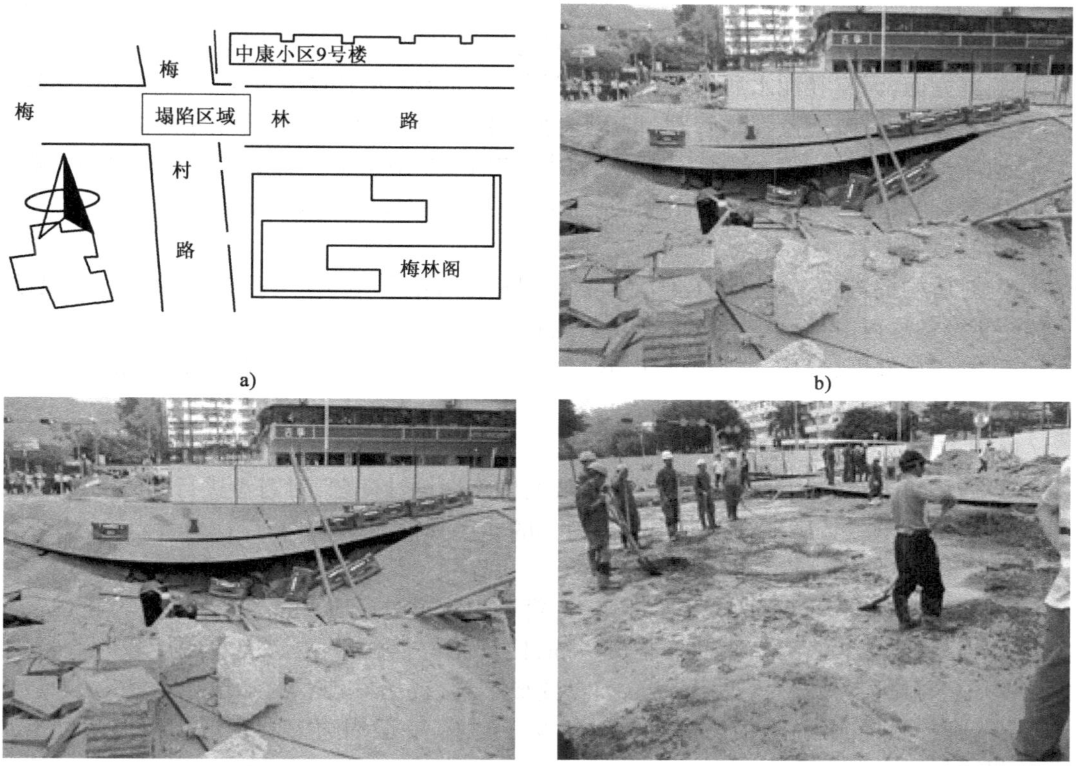


a)　b)　c)　d)

图 3-2-6　益田路盾构隧道梅林路塌陷

b. 盾构机不适应软硬不均地层，换刀频繁（基本上每掘进 50cm 需更换一次刀具），并反复对地层扰动，无法快速通过局部空洞，致使局部空洞不断扩大，进而发展至地表。

地陷发生区域隧道覆土厚度为 25m，上层为回填土、杂填土、砂质黏性土，裂隙很发育，气密性很差，特别是拱顶位于 W3 地层，岩层破碎，泥膜极难形成；下层为强度 120MPa 的花岗岩，在该地质条件下进行盾构施工，难度极大，刀具非正常磨损特别严重。

10 月 22 日，在此处换刀已持续 8 天，换刀期间发现拱顶的地层已开始剥落，逐渐形成了大约 7m 高的空腔，由于空腔和泥水系统连通，无法及时进行注浆加固。虽然距离地面还有 18m 的覆土，但该路段交通繁忙，常有重型车辆通过，车辆动荷载引起的振动加剧了地层的剥落。10 月 27 日，经协调，该区域路面（梅林路与梅村路交叉口）于 10 月 29 日进行封闭施工。封闭前后，施工单位采取袖阀管注浆、双液注浆不断加固改良地层，为盾构机能进行正常带压换刀提供安全的环境。

②抢险、处治。

应急抢险：一是在地陷区域内进行清除杂物→黏土回填→浇筑混凝土封闭；二是梅林路西段与梅村路南段已经进行了紧急封闭，同时对地陷区以外 20m 范围进行了围闭。

处治措施：采用三管旋喷桩@700mm 对盾构机刀盘前 2m、后 3m 范围内进行加固，加固深度为地面以下 22m。对其他因坍陷引起地层扰动的区域采用袖阀管注浆加固，填充密实。加密监测频率，密切关注周边建筑物、管线的沉降。

3)盾构区间工程重点和难点

益田路隧道剩余段施工仍面临以下技术难题。

在掘进方面:大直径泥水盾构掘进控制、长距离岩层掘进中盾构刀具管理、软硬不均段掘进模式及参数选择、渣土及泥水管理、带压进仓作业、带压进行仓内堆积物的清理打捞。

在地层加固方面:旋喷、注浆等加固过程中,如何减少对地下管线及周边建筑物的影响,如何控制深层旋喷桩的桩径、深层(强风化地层)注浆在有效加固区域的渗透等。

4)主要技术措施及对策

通过对盾构掘进368m的施工经验和教训进行总结,需从两个方面进行改善。一是改善盾构机,使设备尽可能地适应上软下硬复杂地质特性;二是对上软下硬地层进行预加固处理,并设一些常压检修区,给盾构机掘进和检修创造一定的条件。只有这两个方面相结合才能确保盾构掘进的顺利进行。

(1)对刀盘进行修复补强

针对盾构机刀盘结构厚度偏小,刚度偏低的先天性设计问题,对刀盘进行修复和补强。尽可能减小盾构在上软下硬复合地层中掘进刀具的非正常损坏率。

(2)对直径12.8m盾构机进行改造

①刀盘结构刚度不够。从工程类比来看,狮子洋隧道外径10.8m,刀盘厚度为850mm,而益田路隧道外径12.8m,刀盘厚度只有650mm,比较而言,益田路隧道刀盘刚度较小。特别在软硬不均地层掘进,刀具贯入度不一样,刀盘变形不均,现场发现容易形成振动和对刀具冲击过大,引起螺栓松动、异常磨损。按盾构设备设计要求,一般周边刀圈变形量不应超过1mm,该盾构机难以满足。

②盾构机周边刀具与刀盘面的安装角度太大。一般硬岩地层外圈刀具倾角不大于50°,现外圈刀具倾角明显大于50°,倾斜刀具轴承承受较大的侧向压力,引起刀具不转动,轴承损坏,刀盘、刀具异常偏磨。

因此,对刀盘和刀具进行改造,以适应本隧道施工需要。特别需说明的是,地层预加固可以增加换刀的安全性,减少地面塌陷,而加强盾构机的适应性是后续施工必须解决的根本问题。

(3)对上软下硬地层段进行预加固处理

剩余段盾构隧道穿越地段存在多段上软下硬复合地层,而上软下硬复合地层具有上部呈土(块)状,松软破碎、富水,开挖过程中极易出现掉块、坍塌,难以形成完整的泥膜护壁;下部绝大部分为80~190MPa的花岗岩或变质砂岩,岩面起伏大,开挖极其困难,再加上刀盘设计缺陷,易造成严重的刀具磨损。鉴于这种情况通过以下两个措施进行改善。

①采用地表高压旋喷和袖阀管注浆相结合的手段,提前对盾构隧道范围内及洞顶不少于6m高度范围内的复合地层进行预加固处理,增加上部软土的强度、整体性、自稳定,尽量缩小与下部硬岩的强度差异。

②根据对硬岩和复合地层段掘进经验及换刀频率的总结,在剩余段复合地层段30m设一个常压盾构检修点,提前进行预加固处理,具备盾构常压开仓检查、维修盾构设备条件。

还未施工的盾构段长1102m,其中软硬不均地层的长度约498m。采取地层加固和刀盘改造相结合的方法处理。

地层加固方法主要有高压旋喷桩加固、袖阀管注浆加固。在 DK108 + 289 ~ DK108 + 310 段盾构顶部土层进行两种加固方式的试验。最终根据加固效果来决定采用何种加固方式，见图 3-2-7。

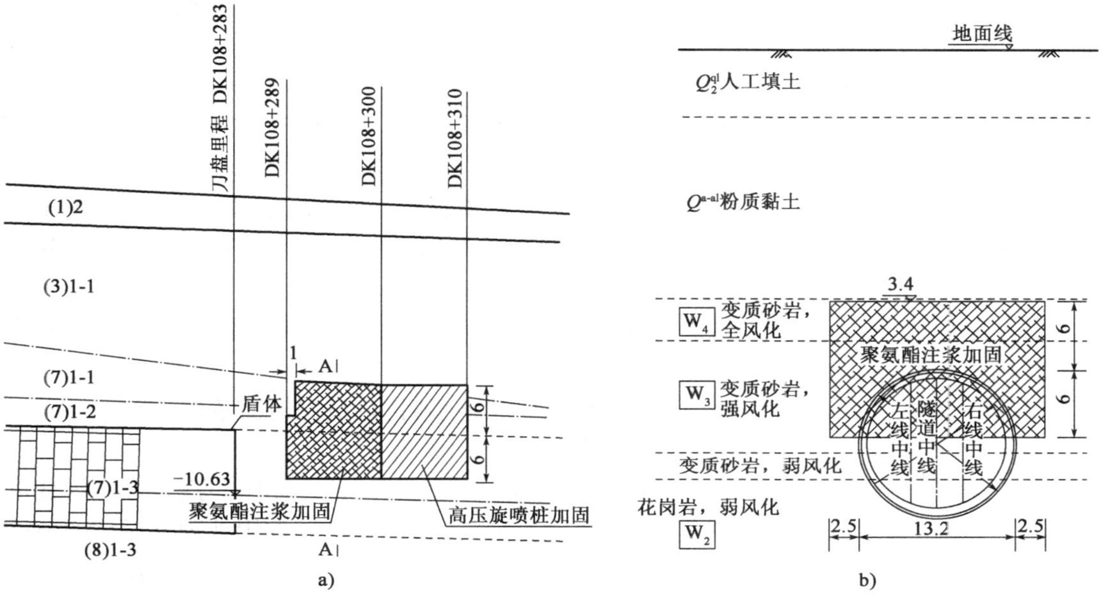


图 3-2-7　地层预加固(尺寸单位:m)

(4)过既有建筑物和管线的技术措施及对策

盾构施工中加强对地面及建筑物沉降进行严密监测，确保地表沉陷值控制在 +10mm 和 −30mm 以内。根据变形速率及时调整推进参数，指导施工。

①根据观测对象情况，在每个拟观测建筑物周围布设不少于 3 个稳固的基准点。

②根据沿线地面建筑物的详细调查资料、建筑物与隧道的相对位置、建筑物的结构形式及基础类型、围岩条件、施工方法等，对沿线地面建筑物在施工过程中可能产生的变形情况做较为精确的预测，并将预测过程、方法和结果提交监理工程师备案。每幢建筑物上面至少每个角设置一个观测点，或沿外墙布设，或布设在建筑沉降缝的两侧，以测量其位移、倾斜等。

③根据建筑物情况及重要程度，对盾构机开挖面前 10m 和后 20m 范围内的建筑物进行沉降监测，每天早晚各一次，直至沉降稳定。当沉降或者隆起值超过规定限差( −30mm/ +10mm)以及相临点沉降差超过规定限差 0.002$L$($L$ 为相邻点的距离)时，应及时通知有关部门，并加大监测频率。

④对于重要建筑物将采取自动记录仪和报警装置。

在建筑物密集区，地质条件复杂地段时，采用以下的掘进参数优化。

a. 切口水压：原则上根据切口水压的计算值，施工中还应按照地面沉降数据及时进行调整。

b. 泥水质量指标：在施工期间采用高质量的泥水输送到切口，使其能很好地支护正面土体。

c. 推进速度：推进速度的参数要配合切口泥水压力共同取值，以控制盾构切口前的沉降。

d.隧道分小段推进(10~20cm),勤报、勤测、勤纠,用前一步的监测数据来指导下一步的施工。

⑤控制注浆压力,保证同步注浆量,必要时进行壁后二次注浆。

⑥确保注浆泵机械性能良好,压力表显示准确,确保注浆管全部畅通,否则停机清理。

⑦尽量保持匀速推进,避免大幅度地调整掘进参数。

(5)盾构过市政道路既有管线

隧道通过场地为深圳市新中心区,剩余段隧道在梅村下方路南行,下穿梅华路、北环大道等深圳市主干道,路上路下布有众多燃气、供水、供电、排水、通信等管线。

①盾构施工中对地面及管线沉降进行严密监测,确保地表沉陷值控制在+10mm和-30mm以内,根据地下管线的详细资料,在隧道影响范围内的地下管线沿长度方向每5m布设一个监测点,以测量盾构掘进期间地下管线的变形量。

②加强地面沉降监测,尤其要对沉降敏感的重要管线(如混凝土管、煤气管等)布点监测,并根据观测结果调整观测的重点和频率。

③当施工中监测分析到某些重要管线可能受到损害时,将根据地面条件、管线埋深等因素,采用临时加固、悬吊或管下地基注浆等保护方案。

④施工期间严格控制盾构机的工况及操作参数,减少地层损失,及时注浆,减小地层变形。

通过工法调整,对刀盘进行修复补强、对上软下硬地层段进行预加固处理,以及对既有管线的保护等,顺利完成益田路隧道盾构段的掘进任务,并且掘进进度出现连续两个月突破100m,保证了工期,为盾构设备转场施工以及深港隧道掘进节约了时间。

### 3.2.2 莞惠城际铁路土压平衡盾构穿越上软下硬地层施工技术

1)莞惠城际GZH-3标段盾构区间穿越上软下硬地层施工技术

(1)工程概况

GZH-3标段盾构区间位于东莞市南城区,下穿大量厂房、学校、民宅等建筑物,与部分建筑物桩基距离较小,盾构隧道全长5567m,其中隧道穿越全风化混合片麻岩(W4)及以上围岩段长度为1110m,所占比例为19.9%,穿越“上软下硬”围岩长度为1156m,所占比例为20.8%,穿越弱风化混合片麻岩(W2)围岩长度为3301m,所占比例为59.3%,见图3-2-8。

GZH-3标段盾构隧道穿越岩层中,全风化混合片麻岩(W4)遇水易软化、崩解、流淌,掌子面遇水不能自稳,天然抗压强度为40MPa左右,而弱风化混合片麻岩(W2)整体性较好,掌子面稳定性较好,天然抗压强度超过100MPa,见图3-2-9。

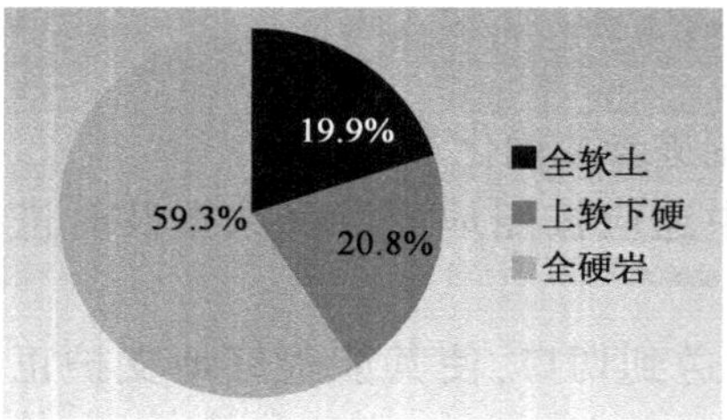


图3-2-8 地层分布比例

图3-2-9 上软下硬地层柱状图

(2)施工重难点

因上软下硬地层盾构掌子面上下岩石强度差异较大,掘进时易发生以下情况。

①刀具损伤严重,包括偏磨、刀圈崩裂、刀具螺母松动导致刀具脱落等情况,见图3-2-10。

a)　b)　c)　d)　e)

图3-2-10　刀具损坏情况

②出土难以控制,易导致超方严重,从而引起地面沉降甚至坍塌,见图3-2-11。

a)　b)

图3-2-11　地面沉降甚至坍塌

③地下水丰富,易导致易喷涌。

④盾构机在破岩时,盾体抖动幅度较大,姿态波动较大,不易控制。

(3)上软下硬地层盾构换刀点地层加固

为了保证盾构机正常作业,刀具的完好性十分重要,由于上软下硬地层中W4地层部分不具备自稳能力,因此在该地层中进行换刀作业前,需对掌子面进行加固处理。结合现场实际情况和工法特点,在隧道拱顶埋深小于18m时,采用地表旋喷桩进行地层加固;在隧道拱顶埋深大于18m且小于25m时,采用地表无收缩双液注浆(简称"WSS无收缩注浆")进行地层加固;在隧道拱顶埋深大于25m时,采用地表WSS无收缩注浆加固与盾构仓内带压换刀相结合的施工方法,以保证换刀作业时掌子面的稳定。

(4)WSS无收缩注浆加固技术

①浆液组成:WSS无收缩双液注浆,其关键是采用二重管钻机钻孔至预定深度后,采用一台同步双液注浆机注浆。浆液由三种材料组成:A液(水玻璃)、B液(磷酸)、C液(水泥浆),A液先后与B液、C液通过二重管端头的浆液混合器充分混合分别合成AB液(水玻璃与磷酸混合液)、AC液(水玻璃与水泥浆混合液)两种液体。

②加固原理:WSS无收缩注浆是在不改变地层组成的情况下,将土层颗粒间存在的水强迫挤出,使颗粒间的空隙充满浆液并使其固结,达到改良土层性状的目的。其原理是先通过AB液将土层颗粒间的水强迫挤出,再利用AC液使该土层黏结力($c$)、内摩擦角($\varphi$)值增大,从而使地层黏结强度及密实度增加,起到加固作用;颗粒间隙中充满了不流动而且固结的浆液后,使土层透水性降低,从而形成相对隔水层。

③注浆钻机设备:ZLJ-250煤矿用坑道钻机、钻杆、钻头。

④注浆泵及搅拌器:煤矿用双液注浆泵、双层搅拌器。

(5)上、下强度差较大的上软下硬复合地层施工总结

①地面跟踪注浆和洞内同步:盾构机于此类地层中掘进,极易超方进而造成地表沉降、房屋开裂,必须采取预处理、跟踪处理、掘进后处理等措施。房屋预加固措施一般采用袖阀管注浆,也可采用WSS注浆(易引起房屋上抬);盾构通过房屋时采取WSS跟踪注浆;盾构通过房屋后,采用地质雷达检测地下有无空洞,若有空洞采取WSS补注浆措施。

②不同环境采取不同加固方式:当施工场地开阔或加固深度小于18m时,盾构换刀点地层加固宜采用高压旋喷桩,但加固时间较长;当施工场地狭小或加固深度为18~25m时,盾构换刀点地层加固可采取WSS无收缩注浆,但掌子面稳定时间有限(与地质情况有关),有一定的风险性,可与带压换刀相配合实施。

③后期监控量测工作跟进:地层加固之后,盾构通过时,需至少每2h对地表房屋进行监测一次。

2)莞惠城际GZH-2标段盾构区间穿越上软下硬地层施工技术

(1)工程概况

标段全长5.8km。其中,盾构区间长3276m,隧道顶部最大埋深为45m,最小埋深8.6m,隧道穿越的地层以弱风化混合片麻岩、弱风化含砾砂岩为主。隧道下穿建(构)筑物密集,民宅多为浅埋基础,对地下盾构施工极为敏感。右线盾构机于2013年3月7日因地表塌陷停机,停机里程为GDK11+939,已掘进631环。

塌陷点地质情况,地质纵断面显示,盾构机刀盘通过的地层为弱风化含砾砂岩与全、强风化混合片麻岩接触带,为不规则整合面,该地层裂隙水丰富,易发生涌泥涌砂、水土流失现象。塌陷点地质情况见图3-2-12。

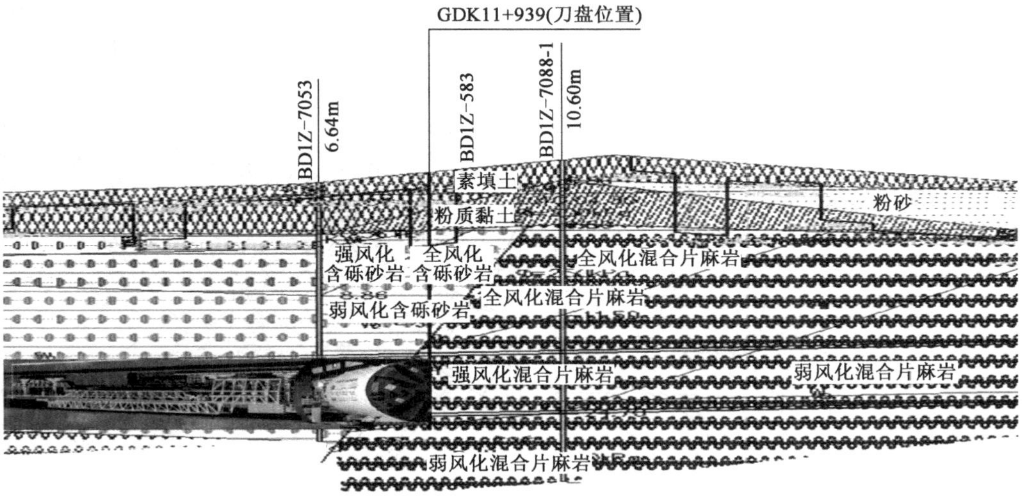


图 3-2-12　地质纵断面示意图

(2)塌陷事件

①事件经过。

2013 年 3 月 7 日晚在盾构施工过程中发现土仓压力突然持续异常升高,并停止掘进作业,进行封仓停机保压,地面巡视和监控量测人员发现地面房屋出现异常现象,立即组织人员通知周边居民楼内居民进行撤离,对隧道上方影响范围进行警戒。

当晚 23 时 10 分,JC193 四层楼房发生倾斜,压迫双层砖混杂物间,致使其倒塌。险情未造成人员伤亡。

②隧道上方塌陷点情况。

盾构隧道塌陷点位于 GDK11 +939 盾构右线正洞上方,距离右线盾构机刀盘约 10m,见图 3-2-13。

图 3-2-13　塌陷点房屋情况

③原因分析。

a. 地质方面出现不同岩性的交替变化,交界面处存在丰富的岩层裂隙水。

b. 在该区域分布有民宅化粪池及排污管道,可能存在漏水情况,经过长期渗漏、冲刷,对隧道上方土体浸泡,使全风化片麻岩变软,失去自稳和承载能力,在刀盘对土体的扰动下形成坍塌。

c. 由于盾构隧道上方地表建筑物密集,致使地表监测点埋设不规范,部分埋设在硬化路面表层,不能如实反映隧道覆盖层沉降变形情况,未能有效指导盾构掘进施工。

d. 掘进过程中存在超挖,同步注浆量不足现象。

e. 刀具磨损后未能及时更换,长时间低速欠压掘进。

④险情应急处置。

a. 地面注浆加固。

为控制塌陷区域进一步扩大，立即采取了注浆填充加固措施，以填充由于水土流失造成的空腔和松散体，尽快稳定地层，防止塌陷范围扩展。投入注浆设备21台(套)，其他设备16台(套)；共钻孔80个，注浆260m³。钻孔注浆孔位布置见图3-2-14。

a)　　b)

图3-2-14　地面注浆布置示意图

b. 加密地表沉降监测点，提高监测频率。

增加地层沉降监测点和水位观测点，以加强地层沉降及地下水位监测，监测范围由盾构机刀盘位置前30m、后50m，增加到前后各160m，宽度由隧道边线以外25m增加到40m，共增加监测点约200个。

c. 采取地质雷达扫描验证塌陷范围。

为探明地下塌陷区域范围，采用地质雷达和瞬态面波两种物探手段进行现场探测，共布设地质雷达测线110条，累计测线长度达2100m，测点22000个。

经现场核查，除受损严重的房屋外，其余雷达检测显示，存在土层欠密实及松散体的位置多为排水管沟及化粪池，个别为松散的砂层。

(3)复工前风险分析

①根据盾构机工况，右线塌陷点需进行带压进仓换刀后才能恢复正常推进，带压换刀为一项高风险作业工作。

②江淮汽车4S店配电房位于右线盾构机右上方，且该建筑物挡土墙受挤压局部损坏，存在一定风险。

③右线盾构隧道施工前方剩余11户未穿过，根据地质补勘结果，盾构前方不需要进行房屋加固处理，需请第三方房屋鉴定单位进行安全鉴定。

(4)复工前风险处理

①地质补勘情况。

为进一步查明塌陷区域地质情况，对该区域进行了2次补勘，共钻探9个孔位。勘察发现，在ZK1(深度范围21.50～24.20m)、ZK3(深度范围15.20～18.00m)遇空腔，ZK6(深度范围13.2～13.5m)发现地层扰动，已软化，空腔和扰动软化无规律，见图3-2-15。

场地内进行无压单液注浆对空腔和软化土进行处理，确保盾构复工前上部地层的稳定。

②管片外地质雷达扫描情况。

为确保隧道上方后期地表的稳定，在停机阶段，对左右线成型管片外壁空隙进行了雷达扫描排查，并根据排查结果，进行了二次补浆，经地质雷达再次复核确认，塌陷区域后方 100m 范围内未发现空腔及不密实现象。

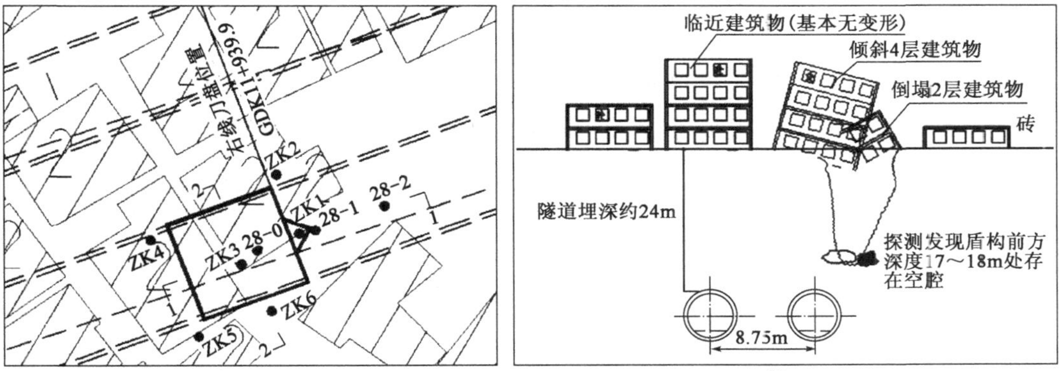


a)　　　　　　　　b)

图 3-2-15　补勘情况

③带压进仓换刀准备情况。

由于盾构机刀具磨损较大，不具备正常掘进条件，必须对刀具进行检查更换。为确保作业人员的生命安全，决定采取带压进仓换刀的方案。

带压进仓换刀的各项准备工作包括：人闸保压系统检验合格，满足带压进仓条件；保压试验满足开仓条件；方案编制及审批按要求完成；保压进仓人员培训、考核合格，取得专业资格证书；按照应急预案做好各项准备工作。

④江淮汽车配电房挡土墙风险处理。

a. 对损坏的挡土墙采取覆盖措施，避免雨水冲刷引起边坡滑塌。

b. 对勘查发现的空腔进行注浆充填后，采用混凝土挡土墙对原损坏的浆砌石挡土墙进行修复加固。

⑤盾构前方房屋安全风险处理。

a. 增加地层沉降监测点和水位观测点，以加强地层沉降及地下水位监测。

b. 在施工图中，该段地表无注浆加固措施，为确保地表建、构筑物的安全，在盾构掘进期间，采用移动式注浆机随盾构机移动，在监控量测数据及盾构施工出现异常时，及时采取地表注浆加固措施。

### 3.2.3　广深港高铁狮子洋盾构隧道上软下硬地层施工技术

*1)岸边段上软下硬地层*

(1)问题的出现

2009 年 10 月狮子洋盾构隧道进口掘进至珠江大堤堤脚时(DIK36 +450 左右)，在珠江大堤下方遇到宽度约 100m 的强风化碎裂带地层(DIK36 +450 ~ DIK36 +590)。2009 年 10 月底右线盾构机在试图穿越该段地层时，珠江大堤的堤脚处的水塘出现巨大的陷坑群塌落，最大陷坑直径发展到 20m，深度达到 10m，两台盾构机先后被困，无法正常向前掘进，如图 3-2-16、图 3-2-17 所示。

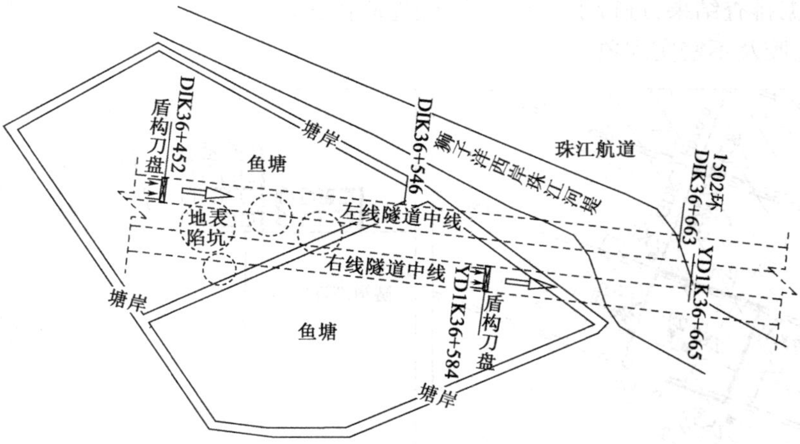


图 3-2-16　隧道位置示意图

(2)原因分析

依据地质详勘显示，揭露的不均匀岩层单轴极限抗压强度，最低的仅为1.23MPa，最大的达到了61.9MPa，差异很大，属于典型的“上软下硬、上破碎下完整”的复合地层，如图3-2-18、图3-2-19所示。

图 3-2-17　地表陷坑

图 3-2-18　开仓后上方垮塌情况

盾构机在不均匀地层掘进过程中，隧道下部的硬质地层掘进速度较慢，隧道上方强风化软弱地层崩解较快，崩解后的土体被循环泥浆运出隧道，隧道拱顶坍塌逐渐发展，最后形成地表陷坑。另外，崩解的块石极易堵塞泥水仓的出浆口，导致需要反复开仓排石，泥水平衡模式无法长期建立，也是导致隧道超挖、地表塌陷的另外一个主要原因。

(3)施工技术方案研究

要保证安全施工，必须对隧道前方的破碎地层进行预加固，重点对“地表高压旋喷加固地层方案”和“地表深孔袖阀管注浆加固地层方案”进行了研究。

“地表高压旋喷加固地层方案”存在的主要问题如下。

①隧道前方地层为全风化花岗岩，虽然极易产生块状崩解，但单个块体强度依然很高，旋喷注浆工艺不易喷开块石，很难达到预计的加固效果。

②旋喷的设计深度需要达到52m，施工时大量的浆液可能会返至地表30m以上的淤泥质

地层，消耗浪费大量浆液，成本高。

③旋喷施工压力较大，浆液的扩散范围不易控制，存在浆液可能因不规则扩散而包裹固结盾构机的危险。

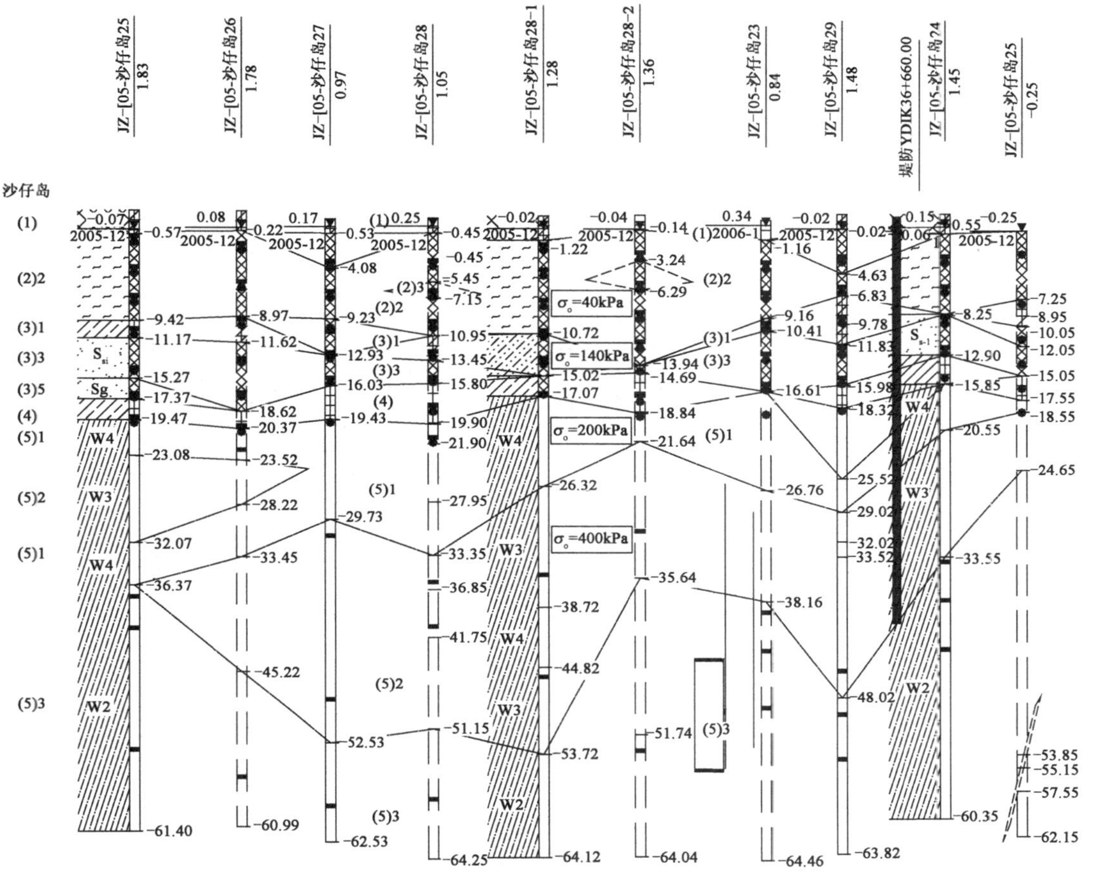


图3-2-19　地质剖面示意图(单位：m)

采用“地表深孔袖阀管注浆加固地层方案”的优点如下。

①袖阀管注浆工艺为静压力注浆，浆液低速缓慢运行，能有效填充岩层裂隙，固结裂隙发育的岩体。

②在靠近盾构机的注浆孔注入低强度浆液(如聚氨酯类浆液)，离盾构机稍远的注浆孔采用水泥类浆液，因低强度浆液的隔离作用，避免水泥浆液固结盾构机事故发生。

③采用袖阀管注浆工艺，浆液不易上返，能实现控域注浆，浆液不会因大范围超出扩散范围而浪费，节约成本。

综上所述，确定采用“地表深孔袖阀管注浆加固地层方案”，并由专业注浆队伍进行技术攻关和施工。

(4)深孔袖阀管预注浆施工方案及实施

①注浆加固范围的确定。

根据地质剖面图显示的破碎地层的段落分布及深浅范围，确定地表袖阀管注浆加固范围如图3-2-20、图3-2-21所示。Ⅰ区主要加固隧道左线,因隧道右线已掘进通过,地表采用回填的方法处理,不再进行注浆加固,但左线通过对右线的扰动作用肯定存在,故Ⅰ区采用的注浆范围为全断面注浆加固。Ⅱ区为没有扰动过的原状地层,加之破碎带侵入地层也相对较浅,故设计仅在隧道顶部注浆加固,实现针对性注浆,以节约施工成本。

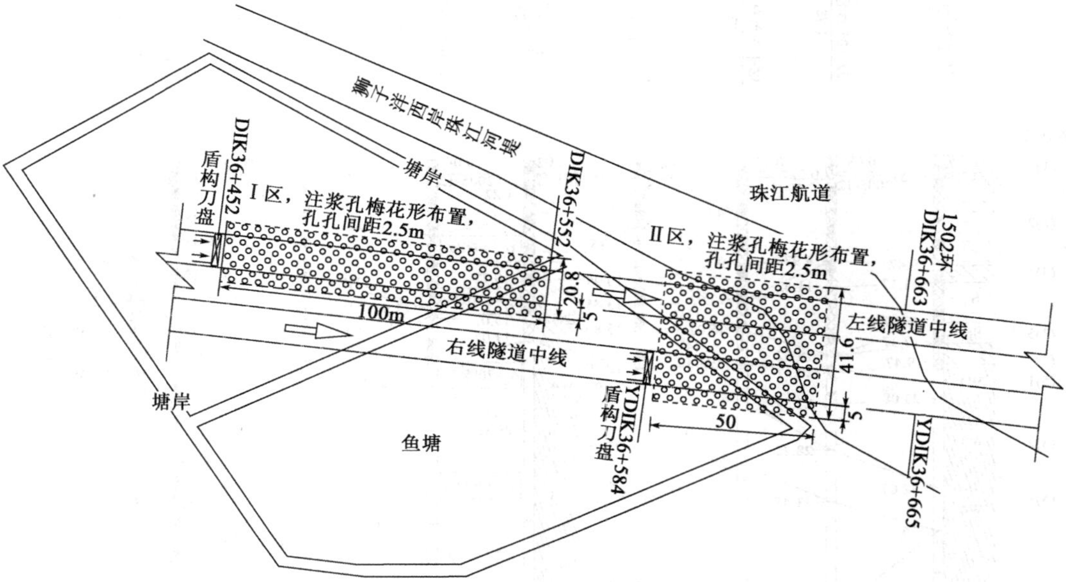


图3-2-20　注浆加固范围平面示意图(尺寸单位:m)

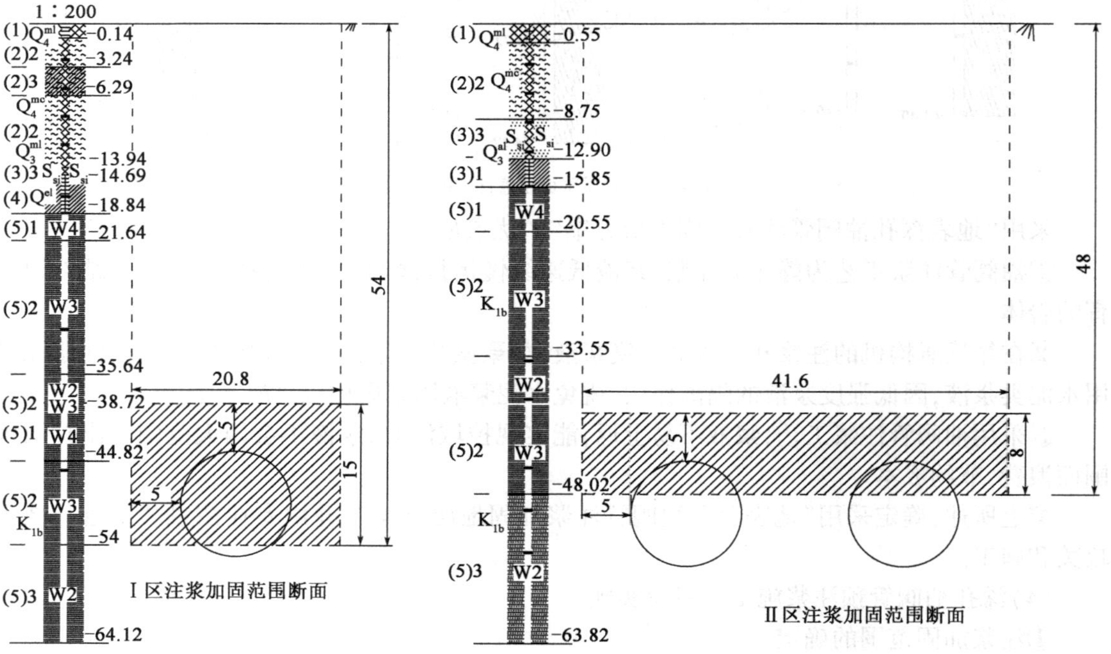


图3-2-21　注浆加固范围断面示意图(尺寸单位:m)

②施工工艺

a. 钻孔工艺。

从地表向下，注浆穿越多种地层，钻孔施作工艺如何保证最深 54m 的注浆孔不塌孔、不偏移，袖阀管能依据设计要求下入是工程的主要难点之一。为解决此项钻孔困难，施工中采用多功能地质钻机，钻机能实现跟管钻进的套管施作工艺，钻杆为双层，钻杆偏移的可能性大大降低，钻孔的终孔偏移能控制在 20cm 之内。钻机成孔后，将内钻杆推出，保留外套管，袖阀管沿外套管内下入，然后再拔出外套管，完成注浆孔钻孔工艺的施作，见图 3-2-22 和表 3-2-1。

图 3-2-22 多功能地质钻机在进行套管钻孔作业

**套管钻孔施工钻具规格配套表** 表 3-2-1

| 名称 | 钻孔间距 | 套管外直径 | 套管内直径 | 内钻杆直径 | 袖阀管外直径 | 袖阀管内直径 |
|---|---|---|---|---|---|---|
| 单位 | m | mm | mm | mm | mm | mm |
| 尺寸 | 2.5 | 133 | 117 | 76 | 50 | 40 |

b. 袖阀管注浆工艺。

注浆加固工程的另一个难点是对盾构机的保护，防止注入的浆液渗入或窜入盾构机，从而包裹机器，造成巨大的损失，现场注浆施工中采取以下措施确保盾构机的安全。

注浆施工过程中，盾构机保持带压运转，防止窜入浆液凝结包裹刀盘；当开始注浆时，在盾构机前方注入聚氨油脂，将盾构机包裹起来，填充盾壳与地层之间的空隙，保证浆液不能进入这个空隙而将盾壳与地层固结；在靠近盾构机刀盘较近的四排注浆孔，注入强度较低的改性水玻璃浆液，填充盾构刀盘前方的孔隙，隔断其他注浆孔与盾构机刀盘之间可能存在的浆液串通联系。

采用袖阀管注浆施工，需要克服的主要难点是袖阀管的内芯管需要下入的深度达到 54m，尚没有类似的工程经验所借鉴。普遍采用的袖阀管注浆施工的深度一般在 35m 以内，注浆芯管用的止浆系统为“双层双向皮碗式止浆塞”，皮碗式止浆塞在深度超过 30m 以后，止浆塞与芯管间摩擦力增大，起拔困难，容易发生翻碗、断芯管、丢塞的情况，进而可能形成阻挡盾构掘进的工程事故。

为攻克此项技术难题，采用了“水囊式止浆塞”，其特点是通过水压膨胀水囊达到止浆的目的，当水压卸去之后，水囊变小，减去了止浆塞与袖阀管之间的摩擦力，不会出现卡芯管、丢止浆塞的情况。但止浆塞操作相对复杂，对工人技术熟练程度要求较高，水囊式止浆塞的成本也相对较高。本工程共采用 10 套水囊式注浆塞施工，没有出现卡芯管、丢止浆塞的情况。注浆施工工艺如图 3-2-23 所示。

③注浆参数见表 3-2-2。

a)连接管路　b)下入水囊式止浆塞

c)起涨止浆塞　d)注浆施工

图 3-2-23　注浆施工工艺

**注 浆 参 数 表**　表 3-2-2

| 序　　号 | 参 数 名 称 | 设 定 参 数 |
|---|---|---|
| 1 | 扩散半径 | 3 ~ 4m |
| 2 | 注浆终压 | 2 ~ 3MPa |
| 3 | 注浆速度 | 10 ~ 100L/min |
| 4 | 水囊塞压力 | 1.5MPa |
| 5 | 袖阀管后退式分段注浆长度 | 100cm |
| 6 | 水泥—水玻璃双液浆配合比 | $W:C=0.6:1\sim0.8:1$(质量比) |
|  |  | $C:S=1:1$(体积比) |
| 7 | 普通水泥单液浆配合比 | $W:C=1.2:1$ |
| 8 | 改性水玻璃配合比(质量比) | 水玻璃：碱性外加剂 = 100：4 |
| 9 | 套壳料配合比(质量比) | 水泥：膨润土：水 = 2：1：3 |

(5)注浆加固效果检查

①效果检查方法。

采用“渗透系数法”作为评价注浆效果的最终检验方法。该方法整体性强,对注浆效果的评价比较准确。

②效果检查。

a. 选取注浆孔孔数的 3% 作为检查孔，共设注水检查孔 20 根，设在孔与孔之间的注浆薄弱环节，分别为 J1 ~ J20。其中 J1 ~ J10 为第Ⅰ区的检查孔，J10 ~ J20 为第Ⅱ区的检查孔。

b. 测定数据的收集方法。

2009 年 11 月 26 日，对注浆效果注水实验进行了检查，对注水时间、量、压力等参数进行了现场采集。

注水时间：使用工具为普通秒表。记录从注水开始到注水结束的时间，单位为 min，精确到 s。

注水量：量测现场储水容器，算得注浆前后水量的变化，得出精确的注浆量，见图 3-2-24、图 3-2-25。

图 3-2-24　测量桶的容积

图 3-2-25　注水后测量液面下降的高度

测得储水桶的容积内径为 70cm，液面每下降 1cm，水量减少为 $3.14 \times 0.352 \times 0.01 \times 1000 = 3.8$L。

注水压力：注水压力设定为 2MPa。

③效果评定计算及结论。

注浆前后地层渗透系数计算，采用注水试验和根据现场注浆状况，根据以下公式计算注浆前后地层的渗透能力。

$$K = 0.527 \cdot w \cdot \lg \frac{1.32L}{r} \qquad \left( 其中, w = \frac{\overline{V}}{L \cdot \overline{P}} \right)$$

式中：$K$——渗透系数（m/d）；

$w$——地层单位吸水量（L/min · m · m）；

$L$——注浆段长度（m）；

$r$——注浆孔半径（m）；

$\overline{V}$——注水（浆）时稳定流量（L/min）；

$\overline{P}$——注浆压力［m（$H_2O$）］。

注浆前：根据注浆时统计的平均初始数值，注浆泵的起始流量为 60L/min，起始压力为 0.3MPa，分段注浆长度为 1m。故取平均值为：取 $\overline{V}$ = 60L/min、$L$ = 1m、$\overline{P}$ = 30m（$H_2O$）、

$r=0.02$m(内径为40mm)。计算得注浆前浆液在地层渗透系数为:$K_{前}=2.56$m/d $=2.96\times10^{-3}$cm/s。由上可得浆液在地层的渗透系数为$2.96\times10^{-3}$cm/s,水的渗透系数在平均意义上应大于该值。

注浆后的注浆试验数值见表3-2-3。

注水试验数据表　　　　表3-2-3

| 项　　目 | 持续时间 | 消耗水的体积 | 稳定流量 | 注浆段长 | 注浆孔半径 | 注浆压力 | 单位吸水量 $w$ |
|---|---|---|---|---|---|---|---|
| 单位 | min | L | L/min | m | m | m($H_2O$) | L/(min·m·m) |
| Ⅰ区检查孔平均值 | 10 | 19 | 1.9 | 10 | 0.02 | 200 | 0.00095 |
| Ⅱ区检查孔平均值 | 10 | 13.5 | 1.35 | 5 | 0.02 | 200 | 0.00135 |

注:平均地层单位吸水量 $w=0.0115$L/(min·m·m)

计算得,注浆后地层平均渗透系数 $K_{后}=0.0016$m/d $=1.85\times10^{-6}$cm/s。

(6)结论

①在盾构机经过的线路上施作50m的深孔袖阀管注浆在铁路工程中尚属首次,通过该工程的科研和施工,解决了两大施工难题:其一,解决了深孔袖阀管注浆的“卡、掉芯管”问题,保证了注浆芯管下到预定深度并避免了“卡、掉芯管”的事故发生。其二,通过袖阀管注浆工艺浆液扩散范围可控的特性,结合选用不同性能的浆液,消除了在盾构机前方注浆施工可能“包裹、固结”盾构机的隐患。

②注浆前后,地层平均渗透系数分别为$2.96\times10^{-3}$cm/s和$1.85\times10^{-6}$cm/s,通过注浆改良地层,使地层的渗透量大幅降低,改良效果明显,地层的降透率达到了95%以上。

③注浆前地层渗透系数为$2.96\times10^{-3}$cm/s,渗透能力较强,因而在这种地层中注浆,注浆机理是扩散和剪切渗透相结合。施工中采用普通水泥—水玻璃双液浆、普通水泥单液浆为主要注浆材料,是适合的。

④目前两台盾构机已顺利穿越了珠江大堤,大堤没有发现开裂、下沉等问题,并且盾构机在掘进通过注浆加固体时,推进平稳,没有再出现频繁堵管问题,专项方案效果明显,为以后类似工程提供了可借鉴的经验。

2)江中段上软下硬地层

(1)施工情况

自2010年9月起,狮子洋隧道进口左、右线进入2010环后,均先后出现了不同程度的掘进异常,大块石堵仓,局部坍塌、掉块,泥浆循环不畅,刀盘被卡,刀盘磨损加剧等现象,掘进异常艰难。进口左右线刀盘分别被卡在2026环和2012环处。

①进口左线掘进情况。

2019年9月份,左线盾构共掘进13环。

9月1至6日掘进10环,掘进基本正常。自9月7日起,开始掘进2022环,出现泥浆循环不畅、携渣困难,扭矩过大等现象,掘进2022、2023、2024环分别用时一天,掘进非常困难,开仓检查显示:岩层裂隙发育,刀盘磨损严重,中心滚刀、正面滚刀各掉落一把。所以决定在此对刀盘进行焊接,从9月10日至9月26日进行停机焊刀盘,共用时17天,27日恢复掘进,9月27至29日三天艰难地推进2环,在掘进2026环过程中,扭矩及切口水压波动异常,出现刀盘被卡现象。开仓检查情况为:岩层裂隙极其发育,拱部出现不同程度的坍塌,其中右上方塌体高约4m,多个石块卡在刀盘与掌子面之间,已经无法掘进。

②进口右线掘进情况。

自2019年9月1起,右线共掘进28环。

9月1日至4日,由于盾尾漏浆严重,对尾刷进行了更换,同时对刀具进行了更换;9月5日至10日,掘进1984环~1995环,共12环后,更换了刀具;9月11日至14日,掘进1996环~2002环,共7环后,更换了刀具;9月15日至9月21日掘进2003~2011环,共9环。

掘进至2012环1.4m左右时扭矩突然增大,刀盘跳停卡死,采用脱困扭矩和回缩推进油缸后,盾构机均无法使刀盘转动起来,开仓后检查,发现该段地层岩体破碎,开挖掌子面坍塌严重,开挖仓内渣土夹石块堆积有5m高左右,渣土已接近中心旋转体,且从4号到14号液压缸位置的塌方体将整个刀盘右侧掩埋,一部分大石块卡在刀盘法兰以上,整个开挖掌子面自11点到2点塌方有2m左右,掌子面1点至3点右上方塌方有8m深左右的空洞,塌方体中最大的石块尺寸约(长×宽×高)1000mm×500mm×400mm,且大石块中夹有圆形的孤石,人工清理过程中发现塌方还在继续,掌子面的水从破碎的岩石裂隙喷射出来,喷出的水浑浊中夹有少量细砂,且喷水量有加大的趋势。虽然左侧掌子面未坍塌,但经观察左侧岩体也较破碎,肉眼观察是由已风化成一块一块的石块层叠堆积而成,稳定性极差,刀盘上的刀具一碰击就会脱落,刀具无法形成有效的破岩能力,且脱落的大块容易堵塞环流管路和排浆泵,渣土堆积在开挖仓和气垫仓内,从而形成负压,给掘进施工带来很大的困难。

(2)掘进施工中存在的问题及原因分析

①地层破碎、坍塌严重、裂隙水发育等,对掘进造成很大影响。

a.掘进过程中存在仓内掉块现象,造成频繁堵泵、掏泵,频繁堵泵致使泥浆泵故障率高,并使本已磨损的泥浆管路环流压力波动大,加速了泥浆管路的爆裂,严重影响掘进施工。更严重的是,进口左右线盾构机刀盘均已被塌体填塞,无法掘进。

b.地层裂隙发育,开仓困难、涌水量大,左右线裂隙相距100m仍互通。开仓换刀和焊刀盘及掘进时,两条线必须停机降压或保压等相互配合。为建立泥水平衡,一台盾构机处于工作状态时,另一台盾构机即使不能掘进也必须处于关仓保压状态,影响了掘进进度。

c.地层破碎导致刀具异常磨损、损坏,刀盘磨损严重。导致频繁地更换刀具和焊接刀盘。严重影响了掘进进度。原设计一台盾构机5盘刀即可掘进完成,目前每台盾构机都已超过25盘刀。磨损严重时4~5环就要更换刀具。原设计不要焊刀盘即可完成任务,目前每台盾构机只是大焊都已达10次以上,严重影响了进度。

②盾构机老化、磨损严重,处于极限工作状态,影响了掘进进度。

a.每台盾构主轴承的运转时间已接近设计10000h的设计时限,特别是右线的两台盾构机,主轴承齿轮润滑油泄漏和污染严重,运行状况很不理想。经常加换油脂,影响掘进进度。

b.刀盘磨损严重,锈蚀严重,并经过多次焊接,刚度已严重不足。每次换刀都至少需要2天时间,每次大焊刀盘用时都在15天左右时间,严重影响掘进进度。

c.泥浆管路磨损严重。

泥浆管路磨损严重,在岩石地层中掘进平均每400环需更换一次排浆管,4个洞口段500

环已更换达4次,目前洞口段管路整体已磨损非常严重,经常出现爆管现象。另外,盾构机范围内的特殊管路也已老化磨损严重,而此处空间狭小,处理难度大,现已对多处破损管路进行了包焊处理。换管非常频繁,严重影响进度。

(3)采取的主要措施

因两台盾构处于受困状态,所以采取措施以盾构机脱困为主要目的。首先对掌子面塌体进行固结,防止塌方的发展和为清理渣仓提供安全保障,固结完毕后清理渣仓。因隧道上方为海水区域,所以只能从狭小的人舱内对塌体进行固结,国内尚属首次。

# 3.3 铁路盾构隧道浅埋下穿河流施工技术

## 3.3.1 天津西站至天津站地下直径线浅埋下穿海河

1)工程概况

天津西站至天津站地下直径线,简称天津地下直径线,是联系东北、华北及华东地区铁路路网的重要通道,其修建可提升滨海新区对外能力,发挥天津站和天津西站的作用,发挥部分城市轨道交通功能,沟通津秦客专与京沪高铁通道,对滨海新区的建设和发展具有十分重要的意义。

天津地下直径线盾构隧道是当时天津市最大直径的盾构隧道,该盾构隧道于2010年8月23日始发,2012年6月12日贯通。盾构隧道长约2146m,隧道设计为单洞双线,采用一台$\phi$11.97m泥水加压气垫平衡式盾构机,衬砌采用C50钢筋混凝土管片,抗渗等级为P12,管片厚度为500mm,隧道外径为11600mm、内径为10600mm。

2)工程难点及海河段重大风险点

直径线隧道位于天津市市中心海河沿线地区,跨越红桥、南开、河北3个行政区,主要穿越2条河流(海河、南运河各一次),2条规划地铁线(4号线、6号线),3栋建筑物,4个规划地块。盾构隧道两次穿河且大部分傍河敷设,施工风险高。在超浅覆土(有效土层厚度不足4m)的条件下穿越大江大河的大直径盾构工程案例较为少见。

(1)盾构隧道与海河平面关系

海河及其护岸桩与直径线隧道交叉段位于狮子林桥东侧,长165m,与海河交角约为30°,隧道涉及的水域范围长141m,如图3-3-1所示。

(2)盾构隧道与海河横断面关系

隧道顶距海河河底最小距离8.4m,盾构隧道与海河左岸护岸桩(2排共24根)在空间碰撞交叉,交叉高度2.7~3.0m,隧道顶距右岸护岸桩桩底最小距离0.182m,见图3-3-2。

(3)海河段地层地质条件勘察

工程加固区域主要处于淤泥地层中,淤泥分布在海河底部,含碎石等杂物,见图3-3-3。钻孔揭示隧道上方淤泥最大深度为7.6m,具有灵敏度高、低强度等特点,极易发生蠕动和扰动。

盾构下穿海河段,海河底存在淤泥层,平均厚度为5.35m,工程性质差。

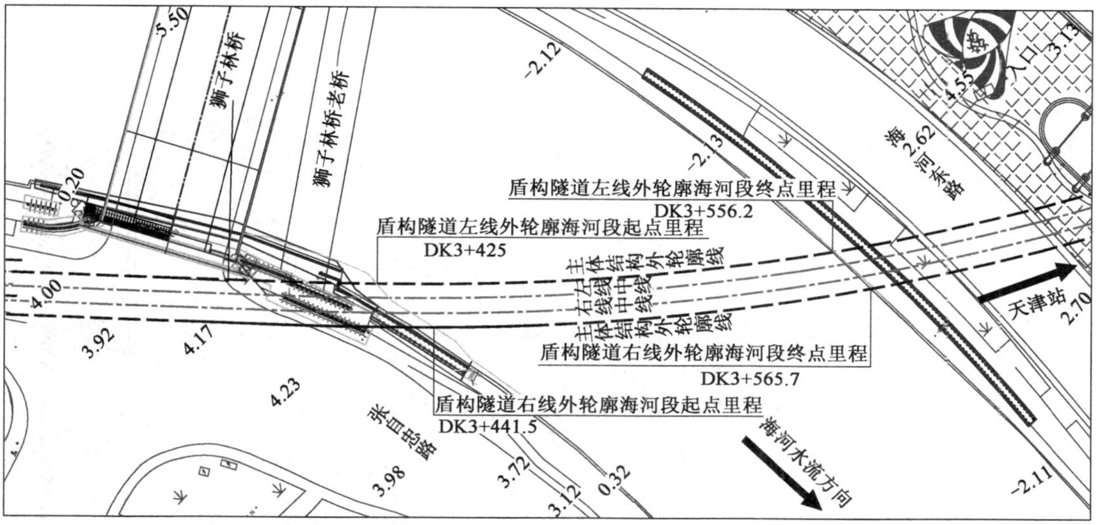


图 3-3-1　盾构隧道与海河平面关系示意图(高程单位:m)

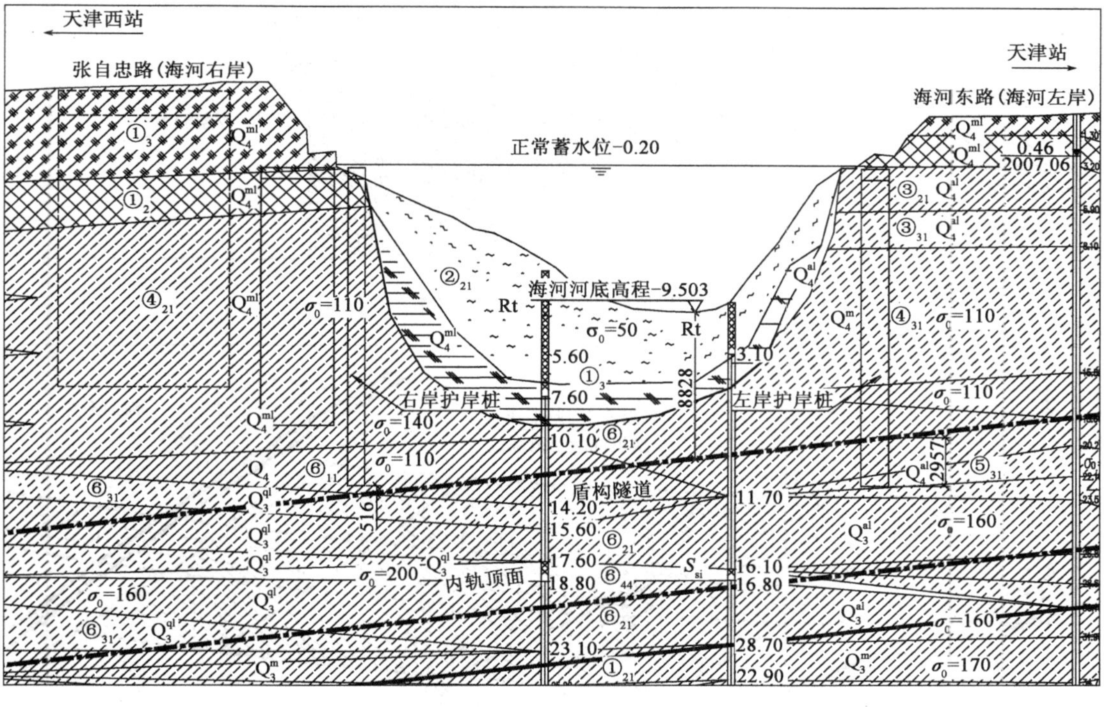


图 3-3-2　盾构隧道与海河横断面关系示意图(深度单位:m,承载力单位:kPa)

### 3)盾构穿越海河段施工技术

#### (1)海河河底加固

将隧道上部一定范围内的土层及淤泥层进行注浆加固改良,将淤泥换填成混凝土并采用钻孔灌注桩将换填混凝土锚固在隧道两侧,见图 3-3-4、图 3-3-5。

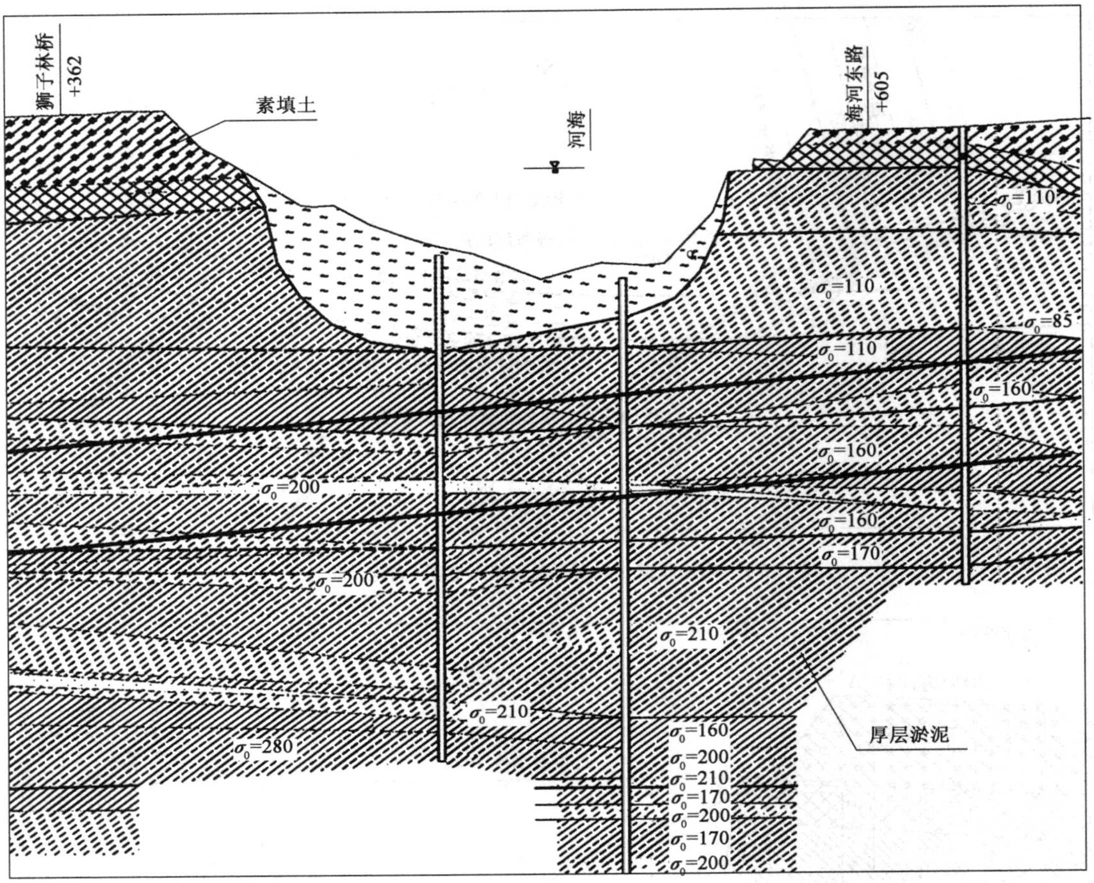


图 3-3-3　海河段地质纵横剖面示意图(承载力单位:kPa)

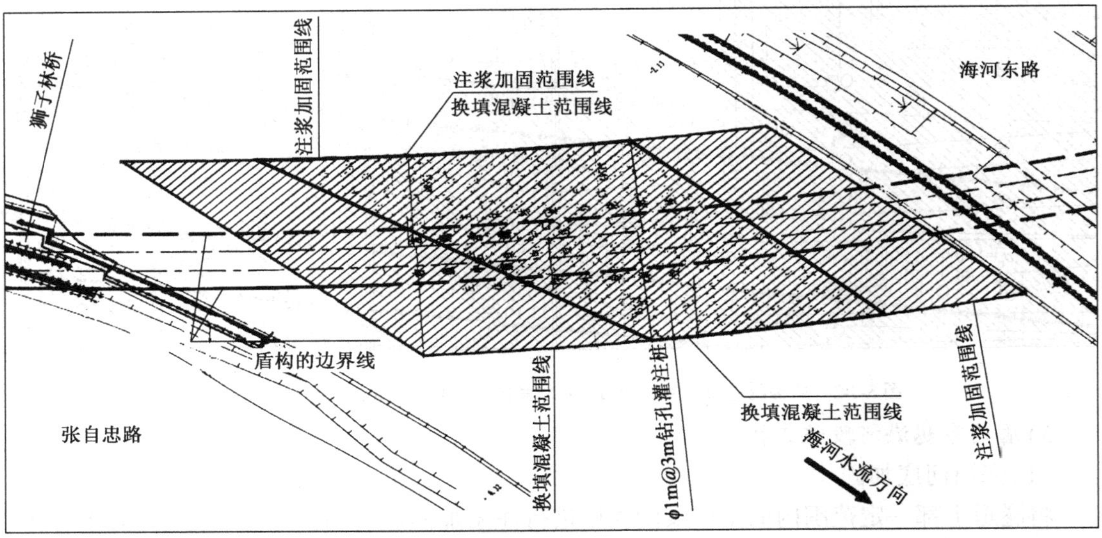


图 3-3-4　海河加固区域示意图

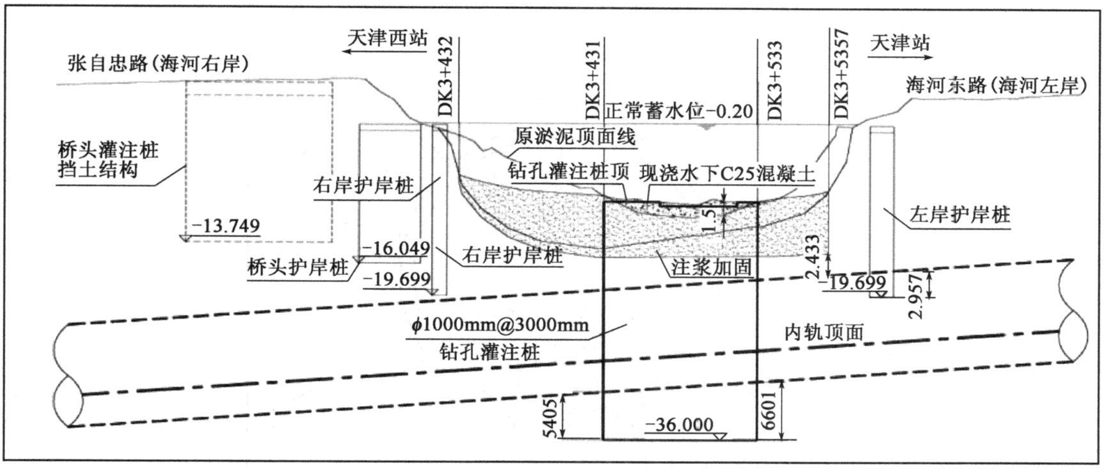


图 3-3-5　海河加固后隧道与海河位置图(尺寸单位:mm,高程单位:m)

海河河底加固效果检查:海河加固完成后,进行河底钻孔取芯检测(采用钻芯法和标准贯入试验法)。

①加固前河底土体性质。

根据勘察报告,穿越海河段上覆②$_{91}$层淤泥呈流塑～软塑状态,基本承载力 $\delta_0 = 50\text{kPa}$。

②加固后河底土体性质。

根据海河注浆加固后 45 天对加固效果进行钻芯法和标准贯入试验检测,钻芯法检测共施工 13 个钻孔,2 个标准贯入试验孔。

a. 岩芯观察:从钻孔抽芯观察,该加固底层②$_{91}$层淤泥岩芯多呈柱状,呈可塑状态,含较多水泥碎屑。

b. 标准贯入试验。

对 $Q_3$、$Q_4$钻孔内进行标准贯入试验。通过试验成果,注浆加固后修正标贯击数 $N$ 范围值为 2.37～12.46 击,加固段标贯击数较高,$N$ 值多在 6 击以上,平均值为 8.74 击。

加固后土层从状态、无侧限抗压强度等性质都与注浆加固前有明显的提高,而淤泥土层的基本承载力按不利条件考虑,加固前 $\delta_0 = 50\text{kPa}$,加固后 $\delta_0$提高为 90kPa。

(2)洞内工艺

管片背后二次深孔加强注浆是在管片上预留的注浆孔向地层中打孔,并插入注浆管进行注浆,以补偿地层损失,减少构(建)筑物沉降,注浆里程为 DK3＋433.8～DK3＋563.5 上半断面 180°范围,注浆深度管片外 3m,下半断面为管片外 6m,见图 3-3-6。

(3)盾构机停机开仓检查、更换刀具

①开仓检查、更换刀具的必要性。

一是盾构下穿海河为天津地下直径线工程极高等级的风险点,要确保盾构下穿海河段的安全性。二是为了确保盾构始发的安全性和可靠性,始发段范围内对土体进行了土体加固,盾构机刀盘刀具切削加固体对刀具磨损严重。经过 140m 的试验段盾构掘进施工,为了确保盾构机一次性成功穿越海河段,故在下穿海河前要停机进仓检查、更换刀具。

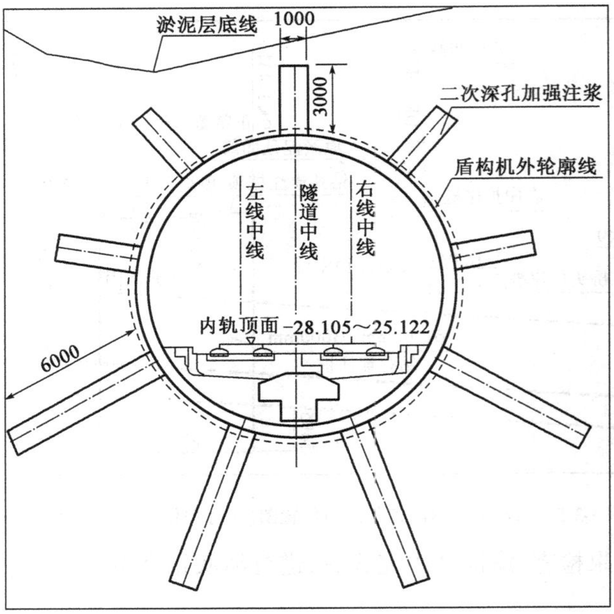


图 3-3-6　穿海河段注浆示意图(尺寸单位:mm,高程单位:m)

②盾构停机位置确定。

盾构停机位置现拟定为盾构机成功下穿李叔同故居后,盾构停机于李叔同故居与海河东路之间的绿化地位置开仓检查、更换刀具。

③盾构进仓、更换刀具方法。

盾构停机对刀具进行检查及更换,停机时间长,且盾构顶部覆土较浅,为了确保开仓期间盾构机前方掌子面的稳定性,故采用带压进仓方式更换刀具。

a. 带压进仓的准备。

首先要根据之前的掘进参数等状况,对仓内的问题作出充分地分析和预判,对仓内所需的操作作出相应的预判;同时要根据计划开仓处的水文地质资料、停机前出渣土成分及数量、地表监测数据、掘进时同步注浆情况等参数的分析,确定带压进仓的实施方案及技术交底。

b. 加大同步注浆。

确定带压进仓的位置后,对停机前的 2 ~ 3 环加大同步注浆量,从而达到加强封堵盾尾后部、管片背后地层止水的目的。视地层稳定性和渗透性,注浆量加大至理论注浆量的 2 ~ 2.5 倍,同时应注意同步注浆压力应与切口环泥水压力基本匹配,另外需要提高浆液的稠度,调整密度及凝结时间等。

c. 提高泥膜质量。

施工过程中应通过泥浆加入膨润土和 CMC(Carboxy Methyl Cellulose,羧甲基纤维素),调节泥浆的密度和黏度。泥浆密度参考值为1.3g/cm$^2$,黏度参考值为 30s,具体取值应根据水文地质条件以及相关掘进参数而定。

d. 封堵漏气通道。

在特殊情况下,如有漏气通道,可利用膨胀性材料进行封堵。利用盾构机中盾上的超前注浆孔，按圆周分4个角向外注入聚氨酯材料，遇水膨胀后可有效封堵间隙以免漏气。

### 3.3.2　北京地下直径线盾构隧道穿越护城河

1)穿越护城河情况

北京地下直径线盾构隧道下穿护城河段的里程范围为DK6+688.4～DK6+711.4，长23.0m，位于天宁寺桥2号匝道桥的北侧，线路纵坡为面向北京西客站10‰的上坡，隧道的轨面高程为22.414～22.644m，隧道顶高程为30.214～30.444m，2006年再生水管施工后为38.3～39.75m(现场实测)，隧道顶覆土厚度在再生水管施工前最小为8.496m，再生水管施工后最小为7.856m。隧道与护城河位置关系如图3-3-7、图3-3-8所示。同时盾构在穿越护城河底时将近距离通过地下管线，见表3-3-1，其中有再生水管$\phi$900mm，与隧道方向垂直，材质为PE管，距离盾构顶面4.62m，覆土2.35m。两条煤气管线$\phi$300mm，沿线路方向，材质为钢管，距离盾构顶面6.7m，覆土0.85m。两条热力管线$\phi$800mm，材质为钢管，沿盾构隧道掘进方向架空通过。

图3-3-7　盾构隧道与护城河关系示意图

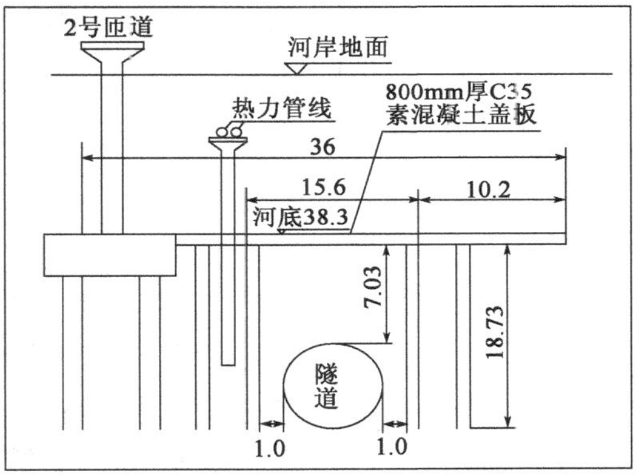


图3-3-8　隧道与护城河的位置示意图(尺寸单位：m)

**地下管线调查表**　　表3-3-1

| 序号 | 管线名称 | 用　途 | 接头形式 | 材质规格 | 产权单位 |
|---|---|---|---|---|---|
| 1 | 热力管线 | 供热 | 焊接 | 钢管$\phi$800mm | 第二热力集团公司 |
| 2 | 再生水管 | 南水北调工程无法实施前的南护水系补水、换水工程 | 热熔焊接 | PE管$\phi$900mm | 京城中水公司 |
| 3 | 燃气管线 | 天然气供应 | 焊接 | 钢管$\phi$300mm | 北京燃气集团公司 |

2)风险分析

(1)由于护城河区段穿越护城河区段隧道顶部覆土不足，小于一倍盾构直径，在盾构推进过程中，可能发生因为于开挖仓水压或同步注浆压力控制不当，造成河底冒浆进而影响掌子面的稳定。

(2)过小的覆土厚度，可能造成土层与盾构周边的握裹力减弱，盾构正面泥水沿盾壳流向已建成隧道，同时部分泥水还带有一定压力，导致管片上浮。

(3)由于隧道覆土过薄对于扰动的灵敏性，可能造成护城河段热力管线、天宁寺2号匝道桥等周边设施及构筑物产生过大沉降，进而影响到环境的安全。

(4)盾构本身的意外停机,导致盾构不能连续施工通过护城河。

按照关注等级及风险等级划分标准,穿越护城河隧道施工关注等级属于三级,风险等级二级。

3)风险控制

(1)主要控制措施

在护城河河底采用混凝土盖板 + 两侧 $\phi$800mm@ 1000mm 的 C30 钻孔灌注桩作为地面隔离保护措施,既保证盾构掌子面浆液不冒顶,又保护了周边桥墩及热力管线支撑稳定。同时对地下管线采取管箍的形式进行保护。

具体施工过程为:将盾构通过护城河范围分两个区域进行围堰,利用抽水机将围堰内水抽干,然后进行冲孔灌注隔离桩施工,灌注桩施工参数为 $\phi$800mm@ 1000mm、C30 混凝土;开挖地下天然气管线,采用管箍的形式对管线进行保护,并且将管箍延伸至地面,接着进行回填夯实,保证回填土的密实。盖板顶高程设计与河底以及桥梁承台高程一致;将河床底部清理后,施作混凝土盖板,盖板采用 C35 混凝土浇筑,厚度为 80cm;盖板的尺寸为 23m(河宽度方向)× 36m(水流方向)。整个施工过程按照围堰分两个施工段完成,施工流程如图 3-3-9 所示,施工场地布置如图 3-3-10 所示。

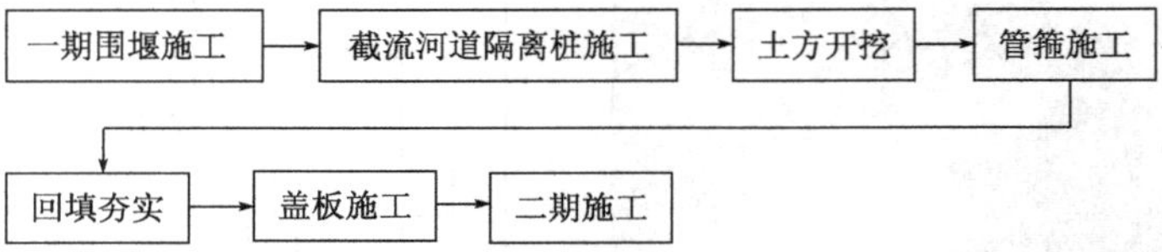


图 3-3-9 穿越护城河风险控制施工流程图

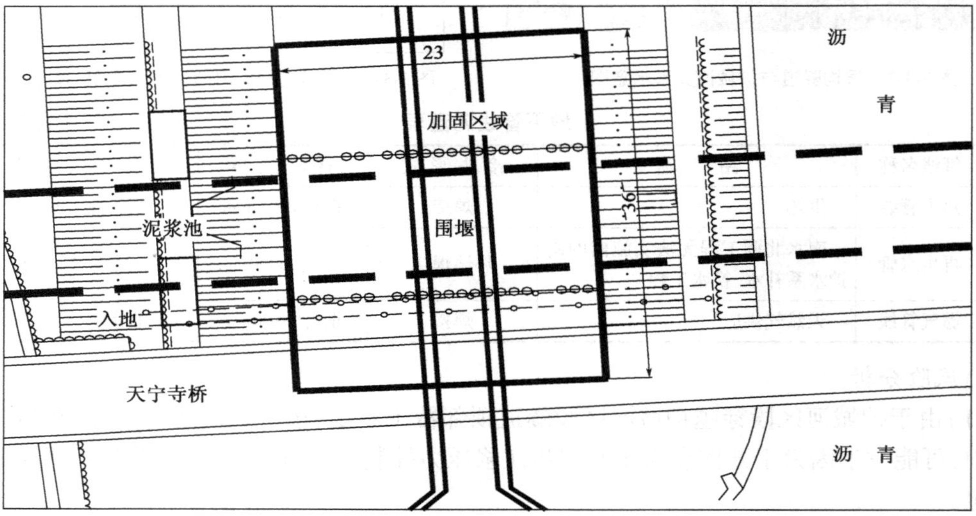


图 3-3-10 施工场地布置示意图(尺寸单位:m)

①围堰施工。

由于施工时不能断流,围堰分两期施工,待一期围堰干槽内的孔桩、混凝土盖板施工完毕后,在河道另一侧搭设二期围堰,进行剩余施工,工程完毕后围堰即可拆除。

按照河道管理部门的要求，经过现场实地勘察，拟采用“U”形钢框架、架子管框架以及麻袋围堰形成的组合围堰，围堰架构及围堰效果如图 3-3-11、图 3-3-12 所示。

图 3-3-11　围堰施工效果

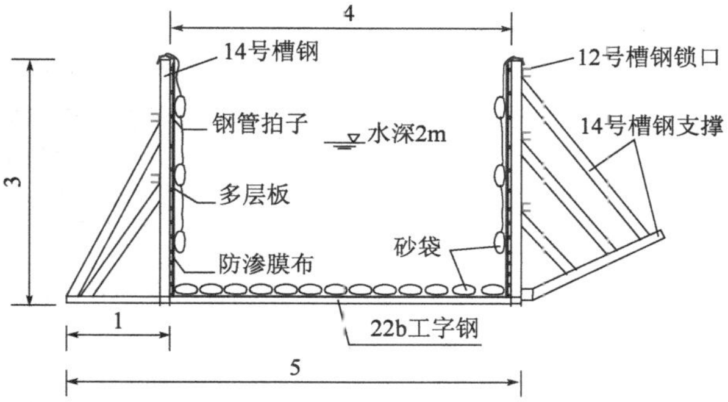


图 3-3-12　围堰结构示意图(尺寸单位：m)

②隔离桩施工。

对天宁寺桥及热力管线保护采用隔离桩，盾构两侧各采用两排冲孔灌注隔离桩，桩径为 800mm，桩间距为 1000mm，由于受地下管线的限制，与管线位置错开，保证 500mm 的安全距离。桩长为 23.72m，距盾构开挖轮廓线水平距离 1m，共计 38 根，具体布置如图 3-3-13 所示。

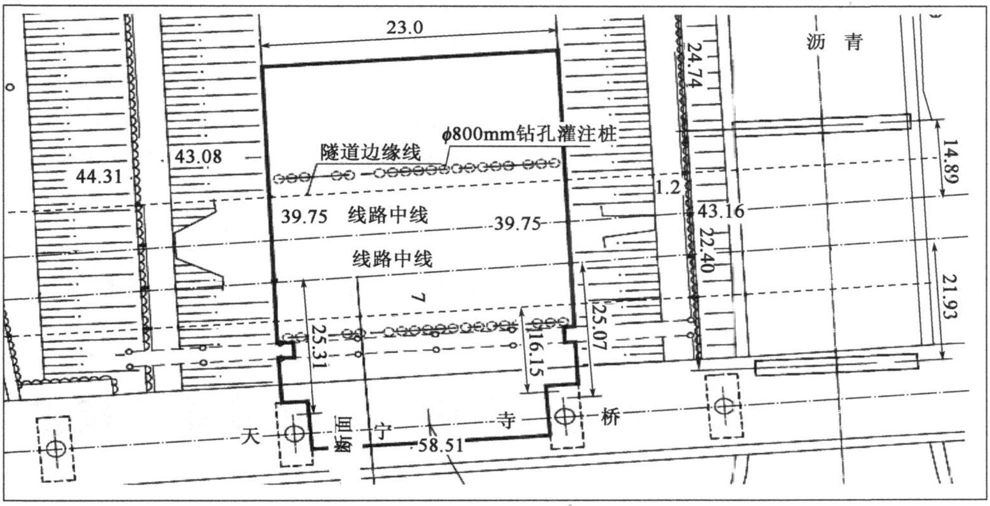


图 3-3-13　隔离桩施工示意图(尺寸单位：m)

③天然气管线保护。

为了防止天然气管线由于盾构通过而导致地面下沉过大，从而对天然气管线带来影响，故对天然气管线采用管箍的形式进行保护。

河床底部宽度 15.4m，天然气管线埋深约为 1m，管箍间距为 6.0m，管箍共计 2 个。具体布置方式如图 3-3-14 所示。

管箍采用厚度为 6mm 的钢板，根据天然气管线的管径自制，在管箍与天然气管道间需垫软橡胶垫，以防护管箍与管子间应力集中而导致管线破裂。管箍通过钢丝绳延伸至地面，待混凝土盖板施工时,管箍上连接的钢丝绳锚入混凝土盖板中连接成一个整体,使管箍对煤气管线的约束变为柔性约束,更加有效地对天然气管线进行保护,最后进行人工夯实。

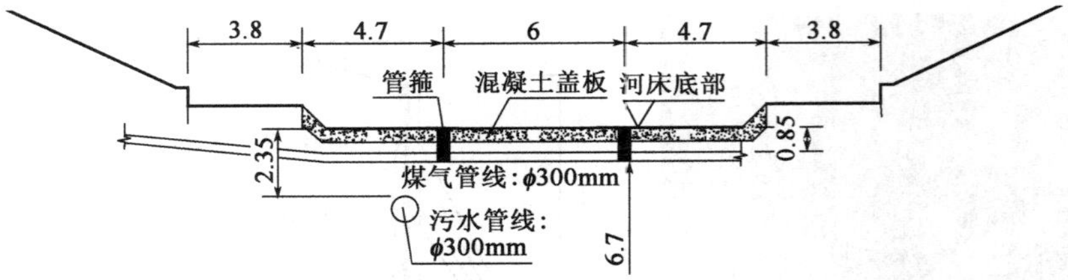


图 3-3-14　管箍布置示意图(尺寸单位:m)

④混凝土盖板施工。

盖板范围主要考虑河堤宽度、隧道埋深及沉降曲线,盖板范围的长度取护城河河底的宽度23m,宽度为隧道轮廓线外36m,混凝土盖板厚度为80cm。盖板与隔离桩桩头浇筑在一起形成一个整体。

(2)其他风险控制措施

①优化掘进施工参数,并有针对性地对硬质地层刀盘及盾构机系统进行改造,加强盾构刀盘的耐磨性以及盾构开挖能力,同时加大一台驱动电机,能够较好地适应剩余掘进段地层,在到达此地质段之前,对盾构机易出现故障的部件进行检修,防止由于盾构机故障而停止掘进,确保能够一次性成功下穿护城河。

②严格控制泥浆质量,使其能够在较短时间内形成高质量泥膜,保证掌子面稳定,同时减少泥浆的渗漏。严格控制同步注浆,选择胶凝时间较短的浆液,在浆液中加入灌浆料及膨胀剂进行同步注浆,以保证管片尽早稳定,并起到防水的作用。同时,必须合理进行注浆压力与注浆量控制,避免回填不足和冒浆。

③加强施工监控量测和环境监控观察。

为确保安全,在河堤及河床上横向每隔5m布置一沉降测点,并纵向布置监测点,施工过程中根据监测结果及时优化调整各类施工参数。

## 3.4　铁路盾构隧道下穿建(构)筑物施工技术

### 3.4.1　京津城际延伸线解放路盾构隧道下穿建(构)筑物施工技术

1)工程概况

京津城际延伸线从天津站引出,至滨海新区于家堡商务核心区,全长45km,按照时速350km标准建设,是连接滨海新区与北京、天津的快速便捷通道。解放路隧道工程位于京津城际延伸线的东端,是全线的控制性工程、难点工程,于2009年8月开工,2014年5月29日盾构隧道贯通,2015年9月20日通车运营。

解放路工程西起塘沽火车站,东至于家堡客运枢纽站,包括路基工程、解放路隧道工程和于家堡车站站房的地下连续墙工程。线路全长3.35km,起讫里程CJDK179+900~CJDK183+250。

路基段全长500m,起讫里程CJDK179+900~CJDK180+400,其中软土路基段长250m,封闭式路堑长250m,隧道长2.85km,隧道起讫里程CJDK180+400~CJDK183+250。隧道为单洞双线,采用明挖法和盾构法施工,明挖段长559.5m,盾构段长2248.5m,见图3-4-1。

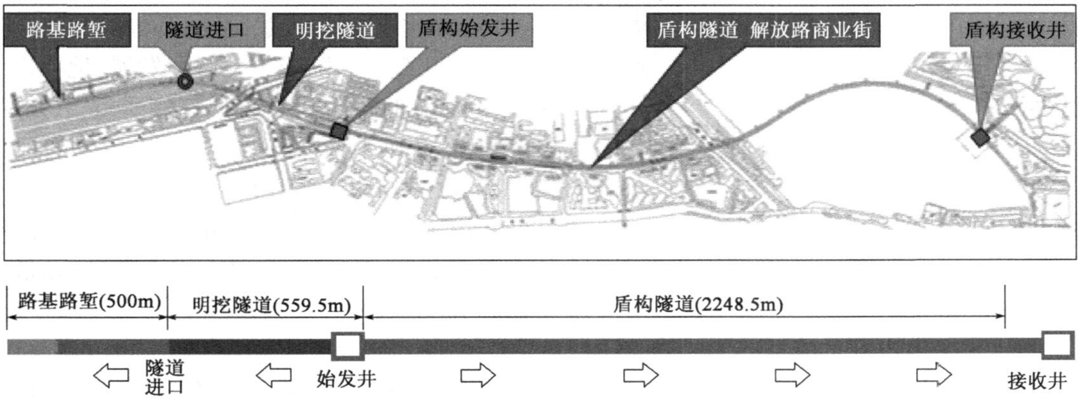


图3-4-1　解放路工程平面示意图

盾构机从位于世纪广场的始发井出发(图3-4-2),纵贯解放路商业街,到达位于原天津碱厂内的接收井。盾构隧道外径11.6m,内径10.6m,埋深8~16m,最大纵坡20‰,最小转弯半径450m。隧道衬砌采用通用双面楔形环管片,共1499环,环宽1.5m,管片厚度0.5m。衬砌全环为"8+1"模式,错缝拼装。

隧道平面在解放路及碱厂内各设有一个反向曲线,解放路盾构段曲线半径分别为$R=1600$m及$R=1000$m,碱厂盾构段曲线半径分别为$R=600$m及$R=450$m。盾构段隧道最小覆土约7.5m,最大覆土约15.6m。隧道内最大纵坡20‰,最小1‰。采用一台直径为12m的气垫式泥水平衡盾构机施工,衬砌采用通用双面楔形环管片,错缝拼装,由K形顶、2块邻接块B和6块标准块A构成。

图3-4-2　盾构始发井位置

隧道沿线附近有多栋高层及多层建筑物,与设计隧道水平距离范围6~29.6m,经鉴定,23栋建筑物中属于基本完好房的建筑物有12栋,属于一般损坏房的建筑物有11栋。穿越解放路地下管线主要有煤气、供水、电缆光缆等,地下管线相对较多。始发段线路两侧均为工业及民用建筑,建筑物密集,普遍为平房或2~6层楼房,基础埋深不大,建筑物的基础范围、埋深对工程影响较大,见图3-4-3。

2)工程地质条件较差

京津城际延伸线解放路隧道穿越的土层岩性主要为黏土、粉质黏土、淤泥质黏土、淤泥质粉质黏土、粉土、粉砂、细砂七种。淤泥质土主要为③$_{71}$、③$_{81}$、④$_{71}$层淤泥质土,④$_{71}$层呈层状分布,

图 3-4-3　盾构下穿区域图

压缩系数为 $\alpha_{0.1\sim0.2}=0.48\sim0.89\mathrm{MPa}^{-1}$，$c=10\sim21\mathrm{kPa}$，$\varphi=2.4°\sim4.8°$，且具灵敏度高、低强度等特点，极易发生蠕动和扰动，工程性质差。地下水资源开发利用始于1923年，据历史水准点资料，伴随着地下水的开发，地面沉降相应发生，年沉降量仅几毫米。随着工农业的发展，地下水开采量逐渐增加，地面沉降越来越严重，1950—1957年沉降速率7～12mm/a，1958—1966年沉降速率30～46mm/a，沉降中心逐步形成，1967—1985年沉降速率达80～100mm/a，这期间沉降急剧发展。1986年后进入沉降治理阶段，大部分地区沉降明显减缓，市区沉降速率降低到10～15mm/a。

3）水文地质条件较差

本工程地下水位较高，区间内表层地下水类型为第四系空隙潜水。赋存于第Ⅱ陆相层及以下粉砂及粉土中的地下水具有微承压性，为微承压水。

潜水对混凝土具硫酸盐侵蚀，环境作用等级为H4；具镁盐侵蚀，环境作用等级为H3；微承压水对混凝土具硫酸盐侵蚀，环境作用等级为H2；具镁盐侵蚀，环境作用等级为H1。

4）工程特点和难点

（1）盾构隧道连续侧（下）穿解放路商业街32栋各式商业建筑，经评定，极高风险点8处，高度风险点5处，中度风险点11处，需采取加固措施进行保护的风险点建筑物共计19处，有18处管线需进行加固处理。掘进期间如何准确控制地面隆沉，确保各建筑物的安全是本工程的难点，见图3-4-4。

图 3-4-4　盾构穿越建筑物

（2）由于盾构掘进地层以淤泥质土和粉质土为主，成分复杂，颗粒细微，对此，国内外现有泥水分离设备均存在不同程度的缺陷，如何快速有效实施泥水分离，确保工程质量和进度，降低环境污染是本工程的难点。

5）地表隆沉控制与风险点建筑物加固保护技术

盾构在掘进过程中对地层的扰动相对较大，对其周边建筑物的影响是客观存在的，尤其是大直径盾构在滨海地区地层中掘进，影响更为明显。为避免过量变形对建筑物的结构产生破坏，必须采取合理的措施对建筑物进行保护。

通常，选择对建筑物的保护措施会优先考虑洞内措施，但洞内措施是带有滞后特点的。由于滨海地区地质条件的特殊性，地面变形过于敏感，同时基于对沉降原因的分析以及对沉降趋势的预测和对各阶段沉降量的统计，单纯的洞内措施满足不了对建筑物保护的要求，滨海地区大直径盾构施工对建筑物的保护必须采取地面措施。地面措施主要有两种作用效果：一是完全抵抗地层变形对建筑物的影响，即不允许建筑物产生丝毫变形，盾构施工不能对建筑物产生影响；二是在可承受范围内，接受地层变形对建筑物影响，然后进行控制和补偿，即允许建筑物产生一定量的变形，然后再采取简单易行的综合措施控制住变形的进一步发展，使变形不再威胁建筑物的安全。

在京津城际延伸线，主要考虑了第二种作用效果，对建筑物保护的总体思路是：通过采取地面措施，减缓地面及建筑物的变形，并确保控制变形在可承受范围之内，直至盾构通过并具备采取洞内措施的条件，再及时实施洞内措施对地层损失进行补偿，从而控制地面及建筑物的进一步变形，或对变形较大的部位实施针对性纠偏。经过充分比选，最终采用袖阀管地面注浆法。主要做法为：在需要保护的建筑物与盾构隧道之间打设3～5排注浆孔，排距0.5m，孔距0.75m，孔位呈梅花形布置，开孔直径为110mm，孔内预置$\phi$50mm PVC袖阀管。根据施工条件，注浆孔可直打，也可以设置一定角度斜打。袖阀管长度为至破裂面以下至少3m。在盾构到达前，预先压注水泥浆液。在盾构通过期间，根据地表和建筑物沉降的情况，实施跟踪补充注浆，见图3-4-5。

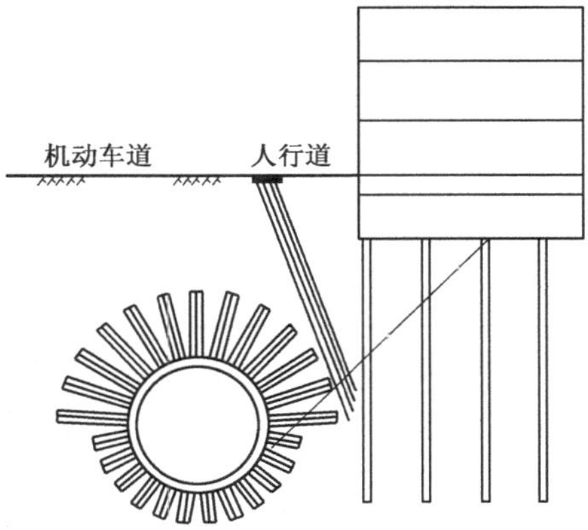

图3-4-5 建筑物注浆加固保护措施示意图

### 3.4.2 北京地下铁路直径线重要建筑物风险评估与变形控制措施

城市地下工程在修建过程中，由于所处地层介质的复杂性和不确定性，在建设过程中存在很大的风险。对潜在危险估计过高或过低都会造成资源浪费。对潜在危险估计过高而在设计、施工等方面采用保守策略，造成资源严重浪费；反之，对潜在危险估计不足，造成既有建（构）筑物、管线或道路破坏甚至坍塌，经济损失和社会影响难以估计。因此，正确评估新建隧道对既有建（构）筑物的影响程度意义重大。

通过风险评估充分认识存在的风险，对施工风险可能造成的损失程度有一个全面的了解，提前发现险情并及时采取有效措施防止和降低风险，确保工程建设顺利完成。

北京站至北京西站地下直径线工程是中国第一条在城市采用大直径泥水盾构施工的地下铁路隧道。隧道从崇文门路口东侧起，经前门、宣武门，往西至长椿街后拐至西便门桥、天宁寺桥、白云路桥北侧，斜穿白云路桥至小马厂附近出地面。线路全长9151m，其中盾构隧道长5175m，采用一台全新的$\phi$12.04m泥水盾构施工。隧道主要沿城市主干路布置，周边环境极其复杂，涉及既有地铁、房屋、桥梁和地下管线等特、重大风险源23处，其他风险源105处，被北京市列为"最难的、风险最大的在建地下工程"，被铁道部列为"极高风险工程"。为避免施工对沿线建（构）筑物的安全造成影响，首次在工程全线引入风险评估，在隧道沿线建（构）筑物开展安全鉴定及风险评估研究，从而全面了解临近建（构）筑物当前的工作状态，并为施工中各控制标准和施工技术方案的制订提供依据。

1）重要建（构）筑物风险等级划分

（1）风险等级划分

风险点的风险等级划分应结合以下几个因素进行：建（构）筑物的现状、与隧道的位置关系、所采用的工法以及为保护建构筑物所采取的特殊保护措施。因此，首先根据既有风险点的重要性、可能造成的人员财产损失及社会影响来确定风险点的关注程度,然后分析在采取不同的工法及保护措施后,风险依旧可能存在的概率及造成后果的严重程度来评定的风险等级,见表3-4-1。

**关注程度划分表** 表3-4-1

| 关注程度 | 可能出现概率或增加的困难程度 | 人员财产损失或社会影响 | 延误工期 |
|---|---|---|---|
| 五级 | 高 | 大 | 长 |
| 四级 | 较高 | 较大 | 较长 |
| 三级 | 中 | 中 | 一般 |
| 二级 | 低 | 小 | 较短 |
| 一级 | 较低 | 较小 | 不延误 |

按照风险可能出现的概率,对工程可能增加的困难程度、人员财产损失及社会影响大小,对工期的影响程度、风险点风险等级划分见表3-4-2。

**风险点风险等级划分表** 表3-4-2

| 风险点分级 | 可能出现概率或增加的困难程度 | 人员财产损失或社会影响 | 延误工期 |
|---|---|---|---|
| 特级 | 高 | 大 | 长 |
| 一级 | 较高 | 较大 | 较长 |
| 二级 | 中 | 中 | 一般 |
| 三级 | 低 | 小 | 较短 |
| 四级 | 较低 | 较小 | 不延误 |

(2)评估等级划分

根据以上关注程度及风险等级划分,将北京地下直径线工程施工影响范围的建(构)筑物分为三个评估等级。

①详细评估。

施工前,委托有资质的专业单位完成以下主要工作:临近建(构)筑物的调查、外观及质量评估等,最终得出量化的临近建(构)筑物抵抗附加变形和荷载的能力。

②一般评估。

施工前,委托有资质的专业单位,也可由施工单位自行完成以下主要工作:临近建(构)筑物的调查、外观及质量评估等,最终得出定性的临近建(构)筑物抵抗附加变形和荷载的能力,以及安全使用条件要求的其他条件。

③只调查,不评估。

由施工单位自行对临近建(构)筑物现状进行调查,不考虑抵抗施工影响的能力。

评估等级划分依据为:

对于风险等级为“特级”“一级”“二级”的临近建(构)筑物,必须进行“详细评估”;

对于风险等级为“三级”的临近建(构)筑物,需进行“一般评估”;

对于风险等级为“四级”的临近建(构)筑物,可以“只调查,不评估”。

(3)现状调查与评估程序

临近建(构)筑物现状调查与评估程序如图3-4-6所示。

2)周围重要建筑物风险评估

(1)风险评估依据

《房屋完损等级评定标准》;

《危险房屋鉴定标准》(JGJ 125—1999);

《建筑结构检测技术标准》(GB/T 50344—2004);

《民用建筑可靠性鉴定标准》(GB 50292—1999);

建筑物设计图纸资料及现场检测的有关数据;

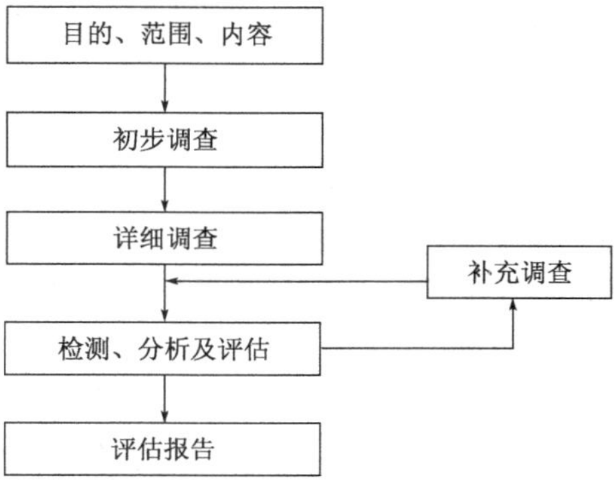


图3-4-6　临近建(构)筑物现状评估程序

北京站至北京西站地下直径线隧道施工技术风险评估之一——对地面建筑物的影响;

北京站至北京西站地下直径线岩土工程勘查报告。

(2)风险评估内容与检测方法

①风险评估内容。

建筑物现状检查;建筑物完损等级评定;建筑物目前的沉降变形现状;建筑物抗变形能力分析。

②风险检测方法。

采用电子全站仪,用前方交会法测量建筑物角部同一棱线上下两点间的水平偏移量,观测点一般选择在建筑物外墙角线上,分别在顶层及底层相应位置沿棱线做记号观测,上下采用统一的坐标系。

(3)建筑物完好等级及抗变形能力限值

房屋完损等级是对现有房屋的完好或损坏程度的划分,反映了现有房屋的质量等级。房屋完损等级是按照统一标准、统一项目及统一评定方法,对现有房屋进行综合性的完好或损伤的等级评定。

各类房屋完损标准根据房屋的结构、装修等组成部分的各个项目的完好或损坏程度来划分。

由上述评定标准,可将房屋分为完好房、基本完好房、一般损坏房、严重损坏房及危险房五个等级,见表3-4-3。

**建筑物地基的变形控制指标**　　表3-4-3

| 变形控制指标 | 适用(建筑物)范围 | 控　制　值 |
|---|---|---|
| 沉降量(最终沉降量) | 体形简单的高层建筑物基础的平均沉降量 | 200mm |
| 沉降差 | 框架结构(单层排架结构)(相邻柱间的沉降差控制) | $0.002L$ |
| 倾斜(基础倾斜方向两端点的沉降差与其距离的比值) | 多层(高层)建筑(倾斜值控制,必要时尚应控制平均沉降量) | $0.003(24 < H_g \leq 60)$ |
| 局部倾斜(砌体承重结构沿纵向6~10m内基础两点的沉降差与其距离的比值) | 砌体承重结构(局部倾斜控制值) | 0.002 |

3）重要建筑物调查、检测与鉴定

以西便门西里10号楼为例。

西便门西里10号楼位于北京地下直径线隧道里程DK6+410～DK6+460段的北侧。隧道底皮距离地表约为21.47m，隧道边缘距离建筑物基础最小距离为4.56m。该区间隧道采用盾构法施工。

西便门西里10号楼建筑物为办公用房，建于20世纪70年代，其结构类型为5层砖混结构。为了满足抗震要求，后期进行了抗震加固，增加了混凝土构造柱，顶层及一层各增设了一道混凝土圈梁。该建筑物总宽度为14m，总长度为42m，总建筑面积为2940m²。根据前期调研资料可知，该区段从地面到隧道底部的土层分布主要为杂填土、粉土、细沙、圆砾、细砂。

目前西便门西里10号楼建筑物的损伤主要为以下方面：部分窗洞口左下角区域有竖向裂缝；挑檐区域普遍存在通长裂缝；建筑物一层顶圈梁普遍存在竖向裂缝。

上述损伤属非结构性损伤，对建筑物结构的整体安全及构件的承载力等不会造成严重影响，见图3-4-7。现场检查鉴定（完损等级评定）结果为：西便门西里10号楼检查区域存在较多的非结构性损伤，但并未发现对建筑物整体安全及承载力产生严重影响，西便门西里10号楼完损等级介于基本完好房与一般损坏房之间。

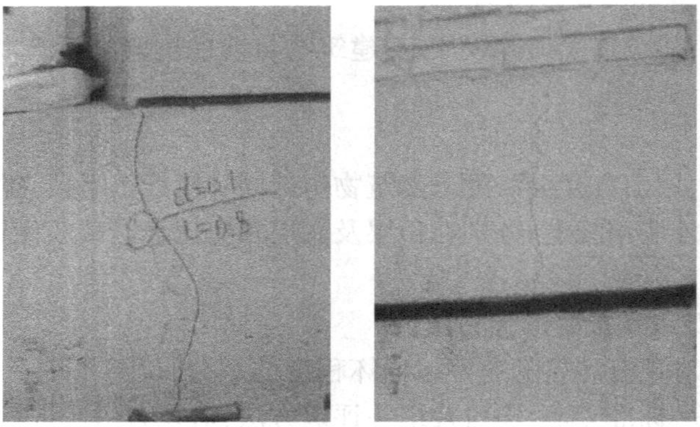

a)　　b)

图3-4-7　西便门西里10号楼窗下裂缝及一层圈梁裂缝

通过现场对各建筑物现状及垂直度测量，得出地面建筑物抗变形能力限值（表3-4-4）。

**地面建筑物抗变形能力限值**　　表3-4-4

| 编号 | 建筑物名称 | 基础形式 | 层数（地上/地下） | 抗变形能力指标值（mm） |
|---|---|---|---|---|
| 1 | 崇文门西大街4号(503) | 灌注桩 | 12－13/1 | 13～15 |
| 2 | 崇文门西大街6号(504) | 灌注桩 | 12－13/1 | ≤15 |
| 3 | 崇文门西大街8号(505) | 灌注桩 | 10－12/1 | 13～15 |
| 4 | 前门东大街2号(506) | 灌注桩 | 14/1 | 10～12 |
| 5 | 前门东大街6号(509) | 灌注桩 | 14－15/1 | 13～15 |
| 6 | 前门东大街8号(509) | 灌注桩 | 10/1 | 13～15 |
| 7 | 前门东大街12号 | 灌注桩 | 10/1 | 13～15 |

续上表

| 编号 | 建筑物名称 | 基础形式 | 层数（地上/地下） | 抗变形能力指标值（mm） |
|---|---|---|---|---|
| 8 | 前门东大街14号(原003) | 灌注桩 | 12-13/1 | 15~17 |
| 9 | 前门西大街2号(306)泰丰楼 | — | 1-2 | 13~15 |
| | 前门东大街2号(301) | 灌注桩 | 9-11/1 | |
| 10 | 前门西大街4号(302) | 灌注桩 | 11/1 | 12~14 |
| 11 | 前门西大街6号(303) | 灌注桩 | 9/1 | 10~12 |
| 12 | 前门西大街8号(原304) | 灌注桩 | 11/1 | 12~14 |
| 13 | 宣东2号(集邮)(602) | 筏板基础 | 2-12/2 | ≤6 |
| 14 | 宣武门东大街4号(102) | 箱形基础 | 9-11/2 | 13~15 |
| 15 | 宣武门东大街12号(104) | 灌注桩 | 12-13/1 | 16~18 |
| 16 | 西便门东里9号 | 预制桩 | 14-16/1 | 14~16 |
| 17 | 西便门东里10号 | 预制桩 | 14-16/1 | ≤14 |
| 18 | 西便门西里16号(禾田大厦) 甲16号 | 条形扩展基础 | 7/2 | ≤10 |
| 19 | 西便门西里10号(建材供应公司) | 满堂混凝土基础 | 5 | ≤8 |
| 20 | 西便门西里7号 | 满堂混凝土基础 | 6 | 6~8 |
| 21 | 白云观南里9号 | 扩展基础 | 5/1 | 10~12 |
| 22 | 白云观南里10号Ⅰ段 | 扩展基础 | 5/1 | 16~18 |
| | 白云观南里10号Ⅱ段 | 扩展基础 | 5/1 | 10~12 |

检测(测量)结果表明:被检测建筑物角点目前的实际垂直度偏移量大都在10~15mm之间,其中最大垂直度的偏移量约为50mm。建筑物目前存在的偏移尚未对建筑物造成可见的结构损伤,建筑物仍可基本满足结构安全要求。

其中垂直度偏移量最大值为50mm,超过了《砌体工程施工质量验收规范》(GB 50203—2002)规定的限值要求,但仍可满足《民用建筑可靠性鉴定标准》(GB 50292—1999)中规定的不适于继续承载的侧向位移限值要求。

4)重要建筑物风险评估结果

(1)北京地下直径线工程检查范围内的地面建筑物未发现明显的由于承载力不足或地基不均匀沉降所造成的结构性损伤,且检查范围内的建筑物外观现状属正常状态。

(2)北京地下直径线工程检查范围内的地面建筑物存在着一定程度(少数建筑物存在较多)的非结构性损伤。这些损伤主要属于耐久性损伤及装饰层破损,对建筑物的整体安全及构件的承载力影响不大;仅少数建筑物的上述损伤较为严重,对建筑物局部及个别构件的承载力已构成影响,但尚未危及建筑物结构的整体安全、结构的承载力及结构的抗变形能力。

(3)根据现场检查鉴定结果及《房屋完损等级评定标准》中的相关规定,北京地下直径线工程地面建筑物的完损等级评定结果主要有以下两个等级:基本完好房及一般损坏房(约占96%);个别建筑物在一般损坏房与严重损坏房之间。房屋完损等级的评定结果表明,北京地下直径线工程地面建筑物总体状况是正常的。

考虑沿线建(构)筑物的现状、与隧道位置关系、周边环境、工程施工的影响等因素,按照风险等级划分标准进行划分的地面建筑物风险点汇总见表3-4-5。

地面建筑物风险点汇总表 表3-4-5

| 序号 | 名称(层数) | 与隧道结构边缘距离(m) | 施工方法 | 关注级别 | 风险等级 |
|---|---|---|---|---|---|
| 1 | 皇宫烤鸭城(6层) | 12.8 | 盾构法 | 三级 | 三级 |
| 2 | 市建筑材料供应公司(6层) | 4.7 | 盾构法 | 三级 | 二级 |
| 3 | 物流西区送(5层) | 5.6 | 盾构法 | 三级 | 二级 |
| 4 | 中国房产基金会(4层) | 5.2 | 盾构法 | 三级 | 二级 |
| 5 | 星海大厦(7层) | 5.2 | 盾构法 | 三级 | 二级 |
| 6 | 西便门候车室(6层) | 5.4 | 盾构法 | 三级 | 二级 |
| 7 | 卫生服务站 | 10.4 | 盾构法 | — | — |
| 8 | 北京市安普生医药公司(2层) | 4.2 | 盾构法 | 三级 | 三级 |
| 9 | 北京市煤电媒质仪器销售中心 | 12.1 | 盾构法 | 三级 | 三级 |
| 10 | 春豪浴池(2层) | 9.6 | 盾构法 | 二级 | 三级 |
| 11 | 国华商场(6层) | 22.3 | 盾构法 | 二级 | 四级 |
| 12 | 象来街招待所(5层) | 23.5 | 盾构法 | 二级 | 四级 |
| 13 | 成人职业技能培训学校(10层) | 26.1 | 盾构法 | 三级 | 四级 |
| 14 | 宣西旅馆总店(14层) | 21.8 | 盾构法 | 三级 | 三级 |
| 15 | 四新旅馆(14层) | 21.3 | 盾构法 | 三级 | 三级 |
| 16 | 国华旅馆(10层) | 20.3 | 盾构法 | 三级 | 三级 |
| 17 | 宣武门西大街4号楼(13层) | 22.1 | 盾构法 | 三级 | 四级 |
| 18 | 宣武门西大街2号楼(10层) | 16 | 盾构法 | 三级 | 三级 |
| 19 | 顺峰酒店 | 14 | 暗挖法 | 三级 | 二级 |
| 20 | 五交化批发零售商场(5层) | 6 | 暗挖法 | 三级 | 二级 |
| 21 | 白云观南里小区9号、10号楼(5层) | 3 | 暗挖法 | 五级 | 二级 |
| 22 | 帕米尔食府 | 6 | 暗挖法 | 五级 | 二级 |
| 23 | 白云桥 | 9 | 暗挖法 | 四级 | 二级 |
| 24 | 国管委家属院(16层) | 11 | 暗挖法 | 三级 | 三级 |
| 25 | 海正印刷厂宿舍(5层) | 16 | 暗挖法 | 二级 | 四级 |
| 26 | 电信局家属院(12层) | 12 | 盖挖暗作 | 二级 | 四级 |
| 27 | 便民超市(1层) | 3 | 盖挖暗作 | 三级 | 四级 |
| 28 | 北京银行(4层) | 8 | 盖挖暗作 | 二级 | 四级 |

5)重要建筑物的风险控制

(1)根据盾构施工地段专项设计图纸及专业房屋鉴定机构出具的房屋鉴定资料,并结合现场勘查情况,对耐久性损伤较为严重的建筑物及距离隧道水平距离明显偏小的建筑物的地基基础，采取支护或加固措施进行处理。图3-4-8、图3-4-9为西便门10号楼房采用地表跟踪注浆加固的保护措施。

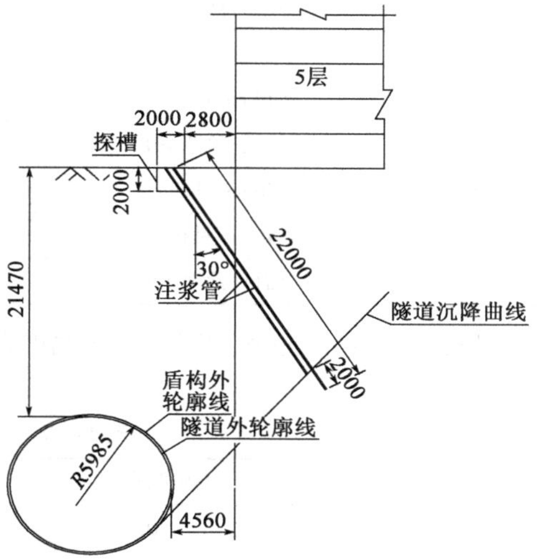


图3-4-8　西便门西里10号楼加固横断面(尺寸单位:mm)

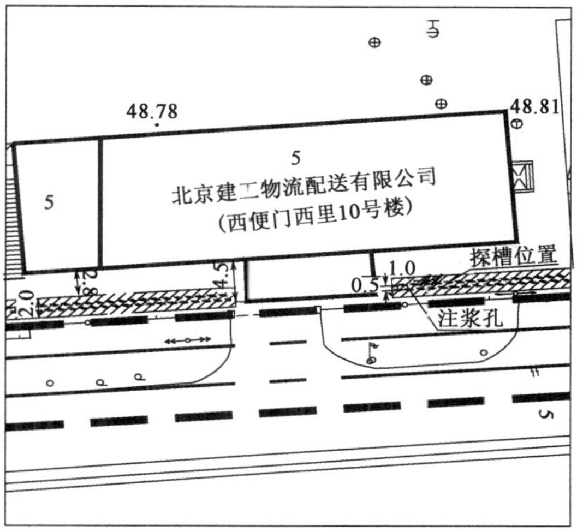


图3-4-9　西便门西里10号楼加固平面图(尺寸单位:mm)

(2)采用超前注浆对地面建(构)筑物进行预加固，盾构推进时对地面进行跟踪补浆。

地面跟踪补偿注浆采用后退式分层注浆加固的方法，压注普通水泥浆。先挖探槽探明地下管线位置，然后采用跟管钻机成孔，并安装注浆管，再施作C20混凝土止浆盘，然后分序注浆，且可根据施工情况重复注浆，以保证施工及楼房的安全使用。

注浆孔布置原则上应沿隧道边线布置，按双排注浆孔布孔，注浆孔排距为0.5m，每排的孔距0.5m。钻孔外插角为60°~65°，注浆管长度应深入到隧道沉降曲线以下2m左右。钻孔采用跟管钻孔方式，钻孔完成后，立即将注浆管打进钻孔中，待注浆管安装完成后将跟管拔出。

注浆管采用$\phi$108的普通钢管，壁厚5mm，管头为30°锥体，注浆管上钻$\phi$8mm小孔作为出浆口，顶部预留1.0m长止浆段不钻孔。见表3-4-6。

**西便门西里10号楼地面跟踪补偿注浆部分统计表**　　表3-4-6

| 日　期 | 孔　号 | 注浆量($m^3$) | 钻孔深度(m) | 备　注 |
|---|---|---|---|---|
| 2008.10.23 | 19号 | 5.3 | 21 | $\phi$40mm钻机 |
| 2008.12.06 | 19号 | 0.5 | 15.5 | $\phi$73mm钻机，预埋40PE管 |
| 2008.10.23 | 20号 | 5.6 | 21 | $\phi$40mm钻机 |
| 2008.10.24 | 21号 | 5.1 | 21 | $\phi$40mm钻机 |
| 2008.12.6 | 21号 | 0.5 | 15 | $\phi$73mm钻机，预埋40PE管 |
| 2008.10.27 | 22号 | 5.6 | 21 | $\phi$40mm钻机 |
| 2008.10.26 | 23号 | 5.2 | 21 | $\phi$40mm钻机 |
| 2008.12.6 | 23号 | 0.5 | 15 | $\phi$73mm钻机，预埋40PE管 |
| 2008.10.26 | 24号 | 5.6 | 21 | $\phi$40mm钻机 |
| 2008.11.21 | 24号 | 0.6 | 15 | $\phi$73mm钻机，预埋40PE管 |

续上表

| 日 期 | 孔 号 | 注浆量($m^3$) | 钻孔深度(m) | 备 注 |
|---|---|---|---|---|
| 2008.10.26 | 25 号 | 5.3 | 21 | $\phi$40mm 钻机 |
| 2008.10.25 | 26 号 | 4.6 | 21 | $\phi$40mm 钻机 |
| 2008.10.23 | 27 号 | 5.4 | 21 | $\phi$40mm 钻机 |
| 2008.12.7 | 27 号 | 0.6 | 15 | $\phi$73mm 钻机,预埋 40PE 管 |
| 2008.10.24 | 28 号 | 5 | 21 | $\phi$40mm 钻机 |
| 2008.10.24 | 29 号 | 5.8 | 21 | $\phi$40mm 钻机 |
| 2008.12.7 | 29 号 | 0.6 | 15 | $\phi$73mm 钻机,预埋 40PE 管 |

通过对西便门西里 10 号楼采用以上方法加固处理,盾构掘进施工过程中对该建筑物的监测结果见表 3-4-7。

**西便门西里 10 号楼沉降统计表** 表 3-4-7

| 测 点 编 号 | 位 置 | 累计沉降(mm) | 差异沉降(mm) |
|---|---|---|---|
| 10 号 -1 | 西便门西 10 号楼 | -1.3 | 0.3 |
| 10 号 -2 | 西便门西 10 号楼 | -2.1 | — |
| 10 号 -3 | 西便门西 10 号楼 | -1.2 | -1.1 |
| 10 号 -4 | 西便门西 10 号楼 | -3.6 | 1.4 |
| 10 号 -5 | 西便门西 10 号楼 | -2.3 | 1.4 |
| 10 号 -6 | 西便门西 10 号楼 | -2.3 | -1.1 |
| 10 号 -7 | 西便门西 10 号楼 | -0.9 | 0.3 |

监测数据表明,盾构掘进对周边建筑物的影响很小,盾构掘进过程所采用的参数较为合理,采取对建筑物注浆等加固措施起到了很好的效果。

其他重要地面风险建筑物风险控制措施还包括如下。

①采用高效率制浆剂,制备高性能泥浆,能够在短时间内较好的形成泥膜,保持掌子面的稳定。

②严格控制同步注浆。选择胶凝时间较短的浆液进行同步注浆,以便管片尽早稳定,并起到防水的作用,同时,同步注浆浆液采用特种灌浆料以及加入微膨胀剂,保证填充密实。针对本工程穿越富水砂卵石地层的状况,通过调研广深港狮子洋隧道等盾构隧道工程的注浆浆液配比情况,根据现场材料进行大量实验,最终得到同步注浆材料的配合比如下:

水泥:河砂:粉煤灰:膨润土:水 = 180:680:450:62:410。

具体试验参数见表 3-4-8。

**部分同步注浆材试验参数统计表** 表 3-4-8

| 日 期 | 环号 | 浆 液 名 称 | 压力(MPa) | 试验参数 | | | |
|---|---|---|---|---|---|---|---|
| | | | | 稠度(cm) | 初凝时间(h:min) | 终凝时间(h:min) | 强度(MPa) |
| 2008.9.29 | 1 | 同步注浆 | 0.21 | 10.6 | 2:30 | 7:00 | 9.5 |
| 2008.10.4 | 2 | 同步注浆 | 0.23 | 10.6 | 2:30 | 7:00 | 9.5 |
| 2008.10.5 | 3 | 同步注浆 | 0.21 | 10.6 | 2:30 | 7:00 | 9.5 |

续上表

| 日　期 | 环号 | 浆 液 名 称 | 压力（MPa） | 试 验 参 数 | | | |
|---|---|---|---|---|---|---|---|
| | | | | 稠度（cm） | 初凝时间（h:min） | 终凝时间（h:min） | 强度（MPa） |
| 2008.10.7 | 4 | 同步注浆 | 0.23 | 10.6 | 2:30 | 7:00 | 9.5 |
| 2008.10.9 | 5 | 同步注浆 | 0.21 | 10.6 | 2:30 | 7:00 | 2.7 |
| 2008.10.10 | 6 | 同步注浆 | 0.27 | 10.5 | 2:50 | 7:45 | 2.7 |
| 2008.10.10 | 7 | 同步注浆 | 0.21 | 10.5 | 2:50 | 7:45 | 2.7 |
| 2008.10.11 | 8 | 同步注浆 | 0.24 | 10.5 | 2:50 | 7:45 | 2.7 |
| 2008.10.12 | 9 | 同步注浆 | 0.27 | 10.8 | 2:30 | 7:15 | 2.9 |

③优化掘进施工参数。合理选择气垫仓压力,加强出渣量控制,盾构推进时地层损失率控制在0.5%～0.75%之间,防止出现较大的隆起或沉降。

④对土层沉降加以严格控制。隧道施工期间,除应对隧道施工区域的地表观测点进行监测外,还在距地下隧道水平距离较小的地面建筑物的关键部位设置监测点。

盾构掘进通过以上重要建筑物时,建筑物沉降较为平稳,沉降过程符合盾构掘进施工的沉降规律。观测结果显示,所有建筑物已经稳定,所有重要建筑物测点累计最大沉降出现在西便门10号楼10－4号测点,沉降值为－3.6mm,差异沉降值最大为西便门东里9号楼(测点9-1号与9-2号),差异沉降值为1.4mm,远小于各建筑物的控制标准沉降值。

综上,对盾构沿线重要建筑物进行风险评估并采取相应的风险控制措施后,沿线重要建筑物的沉降都在允许控制范围内,盾构施工完成后周边建筑物安全、稳定。

### 3.4.3　北京地下铁路直径线沿线既有相邻地铁构筑物风险评估与控制

1)评估的目的

通过北京地下直径线工程对既有地铁2号线及其周围主体结构影响的安全性评估,可以准确预见北京地下直径线工程对既有地铁2号线及其主体结构可能带来的危害,从而为北京地下直径线工程的设计、施工以及既有地铁的运营管理提出指导性意见,对危险部位事先采取防范措施,规避风险。

2)评估工作内容

为确保北京地下直径线工程施工期间及运营期间既有地铁的结构安全及运营安全,需要对北京地下直径线工程施工期间及运营期间对既有地铁安全性的影响进行充分的评估论证。评估工作包括以下三部分内容:风险识别,即对既有地铁潜在的风险进行系统归类和全面识别;风险评估,即全面评估北京地下直径线工程对既有地铁安全性的影响;风险控制,即根据评估结果提出防止风险发生的相应措施。

评估对象为地铁结构、轨道及设备设施。针对北京地下直径线工程施工、运营的不同阶段,既有地铁安全性评估包括以下内容。

(1)北京地下直径线工程施工期间

①北京地下直径线工程施工对既有地铁结构安全性的影响。

②北京地下直径线工程施工对既有地铁轨道及行车安全性的影响。

③北京地下直径线工程施工对地铁 2 号线运营的影响。

④北京地下直径线工程施工对既有地铁人防设施安全性的影响。

(2)北京地下直径线工程运营期间

①北京地下直径线工程列车振动对既有地铁结构安全性的影响。

②战时北京地下直径线工程破坏对既有地铁安全性的影响。

根据上述各项分析结果,提出北京地下直径线工程施工期间既有地铁结构的变形控制指标以及北京地下直径线工程运营期间需要在哪些区段采取减振措施或防护措施建议。

考虑到北京地下直径线工程施工期间主要给既有地铁带来变形的影响,变形相当于静荷载,而北京地下直径线工程运营期间给既有地铁带来的是振动影响,属于动荷载的范畴,因此,将北京地下直径线工程施工期间对既有地铁的安全性影响称为“静态影响”,而将北京地下直径线工程运营期间对既有地铁的安全性影响称为“动态影响”。

3)评估依据、原则与标准

(1)评估依据

①北京地铁 2 号线车站主体结构及出入口、风道结构施工图。

②北京地铁 4 号线宣武门站主体结构及换乘通道结构施工图。

③北京地铁 5 号线崇文门站主体结构及南换乘通道结构施工图。

④北京地铁 2 号线相关结构现状调查检测报告。

(2)评估原则

①根据北京地下直径线工程施工期间及运营期间对既有地铁的不同影响,采用合理可行的技术路线。

②针对既有地铁不同的风险点和风险等级进行评估。

③既有地铁结构内力依据原设计标准进行计算分析,北京地下直径线工程施工期间既有地铁仅考虑正常使用工况,不考虑地震、人防工况。

④充分考虑北京地下直径线工程施工过程中既有地铁轨道的可调性,以及北京地下直径线工程施工结束后既有地铁结构、轨道、人防设施的可修复性,进行客观公正的评估。

⑤在北京地下直径线工程施工期间,在保证既有地铁结构安全及运营安全的前提下,提出既有地铁结构变形控制指标,变形控制点的选取充分考虑实际测点的可测性。

(3)评估标准

①既有地铁结构破坏以强度控制为标准,裂缝控制仅作为评价耐久性方面的性能指标。

②既有地铁结构以横向内力超出承载力的超限面积不超过同一构件总面积的 5% 及纵向内力超出承载力的超限面积不超过同一构件总面积的 10% 为安全临界状态,此时所对应的结构变形为结构所能承受的最大变形,即极限变形。

③若既有$\frac{\text{地铁结构极限变形}}{\text{预测变形}} \geq 1.5$,则结构为安全(安全等级为Ⅰ级);若$1 \leq \text{既有}\frac{\text{地铁结构极限变形}}{\text{预测变形}} < 1.5$,则结构为基本安全(安全等级为Ⅱ级);若$\frac{\text{既有地铁结构极限变形}}{\text{预测变形}} < 1$,则结构为不安全。

④若既有地铁轨道的可调量不小于结构的极限变形，则行车视为安全。

⑤若既有地铁结构的预测变形小于人防设施的允许变形量，则人防设施视为能正常使用。

⑥鉴于目前国际上没有针对地下结构的振动控制统一标准，既有地铁振动标准参照环境与建筑物的振动标准执行。

4）风险点确定与风险等级划分

（1）风险点确定

①风险源分析。北京地下直径线工程施工期间及运营期间，对临近既有地铁的影响是最主要的风险源之一。对于目前已运营使用30余年的地铁2号线以及新建的4、5号线，在北京地下直径线工程施工之前已处于一种相对稳定的状态。但北京地下直径线工程的临近施工必将引起地铁结构的沉降、侧移、倾斜等变形，打破这种稳定状态，在地铁车站主体结构、车站附属结构、车站端喇叭口结构和区间结构中产生附加内力，使地铁结构的受力状态发生改变，从而对地铁的安全性产生一定的影响。另一方面，地铁结构的沉降、侧移、倾斜等变形也会引起轨道的变形，从而对地铁列车的运行产生一定的影响。

②风险点确定原则。根据北京地下直径线工程与地铁既有线的两类相关关系，识别潜在的风险点。

a.垂直穿越关系。国内的地铁结构设计，无论是明挖结构还是暗挖结构，均按照横向受力考虑，结构横断面满足平面应变的受力模式。因此，结构受力钢筋一般均配置在横向，纵向仅按照构造要求配筋。因此，结构的承载能力主要在横向。但是，一旦既有结构受到新建工程的穿越（下穿或上跨），必将产生纵向的不均匀变形（沉降或上浮），从而改变原有的受力状态，由原先的横向承载变为横向、纵向均承载，对于地铁结构来说是很不利的。因此，出现穿越关系时，受影响的既有地铁结构必须列为风险点。

b.临近并行关系。对于地下工程，开挖会改变地层中原有的应力平衡状态，使地层发生移动，直到新的应力状态达到平衡。在这个过程中，地层中原有的构筑物必将随之发生变形。当新建线与既有线发生临近并行关系，主要会使既有线发生横向的倾斜，其倾斜的程度随着新建线与既有线临近距离的变化而变化。当临近距离较小时，既有线受到的影响较大，倾斜较大。对于既有线而言，倾斜越大越不利。

所以，《城市轨道交通运营管理办法》（建设部令第140号）规定了地铁控制保护区：地下车站与隧道周边外侧50m内；地面和高架车站以及线路轨道外侧30m内；出入口、通风亭、变电站等建筑物、构筑物外边线外侧10m内。

（2）风险等级划分

①风险等级划分必要性。风险分级的目的是根据不同的风险级别采取不同的应对措施。分级的原则应该是损失的大小和失效概率的大小。对于局部的、短时间内可排除的风险是可以接受，可采用一般措施在较容易地排除；对于失效概率较大的事故或带来较大损失的事故应该在规划、设计和建设过程中采取措施解决；对于出现概率较小，一旦出现将带来较大损失的事件，应该有应急预案来应对。所以，有必要对上述风险点进行分级。

②风险等级划分标准。根据北京地下直径线工程特点和地铁既有线的特性，划分既有地铁风险等级考虑以下因素。

a.北京地下直径线工程与既有地铁相关关系。如前所述，北京地下直径线工程与既有地

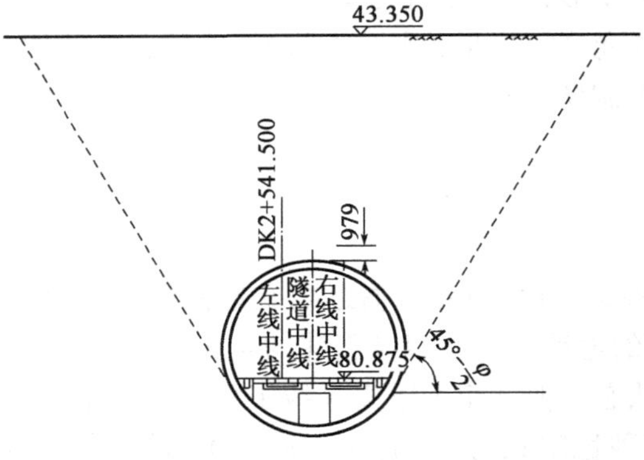


图3-4-10　隧道施工破裂角示意图(尺寸单位:mm)

铁的相关关系主要为垂直穿越关系和临近并行关系。而且,垂直穿越相对于临近并行而言对既有地铁的影响要大。

b. 北京地下直径线工程隧道破裂角及临近度。北京地下直径线工程的施工主要采用了盾构法、暗挖法和明挖法。其中,盾构法占绝大多数。无论采取何种施工方法,都将对周围地层产生一定的扰动。一般而言,盾构法和明挖法对周围地层扰动较小,而暗挖法对周围地层扰动较大。对地层的扰动范围,根据朗肯土压力理论,以"破裂角"表示,如图3-4-10所示。

当既有地铁处于破裂角之内,则说明北京地下直径线工程施工对其影响较大;反之则影响较小。此外,还可以用"临近度"的概念判断新建盾构隧道对既有结构的影响程度,详见表3-4-9、表3-4-10。

**临近度的划分**(隧道并列)　　表3-4-9

| 两隧道的位置关系 | 隧道间隔 | 接近度的划分 |
|---|---|---|
| 新建隧道比既有隧道高 | <1$D$ | 限制范围 |
| | 1.5~2.5$D$ | 要注意范围 |
| | >3.5$D$ | 无条件范围 |
| 新建隧道比既有隧道低 | <2.0$D$ | 限制范围 |
| | 2.0~3.5$D$ | 要注意范围 |
| | >3.5$D$ | 无条件范围 |

注:$D$为隧道直径,下表同。

**临近度的划分**(隧道交叉)　　表3-4-10

| 两隧道的位置关系 | 隧道间隔 | 接近度的划分 |
|---|---|---|
| 新建隧道比既有隧道高 | <1.5$D$ | 限制范围 |
| | 1.5~3.0$D$ | 要注意范围 |
| | >3.0$D$ | 无条件范围 |
| 新建隧道比既有隧道低 | <2.0$D$ | 限制范围 |
| | 2.0~3.5$D$ | 要注意范围 |
| | >3.5$D$ | 无条件范围 |

c. 北京地下直径线工程施工方法及可能给既有线带来的危害。对于盾构法施工,主要有盾构故障停机、换刀、俯仰、蛇形、泥水压力过大导致地面隆起等工程风险。

d. 既有地铁运营情况及破坏后果。主要有地铁列车是否运行、乘客是否通行、破坏后是否危及人身安全等因素。

e. 既有地铁结构重要性。既有地铁结构重要性主要由使用功能决定,一般而言,列车运行功能>乘客通行功能>其他功能。

f. 既有地铁结构现状。主要有既有结构混凝土的裂缝、强度等级、钢筋锈蚀程度等，既有地铁结构现状越差，其安全性越应得到重视。

5）盾构穿越地铁宣武门站风险评估

（1）地铁宣武门站静态影响

①评估思路。静态影响评估的关键在于准确预测北京地下直径线工程施工引起的既有地铁结构的变形，得到在该变形条件下既有地铁结构内力的变化和最终内力状态，在此基础上按强度控制原则评价既有地铁结构是否安全，轨道是否满足运营要求，人防设施是否能正常使用。

静态影响评估的思路见图 3-4-11。

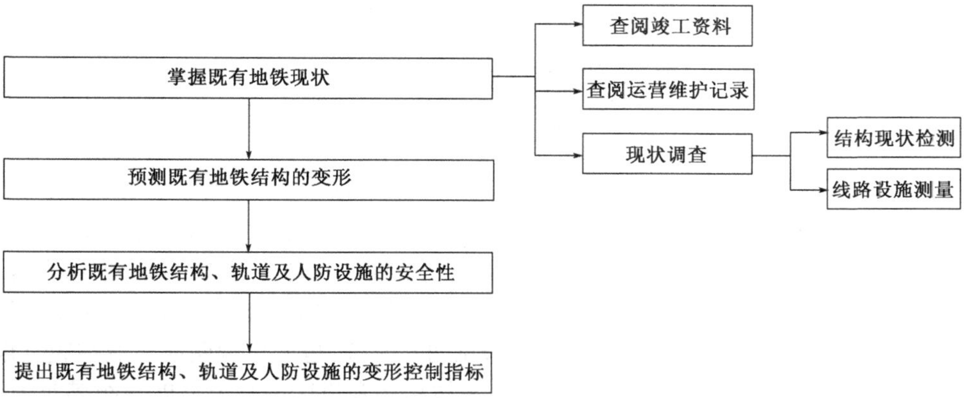


图 3-4-11 静态影响评估思路

②评估方法针对既有地铁不同的风险点和不同的风险等级，评估的内容和方法也有所区别。对特级风险点主要对结构、轨道评估。

结构评估方法：以 2 号线在北京地下直径线工程施工前发生的变形作为初始变形→采用三维地层 - 结构模型预测北京地下直径线工程施工引起的 2 号线结构的变形作为附加变形→初始变形 + 附加变形 = 总变形→采用三维荷载—结构模型以迭加法计算 2 号线在总变形条件下的结构内力→核算 2 号线的结构承载力→将结构内力与结构承载力进行比较，评估 2 号线的结构安全性。

轨道评估方法：根据预测的北京地下直径线工程施工引起的地铁结构的变形，分析轨道的变形状态→将地铁结构的极限变形与轨道的可调量进行比较，评估轨道的安全性→提出轨道安全保证措施建议。

③地铁 2 号宣武门站现状。

北京地下直径线隧道从 2 号线宣武门站斜下方并行穿过，二者水平距离为 10.3m，竖向距离为 17.1m，在直径线隧道与 2 号线宣武门站之间还有在建的 4 号线宣武门站，三者剖面关系见图 3-4-12。

由于 2 号线宣武门站建于 20 世纪 70 年代，至今已运营近 35 年，通过对 2 号线宣武门站主体结构及道床现状进行相关检测，2 号线宣武门站结构除耐久性方面稍许降低外，总体状况良好。具体的工作状态如下所述。

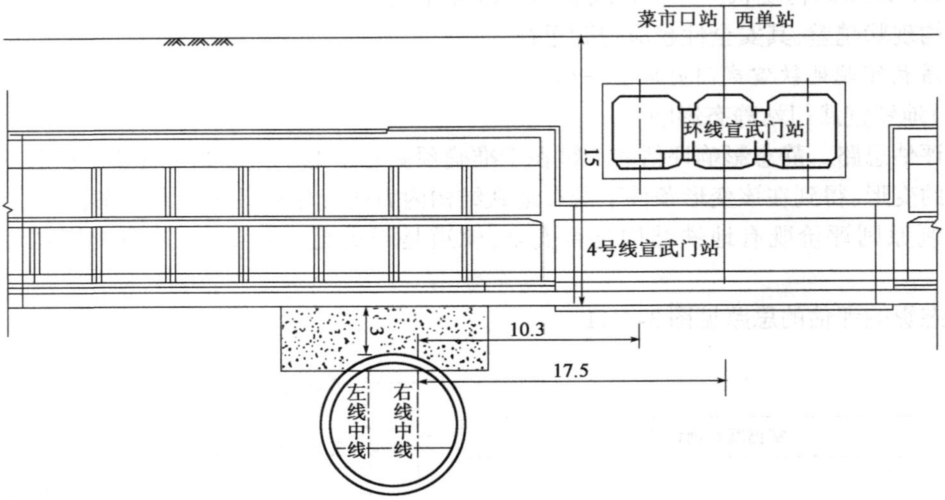


图 3-4-12　北京地下直径线隧道与 2 号线、4 号线剖面关系(尺寸单位:m)

主体结构和道床外观状况基本良好,但顶板部分区域存在露筋现象。边墙面层存在温度收缩裂缝,裂缝宽度大部分未超过 0.3mm,面层裂缝下面结构部分出现开裂。道床自身普遍存在横向收缩裂缝,裂缝宽度大部分在 0.3mm 左右,裂缝的平均深度为 100 ~ 320mm,部分裂缝已沿道床厚度方向贯通。道床与主体结构间未见明显裂缝,也未出现明显空鼓和脱空现象,道床与主体结构目前基本上处于共同工作状态。主体结构及道床混凝土强度等级满足原设计要求。主体结构的大部分混凝土碳化深度小于钢筋混凝土保护层厚度,仅有少部分混凝土碳化深度已经达到或接近钢筋表面。按设计使用年限为 50 年考虑,车站主体结构的 $Cl^{-1}$ 含量在 0.0141% ~ 0.087% 之间,未超过现行规范规定的限值 0.2% 的要求。主体结构的部分混凝土试样碱含量超过限值 $3kg/m^3$ 的要求,并且存在碱活性骨料,在具备一定的水分条件下,有发生碱—骨料反应的可能。主体结构的 $Cl^{-1}$ 扩散系数在 $200 \times 10^{-14} m^2/s \sim 400 \times 10^{-14} m^2/s$ 之间,混凝土抗渗性能中等。主体结构的钢筋基本完好或仅有轻微浮锈,存在锈蚀的可能性比较小。

④变形预测。

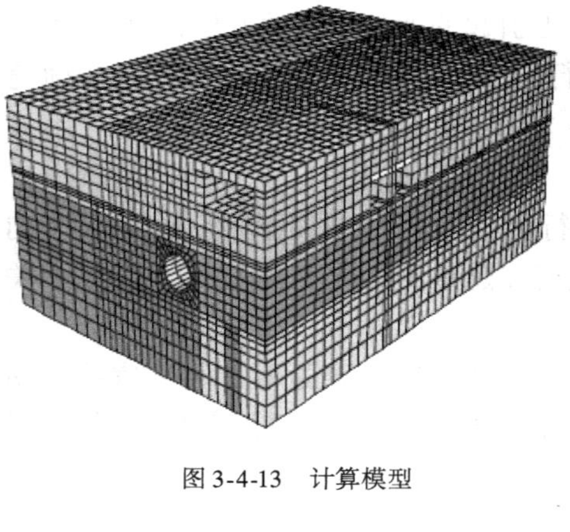

图 3-4-13　计算模型

沉降预测的主要内容是对北京地下直径线隧道施工引起 2 号线宣武门车站结构的沉降进行预测分析,提出北京地下直径线隧道自东向西并行下穿施工时 2 号线车站底板结构的沉降曲线,为结构安全评估提供依据。沉降预测的车站纵向沉降曲线点图基于分步开挖过车站所得结果,分别为盾构开挖至 $y = -94.5m$(第一步),$y = -83.25m$(第四步)和 $y = 24m$(第七步)。

沉降预测数值模拟分析计算采用地层—结构模型(图 3-4-13),采用 FLAC3D 软件进行计算。地层参数参照地质勘查报告的情况进行取值，土体本构关系采用莫尔—库仑模型，既有线结构采用 shell、beam 单元进行模拟，北京地下直径线工程盾构开挖的支护工况采用 shell 单元模拟，结构单元假定为线弹性，4 号线穿越段下部加固土层变形模量等参数按照提高正常值 30% 进行考虑。

七步开挖完成后最终底板沉降云图见图 3-4-14，车站纵向沉降曲线见图 3-4-15，车站南侧墙顶、底板水平位移曲线如图 3-4-16 所示。

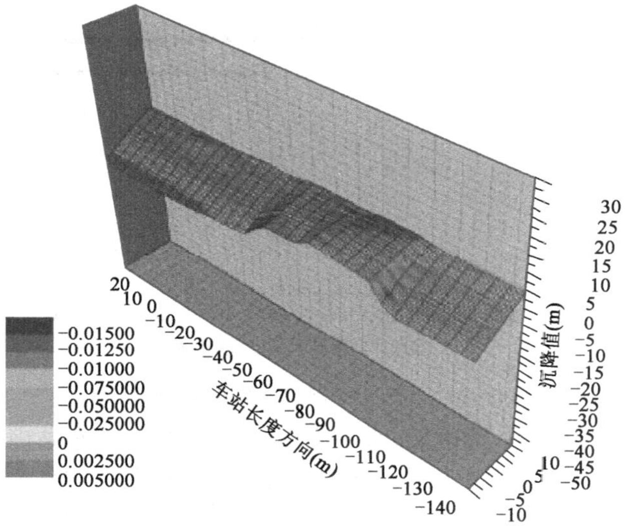


图 3-4-14 开挖完成后车站底板沉降云图

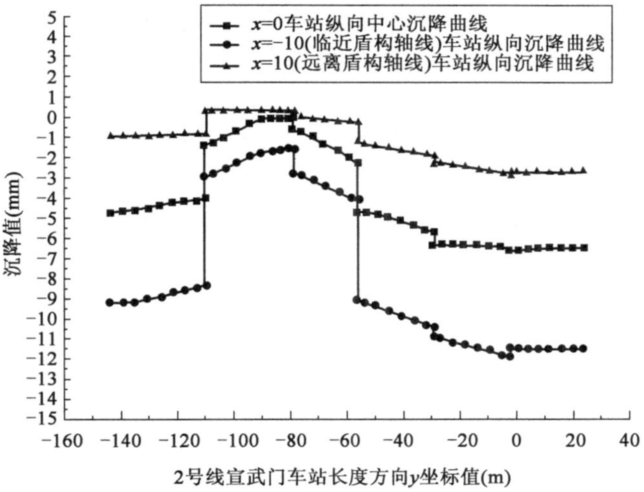


图 3-4-15 开挖完成后车站底板纵向沉降曲线

变形预测分析：车站底板的沉降曲线显示，2 号线宣武门站在北京地下直径线工程开挖施工影响下产生的最大沉降变形为 12mm，最大差异沉降为 5mm；2 号线车站长度方向上中部沉降较两端沉降值小,原因是此处有下穿的4号线宣武门车站,限制了2号线宣武门车站向下变形。底板距离盾构轴线越近,沉降值越大,原因是2号线车站向着盾构隧道一侧发生了扭转。

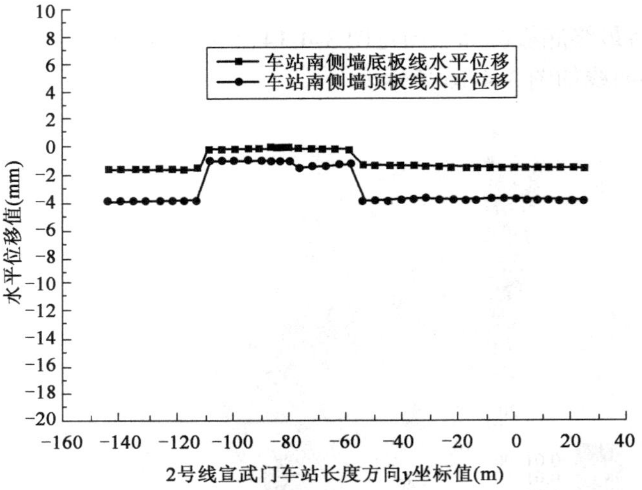


图3-4-16 开挖完成后车站南侧墙水平位移曲线

由车站南侧墙(靠近盾构一侧侧墙)水平位移曲线可以看出,车站南侧墙的两端水平位移值较大,顶板最大值达到5mm。车站中部水平位移较小,是受4号线宣武门站约束的结果。南侧墙顶部水平位移较底部大,原因是2号线车站向着盾构隧道一侧发生了扭转。

⑤内力计算。

本次计算针对地铁2号线宣武门站受北京地下直径线工程并行穿越施工影响的整个区段建立三维有限元模型,板、墙构件采用壳单元进行模拟,梁、柱构件采用梁单元进行模拟。

2号线车站的东西两端是变形缝位置,结构的东西向位移受到限制,因此计算模型在该断面的节点上设置东西方向的铰支座。

2号线车站不同区段结构之间是变形缝,计算模型以只能传递压力,不能传递拉力,剪力和弯矩的连杆将二者连接。

2号线宣武门车站在初始状态和变形条件下结构内力如图3-4-17~图3-4-20所示。

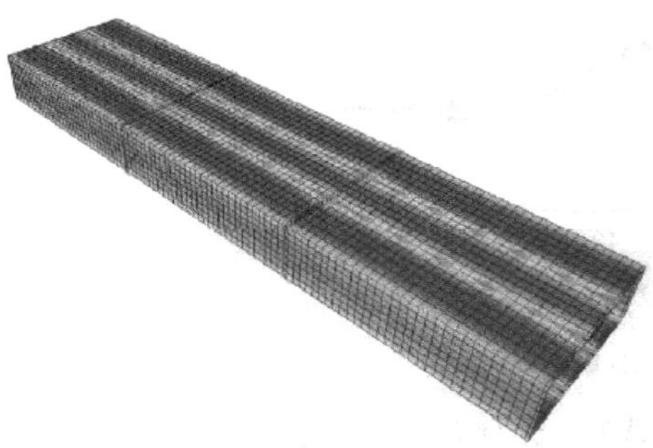

图3-4-17 初始状态车站整体横向弯矩云图

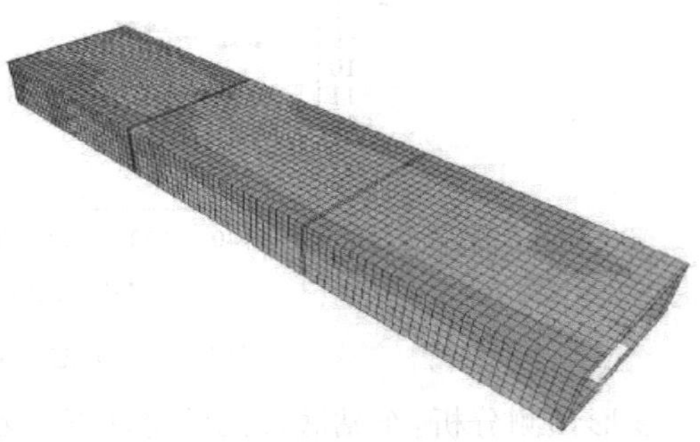

图3-4-18 变形稳定状态车站整体横向弯矩增量云图

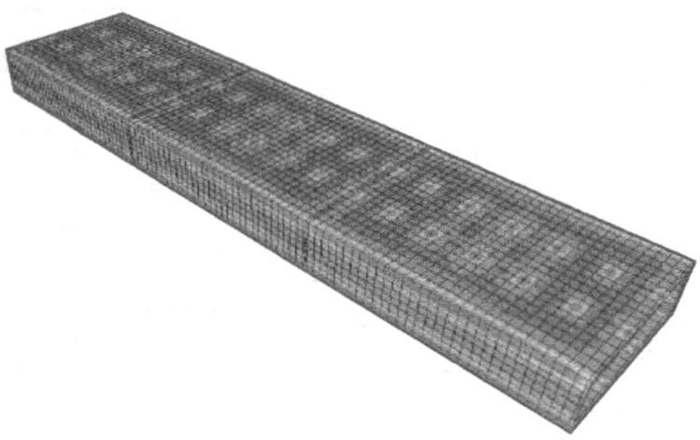

图 3-4-19　初始状态车站纵向整体弯矩云图

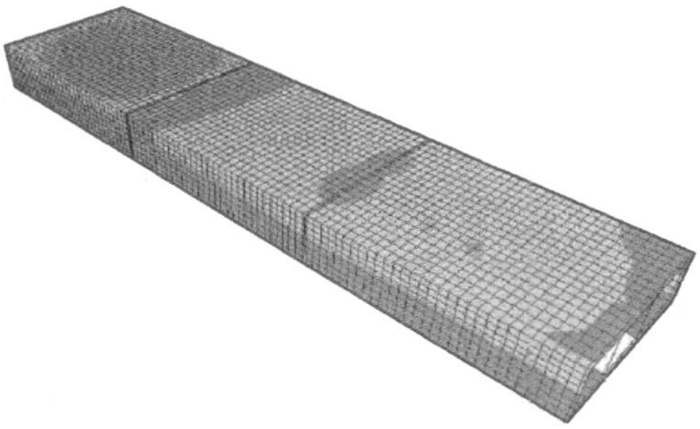

图 3-4-20　变形稳定状态车站纵向整体弯矩增量云图

⑥承载力验算(表 3-4-11 ~ 表 3-4-13)。

**车站结构横向承载能力一览表**　　表 3-4-11

| 结构部位 | | | 实配钢筋/延米 | 允许[$M$](kN·m) | |
|---|---|---|---|---|---|
| | | | | 按裂缝控制 | 按强度控制 |
| 顶板边跨 | 内侧(跨中) | | $5\phi22+5\phi25$ | 824 | 910 |
| | 外侧(角部) | | $10\phi20+5\phi25$ | 864 | 1169 |
| 顶板中跨 | 内侧(跨中) | | $5\phi18+5\phi22$ | 650 | 664 |
| | 外侧(角部) | | $5\phi20+10\phi22$ | 844 | 1125 |
| 侧墙 | 内侧(跨中) | | $5\phi25$ | 327 | 396 |
| | 外侧 | 上部 | $5\phi22+5\phi25$ | 676 | 901 |
| | | 中部 | $5\phi18$ | 84 | 396 |
| | | 下部 | $5\phi20+10\phi22$ | 657 | 867 |
| 底板边跨 | 内侧(跨中) | | $5\phi20+5\phi22$ | 634 | 644 |
| | 外侧(角部) | | $5\phi20+5\phi18+2.5\phi22$ | 628 | 706 |
| 底板中跨 | 内侧(跨中) | | $10\phi28$ | 469 | 473 |
| | 外侧(角部) | | $5\phi20+5\phi18+2.5\phi22$ | 593 | 705 |

**横断面 1 弯矩核算表**　　表 3-4-12

| 结构部位 | | $M$ (kN·m) | 允许[$M$](kN·m) | | | | 附加安全系数 |
|---|---|---|---|---|---|---|---|
| | | | 按裂缝控制 | 是否超限 | 按强度控制 | 是否超限 | |
| 顶板边跨 | 内侧(跨中) | 335 | 824 | 否 | 910 | 否 | 2.6 |
| | 外侧(角部) | 225 | 864 | 否 | 1169 | 否 | 5.2 |
| 顶板中跨 | 内侧(跨中) | 167 | 650 | 否 | 664 | 否 | 4.0 |
| | 外侧(角部) | 719 | 844 | 否 | 1125 | 否 | 1.6 |
| 侧墙 | 外侧(上部) | 225 | 676 | 否 | 901 | 否 | 4.0 |
| | 内侧(跨中) | 51 | 327 | 否 | 396 | 否 | 7.8 |
| | 外侧(下部) | 541 | 657 | 否 | 867 | 否 | 1.6 |

续上表

| 结构部位 | | M (kN·m) | 允许[M](kN·m) | | | | 附加安全系数 |
|---|---|---|---|---|---|---|---|
| | | | 按裂缝控制 | 是否超限 | 按强度控制 | 是否超限 | |
| 底板边跨 | 内侧(跨中) | 568 | 634 | 否 | 644 | 否 | 1.1 |
| | 外侧(角部) | 541 | 628 | 否 | 706 | 否 | 1.3 |
| 底板中跨 | 内侧(跨中) | 367 | 469 | 否 | 473 | 否 | 1.3 |
| | 外侧(角部) | 681 | 593 | 否 | 705 | 否 | 1.0 |

**横断面2弯矩核算表**　　表3-4-13

| 结构部位 | | M (kN·m) | 允许[M](kN·m) | | | | 附加安全系数 |
|---|---|---|---|---|---|---|---|
| | | | 是否超限 | 按裂缝控制 | 是否超限 | 按强度控制 | |
| 顶板边跨 | 内侧(跨中) | 340 | 824 | 否 | 910 | 否 | 2.7 |
| | 外侧(角部) | 226 | 864 | 否 | 1169 | 否 | 5.2 |
| 顶板中跨 | 内侧(跨中) | 178 | 650 | 否 | 664 | 否 | 3.7 |
| | 外侧(角部) | 661 | 844 | 否 | 1125 | 否 | 1.7 |
| 侧墙 | 外侧(上部) | 226 | 676 | 否 | 901 | 否 | 4.0 |
| | 内侧(跨中) | 12 | 327 | 否 | 396 | 否 | 33.0 |
| | 外侧(下部) | 452 | 657 | 否 | 867 | 否 | 1.9 |
| 底板边跨 | 内侧(跨中) | 428 | 634 | 否 | 644 | 否 | 1.5 |
| | 外侧(角部) | 452 | 628 | 否 | 706 | 否 | 1.6 |
| 底板中跨 | 内侧(跨中) | 257 | 469 | 否 | 473 | 否 | 1.8 |
| | 外侧(角部) | 767 | 593 | 否 | 705 | 否 | 0.92 |

根据内力核算结果，就横向内力，对车站结构2个横断面而言，RK178+61.085里程位置的弯矩值最大，主要是因为该断面处于叠加沉降值最大位置。除RK178+61.085里程断面中跨底板柱底外侧的弯矩值超出按强度控制的最大允许弯矩值外，其余部位均没有超限。就纵向内力，车站结构局部点不满足强度受力要求，其中底板跨中部位1个点，约占全部核算点的1.4%；北侧墙跨中部位3个点，占全部核算点的2.7%。考虑到钢筋混凝土材料有一定的塑性，局部应力集中的地方会发生应力重分布，从而改善结构整体受力状态，因此判断车站结构纵向基本是安全的。

综上所述，可以判断2号线宣武门站结构在4号线宣武门站下穿施工后，北京地下直径线工程在平行下穿施工过程中2号线、4号线宣武门站结构是安全的。当然不排除局部点会出现结构内力超出自身承载能力的情况，但这并不影响车站的安全使用。

⑦结构极限抗变形能力分析。

经试算，2号线宣武门车站结构的极限变形值为：底板最大沉降20mm；侧墙底部最大水平位移2mm；结构横向最大倾斜率0.4‰。

⑧轨道安全性评估。

根据结构变形数据，结合轨道结构的特点进行分析，在北京地下直径线工程施工直至变形稳定后，轨道结构是安全的。但应做到：

北京地下直径线工程施工引起2号线沉降变形不得大于2mm/d。施工期间直至结构变形稳定，应每天对轨道状态和轨道结构部件进行检查，及时调整更换。

(2)地铁宣武门站动态影响

通过对北京地下直径线工程的振动影响评估，主要达到以下目的：确定北京地下直径线工程铁路列车引起的振动在隧道—地层中的传播规律，预测直径线开通运营后对2号线、4号线宣武门站结构的振动影响，分析其振动响应特性，根据评估结果，确定北京地下直径线工程是否需要采取减振措施减振地段，为下一步选择减振方案提供依据。

①评估方法。

a. 实验室振动实验测试。通过实验室振动实验测试，得出隧道结构在振动影响下的响应特征，用于验证动力有限元数值分析模型的合理性和可靠性，以及分析地下振源对邻近地下结构的振动影响及传播规律。

b. 采用动力有限元数值分析计算的方法，预测北京地下直径线工程对既有地铁结构的振动影响。对所选择的评估点进行动态振动分析计算，模拟铁路列车运行引起的振动响应，包括二维平面分析和三维空间分析。

②评估依据与标准。

结构在动态荷载的作用下产生的响应在宏观上主要以动态位移、速度、加速度等指标来衡量，同时结构内部会产生附加动应力和应变，当它们超过了材料或构件的某项极限值后，结构将出现不同程度的破坏现象。在连续振动荷载的作用下，结构内部产生的交变应力可能使得材料内部损伤不断累积，从而产生疲劳破坏。

经过理论研究和大量的试验和检测，国内外针对各种振源对邻近建筑物的振动影响，制定了相关标准，主要是规定了一些影响建筑物正常使用的振动位移、速度和加速度限值指标。应该指出的是，由于各国在制定标准时是在某一场地条件下，针对特定结构物进行实验取得数据的基础上加以调整而制定的一种普适标准，因而各国标准之间存在差异。

衡量建筑物所受到的影响常用物理量为振动速度和振动频率。这是因为振动速度和振动频率与建筑物的破坏有着直接的关系，它们能直接反映建筑物的破坏烈度以及振动响应的能量大小，在建筑物的振动中起着决定性的作用。所以，这些规范大多采用建筑物的振动速度和频率相关的限值。

在我国，《机械工业环境保护设计规定》(JBJ 16—2000)对特殊建筑物的振动容许值进行了规定。表3-4-14中的速度容许值不是单一方向的速度，而是合速度。

**影响建筑物正常使用的振动速度限值**　　表3-4-14

| 建筑物的类型 | 振源频率(Hz) | 速度容许值[$v$](mm/s) |
|---|---|---|
| 有保护价值或对振动特别敏感的建筑 | 10～30 | 3 |
| | 30～60 | 3～5 |
| 古建筑(严重开裂及风蚀者) | 10～30 | 1.8 |
| | 30～60 | 1.8～30 |

评估以质点振动峰值速度作为主要评价指标，提出了相对于地面结构偏于严格的地铁隧道结构安全及正常使用的振动评估标准，这里的质点振动峰值速度选择三个方向速度的最大

值。具体的评估标准确定为：若结构质点振动峰值速度小于2.5mm/s，则对结构耐久性和正常使用无影响，不必采取减振措施；位于2.5～5mm/s之间，则对结构耐久性和正常使用影响较小，视结构的重要性及现状情况，确定是否采取相应的减振措施；位于5～8mm/s之间，则对结构耐久性和正常使用有影响，建议采取相应的减振措施；大于8mm/s，则对结构耐久性和正常使用有较大影响，应采取相应的减振措施。

③动力有限元模型。

由于评估点中北京地下直径线隧道于地铁4号线宣武门站下方交叉穿越，而地铁2号线宣武门站又于4号线宣武门站上方跨越，二维有限元模型无法反映此类空间结构，所以在此评估点建立三维有限元模型来计算。有限元模型尺寸取为120m×80m×60m，考虑对称性并为了节省计算时间和存储空间，地铁4号线宣武门站选取一半结构进行分析，模型共划分了55786个单元，64260个节点，有限元模型如图3-4-21、图3-4-22所示。

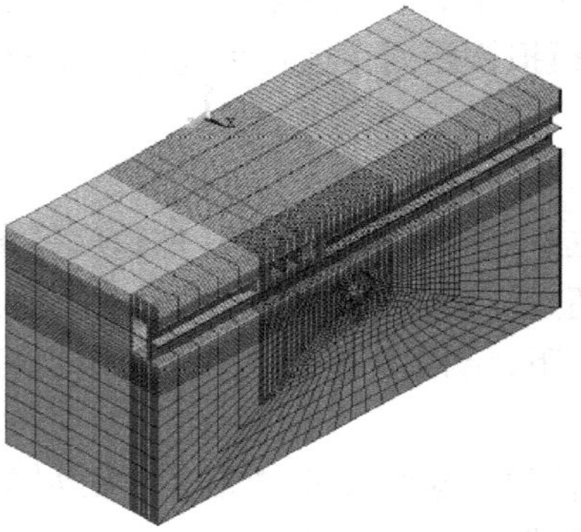

图3-4-21　三维模型

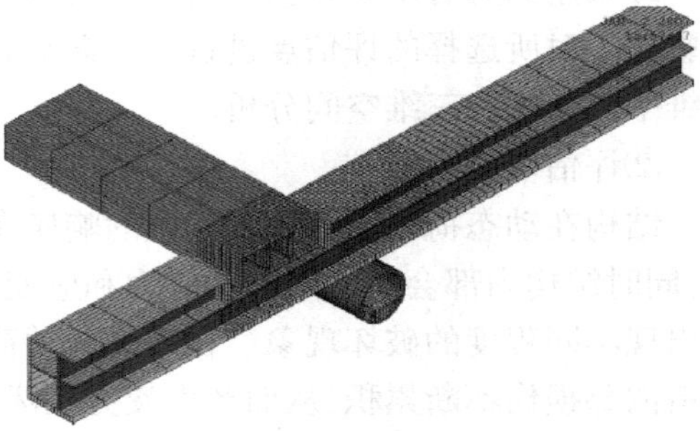

图3-4-22　宣武门站与直径线工程的相关关系

在进行隧道与地下结构物的动态分析时，边界条件的设置将对分析结果产生重大影响。经验表明，当以竖向振动为主时，模型网格两侧可采用横向约束，底面采用竖向约束，并使之离开隧道底面较远。由于本节主要考虑列车竖向振动荷载，因此可采用上述的边界条件。

(3)风险评估结论

根据上述原则，并参照北京市轨道交通建设管理有限公司编制的《工程建设环境安全技术管理体系(试行)》，北京地下直径线相邻既有地铁风险点及风险安全等级划分见表3-4-15。

**北京地下直径线相邻既有地铁风险点及风险安全等级划分**　　表3-4-15

| 序号 | 既有地铁风险点 | | 直径线与既有地铁相关关系 | 直径线施工方法 | 既有线运营情况 | 其他工程影响 |
|---|---|---|---|---|---|---|
| 1 | 2号线 | 宣武门站 | 斜下方并行，水平距离10.3m，竖向距离17.1m | 盾构 | 列车运营 | 4号线宣武门站下穿 |
| 2 | | 长椿街站 | 斜下方并行，水平距离2.6m，竖向距离15.6m | 盾构 | 列车运营 | 无 |
| 3 | | 前门站东喇叭口区间(K20+200～K20+0) | 斜下方并行，水平距离9.8m，竖向距离1m | 盾构 | 列车运营 | 无 |
| 4 | | 宣武门站东喇叭口区间(K18+030～K17+950) | 斜下方并行，水平距离11.5m，竖向距离17m | 盾构 | 列车运营 | 无 |

续上表

| 序号 | 既有地铁风险点 | | 直径线与既有地铁相关关系 | 直径线施工方法 | 既有线运营情况 | 其他工程影响 |
|---|---|---|---|---|---|---|
| 5 | 体结构 | 宣武门站西喇叭口区间（K17+795~K17+660） | 斜下方并行，水平距离10.2m，竖向距离17m | 盾构 | 列车运营 | 无 |
| 6 | | 宣武门~长椿街站区间（K17+660~K17+155） | 斜下方并行，水平距离8.5~13.6m，竖向距离15.6~17.1m | 盾构 | 列车运营 | 无 |
| 7 | | 长椿街站东喇叭口区间（K17+755~K17+020） | 斜下方并行，水平距离3.5m，竖向距离15.6m | 盾构 | 列车运营 | 无 |
| 8 | | 长椿街站西喇叭口区间（K16+880~K16+700） | 斜下方并行，水平距离2.3m，竖向距离16m | 盾构 | 列车运营 | 无 |
| 9 | 2号线 | 崇文门站东南出入口 | 水平，水平距离1.2m | 明挖 | 乘客通行 | 无 |
| 10 | | 崇文门站西南出入口 | 水平，水平距离2.5m | 暗挖 | 乘客通行 | 无 |
| 11 | | 前门站东南出入口 | 斜下方并行，水平距离0.3m，竖向距离3.9m | 盾构 | 乘客通行 | 无 |
| 12 | | 和平门站东南出入口 | 斜下方并行，水平距离7.0m，竖向距离14.7m | 盾构 | 乘客通行 | 无 |
| 13 | | 和平门站西南出入口 | 斜下方并行，水平距离5.8m，竖向距离3.9m | 乘客通行 | 无 | 无 |
| 14 | | 宣武门站东南出入口 | 斜下方并行，水平距离0.3m，竖向距离3.9m | 盾构 | 乘客通行 | 无 |
| 15 | 附属结构 | 宣武门站西南出入口 | 下方穿越，竖向距离21.0m | 盾构 | 乘客通行 | 无 |
| 16 | | 长椿街站东南出入口 | 下方穿越，竖向距离20.1m | 盾构 | 乘客通行 | 无 |
| 17 | | 长椿街站西南出入口 | 下方穿越，竖向距离19.4m | 盾构 | 乘客通行 | 无 |
| 18 | 2号线 | 崇文门站风道 | 水平，水平距离3.3m | 暗挖 | 通风 | 无 |
| 19 | | 和平门站通风 | 下方穿越，竖向距离15.0m | 盾构 | 通风 | 无 |
| 20 | | 宣武门站通风 | 下方穿越，竖向距离20.6m | 盾构 | 通风 | 无 |
| 21 | 附属结构 | 崇文门站—前门站区间通风 | 斜下方并行，水平距离1.5m，竖向距离0.1m | 盾构 | 通风 | 无 |
| 22 | | 前门站—和平门站区间通风 | 下方穿越，竖向距离10.9m | 盾构 | 通风 | 无 |
| 23 | | 和平门站—宣武门站区间通风 | 下方穿越，竖向距离19.4m | 盾构 | 通风 | 无 |
| 24 | | 宣武门站—长椿街站区间通风 | 下方穿越，竖向距离15.8m | 盾构 | 通风 | 无 |
| 25 | 在建线 | 5号线崇文门站 | 上方跨越，竖向距离2m | 明挖 | 尚未运营 | 无 |
| 26 | 主体结构 | 4号线宣武门站 | 上方跨越，竖向距离4m | 盾构 | 尚未运营 | 预加固 |
| 27 | 在建线 | 5号线崇文门站南换乘通道 | 上方跨越，竖向距离1m | 明挖 | 尚未运营 | 无 |
| 28 | 附属结构 | 4号线宣武门站换乘通道 | 下方穿越，竖向距离11.6m | 盾构 | 尚未运营 | 无 |

续上表

| 序号 | 既有地铁风险点 | | 直径线与既有地铁相关关系 | 直径线施工方法 | 既有线运营情况 | 其他工程影响 |
|---|---|---|---|---|---|---|
| 29 | 2号线 | 崇文门站 | 水平，水平距离21m | 明挖<br>暗挖 | 尚未运营 | 无 |
| 30 | | 前门站 | 斜下方并行，水平距离10～30m，竖向距离1m | 盾构 | 尚未运营 | 无 |
| 31 | | 和平站 | 斜下方并行，水平距离20m，竖向距离12m | 盾构 | 列车运营 | 无 |
| 32 | 土体结构 | 北京站—崇文门站区间（K21+915—K21+607） | 水平，水平距离10～50m | 明挖 | 列车运营 | 无 |
| 33 | | 崇文门—前门站区间（K21+461—K20+200） | 斜下方并行，水平距离7～24m，竖向距离1m | 暗挖/盾构 | 列车运营 | 无 |
| 34 | | 前门—和平门站区间（K19+803—K18+801） | 斜下方并行，水平距离19～30m，竖向距离1～12m | 盾构 | 列车运营 | 无 |
| 35 | | 和平门—宣武门站区间（K18+658—K18+030） | 斜下方并行，水平距离16～21m，竖向距离17m | 盾构 | 列车运营 | 无 |
| 36 | | 长椿街—复兴门站区间（K16+700—K16+610） | 斜下方并行，水平距离2～50m，竖向距离16m | 盾构 | 列车运营 | 无 |

6）风险控制措施

（1）盾构穿越宣武门车站的风险控制

宣武门地铁4号线车站在直径线里程DK4+540～DK4+567段、4号线里程K7+809.72～K7+821.32段内，全长187.9m，车站为两边双层、中间单层全暗挖车站。双层断面为两柱三跨三连拱结构，采用“PBA”洞桩法施工。盾构结构顶部距离宣武门车站底板底距离4.98～6.12m。车站主体结构南侧共有市政管线26条，其中含有大型上水管和雨污水等管线。在宣武门车站施工时，对其进行加固处理，防止盾构施工时宣武门车站的不均匀沉降及对地面以下市政管线造成破坏，从而保证盾构安全、顺利通过。

①对成型宣武门车站控制措施。提前对盾构通过范围之外的车站底板进行加固注浆，并施工相应底板和站台层侧墙二衬，使结构尽早封闭形成整体，缩短结构暴露长度。对盾构通过范围暂不能施工站台层侧墙和底板段，采取在其中板以下边墙纵向施工缝（中板与边墙衔接倒角下100mm）和边桩下底梁之间安装工字钢支撑，对已成型结构进行加固。加固参数为：双排I22a工钢，长6.9m，在盾构通过里程K7+809～K7+822段纵向间距1.25m，其余地段2.5m。施工过程中，根据监测数据，必要时增加竖向工钢和横向工钢连接，形成工字钢框架对既有结构进行加固。

②对未成型的宣武门车站控制措施。

a. 板凳桩—托护+预注浆加固，见图3-4-23。

板凳桩—托梁设计。在地铁4号线宣武门站结构底板下沿直径线隧道结构外2.2m两侧设2道纵梁，两纵梁之间每跨结构内各设1道横梁（共3道），每道纵梁下设6根$\phi$800mm钻孔灌注桩，桩长20.0m；纵梁尺寸为2.2m×2.0m（边桩下底梁处为1.1m×2.0m），横梁尺寸为1.5m×1.8m。

注浆设计。采用小导管注浆。浆液采用水泥单液浆（水灰比：0.45、掺5% XPM 微膨胀剂+3.5% FDN 减水剂）；导管采用 $\phi$42mm、$t$ = 5mm、$L$ = 3.3m 的钢管，做成注浆花管。注浆范围：竖向加固范围是车站底板底向下4.0m；东西向为宣武门站结构底板宽度；南北向为相应沉降缝向南、向北各3m，即K7+782.5～K7+833.2。

b.盾构掘进过程中泥水压力控制。

根据刀盘与结构的不同位置关系，分阶段进行控制：刀盘进入结构前，盾构以静止压力控制；进入结构后，先调整为主动压力，同时为避免压力过大击穿伸缩缝，在主动压力的基础上进行了降低，对结构部分的土体进行了扣除，对宣武门自身的重力换算成均布荷载，然后加上结构上方的土体、结构与盾构之间的土体进行压力计算，去掉预压考虑，结合监测数据主动压力调整为2.2bar；在刀盘出结构前，按照45°+$\varphi$/2的破裂角考虑，在刀盘距外围结构还剩2.9m时又调整成主动压力，刀盘穿过结构后，压力恢复成静止压力。同时还要对泥浆参数进行控制，主要是选用高性能、高黏度泥浆；以及对扭矩、贯入度、纠偏量、同步注浆压力等进行相应控制。

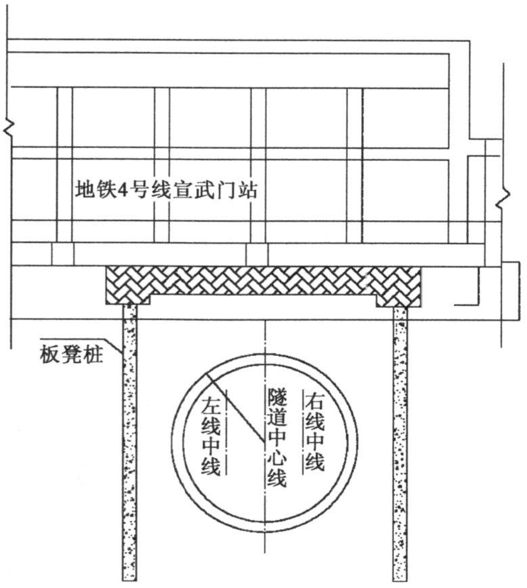

图3-4-23　宣武门未成型段加固示意图

（2）沿线地铁和一般建（构）筑物风险控制措施

①盾构推进时同步注浆，管片出盾尾后利用管片背后的注浆孔进行二次注浆，二次加强注浆，并打设注浆花管，保证其注浆效果。

②优化掘进施工参数。根据试掘进段施工取得的参数，结合具体情况进一步优化掘进参数，合理选择土仓压力，加强出渣量，盾构推进时地层损失率控制在0.5%～0.75%之间。施工中通过加入适量的泡沫剂和泥浆来控制地下水进入土仓，防止出现较大的隆起或沉降。

③严格控制同步注浆。选择胶凝时间较短的浆液进行同步注浆，以保证管片的尽早稳定，并起到防水的作用，同步注浆浆液采用特种灌浆料以及加入微膨胀剂，保证填充密实。同时，必须合理进行注浆压力与注浆量控制，避免回填不足和冒浆等异常现象。

④加强施工监控量测和环境监控观察。提前在地铁结构布设沉降监测点，在轨道上布设倾斜监测点，在盾构施工影响期间对其实施监测，及时反馈信息。

⑤在既有线轨道上安设电子水平尺，对既有线轨道实施适时在线监控，掌握既有轨道变化，及时采取应对措施，保证既有线安全。

## 3.4.4　莞惠城际铁路GZH-2标盾构隧道穿越建（构）筑物施工技术

1）工程概况

莞惠GZH-2标盾构区间右线隧道于GDK13+911.497～GDK13+977.550、左线隧道于

GDZK13 +914.162 ~ GDZK13 +953.030 处下穿新兴大楼，其中左线斜下穿局部房屋，右线正下穿房屋，后左右线下穿规划二路，后至 GDK14 +199 盾构接收井；此段区间隧道为东西走向，线间距为 18.56m。

图 3-4-24　新兴大楼

新兴大楼（图 3-4-24）为框支框架—剪力墙结构，按照 6 层结构设计，现状为 4 层结构，后期加盖剩余 2 层结构，无地下室；地面 4 层均为商业区；房屋基础均为 $\phi$400mm 高强混凝土预应力管桩，桩基上方设置 1.5m 高的承台，承台上设置柱。

隧道埋深约 30m，隧道顶部覆土自上而下依次为素填土、淤泥质粉质黏土、粉砂、粉质黏土、全风化混合片麻岩、强风化混合片麻岩和弱风化混合片麻岩，左线隧道洞身主要位于弱风化混合片麻岩地层中，右线隧道洞身主要位于强、弱风化混合片麻岩地层中；根据原设计调查资料显示，基础为 $\phi$1.2m 的钻孔灌注桩，桩长 25m，桩基距离盾构隧道顶部最小距离约 3.6m，在采用跟踪注浆措施的情况下，隧道下穿建筑物。其位置关系见图 3-4-25。

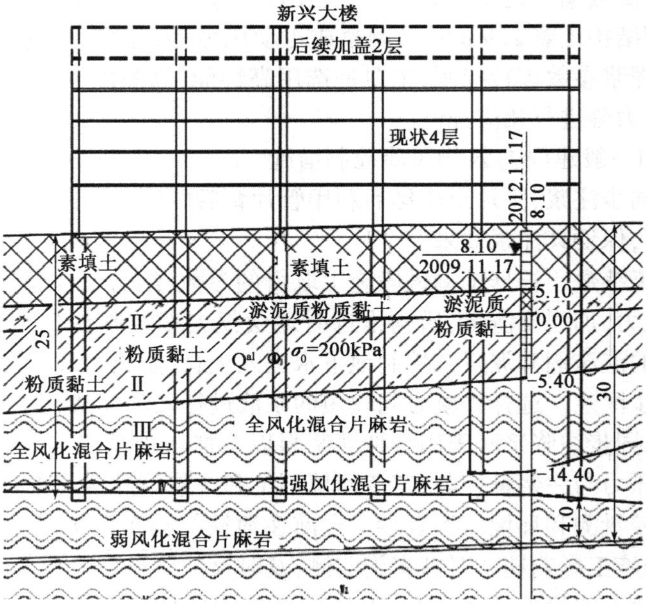


图 3-4-25　桩基与隧道位置关系（尺寸单位：m）

根据原房屋竣工资料，桩基深度由西至东依次加深，最深的桩基约 34.5m，侵入隧道约 4.5m；因房屋竣工资料年代久远，无法一一核对桩位，后期需进入房屋内进行探桩作业，需进一步核实桩基实际深度，见图 3-4-26。

考虑到建筑物基础为预应力管桩，其打入深度可根据地质情况进行大致判断，因此结合周边管线等情况,对建筑物周边进行了补勘。根据补勘结果显示,左线隧道拱顶均位于 W2 弱风化混合片麻岩内,预应力管桩不可能打入 W2 弱风化片麻岩地层内,初步判断预应力管桩不可能进入左线盾构隧道内。右线隧道通过补勘显示,隧道下穿红木家具范围的地层较好,拱顶均位于 W2 弱风化混合片麻岩内,预应力管桩不可能进入该范围隧道内,剩余地段隧道位于上软下硬范围,拱顶局部进入 W4 混凝土片麻岩内,预应力管桩可能穿入 W4 地层,进入盾构隧道断面范围内,但依然无法准确判断上软下硬范围内预应力管桩的具体深度,需进行探桩作业,探明侵入隧道的桩基数量及位置。

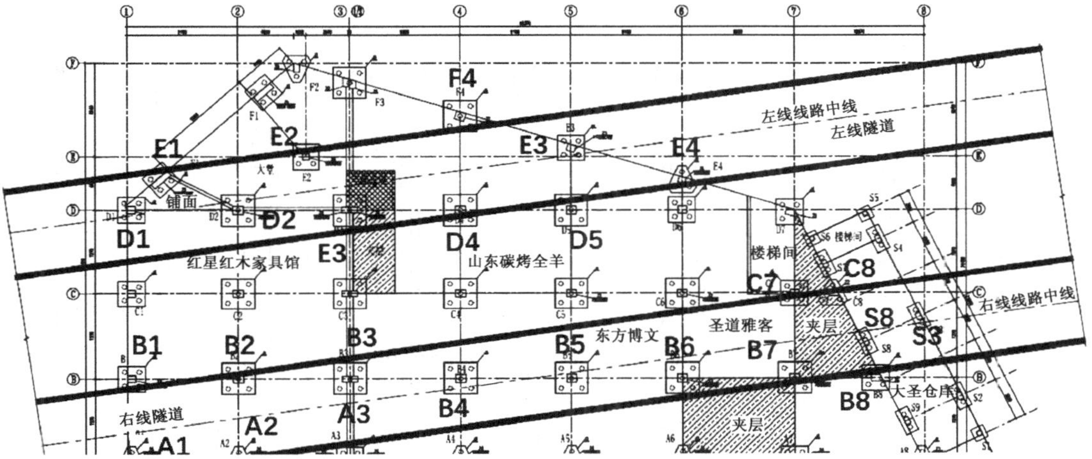


图 3-4-26　桩基平面示意图

2)前期工作

(1)房屋临迁:施工前将对新兴大楼 1/3 ~ 8 轴首层范围进行全部临迁处理,临迁总面积为 1210m$^2$。

(2)探桩:根据"莞惠城际 GZH-2 标下穿建筑物旧有桩基、基础探测成果报告"显示,沿右线隧道上方承台周边布置的 10 个钻孔揭示,桩底高程低于隧道拱顶高程的桩基共计 8 根,其中最深桩基低高程为 -23.2m,侵入隧道约 2.4m。

3)工程措施

(1)地表钢花管及袖阀管注浆

①右线盾构隧道下穿新兴大楼且临近和易居范围在新兴大楼基础外侧 5.0m 范围,采取地表袖阀管注浆加固并隔离和易居建筑物,注浆深度从地表至 W3、W2 岩面分界线下1.0m,注浆浆液采用单液浆。

②右线隧道下穿新兴大楼范围采用地表钢花管 + 袖阀管注浆;采用 $\phi$108mm,壁厚 $t$ = 6mm 的钢花管,钢花管及袖阀管中心间距按照 1.0m × 1.0m 内插布置,注浆深度从地表至 W3、W2 岩面分界线下 1.0m,注浆浆液采用双液浆。

③左线隧道下穿新兴大楼范围采用地表钢花管注浆;采用 $\phi$108mm,壁厚 $t$ = 6mm 的钢花管,钢花管中心间距按照 1.5m × 1.5m 布置,注浆深度从地表至 W3、W2 岩面分界线下 1.0m,注浆浆液采用双液浆。

④除上述注浆范围以外，建筑物内采用地表钢花管注浆加固；采用 $\phi$108mm，壁厚 $t=6$mm 的钢花管，钢花管中心间距按照 1.0m×1.0m 布置，注浆深度从地表至 W3、W2 岩面分界线下 1.0m，注浆浆液采用双液浆。

（2）筏板基础

根据新兴大楼建筑物既有结构形式，为提高整个基础结构的整体性、稳定性和竖向结构承载力，减小差异沉降对结构的影响，采取破除既有结构底板垫层，新增 0.8m 厚底板与承台基础、联系梁及 $\phi$108mm 竖向钢管连接成整体筏板基础。见图 3-4-27。

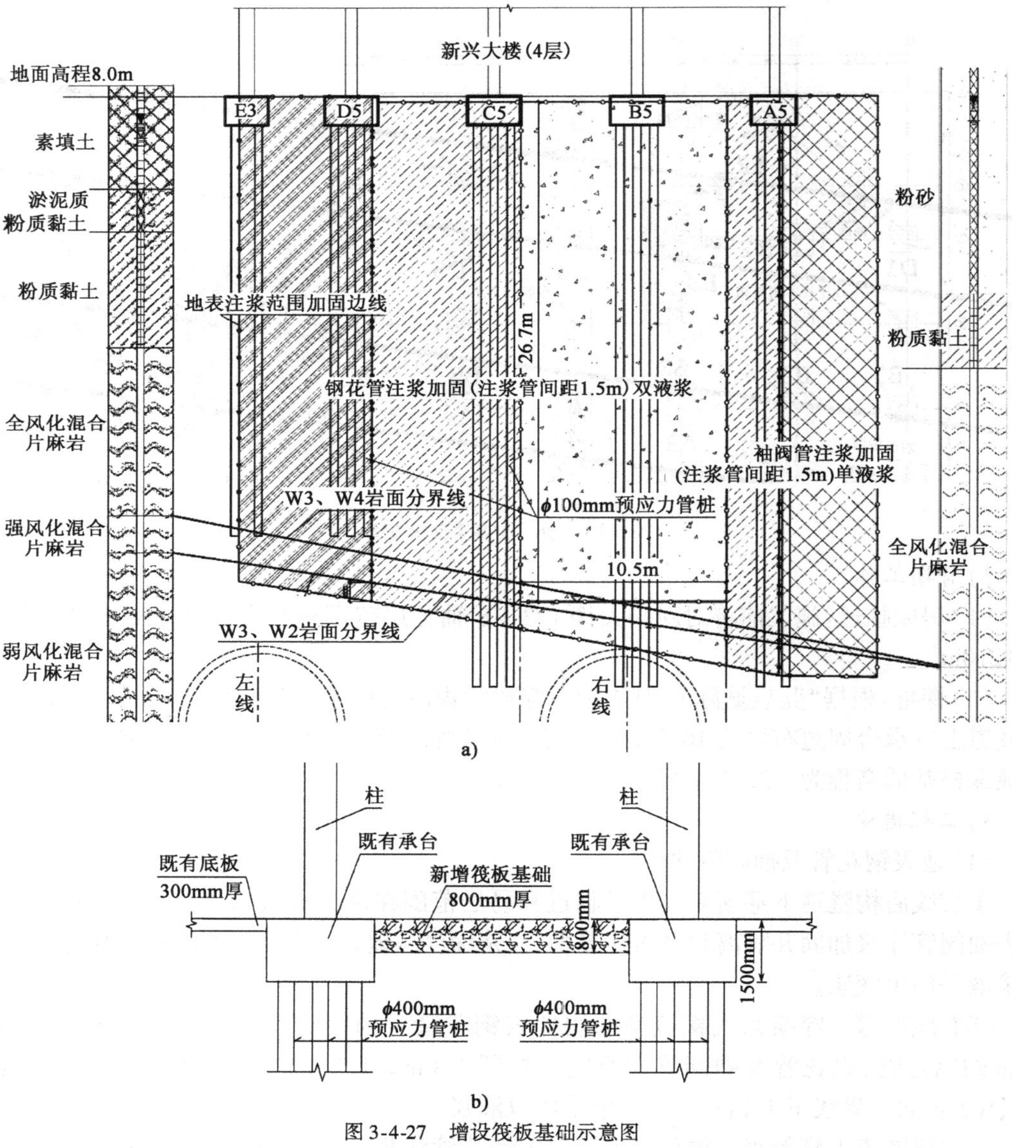

图 3-4-27　增设筏板基础示意图

（3）截桩

盾构机刀盘到达预应力管桩位置，停机开仓。做好通风及照明，并做好必要的保护措施；

地质工程师进仓对掌子面情况进行查看,确保人工进仓作业的安全。首先人工进入土仓,使用风镐凿除桩身混凝土,然后用气割割除桩身钢筋,清理杂物,关闭土仓继续掘进。

(4)确定监测警戒值和控制值

根据房屋的结构形式及与隧道的关系,确定房屋最大沉降量、沉降差的警戒值和控制值。

### 3.4.5　莞惠城际铁路6标盾构隧道穿越建(构)筑物施工技术

1)工程概况

莞惠城际铁路6标2号盾构机施工区段位于东莞市大朗镇,采用一台 $\phi$8.83m 土压平衡盾构机进行施工。GDZK37+824～861段盾构隧道埋深20m左右,主要穿越全风化及强风化混合片麻岩复合地层,根据地勘报告,判定围岩级别为Ⅴ级,全风化混合片麻岩渗透系数为1.0m/d,透水性较差。上覆建筑物密集,覆盖率达90%以上。险情发生时2号盾构机左线掘进541m(管片拼装332环),剩余2384m,见图3-4-28。

图3-4-28　工程平面示意图

2)事故情况

3月6日凌晨4:30,在刀盘后方18m处里程GDZK37+861发生第一次坍塌。第二次坍塌发生在3月11日晚上23:10,坍塌里程GDZK37+824,在刀盘后方17m处。两次塌陷位置盾构机均位于全风化混合片麻岩,覆土厚度约20m,拱顶以上分别为全风化混合片麻岩、粉质黏土、淤泥质粉质黏土以及素填土,见图3-4-29。

(1)第一次塌陷

2013年3月5日上午,2号盾构机刀盘掘进至GDZK37+857的前3环发现该全风化地层掘进速度只有11～17mm/min,扭矩从4500kN·m左右上升至最大的7000kN·m,参数异常。此时怀疑刀盘结泥饼,刀具磨损。现场决定采用气压开仓的方式进行刀盘检查。在清仓过程中,发现大量黄泥水涌出。在地面排查的过程中,发现地面的两口水井(刀盘前后20m)存在冒泡现象,从而推测土仓与水井之间存在空隙通道,盾构机土仓无法保压,因此继续掘进。掘进至GDZK37+843时,GDZK37+861处地表发生塌陷,塌陷位置位于一栋2层砖瓦房与一栋土坯瓦房之间,受地面塌陷影响一层土坯瓦房边上的冲凉间及化粪池(面积约8m$^2$)塌陷,见图3-4-30。

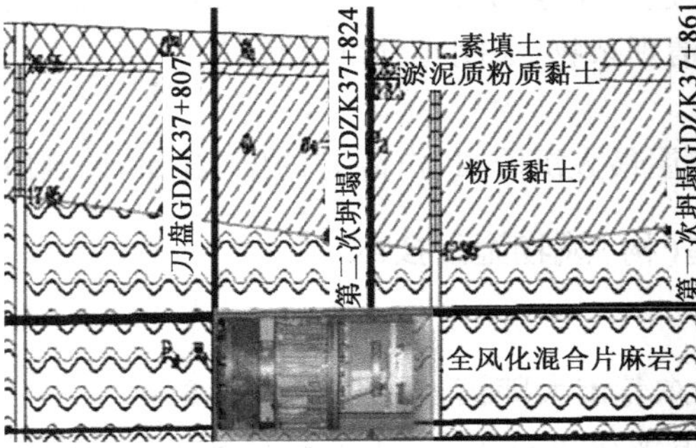


图 3-4-29　工程纵断面示意图

图 3-4-30　塌坑情况

(2)第二次塌陷

2013 年 3 月 11 日晚上 23:10,一栋一层毛纺品仓库土坯瓦房发生坍塌,坍塌面积约 70m²,旁边一土坯房(约 20m²)及一段围墙受损。发生塌陷的前一天,3 月 10 日凌晨 5 点左右,盾构机土仓顶区压力异常,瞬间升高约 0.6bar(从 2.1bar 升到 2.7bar),随后喷涌约大半斗泥水(约 9m³),初步怀疑掌子面掘进处存在一定大小水囊。针对该情况,项目部立即对该处周边地表及房屋进行注浆加固保护。3 月 11 日上午 10 点监控量测数据显示,JG221 房屋测点 P609、P611、P707 沉降速率分别达到 40.82mm/d、22.40mm/d、17.51mm/d,累计沉降为18.64mm、18.24mm、11.91mm,沉降速率异常,且房屋出现裂缝。晚上 23:00 在袖阀管地表钻孔过程中发现墙体所做纸条标记突然撕裂,同时墙体发出响声,为此现场施工人员立即撤出,约 10min 后 JG221 房屋发生坍塌,见图 3-4-31。

图 3-4-31　房屋塌陷情况

3)原因分析

(1)隧道位于强风化花岗片麻岩地层,遇水易软化;存在由于隧道附近水井过量抽取地下水,造成地下孔洞的可能性。

(2)掘进过程中造成超挖,回填注浆量不足。

(3)地表沉降监测未及时到位。

(4)施工经验不足,掘进过程中未对地面建筑物进行核查及相关主动注浆、跟踪注浆措施未实质性落实到位。

4)应急处置方案

(1)及时疏散附近人员,对坍塌周围房屋进行临迁。

(2)对坍塌部位及周边已沉降房屋,进行注浆加固(混凝土回填),尽快稳定地层,防止塌陷范围扩展。

(3)加强周边房屋的沉降监测。

(4)在隧道内对坍塌段前后 10m 范围内进行二次补强注浆。对盾构已拼装管片周边松散土体进行加固，进一步控制地层沉降。

(5)对影响范围地层进行地质雷达探测，发现空洞及时进行注浆处理。

(6)停机后，为了预防地面加固造成盾构机刀盘抱死，每两小时转动刀盘一次，保持土仓压力2.0~2.3之间，确保土压平衡。

(7)为确保恢复掘进安全，对刀盘前方及盾体上方地层进行加固，确保恢复掘进施工安全。

# 3.5　铁路盾构隧道地下障碍物处治施工技术

## 3.5.1　北京铁路地下直径线盾构隧道地下障碍物处治施工技术

1)工程概况

北京站至北京西站地下直径线工程，采用 $\phi$12.04m 的泥水盾构修建。隧道长5175m，穿越地层主要以砂卵石为主，砂卵石最大粒径达650mm，并且具有埋深深、独头掘进距离长、地质条件复杂、沿线风险点多、地表沉降控制要求严格等施工难点。其中盾构机独头掘进距离5175m，为当时国内之最，因而被铁道部列为最难、风险最大的工程。

2)遇卵石胶结层处治技术

(1)遇到的问题

盾构始发67m后，实际地质情况较地勘资料发生较大变化，地层中存在粒径较大砂卵石，且在地下水位变化区域存在1~2m层厚的一层卵石胶结层，经取样试验最大强度达23MPa。如图3-5-1所示。除刀盘刀具磨损外，由于刀盘扭矩过大，主驱动保险轴发生断裂，造成卡机、停工。

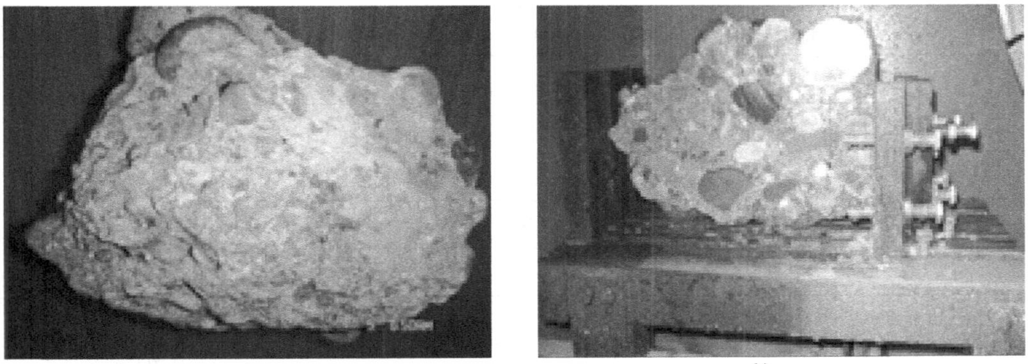

a)　　b)

图3-5-1　地层中揭露的胶结层

(2)设备配置原因分析

①由于先行刀(撕裂刀)与切削刀之间存在刀高差，先行刀高于切削刀，导致先行刀插入土体的深度相对较大，与土体间摩擦变大，最终造成先行刀的磨损比切削刀严重。

②由于先行刀磨损严重，切削刀被迫参与土体切削，加之土体中胶结层及大粒径卵石的存

在，刀具母材磨损严重，发生刀具破损和崩刃现象。

③周边切刀，由于本身位置决定其线速度较大，磨损也最为严重，刀齿磨损后，地层直接磨损刀座，最终导致刀盘刀具磨损严重。

鉴于以上分析，可知当前刀具的配置不能很好地与当前地层相适应，刀具的选择和布置是不合理的，需对刀盘刀具进行改造。

(3)刀盘刀具改造

①改造总体方案。

在盾构停机位置设置一座14.0m×4.5m的竖井，进行刀盘改造及刀具更换。盾构竖井位置：西侧为天宁寺桥1号匝道，南侧为天宁寺2号匝道桥及2根架空的$\phi$800mm热力管道和2根浅埋的$\phi$300mm燃气管，东侧为护城河。

②刀盘改造。

a. 刀盘改造总体方案。

中心刀：中心刀处切刀重新开孔，将原设计12把切刀更换为5把17″双刃滚刀。

正面辐条：将原32把重型撕裂刀改为32把双刃滚刀，并在90°与270°辐条上各增加双刃滚刀1把，以实现切削致密的砂卵石的目的，共计改造滚刀34把。同时在辐条上的滚刀间增加1把撕裂刀，共增加36把撕裂刀。

周边辐板：每个辐板增加1把单刃滚刀，共计8把单刃滚刀，为保护滚刀，在滚刀两侧增加2把撕裂刀，共计16把撕裂刀。

刀盘每个辐板处的周边保护刀增加2把，周边保护刀共计增加32把。

刀盘外径方向与辐板过渡区增加保护刀16把，并焊接HARDOX钢板。

刀盘上布置的刀具高度差，滚刀比撕裂刀高20mm，撕裂刀比刮刀高20mm。改造前后各类刀具数量对比见表3-5-1，改造后刀盘如图3-5-2、图3-5-3所示。

**刀盘改造形式及刀具数量** 表3-5-1

| 刀具名称 | 原有数量及形式 | 改造后数量及形式 |
|---|---|---|
| 切刀 | 296把 | 360把 |
| 重型撕裂刀 | 32把 | 0 |
| 周边刮刀 | 16把 | 32把 |
| 中心刀 | 12把鱼尾状切刀 | 5把双联滚刀 |
| 双刃滚刀 | 0 | 34把 |
| 边滚刀 | 0 | 8把 |
| 焊接合金刀 | 0 | 96把，位置处于刀盘外周和倒角过渡区 |
| 撕裂刀 | 0 | 52把，其中26把焊接可更换，26把不可更换 |

b. 刀盘面板耐磨性处理。

在刀盘辐板正面外围区域增加耐磨钢板，耐磨钢板材料为HARDOX500，厚度20mm；在刀盘辐板靠近中心部位贴焊10mm耐磨钢板，并在辐板正面增加焊接撕裂刀来提高刀盘的耐磨性。

图 3-5-2 中心刀处将切刀重新开孔更换为双刃滚刀

图 3-5-3 新改造刀盘结构形式

考虑到盾构掘进距离长，地质条件复杂，刀盘外圈线速度最大，磨损也最严重，所以在现有基础上增加 40 道保径刀，平均每道保径刀间距 0.9m，同时在原有耐磨堆焊空隙部位采取焊接耐磨三角块、增加耐磨堆焊的方式增强刀盘耐磨性能。

刀盘外圈与正面倒角位置磨损最为严重。其原因是周边刮刀磨损后导致该位置磨损，所以在短刀梁两侧焊接耐磨撕裂刀，同时撕裂刀两侧各增加 2 把合金刀，与短刀梁上的滚刀、周边刮刀、焊接撕裂刀共同保护刀盘倒角位置，提高刀盘的耐磨性。

在辐板、辐条所有溜渣口位置贴焊耐磨钢板及堆焊耐磨层，增强耐磨性能。

对增加的滚刀刀座及新增刀具采取堆焊耐磨焊进行保护。

c. 刀盘结构加强改造。

利用有限元方法计算，对刀盘改造后的各种负载计算，得出作用在刀盘正面、背面总载荷所产生的最大应力是 525MPa，且远远高于原刀盘的屈服应力 355MPa，为此通过刀盘增加强筋板，满足刀盘结构刀盘整体的强度要求。

在刀盘辐板和辐条之间增加加强钢板。在刀盘辐条和法兰之间增加加强箱体结构的钢板，辐板和法兰之间增加加强钢板。通过加强这些钢板，来保证刀盘的整体结构。

③立体切削理念的引入。

改造后的刀盘刀具从设置上，以滚刀为先行刀，滚刀与切刀之间增加了一层撕裂刀参与切削，滚刀、撕裂刀、切刀之间刀高差均为 20mm。在切削过程中，撕裂刀对切刀起到了很好的保护作用，变双层切削为三层切削，实现了立体切削的需要。

④刀具改造。

a. 新设计切刀与原有切刀对比。新设计的切刀采用大耐磨合金块，并适当增强其韧性，提高焊接工艺，以适应致密大砂卵地层。

b. 新设计周边刮刀与原周边刮刀对比。新设计周边刮刀将原来两排合金齿更换为一排大的合金块，合金块间焊接耐磨焊，增加整体抗冲击性和耐磨性。

c. 新设计增加撕裂刀。基于立体切削原理，为保证立体切削，刀盘上新增加 52 把撕裂刀，根据安装位置不同，设计为可更换和直接焊接两种形式。

d. 重型撕裂刀更换为滚刀，使用滚刀替换重型撕裂刀对致密砂卵石进行破岩。

e. 盾构刀盘刀具改造后，切刀、周边刮刀磨损较小，单刃、双刃滚刀正常磨损，刀具非正常损坏较少，施工中主要对磨损量较大的单、双刃滚刀进行了更换。但更换后刀间距将变大。

3）遇地下降水管处治技术

（1）施工过程

北京地下直径线在 DK4 +615 ~ DK4 +495 段下穿 4 号线宣武门车站。4 号线宣武门站为三拱两柱双层车站，车站宽 22.9m，主体结构对应北京直径线里程为 DK4 +567 ~ DK4 +543。

针对直径线下穿 4 号线宣武门车站的安全进行了方案研究，确定采用“板凳桩—托护梁 + 注浆”的方法对宣武门车站进行预加固。

2006 年 10 月 21 日—2007 年 3 月 10 日，完成对 4 号线宣武门车站的预加固施工。

2011 年 1 月 11 日—16 日，为确保顺利穿越特级风险源地铁 4 号线、2 号线宣武门站，盾构在计划停机 6 号点（里程 DK4 +612.773）进行了系统检修。

2011 年 1 月 27 日，盾构掘进至 DK4 +570.9 时（刀盘距地铁 4 号线宣武门站西侧主体结构 3m），掘进参数变化不大，但 P2.1 泵发生堵塞，检查时发现 6mm 厚带网眼的钢板碎片，立即停机带压进仓也发现同类钢管碎片，疑为降水钢管井的滤水管。

经与当时施工 4 号线宣武门车站的降水单位、施工单位进行联系，确认该钢片为 4 号线宣武门车站内未按规定拆除的钢管降水井残片。同时经过对宣武门车站降水竣工图和北京直径线平面图的对照，确定盾构下穿宣武门车站过程中，有 10 口降水井与直径线隧道相交，西端 8 口，东端 2 口，并且根据各井点位置已通过 8 口。

2011 年 1 月 29 日—2 月 11 日，在下穿宣武门车站施工过程中，4 次停机带压进仓作业，清除泥饼、检查刀盘刀具、打捞仓内滤水管钢片。

2011 年 2 月 27 日，在盾构掘进已顺利穿越宣武门站主体结构东侧 45m 后，停机带压进仓时，发现一水泵电机残留部分和抽水钢管残片，同时在仓内发现卡在刀盘前的滤水钢管。

2011 年 3 月 13 日，盾构到达计划停机 7 号点（里程 DK4 +438）。

2011 年 3 月 15 日，停机带压进仓检查，发现四道环形凹槽，大量刀具刀座损坏。

2011 年 3 月 21 日，带压进仓时，在开挖仓人工打捞出一抽水泵。

（2）刀盘受损及停机情况

①刀盘本体发生较大磨损，主要是 M28 刀轨迹对应的刀盘半径 5.336m 周圈；M14、M15 号刀对应的 3.139m 半径周圈；4 号、8 号刀箱对应的 1.592 ~2.185m 半径周圈；9 号刀箱对应的半径为 2.194 ~2.510m 周圈；出现 4 个磨损环带，见图 3-5-4。

②部分刀箱及刀盘辐条、辐板磨损严重，其中 M01-M04-M05-M06-M07-M08-M09-M13-M14-M15 刀箱及刀轴磨损严重，已无法安装新刀。

③周边刮刀、切刀掉落、崩齿严重，大部分切刀刀刃损坏。

④重型撕裂刀也有不同程度的磨损。

⑤刀盘法兰和主驱动连接部位存在一定程度磨损。

停机位隧道覆土 27.6m。隧道区域内主要以卵石层及粉质黏土层为主，中心部位有厚度 0.1 ~0.6m 的钙化胶结层。地下水水位埋深为 23.1 ~24.3m，在隧道顶部 5m 处。该停机点为经过地面加固的计划停机点，加固方式地表后退式注浆。具体停机位置周边环境及地质情况见图 3-5-5、图 3-5-6。

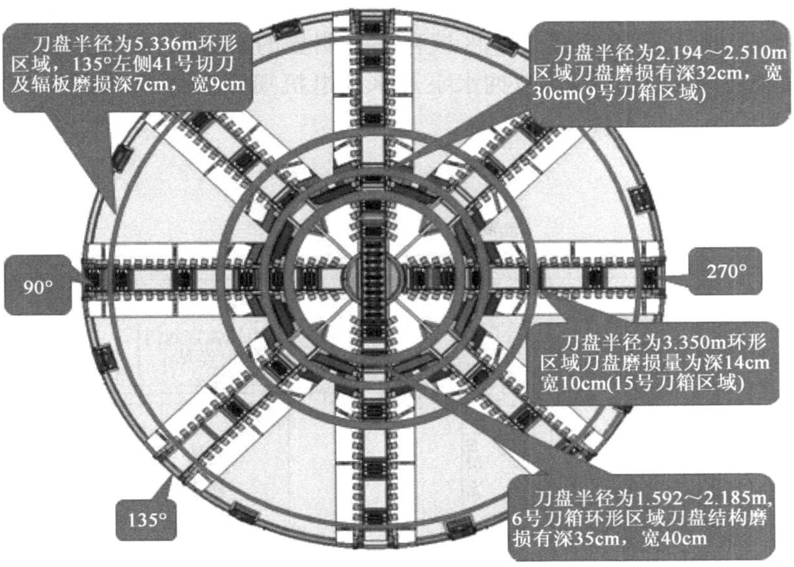


图 3-5-4　刀盘受损情况

图 3-5-5　停机位置

(3)原因分析

①前期工程施工完后,未按规定要求在工程结束后拆除水泵、水管,拔除滤水钢管。

②发现降水钢管后,参建四方进行专题研究认为:

a. 宣武门车站属特级风险点,不宜停机。

b. 对其他影响盾构掘进的降水滤水管的处理,难度很大,工期较长、费用很高。

c. 在掘进过程中,桥式滤水管对盾构刀盘刀具影响有限。

d. 盾构掘进到 7 号点经过加固的停机点后,再对刀盘刀具进行全面维修。

③盾构穿越地层的复杂性也是造成刀盘、刀具磨损的重要客观原因。盾构穿越地层主要为包含卵石、粉砂及重黏土等多种地层的复合地层,黏土黏性远高于一般的粉黏土黏性,并且

与卵石混合在一起,形成“土包石”,掘进过程中易黏附于刀盘形成泥饼,磨损刀盘刀具。另外根据带压进仓的检查情况,在刀盘中心区域存在一明显的胶结层(类似于在施工前期发现的胶结层),强度较高,而刀盘在刀具被抽水泵及水泵电机损坏后,由于相应轨迹缺少保护而加剧磨损。

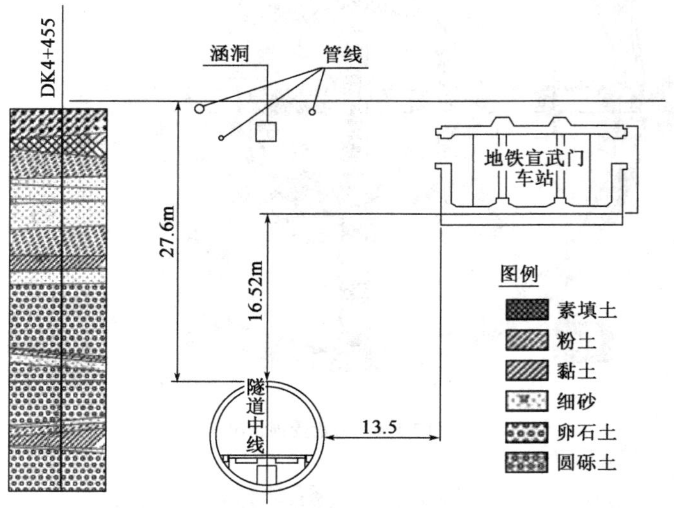


图 3-5-6　停机点横断示意面(尺寸单位:m)

4 号线宣武门降水采用钢管井井点降水,换乘通道降水井设计间距为 4.5 ~ 6m,车站主体降水井间距为 6 ~ 8m。降水井井管设计为壁厚 4mm、管径 273mm 的桥式滤水管。4 号线降水井与北京铁路地下直径线关系对照见表 3-5-2,相关照片见图 3-5-7 ~ 图 3-5-10。

**4 号线宣武门车站降水井与北京铁路地下直径线关系对照表**　　表 3-5-2

| 井号 | 与隧道中心线关系(m) | | 井深(m) | 侵入隧道轮廓长度(m) | 对应直径线里程 |
|---|---|---|---|---|---|
| | 北侧 | 南侧 | | | |
| 18 | 1.18 | | 37.00 | 7.23 | DK4 +611.73 |
| 17 | 1.18 | | 36.50 | 6.73 | DK4 +606.68 |
| 16 | 1.22 | | 36.00 | 6.22 | DK4 +602.2 |
| 15 | 1.25 | | 36.50 | 6.72 | DK4 +597.2 |
| 14 | 1.28 | | 36.20 | 6.41 | DK4 +593.34 |
| 12 | 1.34 | | 36.00 | 6.20 | DK4 +582.22 |
| 11 | 1.39 | | 36.00 | 6.19 | DK4 +577.95 |
| 9 | | 4.82 | 37.80 | 5.72 | DK4 +571.329 |
| 58 | | 4.59 | 37.50 | 5.71 | DK4 +532.74 |
| 56 | 1.33 | | 37.50 | 7.70 | DK4 +521.89 |

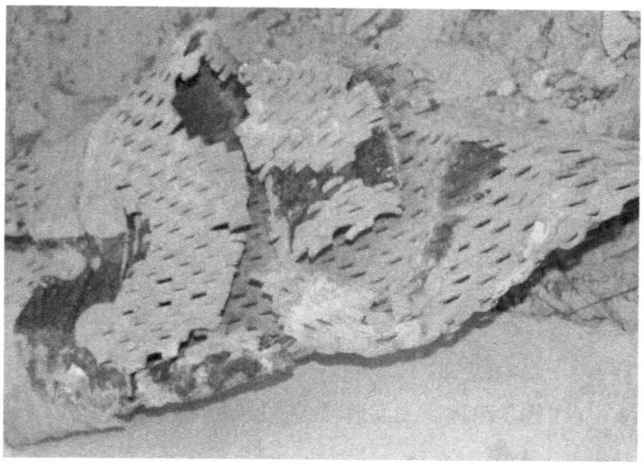
图 3-5-7 打捞出来的滤水钢管

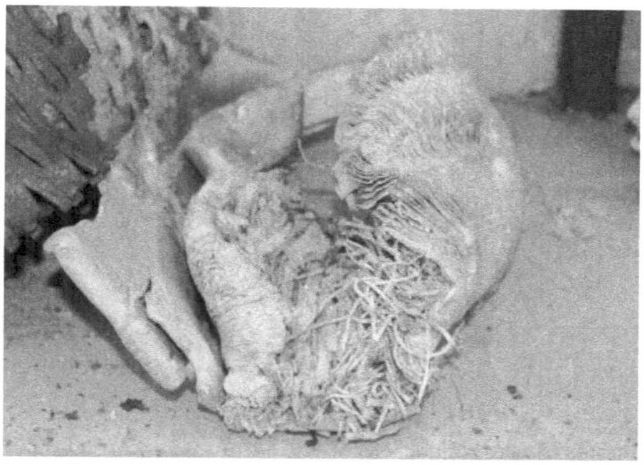
图 3-5-8 P3 泵内发现的抽水电机定子

图 3-5-9 降水井的抽水钢管

图 3-5-10 卡在切刀之间的钢护筒

(4)主要应对措施

①发现问题后,立即通过带压进仓对目前刀盘受损情况进行了全面的拍照、测量,更换了磨损严重的刀具,委托专业人员带压进仓对刀盘内掉落的刀具、降水钢管进行了打捞。

②根据刀盘的受损情况,对刀盘的现状进行评估,确定采用直接带压动火修复刀盘的施工方案,委托德国北海公司完成刀盘修复工作。

③考虑到需要长期停机,对此位置监测测点和监测频率进行了加密。

(5)刀盘修复方案

①总体方案。

根据带压动火空间需求以及停机位置工程条件,确定采用人工带压直接进仓修凿作业空间 $B \times H \times L = 1\text{m} \times 2.5\text{m} \times 1\text{m}$,见图 3-5-11、图 3-5-12。

为避免长时间停机可能带来的安全隐患,刀盘修复计划分阶段实施。即依次按 0°→180° → 90° → 270° →其他辐条→刀盘面板的顺序修复受损部位及刀座刀具。过程中如遇到气密性不能满足要求或怀疑掌子面有失稳征兆,应向前掘进适当距离确认安全后,再进行后续修复工作。

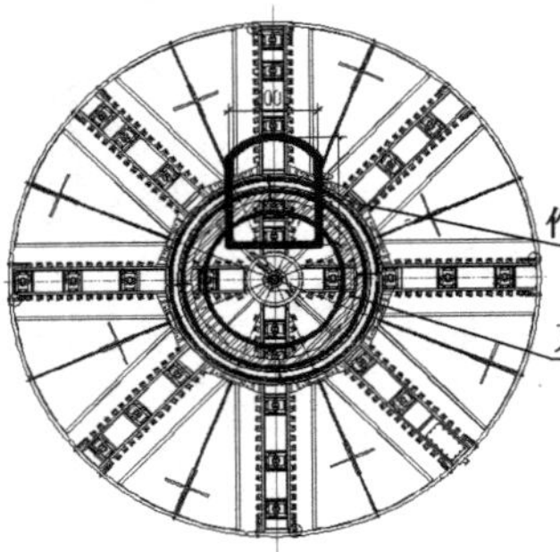


图 3-5-11　刀盘作业空间

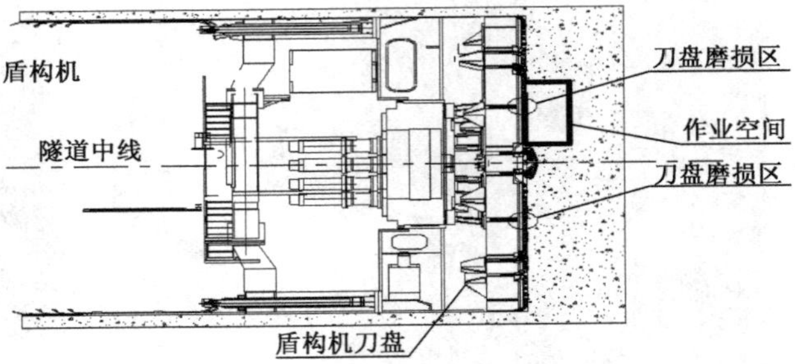


图 3-5-12　刀盘作业空间纵断面

②主要工作量。

a. 需要处理的滚刀刀箱有：M01-M04-M05-M06-M07-M08-M09-M13-M14-M15 等 10 个刀箱。

b. 100 余把切刀及面板开口需进行修复。

c. 刀盘面板磨损区域的修复并加焊耐磨焊。

d. 磨损严重的滚刀、撕裂刀、周边刮刀、切刀需要更换。

③作业时间及工期安排。

据带压进仓单仓工作时间及刀盘刀具修复工作量计算，修复 1 根辐条需要 4 天，8 根辐条共需要 32 天；修复 1 个刀箱需要 4 天，10 个刀箱需要 40 天；焊接新型切刀刀座需要 11 天；焊接撕裂刀及合金刀需要 11 天；修复 1 块面板需要 2 天，8 块面板共需要 16 天。总工期约为 110 天。具体工期安排见表 3-5-3。

**刀盘修复安排表**　　表 3-5-3

| 序　号 | 日　期 | 工 作 内 容 | 备　注 |
|---|---|---|---|
| 1 | 3.13—3.24 | 带压进仓更换滚刀及切刀 | |
| 2 | 3.25—3.27 | 处理冲刷管路及破碎机油缸 | |
| 3 | 3.28—3.31 | 带压动火准备工作 | |
| 4 | 4.1—5.2 | 修复辐条 | |
| 5 | 5.3—6.9 | 修复刀箱 | |
| 6 | 6.10—7.2 | 焊接切刀、撕裂刀 | |
| 7 | 7.3—7.19 | 修复面板及耐磨焊处理 | |
| 8 | 7.20 | 盾构恢复掘进 | |

## 3.5.2　莞惠城际 GZH-3 标盾构隧道下穿孤石群处治技术

1）地质概况

隧道下部为弱风化混合片麻岩，中上部为强风化混合片麻岩，在强、弱风化混合片麻岩接触面附近存在不均匀风化孤石，见图 3-5-13。

右线盾构掘进至 GDK18 +918.3 时，由于大量孤石进入土仓内，导致刀盘上三根主动搅拌棒及仓壁上一根被动搅拌棒断裂，且大量孤石堆积在螺旋输送机出土口，螺旋输送机无法出土。经仓内注浆加固后,在清仓过程中发现土仓、刀盘开口内及掌子面上部土层中含大量抛石、孤石。左线盾构掘进至 GDZK18 +913 时,由于大量孤石进入土仓,在出土过程中,螺旋机叶片磨损严重,且螺旋输送机前段 70cm 叶片断裂,导致螺旋输送机无法出土。经过置换填仓及注浆加固后,在清仓过程中发现土仓内、螺旋输送机出土口、刀盘开口及掌子面全风化区域均存在大量孤石。

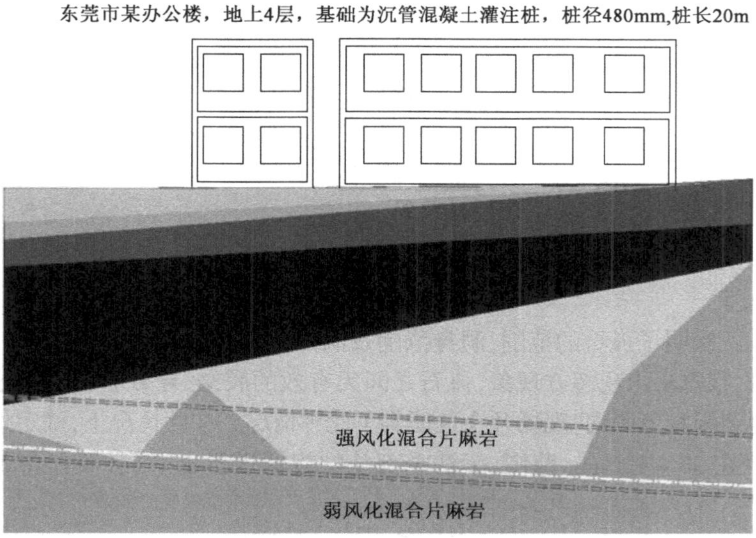


图 3-5-13　地质纵断面示意图

根据现场情况,对建筑物周边进行了补勘。补勘显示建筑物下方左右线盾构刀盘前方地层中均存在大量孤石,且左右线刀盘开口尺寸过大,进入土仓内孤石粒径远大于螺旋机出土最大粒径,造成粒径大于 35cm 石块堆积于土仓内,刀具磨损严重,刀盘搅拌棒容易断裂,带压进仓检查刀具、更换刀具次数频繁,施工风险较大且严重制约施工进度,见图 3-5-14、图 3-5-15。

a)　b)　c)

图 3-5-14　右线土仓内孤石直径为 30 ~ 120cm

2)孤石处理方案

(1)地面处理方案研究

由于地面为瑞辉鞋厂建筑物,设计阶段未进行现场勘察,在 5 月 1 日出现小塌方之后,才进场补勘。地面处理方案需将鞋厂临迁，经过数次谈判，未能实现。

a) b) c)

图 3-5-15 土仓内孤石

(2)地下处理

后期补勘大致探明了孤石的范围，洞身范围及洞身以上可能存在大量孤石。同时此段地层位于上软下硬段，很容易出现超方现象，孤石之间无有效的胶结，导致盾构掘进过程中拱顶以上的孤石极易掉落到洞身范围内，现场开仓也证实了此种情况。在此情况下，确定处理方案如下。

①孤石直径在 30 ~ 120mm 范围，无法全部从螺旋输送机出来，必须开仓人工到土仓内进行破碎清理。

②开仓人工清理。若带压进仓，效率极低，而且孤石段保压困难，极易出安全事故；常压开仓，必须提前对刀盘前面进行注浆加固处理，所以提出了小导洞处理方案。

a. 在盾尾后部已经拼装完成的管片处破除管片，设置暗挖导洞，结构为直墙拱顶结构，净宽 3.5m，净高 3.5m，仅施作初期支护，厚度 0.25m，见图 3-5-16、图 3-5-17。通过小导洞可提前进一步探明孤石范围。

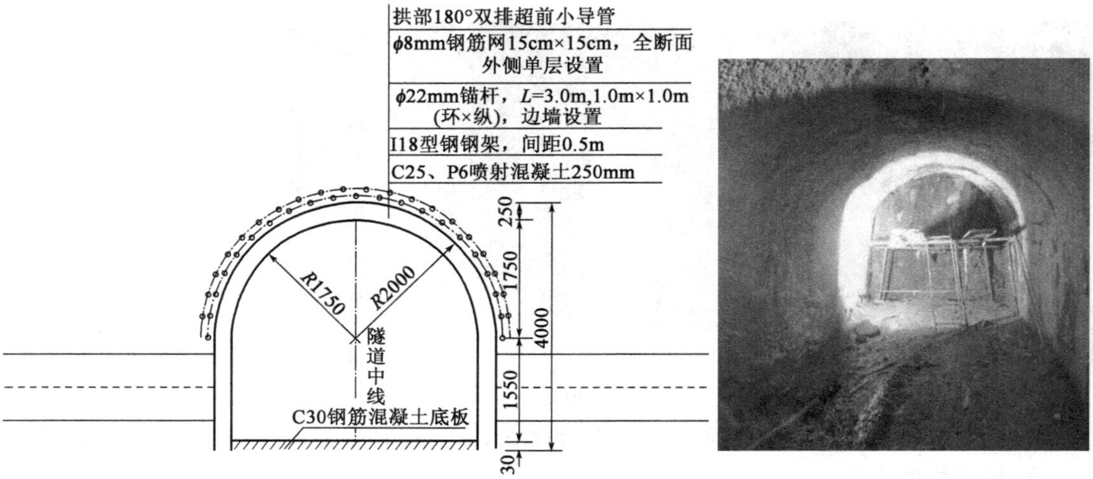


a) b)

图 3-5-16 小导洞断面示意图(尺寸单位：mm)

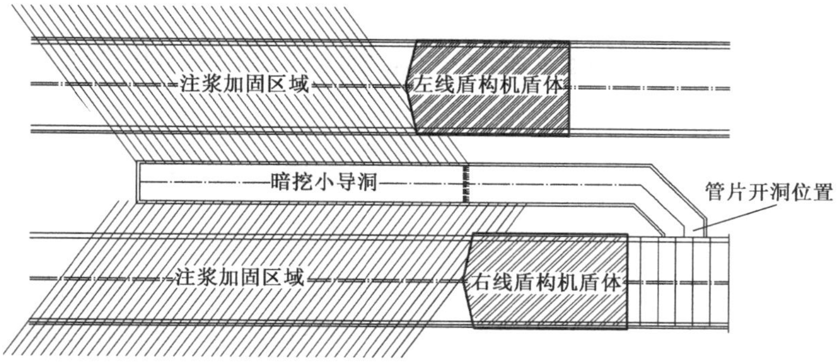


图 3-5-17　小导洞与正洞关系示意图

b. 深孔注浆：盾构掘进掌子面注浆加固范围为隧道洞顶上方 3m 至 W3 强风化地层、W2 中风化地层岩面分界线，宽度至隧道外轮廓线 5m，采用双液浆，注浆加固区域见图 3-5-18。通过深孔注浆加固了地层，保证盾构开仓的安全。

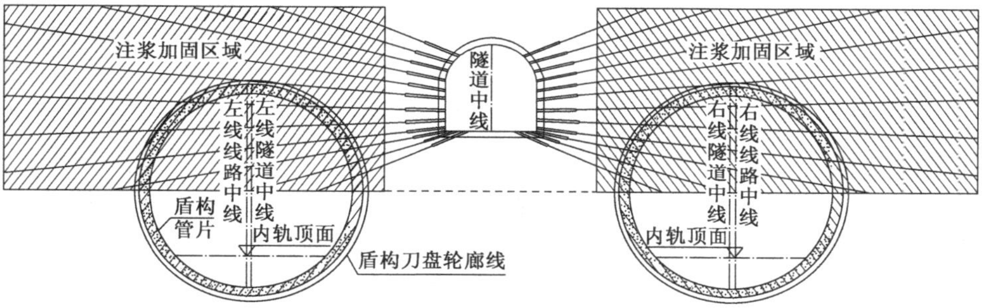


图 3-5-18　导洞注浆加固区域示意图

c. 管棚：从小导洞内分别向两侧盾构顶部以上水平打设管棚（管棚沿隧道方向布置，与隧道水平夹角 50°，垂直偏角 2°，纵向间距 0.3m，加固宽度为导洞初期支护内轮廓至隧道外轮廓线外 3m。管棚采用 $\phi$108mm 无缝钢管，壁厚 8mm，分节长度 2m、2.5m，单根总长度 19.3m，管节采用丝扣连接，管棚内插 3 根 $\phi$20mm 钢筋以提高刚度）。

d. 小导洞开挖，取出孤石，见图 3-5-19。

图 3-5-19　从刀盘前方取出的孤石

# 3.6 大直径盾构铁路隧道轨下结构同步施工技术

## 3.6.1 大直径盾构隧道轨下结构全预制构件拼装同步施工工法

1)概述

目前大直径盾构铁路隧道轨下结构常用的结构形式有全部现浇与部分预制、部分现浇两种。但轨下结构采用全预制构件拼装的施工方法尚属空白。本工法针对盾构隧道轨下结构采用全预制工艺,施工灵活、效率高,取得了显著的经济效益及社会效益。

2)工法特点

(1)机械化程度高、施工速度快,预制构件运至现场即可利用机械进行拼装,大大提高了工人的工作效率和机械使用效率。

(2)工厂化预制生产可实现构件的标准化,且对其做好防护措施后不受自然环境影响,可以充分保证预制件质量和批量化生产,构件统一生产的标准性和规范性也确保了现场施工的质量和效率。

(3)现场施工无需周转材料、无需占用大量材料堆场,施工时间大为减少,可有效降低盾构隧道的建设成本。

(4)受外界因素影响小,工厂化生产+现场拼装,除后续砂浆灌缝,无现场混凝土浇筑,避免了商品混凝土到场不及时、遇极端天气情况影响无法配发混凝土的问题。

(5)全预制生产可重复利用养护水资源、重复使用定型钢模、减少混凝土超耗,同时现场拼装不仅避免了洞内交叉施工影响,还减小了施工中对交通及环境影响,实现了绿色、节能、环保、低碳的施工目标。

3)适用范围

大直径盾构铁路隧道轨下结构施工。

4)工艺原理

将隧道内轨下结构在工厂内分为若干标准段箱涵,随盾构机掘进利用自带拼装机拼装中箱涵,然后利用边箱涵拼装机拼装边箱涵,按次序逐块组装。同时对箱涵施加预应力,使之密贴,再使用螺栓将中箱涵、边箱涵连接成为一个整体,实现轨下结构全预制施工。

5)施工工艺流程及操作要点

(1)施工工艺流程

预制结构采用高强度高精度模型,将加工好的钢筋及混凝土按照一定顺序放入模具,经过附着式振动器及人工振捣后,进行养护,待达到强度后进行脱模,形成预制构件。预制件生产工艺流程见图3-6-1。

(2)预制中箱涵拼装工艺

采用三块独立箱涵拼装形式(2块边箱涵和1块中箱涵),中箱涵随盾构掘进利用盾构机自带箱涵拼装机施工,边箱涵由特制边箱涵拼装机进行拼装,中箱涵拼装工艺见图3-6-2、图3-6-3。

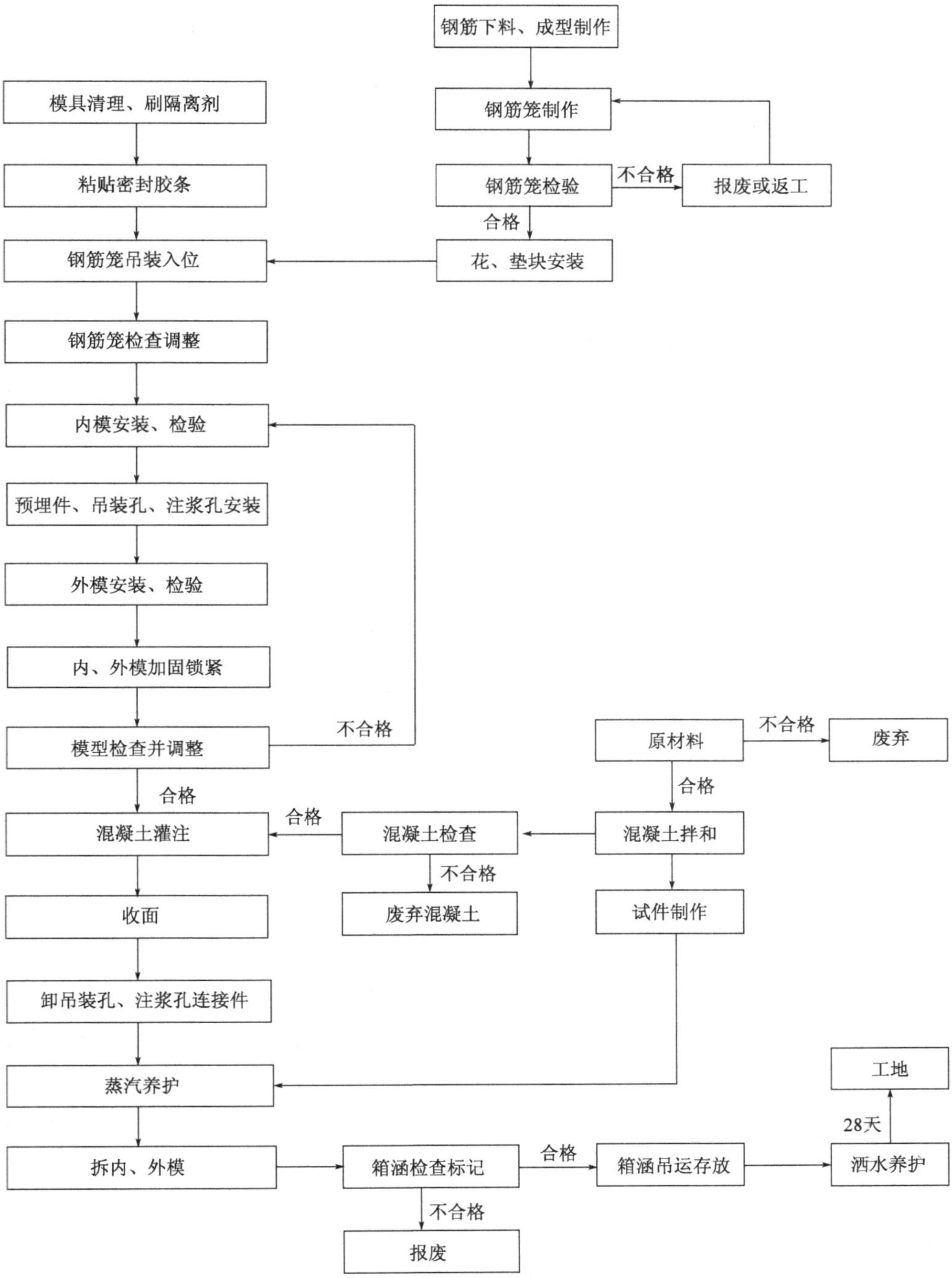


图 3-6-1　箱涵生产工艺流程图

①准备工作。

a. 盾构机操作人员确定 2 号台车和已安装箱涵之间有足够的空间安装中箱涵(一般一次性安装两块)。

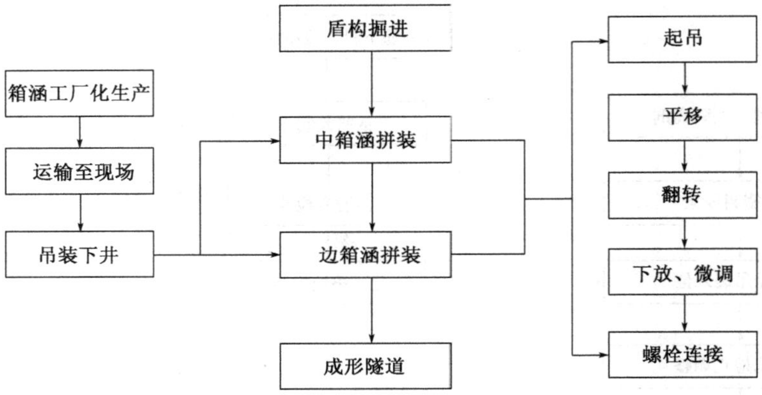


图 3-6-2　箱涵拼装工艺流程图

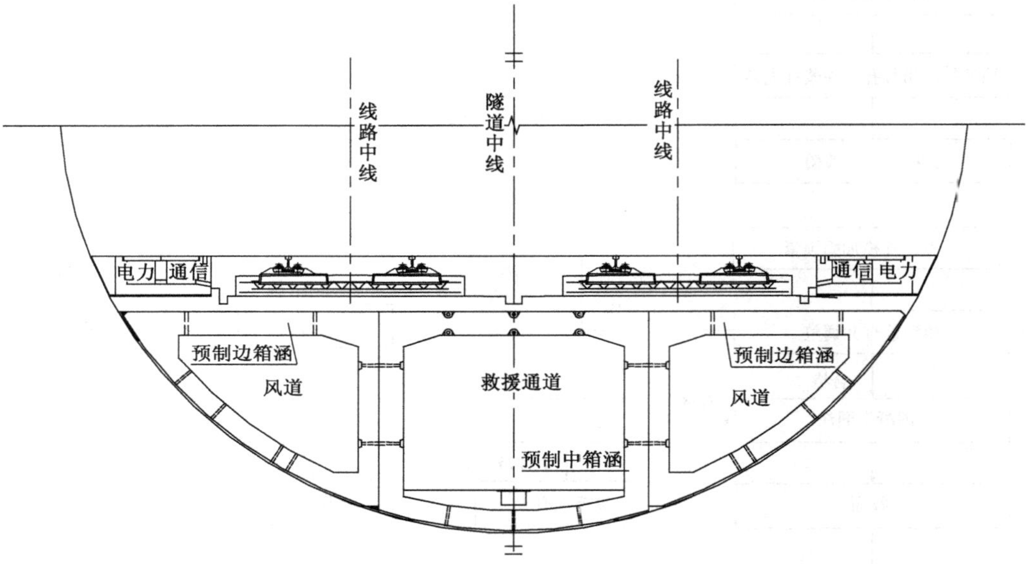


图 3-6-3　隧道内部轨下结构设计示意图

b. 盾构机长与地面技术员确定将要吊装的中箱涵型号，现场检查中箱涵外观质量，检查合格后才允许运输至井下拼装施工。

c. 中箱涵安装前清理预安装箱涵位置的垃圾杂物，准备好中箱涵连接件、连接螺栓及垫片。

②具体操作。

准备完毕后，由盾构机长下达指令，箱涵拼装手接到拼装指令后，组织人员进行箱涵拼装作业；作业过程中，盾构技术员负责监督箱涵操作手操作的规范性并对拼装质量进行监控，质检工程师负责检查箱涵施工质量。

a. 清理杂物。在箱涵拼装前，需要对拼装位置底部的杂物进行清理。

b. 测量定位。由测量人员对箱涵位置进行测量放样，使中箱涵位于隧道中轴线上，并确保箱涵顶面处于水平位置。

c. 箱涵处理。根据现场实际，盾构技术员安排拼装人员在箱涵底端凸台粘贴 2 ~ 5mm 厚的丁晴软木衬垫，以调整箱涵走向及坡度。

d. 平起吊箱涵。平板运输车开至合适位置，移动箱涵起重机，降低并平移吊具至箱涵下方，初步对正后，提升吊具使其恰好卡在箱涵上；到位后接近开关会给出一个信号，操作手可以夹紧夹具，提升箱涵，箱涵触到限位开关后，即可吊起箱涵。箱涵起重机见图 3-6-4。

e. 前移箱涵起重机。箱涵起吊后，前移箱涵起重机至拼装位置，水平下放箱涵至一定高度，然后缓慢下放，同时调整箱涵轴线位置和与上块箱涵的间距，使箱涵基本就位。

图 3-6-4　箱涵起重机

f. 定位拼装。按照测量员放样做好的标记左右调整箱涵，使之与设计方位基本平齐，同时靠紧上块箱涵。调整箱涵使其与上块箱涵端面密贴，通过对箱涵接缝平整度的测量精确定位箱涵。相邻箱涵间的间隙可以通过垫橡胶垫调整，箱涵底部接触面与管片间的间隙可通过在底部凸台设置 2.0mm 厚高密度聚乙烯（HDPE）垫片进行调整。同时保证箱涵之间预留螺栓孔一一对应。

g. 安装连接件。在完成定位后，安装螺栓连接件，确保箱涵间连接紧密。

h. 恢复起重机。拼装完成后恢复起重机进行下一块拼装，由质检工程师对已拼装成品验收。

（3）边箱涵拼装

针对隧道内部轨下结构全预制施工研发了一种边箱涵预制件拼装的施工装置，该装置主要由车架、行走及导向系统，定位安装系统，电气控制及安全保护系统等组成。该装置可以将边箱涵件从运输车吊起，并平移调整后放到指定安装位置，最终将边箱涵件精确安装于隧道内，实现隧道边箱涵的快速拼装施工。边箱涵拼装机构造示意见图 3-6-5。

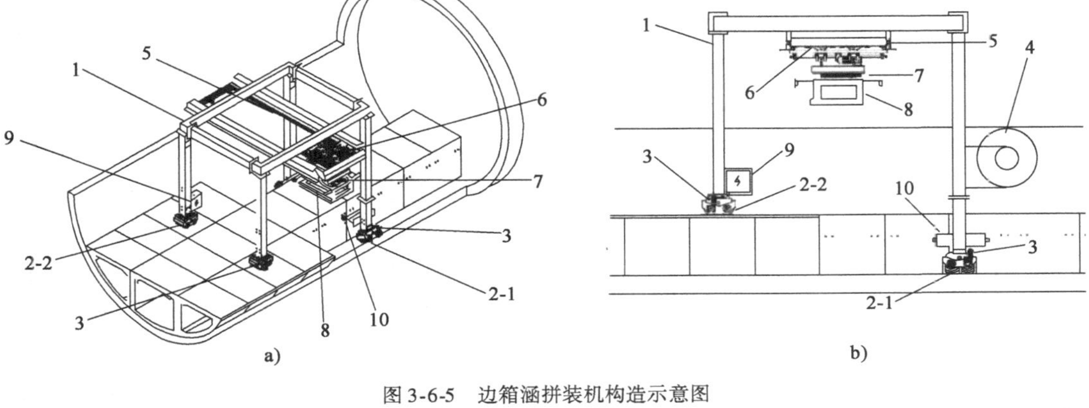


图 3-6-5　边箱涵拼装机构造示意图

1-车架；2-1-作用于盾构隧道管片衬砌上的行走车轮组；2-2-作用于已安装的预制边箱涵上的行走车轮组；3-车轮组驱动机构；4-磁滞式电缆卷筒；5-横移机构；6-起吊机构；7-旋转机构；8-U 形吊具；9-电气控制及安全保护系统；10-导向机构

边箱涵拼装滞后于中箱涵，位于盾构机尾部，利用研发的边箱涵拼装机进行边箱涵拼装，具体施工步骤如下。

①地面将检验合格且粘贴嵌缝条完毕的边箱涵预制件通过门式起重机吊装至井下，并放置于安装有边箱涵预制件专用托架的运输车（图3-6-6）上，每辆车一次可运输一环（两块）边箱涵预制件。

②拼装工对需拼装边箱涵区域内的灰尘、积水、杂物进行全面清理。

③拼装机操作人员对拼装机（图3-6-7）行走系统、起吊系统、箱涵件的吊具及定位调整系统进行全面检查，一切正常后，操作人员操作拼装机前进至边箱涵拼装区域。前行过程中，尤其是在通过管片及箱涵件错台处时，利用驱动系统的变频器进行调速，以确保启动和行走平稳。同时由于隧道具有向下或向上的坡度，所以应利用驱动系统配备的电磁制动功能，对行走轮进行及时制动。

图3-6-6　边箱涵预制件专用运输车

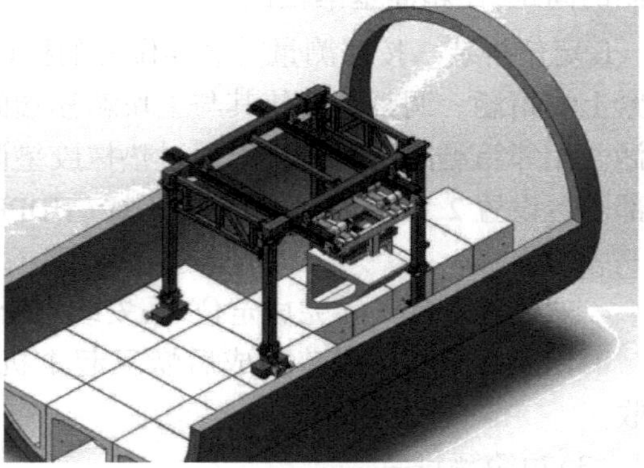

图3-6-7　边箱涵拼装机示意图

④拼装机到达指定位置后，起吊小车起吊箱涵件吊具至最高位置，并水平移动至最右端。箱涵件运输车在中箱涵上前进至拼装机正下方。吊具根据边箱涵在运输车上的位置进行回转调整，使前一块箱涵与箱涵件吊具保持横向水平。

⑤拼装手操作拼装起重机将U形吊具下落至合适位置，然后向左移动，使U形吊具的U形槽插入边箱涵预制件的顶部混凝土层，在插入过程中留意U形吊具两侧的距离检测装置，避免U形吊具磕碰边箱涵预制件。使用U形吊具上的定位装置控制U形吊具的停止时机，停止后使用夹紧装置夹紧边箱涵预制件。

⑥缓缓起吊边箱涵预制件，待其升至最高处且与支架完全脱离接触后，水平右移吊具，移动至最右端后，逆时针旋转吊具，使边箱涵预制件以正确的姿态处于待拼装区上方。

⑦缓慢下落U形吊具，当箱涵件下落至拼装位置时，伸长U形吊具左右两侧的电动推杆，使其末端顶禁在管片上，来实现箱涵件位置的微动精调。同时可对边箱涵和中箱涵的接触面产生顶紧力，确保两结构件连接位置的精确度。末端的球铰结构可保证电动推杆的着力点适应管片的圆弧结构。之后松开夹紧装置，退出U形吊具。至此完成一块边箱涵的拼装。

⑧收回U形吊具，运输车前进至合适位置，重复以上步骤，进行左侧边箱涵的拼装。接下来采用螺栓通过预留孔洞将中箱涵与边箱涵连接成为一个整体。起吊后，运输车倒车离开拼装区。至此完成一环（两块）边箱涵的拼装作业。

待箱涵全部拼装完成后，对箱涵之间以及箱涵和管片之间的空隙处实施整体注浆，使得隧道内部轨下结构连接密实。至此完成轨下结构全预制施工。

(4)操作要点

①箱涵吊装下井前，必须检查门式起重机的钢丝绳、吊钩、卡环、滑轮及滑轮组、卸扣、绳卡及卷扬机等是否正常。

②施工中按照现场状况合理安排箱涵、管片等运输，井下运输作业做到多而不乱。

③将箱涵运至合适的位置再进行卸载，减少微调。

④拼装时控制好边箱涵下落位置，防止磕碰到边角。

⑤连接后要确认连接部分是否准确连接紧密。

⑥拼装过程中注意保护橡胶密封条不脱落、损坏。

6)材料与设备

主要人员及机械设备配置见表3-6-1、表3-6-2。

**人员配置表**　　表3-6-1

| 序号 | 分　工 | 人　数 | 工作安排 |
|---|---|---|---|
| 1 | 负责人 | 1 | 箱涵拼装总体事务安排 |
| 2 | 安全员 | 1 | 负责施工过程中安全检查 |
| 3 | 质量员 | 1 | 负责箱涵拼装质量检查 |
| 4 | 操作手 | 2 | 操作拼装机 |
| 5 | 司机 | 3 | 运输箱涵 |
| 6 | 杂工 | 4 | 辅助箱涵运输及拼装 |
| 合计 | | 12 | |

**机械设备配置表**　　表3-6-2

| 序号 | 设备名称 | 数　量 | 单　位 | 备　注 |
|---|---|---|---|---|
| 1 | 平板车 | 2 | 辆 | — |
| 2 | 拼装机 | 1 | 台 | — |
| 3 | 扳手 | 4 | 个 | — |
| 4 | M24膨胀螺栓 | 11 | 套 | 一环箱涵需用量 |

7)质量控制

(1)严格按照技术规范的要求进行施工操作，认真执行工程技术交底工作，作业班组之间实行质量交接制度和工序检查制度。

(2)箱涵生产精度(允许公差)要求，见表3-6-3。

**箱涵生产精度(允许公差)要求**　　表3-6-3

| 序号 | 项　目 | | 检测要求 | 允许公差(mm) |
|---|---|---|---|---|
| 1 | 外形尺寸 | 高度 | 测12个点 | ±4 |
| | | 宽度 | 测4个点 | ±4 |
| | | 厚度 | 测4个点 | ±3 |

续上表

| 序号 | 项　目 | 检测要求 | 允许公差(mm) |
| --- | --- | --- | --- |
| 2 | 对角线差 | 测2个点 | 5 |
| 3 | 吊装孔、注浆孔位置 | 中心位置偏移 | 5 |
| | | 孔尺寸 | ±5 |
| 4 | 预埋钢板 | 中心位置偏移 | 5 |
| | | 平面高差 | 0,-5 |
| 5 | 预埋套筒、螺母 | 中心位置偏移 | 2 |
| | | 平面高差 | 0,-5 |
| 6 | 混凝土强度 | — | >设计标号 |
| 7 | 混凝土抗渗 | — | >设计标号 |

(3)外形尺寸及外观检查。

①外形尺寸检验方法:

a. 测量检验:用于箱涵外形尺寸公差检验。主要测量工具有盒尺、板尺、角尺。

b. 目视检验:用于外观质量缺陷检验。

c. 检测率:100%。

②外观质量检验要求:

a. 每块箱涵进行外观质量检验,箱涵表面光洁平整、无蜂窝、露筋、无裂纹、缺角,无气、水泡,无水泥浆等杂物。

b. 预埋件、吊装孔、注浆孔完整,安装位置正确无破损。

(4)拼装过程中严格控制箱涵间误差不超过设计值。

(5)箱涵吊装运输中做到"轻拿轻放",避免边角磕碰破损。

(6)箱涵拼装后认真检查底部凸台与管片之间是否存有间隙,若有则采用 HDPE 垫片填充。

(7)经常保养机械设备,使之处于良好的状态,避免机械故障影响拼装质量。

(8)拼装过程中注意保护橡胶密封条,不得脱落、损坏,便于后续底部注浆。

8)安全措施

(1)贯彻"安全第一,预防为主"的方针,根据国家有关法律、法规,结合工程实际情况和具体特点,组成专职安全员和班组兼职安全员以及工地安全用电负责人参加的安全生产管理网络,实行安全生产责任制,明确各级人员的职责,抓好工程的安全生产。

(2)以"持续安全理念"和全员参与的模式进行工程生产安全管理,将安全、质量、施工生产融为一体。

(3)施工现场符合防火、防触电、防砸伤等安全规程规定及安全生产要求进行布置。现场设足够、醒目的安全标识。

(4)施工现场临时用电严格按照《施工现场临时用电安全技术规范》(JGJ 46—2012)的有关规定执行。

(5)管理人员、特种作业人员持证上岗;所有作业人员必须经过安全教育及相关培训合格后,方允许参与施工。

(6)根据各工种作业需要,配发足够的劳动防护用品、用具,并由专职安全员强制正确使用;杜绝无防护或无保护作业。

(7)作业前必须对起重设备、吊具进行检查,确认安全才能使用。

(8)起重吊装时必须有专人指挥,信号不清时不得操作。

(9)箱涵吊装作业时,吊装下方严禁有人停留或通过。

(10)做好应急准备,准备充足的抢险物资和人员,以应对紧急事件。

9)环保及节能措施

(1)施工过程中,严格遵守国家和地方政府颁发的环境管理法律、法规和有关规定。

(2)加强节能环保宣传教育,使全体职工认识到环境保护的重要性和必要性,增强环境保护的自觉性,提高全员环保意识。

(3)对现场箱涵存放区进行全面规划、合理布局,节省占地,争取为企业创造最佳经济效益和环境效益。

(4)优先选用电动机械,尽量减少内燃机械对空气的污染。

(5)在隧道内安装空气监测安全装置及通风、散烟和除尘设备。

(6)承担夜间材料运输的车辆,进入施工现场禁止鸣笛,装卸材料时轻拿轻放,最低限度地减少噪声扰民。

(7)施工场地采用围挡封闭,材料存放区平整夯实。施工现场以外的公用场地禁止堆放材料、工具、建筑垃圾等。

10)效益分析

(1)经济效益分析

采用本工法施工,相比现场浇筑施工,具有低成本、低空间需求、高效灵活性、施工快捷的特点施工,节约施工成本,取得了较好的经济效益。

(2)社会效益分析

全预制形式的轨下结构施工,实现了工厂化、标准化、机械化施工,使轨下结构施工更加便捷;也改变了现浇筑施工占地、费时的现状,做到了绿色、节能、环保的施工目标。

本工法的成功应用得到了一致好评,全面推广后可改变轨下结构施工模式,使施工更加智能化,质量更加可靠,大大提高行业的整体水平。

11)工程实例

新建京张高铁清华园盾构隧道,采用了轨下结构全预制拼装的施工方法。清华园隧道盾构段为单洞双线隧道,全长4448.5m,隧道管片外径12.2m,内径11.1m。管片环宽2m,壁厚0.55m,采用“6+2+1”模式拼装。清华园隧道面临工期紧张、场地狭小、环保要求高的难题,盾构掘进后轨下结构的施工是整个系统的关键,为加快施工进度,轨下架构采取中间预制“口”字件(中箱涵)+两侧预制边箱涵的结构形式,实现轨下结构全预制拼装施工,中箱涵之间、中箱涵与边箱涵之间均采用螺栓连接,每隔100m设置一个紧急疏散楼梯,同时设置通风口,疏散楼梯及通风口处均为异形箱涵。通过对轨下结构全预制拼装施工方法的分析,得出此施工工艺在工期、经济等方面具有明显优势:该方法施工灵活性高、效率高、工序循环时间短、可避免多次物资倒运、适应性强、使用效果良好,相比现浇筑施工能大大减少施工工期。见

图 3-6-8 ~ 图 3-6-11。

图 3-6-8　轨下全预制结构生产

图 3-6-9　轨下预制中箱涵拼装

图 3-6-10　轨下预制边箱涵拼装

图 3-6-11　轨下全预制结构成型效果

本工法施工进度快、占用井下空间小、节省人工材料成本，保证了施工的进度及安全要求，具有显著的经济效益和社会效益，在大直径盾构隧道轨下结构施工中具有极大的推广应用价值。

### 3.6.2　大直径盾构隧道轨下结构预制 + 现浇同步施工工法

1）概述

太原铁路枢纽西南环线东晋隧道穿越市区段采用盾构法施工（单洞双线，设计速度 120km/h，盾构直径 12.14m），针对此隧道工程施工，开展了盾构掘进与轨下结构同步施工工法研究，通过工程实践，实现了掘进与轨下结构同步进行，提高了施工效率，达到了快速施工的目的，总结形成了本工法。

2）工法特点

（1）盾构掘进过程中，轨下结构预制部分与管片同步安装，利用安装的轨下预制件作为洞内运输主要通道。

（2）隧道施工运输系统采用无轨物料运输和皮带输送机出渣相结合的高效运输模式。

(3)隧道成形管片稳定后及时进行轨下结构两侧翼板现浇作业,实现了部分轨下结构的及时跟进和平行作业,缩短了隧道施工工期。

3)适用范围

本工法适用于盾构法施工的铁路隧道工程,其轨下部分结构设计见图3-6-12。

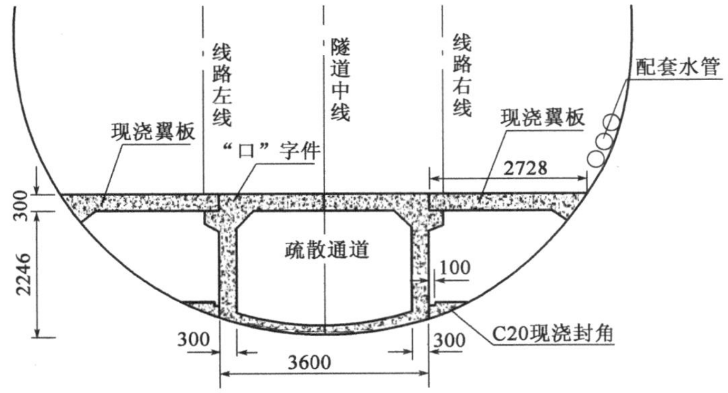


图3-6-12　轨下结构断面设计示意图(尺寸单位:mm)

隧道轨下结构采用钢筋混凝土三跨两墙结构,在中间设置通长疏散通道,两侧设置通风道和设备用房。轨下结构由预制件和两侧现浇结构相结合组成,预制件与盾构掘进同步施工。

4)工艺原理

本工法基于盾构法隧道施工流程,通过增加盾构机后配套轨下结构预制件吊装设备,在盾构掘进的同时进行隧道轨下结构预制件的同步施工,利用已安装完毕的预制件作为运输通道,进行掘进材料的运输和轨下两侧翼板现浇部分的平行施工,实现了盾构掘进与部分轨下结构的同步施工。

5)工艺流程及操作要点

(1)施工工艺

同步施工工艺流程见图3-6-13。

(2)施工工序

①盾构掘进、同步注浆。管片及轨下结构预制件采用门式起重机进行吊装运输、胶轮双头机车水平运输;同步注浆浆液采用砂浆罐车配合跟随式拖泵输送;膨润土溶液采用跟随式快速发酵装置,洞内即时拌制、管道输送;渣土采用连续皮带输送机运输。

②管片拼装。每环掘进至液压缸行程后,利用盾构管片拼装机进行管片的拼装作业。

③轨下结构预制件安装。在成形隧道连接桥(物料吊装区域)位置进行轨下结构预制件部分的安装,预制件安装采用盾构机自带起重机。

④管片钻孔植筋。管片脱出台车及后配套设备影响范围且其位移、变形稳定后,开始轨下结构凿毛和两侧翼板的植筋作业。

⑤模板搭设及翼板钢筋绑扎。植筋完成后,将异形模板台车安装到位,以模板台车为作业平台进行翼板钢筋绑扎,并与预制件预留的连接套筒连接。

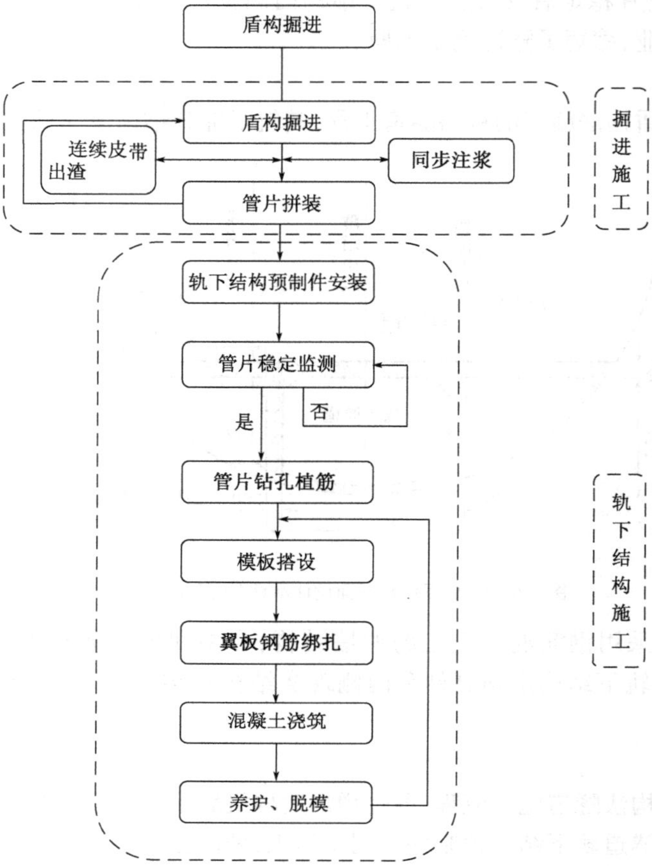


图 3-6-13　同步施工工艺流程图

⑥混凝土浇筑及养护。钢筋绑扎完成后进行混凝土的浇筑作业，养护到规定强度后模板台车脱模，行走至下一段现浇位置，完成一次轨下结构作业循环。

掘进与轮下结构同步施工工序见图 3-6-14。

(3)操作要点

①洞内布置及运输。

a. 洞内设施布置。

成形隧道洞内无轨运输车示意见图 3-6-15。

b. 洞内运输。

预制构件：盾构掘进过程中预制构件包括管片(9 块/环)和轨下结构预制件(1 块/环)。

施工材料：盾尾油脂、集中润滑油脂、液压油、泡沫、水泥、水玻璃、同步注浆浆液、膨润土、各种管架、拼装螺栓、连续皮带输送机支架等零星器材。

洞内运输采用无轨运输，轨下结构预制件安装完成后，作为管片、预制件运输车和砂浆罐运输车等车辆的运输通道；在盾构机台车尾部设置旋转平台，实现洞内车辆转向；轨下结构两侧翼板强度达标段会车时，进洞车辆走行在预制件顶部，出洞车辆走行在翼板顶部。见图 3-6-16。

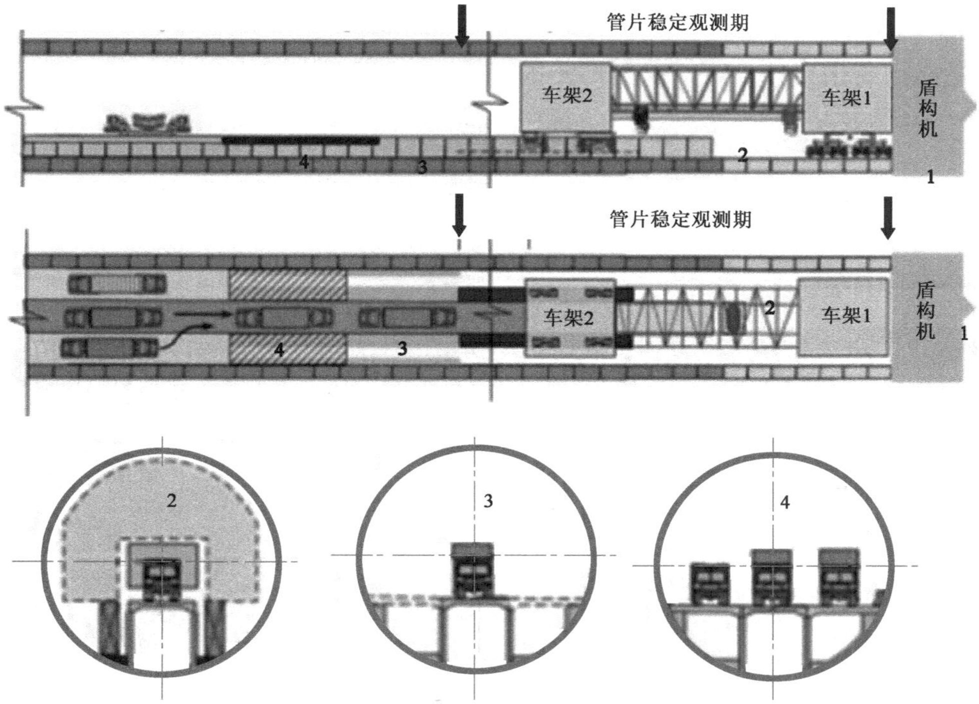


图 3-6-14 掘进与轨下结构同步施工工序

1-盾构掘进及管片运输、拼装;2-轨下结构预制部分运输、安装;3-预制件凿毛、管片钻孔、清孔、植筋;4-翼板模板安装、钢筋绑扎、浇筑、养护、脱模

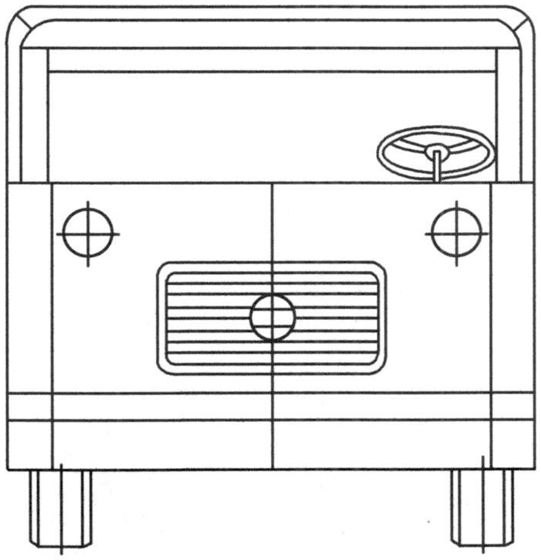

图 3-6-15 洞内无轨运输车示意图

a)垂直运输

b)洞内水平运输

c)“口”字件拼装

d)管片倒运

e)同步注浆液装车

f)同步注浆浆液导入送浆泵

g)轨下结构混凝土浇筑

h)罐车掉头

图 3-6-16　同步注浆浆液运输组织

渣土。在盾构机正常掘进阶段共配置两条皮带输送机，即连续皮带输送机和转渣皮带输送机；长距离连续皮带输送机承接盾构机的渣土，通过其头部转载平台转载到转渣皮带输送机上，转渣皮带输送机将渣土卸载到渣土池，见图 3-6-17。

a)　　　　b)

图 3-6-17　连续皮带输送机布置

②轨下预制件安装施工。

预制件安装前采用砂浆对底部进行预铺找平，厚度不大于 50mm，预制件间采用螺栓连接。预制件安装左右高差不大于 30mm；安装完毕后采用 C20 混凝土将预制件下缘现浇封角，见图 3-6-18。

a)　　　　b)

图 3-6-18　砂浆铺底、预制件安装及封角

③轨下预制件凿毛。

预制件凿毛工作可以提前进行，剥离表层混凝土，漏出预制件中预埋的钢筋接驳器，以便现浇段中钢筋主筋的接驳和保证新旧混凝土的黏结，见图 3-6-19。

④植筋钻孔定位。

植筋之前测量人员在两侧管片上对模板顶面、底面高程进行放线，确定施二区域；采用钢筋探测仪对管片内部钢筋进行探测，确定钻孔位置并标记，见图 3-6-20。

a)　　　　　　　　　　　　b)

图 3-6-19　预制件凿毛

a)　　　　　　　　　　　　b)

图 3-6-20　钢筋探测及标记

⑤钻孔及植筋。

根据设计要求,采用电锤进行钻孔,保证钻孔的深度和钻孔直径,采用空压机及钢丝刷进行清孔,植筋选 A 级改性环氧胶,依次进行注胶、植筋施工。植筋后 12h 内不得扰动钢筋,72h 后进行钢筋的拉拔试验,合格后进行下一环节作业,见图 3-6-21。

a)对成形孔位进行检验　　　　　　b)采用电锤对管片进行钻孔

图　3-6-21

c)植筋作业　　　　d)植筋拉拔试验

图 3-6-21　管片钻孔、植筋

⑥模板台车安装。

轨下结构左右侧翼板现浇采用模板台车同时施工，每板 74m（模板台车长度根据每一个板翼板浇筑时间和盾构掘进进度确定）。模板台车由模板总成、托架总成、走行机构、液压缸等组成；每组液压缸单独控制，便于模板调平和脱模。见图 3-6-22、图 3-6-23。

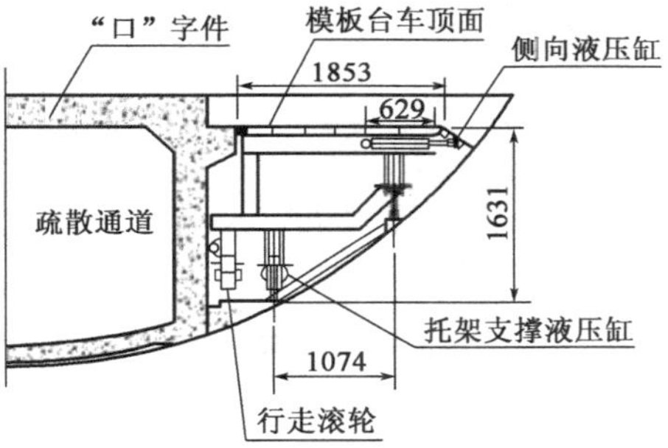


图 3-6-22　模板台车设计断面示意图（尺寸单位：mm）

a)　　　　b)

图 3-6-23　模板台车作业

⑦钢筋作业。

翼板钢筋与预制件钢筋采用机械连接,其他采用绑扎连接,见图3-6-24、图3-6-25。

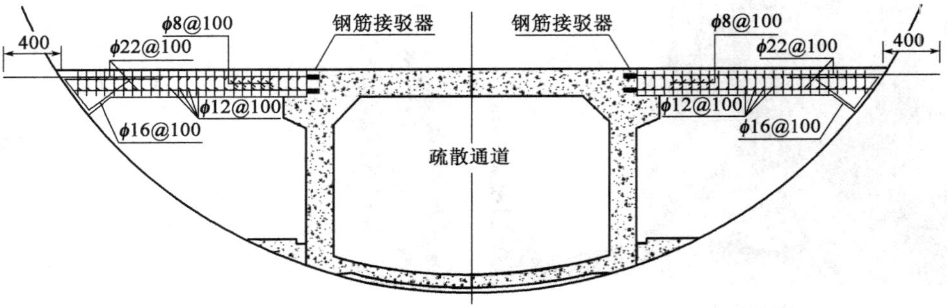


图3-6-24　轨下结构钢筋连接示意图(尺寸单位:mm)

a)钢筋接驳　b)施工钢筋绑扎　c)施工钢筋绑扎完毕

图3-6-25　钢筋作业

⑧混凝土浇筑及养护。

钢筋安装完毕后,进行混凝土浇筑,利用罐车进行混凝土倒运;浇筑采用插入式振捣棒振捣;浇筑完毕后采用抹光机进行抹面处理,初凝后塑料薄膜覆盖养护,见图3-6-26。

a)翼板抹面　b)混凝土养护

图3-6-26　混凝土浇筑

⑨设备选型及维护。

本工法机械化施工程度较高，设备配套是通过一系列通用设备和专用设备的合理选型组合，并配以严格的设备维保措施来保证各种设备的正常运转。

6)材料与设备

(1)材料

本工法所用材料均为常规材料。

(2)设备

本工法设备配置见表3-6-4。

**施工机械设备配置**　　表3-6-4

| 序号 | 设备名称 | 规格型号 | 数量 | 备注 |
|---|---|---|---|---|
| 1 | 盾构机 | 直径12.14m | 1台 | 盾构掘进施工 |
| 2 | 双头机车 | 70t | 6台 | 管片、"口"字件、材料、物资水平运输 |
| 3 | 门式起重机 | 45t | 2台 | 始发井管片及材料下放和重物提升 |
| 4 | 输送泵 | 60t | 1台 | 供应同步注浆 |
| 5 | 罐车 | $6m^3$ | 4台 | 供应同步注浆 |
| 6 | 叉车 | FD25 | 2辆 | 场内材料倒运 |
| 7 | 轴流风机 | 132kW×2 | 1套 | 隧道内通风 |
| 8 | 砂浆站 | $40m^3/h$ | 1个 | 供应砂浆 |
| 9 | 连续皮带输送机 | | 1组 | 隧道出渣 |
| 10 | 泵车 | | 1台 | 混凝土浇筑 |
| 11 | 回转平台 | 360° | 1台 | 洞内车辆转向 |
| 12 | 振捣棒 | 30型 | 3个 | 混凝土浇筑 |
| 13 | 空压机 | 0.9/12.5 | 2台 | 清孔、凿毛 |
| 14 | 手持凿毛机 | $0.8m^3$ | 2把 | 凿毛 |
| 15 | 电镐 | | 10把 | 凿毛 |
| 16 | 钢筋探测仪 | HCGY-71 | 2部 | 管片探测、定位 |

7)质量控制

本工法除遵循设计文件的技术要求和现行的相关设计、施工、验收规范及规程外，还需注意以下要点：

①盾构掘进过程中，根据地质情况，严格控制掘进速度、扭矩、姿态，以及同步注浆、二次注浆等相关施工参数。

②轨下结构预制件安装过程中，为确保所受荷载均匀传递，对预制件底部与管片间预留空隙区域进行灌浆填充。

③轨下结构施工前应完成渗漏点的堵漏和手孔封堵，同时保证隧道底部清洁。

④钻孔过程中若未达到设计孔深而碰到结构主筋，不可打断或破坏，应另行在附近选孔位进行钻孔。

⑤如预制件中预埋的接驳器密封失效，造成堵塞，应对堵塞的接驳器进行重新攻丝，必要

时更换连接接头。

8)安全措施

(1)严格进行各类机械设备的专业安装、标准验收,严格进行设备日常例行保养、定期三级保养落实,严格按规程运行、操作。

(2)垂直运输必须设专人指挥;连接装置必须安全可靠,防止脱钩;吊运过程中不得有人停留或行走;起重机停止作业时,应设止动器。

(3)严格进行运输车辆装载管理,严禁超出装载限界。装运大体积或超长料具时,应捆扎牢固,必要时加设保险绳和显示限界的警示灯,应专车运输和专人指挥。

(4)施工过程中,隧道内各种的台架、管路和施工设备必须按设计位置及尺寸设置安放,保证不侵入行车限界。

(5)各作业面设专职安全防护员瞭望,指令施工人员及时避让来往车辆;隧道内车辆限速5km/h,行车过程中司机要加强瞭望,通过各工作面时,提前鸣笛和减速。

(6)隧道内作业人员统一穿戴相应专业的反光防护服,正确佩戴安全帽,防护手套以及防护口罩。

(7)隧道区间内每间隔50m设置警示灯箱,以及警示射灯,在日常动火作业区设置氧气、乙炔专用推车并配备灭火器具。

(8)预制件安装完成后,两侧设置警示防护栏杆,采用螺栓锚固或者焊接等方式与预制件可靠连接,保证人员与车辆的安全。

9)环保节能措施

(1)加强环境保护宣传教育,学习环境管理体系文件、地方政府环保法规及有关规定,使广大干部职工认识到环境保护的重要性和必要性,增强环境保护的自觉性,提高全员环保意识。

(2)根据工程施工特点,制订并落实噪声污染、大气污染、水污染控制措施。加强环境保护检查,制订奖惩制度,定期组织专项检查,严格奖惩,查纠不足。

(3)隧道渣土外运采用专用渣土运输车辆,出施工现场前,进行清洁处理。

(4)加强现场文明施工管理,优先选用电动机械,低噪声的设备。

10)效益分析

本工法合理地设计了整套同步作业施工的施工方案,并配备了一整套同步作业的机械设备,为盾构掘进与轨下结构快速、同步作业施工创造了必要条件。

11)应用实例

该工法在太原铁路枢纽西南环线工程XNHS-1标段盾构施工段开发和应用,实现了盾构掘进与轨下结构快速、同步施工,使整体工期提前6个月完成。实际施工中,轨下结构施工紧跟隧道掘进,各施工工序、运输设备、人员组织紧密衔接,实现了同步、快速作业。

该项工法的成功开发与应用,有效地压缩了隧道总体施工工期,为今后盾构隧道的掘进与轨下结构同步施工在技术方案、组织管理和设备配备上提供了良好借鉴,具有显著的社会和经济效益。

# 上篇参考文献


[1] 土木学会[日]. 隧道标准规范(盾构篇)及解说[M]. 朱伟,译. 北京:中国建筑工业出版社,2001.

[2] 张继清,等. 大直径盾构隧道建造关键技术研究报告[R]. 天津:铁道第三勘察设计院集团有限公司,2010.

[3] 赵勇,等. 隧道设计理论与方法[M]. 北京:人民交通出版社股份有限公司, 2019.

[4] 洪开荣,等. 盾构与掘进关键技术[M]. 北京:人民交通出版社股份有限公司, 2018.

[5] 洪开荣. 水下盾构隧道硬岩处理与对接技术[J]. 隧道建设,2012,03:361-365.

[6] 洪开荣,等. 广深港高速铁路狮子洋水下盾构隧道修建技术[J]. 中国工程科学,2009,1107:53-58.

[7] 韩亚丽,等. 北京铁路地下直径线盾构选型及功能设计[J]. 中国工程科学,2010,12(12):29-34.

[8] 洪开荣,等. 盾构施工技术[M]. 2 版. 北京:人民交通出版社股份有限公司, 2016.

[9] 陈馈,等. 客运专线狮子洋盾构主要结构与对接施工设计方案[J]. 隧道建设,2007,S2:229-232.

[10] 陈馈. 狮子洋隧道盾构地中对接施工技术[J]. 建筑机械化,2010,11:60-63.

[11] 何峰,许维青,等. 北京地下直径线施工关键技术研究报告[R]. 北京:中铁隧道局集团有限公司,2010.

[12] 蒋小锐,等. 莞惠城际铁路隧道设计总结[R]. 北京:中铁工程设计咨询集团有限公司,2018.

# 下篇

## 铁路TBM隧道施工技术及实例

# 第4章 铁路TBM隧道发展及应用情况

## 4.1 概　述

### 4.1.1 我国 TBM 发展情况

我国开始 TBM 的研究和应用已将近 50 年历史，国内有学者将其分为自力更生、独立研究，引进设备、外企施工，引进设备、国企施工，强强联合、自主研发，自主品牌、推广应用五个阶段，非常形象地总结描述了我国 TBM 技术的应用发展历程。

1966 年云南洒洱河水电站引水隧道工程揭开了我国 TBM 技术研究与应用的序幕，本阶段立足于自主独立研究，由于受诸多条件的限制而未能真正成功。第二阶段为 1980—1990 年代，国内开始引进国外设备和国外工程承包商，国内人员通过劳务分包参与项目，此阶段的代表工程为山西万家寨引黄入晋引水工程项目，在此期间培养的大量 TBM 施工技术人员和操作工人，后来成为我国 TBM 事业的骨干力量。国内企业完全实质性地参与 TBM 施工是在 1990 年代后期，即引进设备、国企施工的阶段。本阶段在铁路、水电行业出现了一批代表性工程，铁路行业开始首次使用 TBM，铁道部 1996 年从德国 WIRTH 公司引进 2 台 $\phi$8.8m 开敞式 TBM，应用于西康铁路秦岭Ⅰ线隧道，隧道全长 18.456km，最高月进度达到 528.48m，该设备之后又在桃花铺、磨沟岭、中天山等铁路隧道中相继使用，兰渝铁路西秦岭隧道使用罗宾斯的大直径 TBM 施工，达到 505m/月的平均进度指标，极大地提升了国内对 TBM 应用发展的信心和决心。水电行业的 TBM 应用更是蓬勃发展，代表性工程有大伙房输水工程、锦屏二级电站引水隧洞、辽西北供水工程等，本阶段国内企业的 TBM 应用和管理水平得以迅速提升，为相关企业、科研机构的深入研究提供了平台。第三阶段始于 2010 年左右，中铁装备和铁建重工相继成立，自行设计制造的 2 台 TBM 应用于吉林中部城市供水工程获得极大成功，是我国 TBM 技术从引进消化阶段进入自主创新阶段的转折点。在随后的第四、第五阶段，国内开始自主研发、自主品牌阶段，一批 TBM 装备制造企业应运而生。以下简单梳理 TBM 领域的标志性事件。

2013 年 8 月，铁建重工研发出世界首台长距离大坡度煤矿斜井 TBM。该 TBM 开挖直径

7.62m,具有土压平衡盾构和单护盾 TBM 两种模式。

2013 年 8 月,国内首台 $\phi$5m 开敞式 TBM 在中信重工机械股份有限公司(以下简称:中信重工)下线,于 2015 年应用于洛阳故县引水工程 1 号隧道施工,见图 4-1-1。

图 4-1-1 国内首台 $\phi$5m 开敞式 TBM 在中信重工下线

2013 年 11 月,中铁装备购买德国 WIRTH 公司的 TBM 及竖井钻机相关知识产权。

2014 年 12 月,铁建重工依托国家"863 计划"研制出国内首台 $\phi$7.93m 开敞式 TBM,用于吉林引松工程施工,该 TBM 从 2015 年 5 月 30 日始发,成功穿越了长度 7km 的全断面炭质板岩段,克服了围岩强度高、易塌方、突泥突水、长距离断层破碎带、地质条件复杂等诸多难题。创造了最高日进尺 70.8m,平均月进尺 710m,月进尺 1318.7m 的进度纪录,见图 4-1-2。

a)

b)

图 4-1-2 国产首台大直径 TBM 用于吉林引松工程

2015 年,为了建设大瑞铁路的控制性工程高黎贡山隧道,中铁装备与中铁隧道局联合研制 $\phi$9.03m 新型开敞式 TBM(图 4-1-3),集成一系列新技术。该隧道穿越横断山脉,地质条件极为复杂,具有"三高、四活跃"特征(高地热、高地应力、高地震烈度,活跃的新构造运动、活跃的地热水环境、活跃的外动力地质条件、活跃的岸坡浅表改造过程),被称为铁路建筑史上的"地质博物馆"。

2016 年 1 月,由中铁装备研制的 2 台世界最小直径 TBM($\phi$3.53m)在郑州成功下线(图 4-1-4)。该 TBM 应用于黎巴嫩大贝鲁特供水隧道和输送管线建设项目,由国际知名施工企业意大利 CMC 公司采购,标志着中国 TBM 装备从"引进来"开始"走出去"。2 台 TBM 共计完成 22.3km 隧道开挖,掘进段最小曲率半径 300m,穿越段岩石主要为石灰岩、白云灰岩和白云岩,绝大部分岩石为坚硬或中等坚硬,主要地质风险为强风化带和断层区域,存在溶洞及地下水渗透等风险,创下了最高日进尺 94.67m,最高月进尺 894m 的工程纪录,见图 4-1-4。

图 4-1-3 高黎贡山隧道($\phi$9.03m)TBM

图 4-1-4 国内自主研发的世界最小直径 TBM

经过五个阶段的发展,目前我国在 TBM 装备制造、施工技术上的能力和水平进入一个全新的时代,TBM 整机集成技术水平已经基本和罗宾斯、海瑞克等欧美厂家持平,国内 TBM 整机年制造能力达到 200 台以上;TBM 隧道的施工能力和施工技术水平大幅提升,积累了各种地质条件下 TBM 的应用经验。

### 4.1.2 铁路隧道 TBM 应用情况

截至目前共有 6 座铁路隧道使用 TBM 掘进,总长约 87km,见表 4-1-1。与水电等其他行业相比使用相对较少,主要受制于造价高、设备利用率低、特殊地质条件施工风险大、无施工场地和运输条件等因素。

**铁路隧道 TBM 应用统计表** 表 4-1-1

| 序号 | 工程名称 | TBM 形式 | 开挖直径(m) | 单台掘进/隧道长度(km) | 施工时间 | 备注 |
|---|---|---|---|---|---|---|
| 1 | 西康铁路秦岭隧道 | 开敞式 | 8.8 | 5.243/8.9(18) | 1995.7—1999.9 | 2 台 |
| 2 | 西南铁路磨沟岭隧道 | 开敞式 | 8.8 | 5.702/5.112 | 2000.2—2002.10 | 1 台利旧 |
| 3 | 西南铁路桃花铺隧道 | 开敞式 | 8.8 | 6.015/7.234 | 2000.2—2002.10 | 1 台利旧 |
| 4 | 南疆铁路中天山隧道 | 开敞式 | 8.8 | 13.515/22.467 | 2007.4—2014.8 | 2 台利旧 |
| 5 | 兰渝铁路西秦岭隧道 | 开敞式 | 10.2 | 16.147/28.236 | 2008.9—2015.7 | 2 台 |
| 6 | 大瑞铁路高黎贡山隧道正洞 | 开敞式 | 9.03 | 2.637/12.3(34.5) | 2015.12,在建 | 1 台 |
| 7 | 大瑞铁路高黎贡山隧道平导 | 开敞式 | 6.36 | 2.981/10(34.5) | 2015.12,在建 | 1 台利旧 |

注:括号内的数字为该隧道的总长度。

(1)西康铁路秦岭隧道

工程概况:西康铁路秦岭Ⅰ线特长隧道全长 18.5km,最大埋深 1600m,采用钻爆法 + TBM 法。使用 2 台从德国 WIRTH 公司引进的 $\phi$8.8m 开敞式 880E 型 TBM,由隧道两端相向施工,为国内铁路首次使用 TBM 施工,进口段施工 8.9km,TBM 掘进 5243.39m,见图 4-1-5。

施工情况:一号 TBM 于 1998 年 1 月—1999 年 4 月在秦岭隧道北口岩体以混合片麻岩为

主的前段中掘进，其平均月进尺232.3m，最高月进尺412.54m，最低月进尺35.21m。1999年5月—1999年9月，TBM进入了以混合花岗岩为主的第二段（DK68+600~DK70+245），其平均月进尺307.5m，最高月进尺528.48m，最低月进尺47.32m，见图4-1-6。

a)　　b)

图4-1-5　首次使用TBM施工的西康铁路秦岭隧道

二号TBM于1997年10月10日开始组装，1998年2月16日开始试掘进，历时18个月共546天。累计掘进长度5621m，平均月进尺310m，并创造了月进尺509m的全国纪录，见图4-1-7。

a)

图4-1-6　一号TBM施工情况

b)

图4-1-7　二号TBM贯通情况

（2）西南铁路磨沟岭隧道

工程概况：磨沟岭隧道是新建铁路西安—南京线重点工程，全长6112m。最大埋深为315m，设计为单线，衬砌类型为复合式衬砌。隧道除出口预备洞（169m）、出发洞（10m）和进口段231m（含拆卸洞60m）采用钻爆法施工外，其余5702m为TBM施工，采用秦岭隧道使用过的TBM二次利用，见图4-1-8。

施工情况：磨沟岭隧道施工中总结出在软弱围岩条件下采用TBM施工新技术，创出TBM日掘进41.3m、月掘进573.9m的全国纪录，见图4-1-9。

图 4-1-8 西南铁路磨沟岭隧道

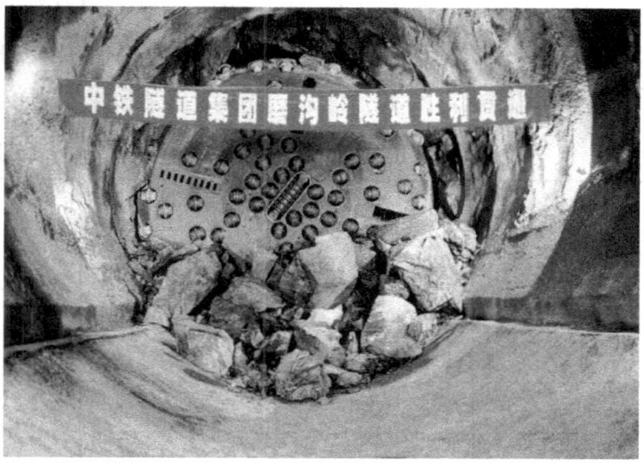


图 4-1-9 磨沟岭隧道贯通

(3)西南铁路桃花铺隧道

桃花铺隧道位于陕西省丹凤县境内,全长7234m,2000 年 7 月—2002 年 5 月,TBM 累计掘进 6015m,成功解决了长距离严重断层破碎带条件下敞开式 TBM 掘进施工问题,克服了特大坍塌风险。月平均进尺 286m,最高月进尺 551m,见图 4-1-10。

图 4-1-10 西南铁路桃花铺隧道

(4)南疆铁路中天山隧道

工程概况:工程位于新疆托克逊县境内,标段全长 27.22km,隧道长 22.467km,最大埋深超过 1700m,左右双洞设置。正洞出口段 8675m 采用钻爆法开挖,进口段 13792m 采用 TBM 进行施工,开挖直径为 8.8m,TBM 掘进通过地层岩性主要为志留系变质砂岩夹片岩、角斑岩,华里西期花岗岩,加里东期闪长岩。之前,此台 TBM 已经历过秦岭隧道、磨沟岭隧道的施工,进场前累计掘进超过了 10km。右洞施工见图 4-1-11、图 4-1-12。

图 4-1-11 中天山隧道 TBM

图 4-1-12 中天山隧道 TBM 贯通

施工情况：由于中天山隧道使用的TBM已经历了2条线的施工，多次周转，部分仪器仪表已经损坏，掘进参数值未收集齐全。根据现场实际情况，仅对部分参数进行了记录。经统计分析，在不同围岩下TBM掘进参数及进度见表4-1-2。

**不同围岩下TBM掘进参数及进度** 表4-1-2

| 围岩级别 | 设计进度(m/月) | 实际平均进度(m/月) | | | | |
|---|---|---|---|---|---|---|
| | | 变质砂岩 | 角斑岩 | 变质砂岩(断层) | 花岗岩 | 石英岩脉发育变质砂岩 |
| Ⅱ级 | 450 | — | — | — | 216 | — |
| Ⅲ级 | 400 | 401 | 346 | 426 | 184 | 190 |
| Ⅳ级 | 260 | 180 | 147 | 150 | 141 | 154 |
| Ⅴ级 | 150 | — | — | — | 52 | — |

图4-1-13 左洞中天山隧道TBM施工

另一台TBM在左洞施工，进口段掘进计划13423m，2007年11月—2014年2月，累计掘进13514m。完成国内首台直径8.8m TBM再制造，并顺利实现有轨运输条件下TBM掘进与二次模筑衬砌同步施工。月平均进尺156.8m，最高月进尺485m，见图4-1-13。

(5)兰渝铁路西秦岭隧道

工程概况：西秦岭隧道位于甘肃省陇南市境内，正线长28.236km，地面高程1000～2400m，最大埋深1400m，隧道穿越地层主要为变质砂岩、千枚岩、砂质千枚岩和变质砂岩夹千枚岩等，局部穿越断层角砾岩和断层泥砾地层。采用钻爆法与TBM法联合施工，刀盘开挖直径为10.23m，是目前国内铁路隧道施工使用最大直径的TBM，进口方向采用钻爆法施工，出口方向采用两台TBM施工（左右线各一台），由钻爆法施工TBM预备洞。其中左线计划钻爆法施工段长度为12213m，TBM法施工段长度为16023m；右线计划钻爆法施工段长度为12136m，TBM施工段长度为16100m。左线TBM见图4-1-14。

a)

b)

图4-1-14 左线TBM

左线施工情况:采用 TBM 长距离步进通过预备洞、全程连续皮带输送机出渣和衬砌同步施工,斜井施工段需穿插施工,设备管理和施工通风难度大,并穿越 4 条不良地质段。西秦岭 TBM 左线共掘进 12874m,合计共 977 天,平均每天掘进 13.18m,每周掘进 92m,每月掘进 395m。日最高掘进 42.69m,周最高掘进 239m,月最高掘进 842.5m,月同步衬砌最高 846m,见图 4-1-15。

a) b)

图 4-1-15 左线 TBM 施工情况

右线施工情况:2010 年 8 月—2014 年 7 月,累计掘进长度 14125m,月平均进尺 301m,最高月进尺 773m,见图 4-1-16。

a) b)

图 4-1-16 右线 TBM 施工情况

(6)大瑞铁路高黎贡山隧道

工程概况:高黎贡山隧道全长 34.5km,最大埋深 1155m,隧道出口段主要使用 1 台直径 9.03m 开敞式 TBM(正洞)和 1 台直径 6.36m 敞开式 TBM(平导)向进口方向施工,王洞 TBM 施工 12.07km,平导 TBM 施工 10km,为国内铁路复杂地质条件下首次使用 TBM 施工,见图 4-1-17、图 4-1-18。

高黎贡山隧道是目前国内铁路史上地质条件最为复杂的隧道,穿越 18 套地层、19 个断层破碎带,涵盖活动断层、导热断层、区域性断裂、高地应力、蚀变花岗岩、富水节理密集带、流砂、软岩变形等多种极不利于 TBM 施工的不良地质。

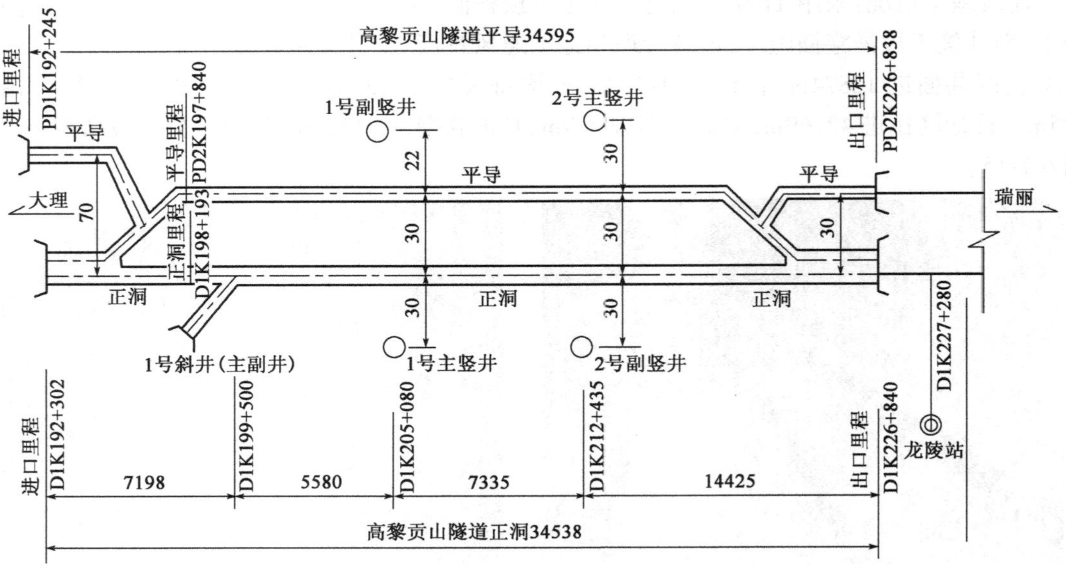


图 4-1-17　高黎贡山隧道平面示意图(尺寸单位:m)

a)　　b)

图 4-1-18　高黎贡山隧道 TBM 组装

创新设计:结合高黎贡山隧道地质条件,专题立项“复杂地质条件新型 TBM 研制及应用研究”课题,在高黎贡山隧道正洞 TBM 施工攻关方面开展了多项技术,主要有:变截面可抬升设计、前置自动化喷混系统、超前钻机隐藏设计、水岩一体超前预报总体设计、加强型大范围初期支护技术等,同时研究了强化制冷、刀盘刀具优化、快速物料运输等新型技术。

## 4.2　国内 TBM 发展面临的挑战

目前,TBM 无论从装备制造、施工技术,还是现场管理等方面都发展到了一个新的阶段,从国际整体水平看,我国还不能算是领跑者,要使我国 TBM 上一个新台阶,有以下四个方面的挑战需要面对。

### 4.2.1　装备核心部件不能国内自主制造

目前,我国 TBM 的核心部件仍来自国外制造商,并且可选的供应商范围很小,如主轴承、主驱系统等只有少数几家外国供应商可供选择,部分关键液压和电气控制元件也只能从国外采购,其供应情况直接决定了国内 TBM 整机制造的周期和设备故障修复时间。一旦国际形势发生变化,会对整个产业产生显著的影响,核心部件国产自主化已经成为我国 TBM 装备制造亟待解决的问题。

### 4.2.2　在建设方案的经济比选中无优势甚至处于劣势

目前,我国经济社会条件对环境保护和职业健康安全的要求还处于一个相对宽容的阶段,劳动力成本相对较低而设备费用偏高,因为 TBM 法其设备费用一次性投入大以及使用成本高,所以其在方案比选中经常处于劣势。综合而言,人工钻爆法在成本上仍比 TBM 法有明显的优势。但在城市地铁隧道建设中,由于所处的环境复杂,人工钻爆法等传统工法往往不具备技术可行性,很多情况下 TBM 或盾构是唯一的选择,所以盾构在我国地铁领域使用非常广泛,反之铁路隧道由于以山岭隧道居多,工法选择余地大,TBM 法的应用比例偏低。

### 4.2.3　对于多变地质条件的适应性仍需进一步扩展,要求设备更加“多能”

我国幅员辽阔,地质条件多样,同一条隧道中普遍同时存在多种迥异的地质条件,隧道施工对 TBM 设备提出了更高的需求,而当前每种 TBM 适宜的地质条件比较单一,造成在方案比选中设备的选型难度大,设备的复用性差,对比钻爆法技术上的优势不明显,反而进一步拉高了建设成本。虽然目前的技术理念认为 TBM 不是万能的,认为每台 TBM 都是针对某种地质条件专门定制的,但现实的工程却对我们提出了“多能”的需求。TBM 功能扩展的范围越宽,其在方案比选中的优势就会越大,其应用规模就会大幅增加。

### 4.2.4　针对特殊地质条件无有效的解决方案

目前 TBM 对高温热害、软岩大变形、突泥涌水、断层破碎带、岩溶、岩爆等特殊、灾害性地层无有效的解决方案,设计施工中往往采用增设斜井用钻爆法提前对灾害性地质段进行处理,无法充分发挥 TBM 快速的施工能力。因灾害性地质造成 TBM 卡机、设备损坏等事故也时有发生,往往使工程项目陷入非常被动的境地,由此在一定程度上造成部分决策者对 TBM 的使用持审慎态度。针对灾害性地质的 TBM 施工技术是下一步的重点研究方向。

## 4.3　TBM 施工技术面临的难题

TBM 法隧道在施工过程中主要遭遇了六大难题,在各个项目中均造成较大的困难。为此,基于六大难题的解决,提出一些探索性的建议。

### 4.3.1 围岩强度高、石英含量高等高磨蚀性地层

在秦岭隧道、中天山隧道、引汉济渭引水隧洞、辽西北引水隧洞等工程中多次遭遇高磨蚀性地层，存在围岩强度在100MPa以上，石英含量超过30%，磨蚀系数大于5的情况。该类型围岩造成的直接影响有：刀具消耗量大、刀具异常损坏、刀盘损坏严重、设备振动大导致高故障率以及掘进速度慢。

目前对此类问题无有效的技术解决方案，通常采取精细化的刀具管理措施或依赖施工人员的经验来减少处理时间，能在一定程度上缓解影响的程度。

该问题可以从以下两个方面进行研究：

(1)在破岩理论和破岩方法上进行突破。目前TBM均是基于滚刀的挤压破岩理论来施工，通过滚刀在岩面上的持续挤压使岩石形成贯通裂隙破岩，基本无法回避振动、磨蚀的难题。应突破目前的思维定式，寻求创新型的破岩方法，比如水力破岩、激光破岩、超声波破岩等方法。值得一提的是目前在采矿领域中已经有水力采煤的成功应用经验，而在机械加工中水刀切割技术已经非常成熟。

(2)在抗冲击、高耐磨性材料技术上进行突破。通过材料技术的突破来提高刀具和刀盘的抗冲击、抗磨蚀能力，从而降低刀具消耗，减少维修时间，以降低设备故障率和提高掘进效率。

### 4.3.2 高地应力软岩大变形地层

此问题在引大济湟调水总干渠隧洞、引红济石输水隧洞等护盾式TBM施工中多次遭遇，高黎贡山隧道正洞开敞式TBM也频繁遭遇此情况。其直接的影响是：围岩变形后握裹刀盘和护盾造成卡机、初期支护变形后造成TBM后配套通过困难以及衬砌厚度不足。处理卡机的难度大、风险高、周期长，对工程建设的各项指标都会造成较大影响。

目前对于此类问题的基本措施是提高TBM掘进的扩挖能力，相当于传统钻爆中增加预留变形量的做法，要求TBM的刀盘具备扩挖能力，是一种被动措施，只能够延缓大变形造成卡机的时间，仍然不能从根本上解决问题。

该问题可以从以下两个方面进行研究：

(1)大变形控制方法研究。采用TBM法施工的隧道，其预留变形量不能无限地扩大，预留变形量的选择远不如钻爆法灵活，应当根据TBM法的特点研究软岩围岩大变形的主动控制方法。

(2)研究TBM集成式长锚杆、锚索快速施工装备。从目前钻爆法的经验看，长锚杆和长锚索对软岩大变形控制有明显的改善效果，但目前无法在TBM上实施，需要研发相应的TBM集成式解决方案。

### 4.3.3 高地应力岩爆

从历史经验看，岩爆对TBM施工的影响后果最为严重，在引大济湟调水总干渠、引汉济渭输水隧洞(多数为中等或轻微岩爆、个别为重度岩爆)和锦屏水电站输水隧洞均有遭遇，锦屏水电站输水隧洞遭遇强岩爆，出现设备报废、人员伤亡的事故，后改为钻爆法施工。

目前的总体认知是TBM法对短距离的弱、中等岩爆有一定应对措施，而对长距离强岩爆应对非常困难，有典型的失败案例。就目前技术水平而言，如果隧道勘察设计过程中发现有高地应力轻微～中等岩爆可能性且范围较广，一般采用单护盾TBM，以方便处理；如果有强岩爆可能性且范围较广，一般尽量避免采用TBM施工。

岩爆的发生时间、发生部位等无法可靠预测，无有效治理方法，无论是钻爆法还是TBM法均无有效应对手段，是隧道施工中的世界性难题。

该问题可从以下两个方面进行研究：

(1)深入研究岩爆机理，研究岩爆的预测预报技术和处理技术。

(2)研究TBM施工岩爆防护技术。在目前岩爆无法控制的情况下，应基于TBM的施工特点，研究设备和人员防护技术。

### 4.3.4　岩溶

岩溶极发育地层对TBM的施工影响极大，国内已有TBM穿越一般岩溶地层的案例，处理难度较大。在岩溶极其发育地层中，不建议采用TBM施工。

### 4.3.5　断层破碎带、蚀变带及富水地层

在断层破碎带、蚀变岩和节理裂隙发育等地层中，岩层松散，易塌方，初期支护背后空洞等，极端情况下涌砂涌泥淹没设备，造成进度缓慢、卡机、撑靴支撑反力不足等问题。

在目前的隧道项目中，探明的较大断层破碎带一般通过辅助导坑采用人工钻爆提前处理。局部遭遇的破碎带主要采取超前管棚、迂回导坑超前处理、化学灌浆加固等方法进行处理，目前的处理方法耗时长，TBM停机时间长，严重影响工期。

该问题可从以下两个方面进行研究：

(1)适用于TBM的地层超前地质改良技术。如适用于TBM的超前预注浆、超前管棚等，在接近断层破碎带时，通过集成在TBM上的超前处理设备，对掘进前方的围岩进行超前改良处理以适应掘进。

(2)创新围岩支护技术。目前普遍局限在钢架、锚杆、喷射混凝土三种措施的组合，无法完全解决特殊地质地层的支护，造成TBM清渣量大、施工速度慢、掘进支撑反力不足等，应研究快速支护的新型支护体系。

### 4.3.6　突涌水

在掘进过程中发生突涌水，造成设备损坏，掘进停滞，并会对施工人员造成极大风险，设计中一般应尽量采用顺坡掘进。当前施工的TBM隧道中，反坡施工一旦出现涌水，完全依赖于大流量排水设备，掘进停机或慢速掘进。

针对突涌水问题可从以下两个方面进行研究：

(1)提高超前地质预报技术的准确度。目前超前地质预报技术很难对水量大小、流水通道做出准确的预判，给施工决策造成很大的困难。应着力研究集成在TBM上的长距离超前钻探设备和物探装置。

(2)超前堵水技术。依托超前探水预报技术和超前注浆等方法进行堵水，主动控制突涌

水的发生。

## 4.4　TBM 技术发展展望

当前,TBM 技术取得了长足的进步,在施工中积累了大量工程经验,掘进速度有一定提升,但在未来发展中尚需在以下六个方面重点研究及突破。

(1)TBM 高效破岩技术研究。

针对长距离硬岩掘进提出的技术挑战,需要突破 TBM 刀盘高耐磨、长寿命设计技术和坚硬岩层高效开挖技术,创新破岩方式,从而推动隧道高性能 TBM 刀盘设计制造技术的进步。通过研究整体性、高刚度 TBM 刀盘设计及制造,基于统计分析对刀盘耐磨结构和材料实现分区域精确设计;从优化刀具选型及布置和开展辅助滚刀破岩两方面着手,突破坚硬岩层 TBM 滚刀高效破岩关键技术;研究围岩条件与 TBM 掘进参数的相互关系,实现高效、高速掘进。

(2)综合超前预报及信息反馈技术。

常规地面勘探并不能完全揭示隧洞的地质情况,隧道施工开挖中的坍塌、冒顶、涌水、岩爆等地质灾害时有发生。很多地质灾害不但造成经济上的损失,同时也会造成人员的伤亡。因此,研究搭载 TBM 的高精度、高可靠性超前地质预报技术,为 TBM 快速掘进提供支撑。

以信息化手段打造 TBM 项目智能化管理平台及信息反馈技术,通过开发施工风险预警、运行效率分析、设备维护与保养、设备故障报警、刀具管理、设备配件管理等模块,实现“多机”统一管理,多资源共享,高效率运转,提高 TBM 项目的管控能力和决策能力。如研究完善包括质量、含水、粒径、形状、强度等渣片分析系统,自动研判地质情况,指导 TBM 掘进。研究刀盘刀具磨损监测信息反馈技术,实现滚刀磨损量与转速、刮刀磨损量的实时监测,对滚刀与刮刀切削性态监测装置(前端传感器、传输线路与接收发射装置)进行可靠性设计,提高其对 TBM 强振动、高温、潮湿恶劣环境的适应能力。

(3)TBM 新型支护技术,强适应性是关键。

目前普通的护盾式 TBM、开敞式 TBM 已经不能满足国内多样复杂的地质情况。随着各类长隧道工程的不断增多,所遇到的地质问题也逐渐增多,对应软弱围岩及破碎带地段,TBM 现有的支护手段及支护措施需要不断优化改进,优化 TBM 支护手段及支护措施“靠前”设置,并与 TBM 设备兼容配套。通过进一步研究包括软岩、富水、岩爆等复杂条件下的 TBM 支护技术,能实现更快、更高质量的处理超前加固、超前堵水、岩爆处理等问题,使得 TBM 具有更好的适应性能是未来发展的主要方向。

(4)超大型断面研究。

目前国际上 TBM 的最大直径达 14.4m,由罗宾斯公司生产,用于加拿大尼亚加拉水电站工程。国内最大直径为 12.4m,用于锦屏Ⅱ级水电站工程。超大直径 TBM 受功率要求及掌子面稳定性等问题影响,TBM 断面突破存在较大困难,但为适应隧道工程建设的发展需要,TBM 需向大型化方向发展,相应的硬岩 TBM 设计制造需朝着大功率、大推力、大扭矩、高掘进速度、高可靠性方向发展。

(5)TBM 智能掘进技术研究,如何有效地管理和利用施工经验是关键。

顺应时代潮流,利用先进物联网、大数据、云计算及人工智能等技术,建设新一代全生命周期“人机岩”感知系统。其中包括:研究 TBM 施工中设备状态诊断;研究复杂工况条件下的掘进机施工环境识别;建立掘进参数与围岩参数关联;研究掘进参数自动选择及控制。结合施工经验、监测数据,开展建设网络化、智能化、协同化的“人机岩”感知系统可以为施工的智能化进展奠定基础,同时,为降低施工风险、提高施工效率、加强施工管理提供帮助。

(6)竖井 TBM 研究,如正在研制的 SB 系列竖井 TBM,最大开挖直径 10m,最大深度 1260m,最高日进尺可达 15m;SBM 系列竖井 TBM,开挖直径大于 6m,深度可达 1000m,最高月进尺 200m,见图 4-4-1。

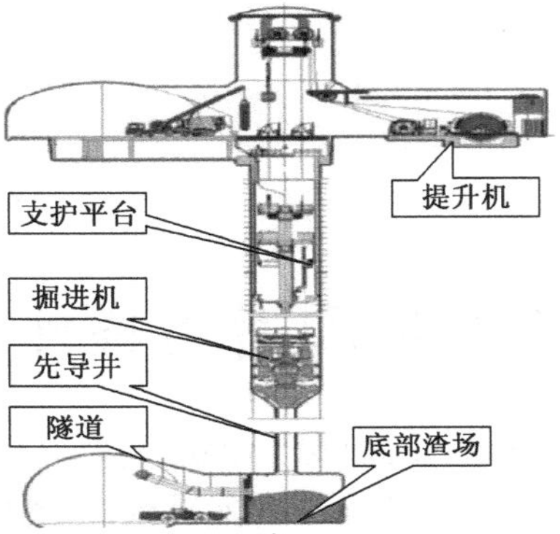

a)

b)

图 4-4-1 竖井 TBM 示意图

# 第5章　铁路TBM隧道总体设计

## 5.1　TBM 工作原理和适用条件

全断面岩石隧道掘进机(Tunnel Boring Machine,简称“TBM”),是一种集掘进、出渣、导向、支护、通风、防尘、排水等多功能为一体的大型高效隧道施工机械,主要用于以岩石地层为主的隧道施工,相对于钻爆法,其优点是高效、快速、安全、环保,缺点是造价较高, 要求地质条件明确,对地质条件变化的适应性不如钻爆法。

### 5.1.1　TBM 破岩机理

TBM 破岩方式主要是通过水平推进油缸使刀盘上的滚刀强行压入岩体,并在刀盘旋转推进过程中联合挤压与剪切作用破碎岩体,见图 5-1-1。

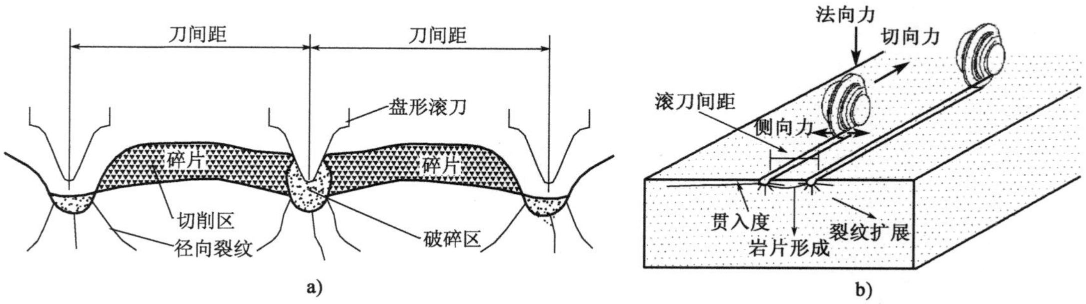


图 5-1-1　TBM 破岩原理

### 5.1.2　TBM 的类型

TBM 主要分为开敞式、单护盾式、双护盾式三种类型。

1) 开敞式 TBM

开敞式 TBM 也称主梁式 TBM,其刀盘装有盘形滚刀,可以通过刀盘的旋转及巨大的推力将盘形滚刀压入隧道掌子面岩体,刀盘的旋转带动盘形滚刀的转动以切削掌子面岩体。开敞式 TBM 有一套支撑系统，掘进机掘进时，支撑靴板用液压油缸撑紧洞壁，推进千斤顶伸出推动刀盘推进。

2）单护盾 TBM

单护盾 TBM 与开敞式 TBM 的不同之处在于其刀盘后面有一个护盾，在护盾的保护下配套管片安装设备。刀盘也是开敞式的，刀盘的盘形滚刀是适用于开挖较硬围岩的刀具。单护盾 TBM 的推力是由液压千斤顶作用在管片上提供的反力。

3）双护盾 TBM（又称伸缩护盾式 TBM）

与开敞式 TBM 的区别是，双护盾 TBM 具有全圆的护盾；与单护盾 TBM 相比，双护盾 TBM 在地质良好时可以掘进与安装管片同时进行，且在任何循环模式下都是在开敞状态下掘进。伸缩护盾形式是双护盾 TBM 的独有的技术特点，是实现软硬围岩作业转换的关键。

### 5.1.3　TBM 适用条件

（1）特长越岭隧道辅助坑道设置困难，采用钻爆法施工独头掘进距离较长，通风困难，不能满足工期目标时，可考虑选用 TBM 法施工。

（2）从设备利用率、成本摊销、投资等方面考虑，隧道长度与直径之比大于 600 时，才宜考虑采用 TBM 法。

（3）从地质条件看，一般适用于中硬岩层，岩石单轴饱和抗压强度以 50～100MPa 最佳，地质条件越单一越好，越明确越好。下述八种特殊地质地段不适宜采用 TBM 法施工。

①高地应力软弱围岩具有中等或严重大变形地段；

②具有中等及以上的膨胀性围岩地段；

③强烈或极强岩爆地段；

④宽大断层破碎带及软弱破碎带地段；

⑤突泥涌水严重地段；

⑥岩溶发育地段；

⑦高瓦斯及瓦斯突出地段；

⑧岩石磨蚀性高的地段。

（4）选用 TBM 法施工，现场必须具备运输道路、拼装场地、电力供应等辅助性工程条件。

## 5.2　TBM　选　型

### 5.2.1　TBM 选型原则及步骤

（1）TBM 设备选型的一般原则：

①安全性、可靠性、先进性、经济性相统一；

②满足隧道外径、长度、埋深、地质条件、沿线地形以及洞口条件等环境条件；

③满足安全、质量、工期、造价及环保要求；

④后配套设备与主机配套，满足“生产能力与主机掘进速度相匹配，工作状态相适应，且能耗小、效率高”的原则，同时应具有施工安全、结构简单、布置合理和易于维护保养的特点。

(2)TBM 的选型应按下列步骤进行:

①根据地质条件确定掘进机的类型;

②根据隧道设计参数及地质条件确定主机的主要技术参数;

③按照生产能力与主机掘进速度相匹配的原则,确定后配套设备的技术参数与功能配置。

### 5.2.2 影响 TBM 选型的地质因素

TBM 对地质参数极其敏感,在 TBM 选型中,地质适应性是关键。

(1)岩石的坚硬程度(单轴抗压强度 $R_c$)。

在硬岩中的 TBM 施工,遇到的主要问题是刀具、刀圈及轴承的严重磨损以及上述部件的频繁更换,费时且耗资较大。岩石的单轴抗压强度越低,TBM 的掘进速度越高,掘进越快,反之掘进越慢。但是,岩石的单轴抗压强度太低,TBM 掘进后围岩的自稳时间短甚至不能自稳。岩石的单轴抗压强度值在一定范围内时,TBM 的掘进既能保持一定的速度,又能使隧道围岩在一定时间内保持自稳,这就是当前大多数 TBM 适用于岩石的单轴抗压强度($R_c$)值在 30 ~ 150MPa 之间(中等坚硬岩石和坚硬岩石)的主要原因。不同类型、型号的掘进机有其各自适用的最佳岩石单轴抗压强度范围值。

(2)岩石结构面的发育程度。

一般情况下,节理较发育和发育的围岩 TBM 掘进效率较高;节理不发育,岩体完整,TBM 破岩困难;节理很发育,岩体破碎,自稳能力差,TBM 支护工作量增大,同时岩体给 TBM 撑靴提供的反力低,造成掘进推力不足,因而也不利于 TBM 效率的提高。岩体结构面越发育,密度越大,节理间距越小,完整性系数越小,TBM 掘进速度有越高的趋势。所以,岩体完整性程度也是影响 TBM 掘进难易的主要控制因素。TBM 掘进速度的高低主要取决于岩体的完整程度,并以较完整和较破碎状态($K_V = 0.45 \sim 0.75$)为最佳适用范围。

(3)岩石的耐磨性。

岩石的耐磨性决定了刀具的磨损情况。岩石坚硬度和耐磨性越高,刀具、刀盘的磨损就越大。TBM 换刀量和换刀时间的增大,势必影响到 TBM 应用的经济效益和掘进效率。刀具、刀圈及轴承的磨损,影响 TBM 的使用成本,而仅仅根据岩石的单轴抗压强度来判断不同单轴抗压强度的岩石对掘进机刀具、刀圈及轴承的磨损是不够的。岩石的硬度、岩石中矿物颗粒特别是高硬度矿物颗粒如石英等的大小及其含量的高低,决定了岩石的耐磨性指标。一般来说,岩石的硬度越高,对 TBM 的刀具等的磨损越大,TBM 的掘进效率也越低。

(4)岩体主要结构面的产状与隧道轴线间的组合关系、围岩的初始地应力状态、岩体的含水出水状态等其他因素。

当岩体主要结构面或称优势结构面的走向与隧道轴线间夹角小于 45°,且结构面倾角较缓(≤30°),隧道边墙拱脚以上部分及拱部围岩因结构面与隧道开挖临空面的不利组合而出现不稳楔块,常发生掉块和坍塌,降低 TBM 的工作效率,甚至危及 TBM 的安全。

(5)当围岩处于高地应力状态下,且围岩为坚硬、脆性、较完整或完整岩体时,极有可能发生岩爆灾害,灾害严重时,将危及 TBM 及施工人员的安全;若围岩为软岩,则围岩将产生较大的变形。二者均将给 TBM 的掘进施工带来极大的困难。

(6)岩体的含水出水状态对 TBM 工作效率的影响视含水量和出水量的大小及含、出水围岩的范围,同时还要视含、出水围岩是硬质岩还是软质岩。一般地说,富含水和涌漏水地段,围岩的强度会有不同程度的降低,特别是软质岩的强度降低显著,致使围岩的稳定性降低,影响TBM法的工作效率。此外,大量的隧道涌漏水,必将恶化TBM的工作环境,降低TBM的工作效率。

### 5.2.3 TBM选型建议

一般而言,根据地质条件、施工环境、工期要求、经济性等因素,确定选择开敞式TBM还是护盾式TBM进行施工。

1)开敞式TBM

开敞式TBM工作时需要支撑靴板撑紧洞壁围岩,以提供掘进机前进时的动力,因此适用于围岩整体性比较完整,岩体抗压强度较高(50~150MPa)的地层,围岩稳定性良好、中~厚埋深、中~高强度。

当隧道掌子面前方遇到局部破碎带时,开敞式TBM可以用自身的支护系统,采用打锚杆、支撑钢拱架、挂钢筋网、喷射混凝土等措施稳定围岩。相比护盾式TBM,开敞式TBM具有造价低、转弯半径小、不需要钢筋混凝土衬砌管片、不容易卡机等诸多优势,因此适应性较广。

2)单护盾TBM

单护盾TBM适用于软弱围岩为主、岩石抗压强度低、埋深浅有一定自稳性的软岩(5~60MPa)隧道。

当软弱围岩所占比例很大,且撑靴无法支撑住洞壁的隧道时,应该优先考虑选用单护盾TBM。单护盾TBM依靠衬砌管片提供推进反力,因此安装管片时必须停止掘进,掘进与管片安装不能平行作业,在地质适应性好、生产组织有力的情况下,单护盾TBM也可发挥较高的效率。另外,单护盾TBM的价格比双护盾TBM的价格低。

3)双护盾TBM

双护盾TBM主要用于围岩较完整的岩石隧道,这些隧道的围岩一般具有较好的自稳性,采用管片支护。因具有主推进油缸、辅助推进油缸以及撑靴油缸,掘进和管片拼装可以同步进行,互不干扰,理论上其掘进速度较快。双护盾TBM在经过良好地层和不良地层时,通过工作模式的转变能较好地适应地质的不同。但是,双护盾TBM机身较长,调向困难,容易造成卡机等问题。

适用范围:其地质适应性非常广泛,主要用于围岩较完整、具有一定自稳性的软岩—硬岩地层(30~90MPa),尤其能安全地穿过断层破碎地带。

目前铁路隧道直径较大,全部选用了开敞式TBM,护盾式TBM在国外有大量应用。实践证明,管片衬砌可以应对中等强度的岩爆;通过刀盘扩挖等其他辅助措施,大直径TBM可以应对400mm收敛变形量。下列的国外护盾式TBM项目埋深均超过700m,地应力高,存在岩爆和挤压变形,并均按计划成功完成隧道掘进,见表5-2-1。

**国外护盾式TBM应用情况** 表5-2-1

| 序号 | 开挖直径(m) | 地质条件 | 岩石最大抗压强度(MPa) | 最大埋深(m) | TBM机型 |
|---|---|---|---|---|---|
| 1 | 9.46 | 板岩、石英岩 | 150 | 1850 | 单护盾 |
| 2 | 9.15 | 玄武岩、安山岩 | 230 | 700 | 双护盾 |

续上表

| 序号 | 开挖直径（m） | 地质条件 | 岩石最大抗压强度（MPa） | 最大埋深（m） | TBM 机型 |
|---|---|---|---|---|---|
| 3 | 9.36 | 石英岩、片岩、石膏岩 | 150 | 1800 | 单护盾 |
| 4 | 6.55 | 片麻岩、片岩、石英岩 | 250 | 1200 | 双护盾 |
| 5 | 9.43 | 花岗岩 | 220 | 899 | 双护盾 |

# 5.3 TBM 隧道总体设计

合理选型之后，TBM 法隧道总体设计内容包括隧道断面、支护参数、防水、辅助性洞室、出渣、通风、排水等。

## 5.3.1 TBM 施工隧道内轮廓确定

TBM 施工常规采用圆形隧道，铁路及地铁隧道圆形隧道确定内轮廓时，必须考虑以下因素：车辆限界、接触网限界、照明、通风、排水、道床结构形式、电缆槽布置、施工运输车道的布置、施工误差及测量误差等。高速铁路隧道内轮廓的确定，要考虑隧道建筑限界、隧道设备空间、空气动力学效应、轨道结构形式及其运营维护方式、救援通道空间、机车车辆类型及其密封性等因素。

## 5.3.2 TBM 外轮廓尺寸

TBM 直径是影响 TBM 造价的一个重要因素。因此，TBM 直径的确定，既要充分考虑隧道地质的特殊性，如断面、高地应力等地段，结构尺寸的要求，确保施工安全和结构稳定，又要考虑尽可能节省投资，确保 TBM 直径达到最优。

开敞式 TBM 刀盘直径计算公式如下：

$$D = d + \sum h_i \times 2 \tag{5-3-1}$$

式中：$D$——刀盘直径；

$d$——工程最终的成洞洞径；

$h_i$——分别为预留变形量、初期支护厚度、二次衬砌厚度、施工误差。

## 5.3.3 TBM 施工隧道支护参数

(1)护盾式 TBM 常规采用管片式衬砌，支护参数根据边界条件计算及经验类别确定。

(2)开敞式 TBM 支护形式按照新奥法理论设计，初期支护采用喷、锚网联合支护，必要时采用钢架加强支护，二次衬砌采用模筑钢筋混凝土衬砌。依据理论方法对 TBM 支护参数进行设计，开敞式 TBM 钢架间距根据撑靴步距综合确定。

## 5.3.4 TBM 辅助性隧道洞室设计

除 TBM 施工的圆形隧道外，根据施工的特点，还需要设置 TBM 预备隧道、TBM 出发隧道、

TBM 接收洞、TBM 拆卸洞室等辅助性隧道和洞室。上述洞室采用钻爆法开挖，断面尺寸在各领域要求中各不相同，但均应保证 TBM 能顺利通过的条件。

根据 TBM 组装调试要求，预备隧道断面形式常规采用圆形斜墙式断面，初期支护以锚喷网为主，二次衬砌为模筑混凝土。断面开挖后进行初期支护，待 TBM 通过后方可施作二次衬砌。初期支护完成后，内径大小考虑 TBM 四周预备空隙，常规为 25cm（底部为 20cm）。

为满足 TBM 开始掘进的要求，TBM 掘进前需设置出发洞室，洞室长度根据 TBM 设备撑靴距掌子面距离的大小确定，约为 10 ~ 20m。为确保 TBM 由预备隧道进入出发隧道，常规出发隧道底部应高出预备隧道底板顶 15cm。

TBM 拆卸洞室内轮廓是根据拆卸吊机尺寸及 TBM 拆卸所需空间确定的。内轮廓形状为“铆钉”形。拆卸洞室采用模筑衬砌、喷锚施工支护。吊机基础采用钢筋混凝土托梁。为保证 TBM 进入拆卸洞室后安装步行装置，拆卸洞室铺底顶面低于 TBM 施工断面隧底 0.15m。

### 5.3.5　仰拱预制块结构设计

TBM 掘进速度快，为满足出渣、进料运输需要，运输轨道必须紧跟 TBM 主机铺设。运输用机车及矿车质量大，对道床平整度与仰拱材料抗压、抗折强度要求高。同时隧道仰拱混凝土量巨大，来不及采用现浇施工，需设置钢筋混凝土仰拱预制块。

仰拱预制块设计需满足以下使用功能要求：TBM 施工后的仰拱部分，应满足施工速度快、结构强度高、稳定性好等特点，需同时满足施工期间运输、排水要求，和运营期间作为隧道主体结构的一部分，应便于进水、排水、隧底注浆、吊装运输、运输设备固定等。各隧道仰拱预制块结构尺寸略有不同，但形式相似，以秦岭隧道仰拱预制块为例，TBM 施工隧道的仰拱采用由 TBM 后配套设备进行拼装的钢筋混凝土仰拱预制块。仰拱预制块的长度按 TBM 一个掘进行程 1.8m 设计。仰拱预制块顶面宽度满足施工期间施工轨道的要求。在仰拱预制块上预留中心水沟、泄水孔、注浆孔、起吊杠、螺栓孔、承轨槽以及安装止水带所需的凹槽等，每节仰拱预制块之间采用凹凸面连接方式。仰拱预制块钢轨扣件采用弹条扣件，螺栓采用硫磺锚固方式。仰拱预制块设计为两种形式：初期支护设置钢架地段采用底部开槽式仰拱预制块，不设钢架地段采用不开槽式仰拱预制块。每节仰拱预制块重约 10.6t，采用 C40 钢筋混凝土现场预制。铺设仰拱预制块后，其底部与围岩尚有 5cm 间隙，可利用两侧空隙向底部注入 C20 细石混凝土回填，然后再通过注浆孔补充注浆，以保证隧底密实。仰拱预制块如图 5-3-1 所示。

图 5-3-1　仰拱预制块

### 5.3.6　TBM 掘进与二次衬砌同步施工技术

开敞式 TBM 隧道施工，设计为复合式衬砌，常规二次衬砌将在 TBM 完成掘进拆卸后，由圆形模筑衬砌台车施工，二次衬砌施工成为制约工期的控制点，因此，为确保施工进度，提高施工质量，采用 TBM 掘进与二次衬砌同步施工技术，如中天山隧道、西秦岭隧道等采用的穿行式同步衬砌台车，满足连续皮带输送机、大直径通风软管、电力通信电缆与四轨双线运输列车等穿行要求，减少 TBM 掘进与二次衬砌同步作业施工干扰，见图 5-3-2。

a) b)

图 5-3-2 TBM 洞内同步衬砌(尺寸单位：mm)

## 5.3.7 施工出渣运输设计

TBM 施工中，掘进效率的高低，在很大程度上取决于出渣运输和运料是否及时到位。TBM 机械施工中，为充分发挥其能连续、快速掘进的特点，要求出渣运输作业与掘进作业同步进行，并且工程的相互影响较小。出渣时可供选择的运输方式有轨道列车运输及皮带运输方式。

出渣运输与进料设备的选型，首先要考虑与 TBM 的掘进速度相匹配，其次须从技术、经济角度分析，选用技术上可靠、经济上合理的方案。设备的具体规格、数量由开挖洞径、掘进循环进尺、隧道长度和坡度等因素决定。

两种运输方案均能满足工程出渣需要，在秦岭隧道、中天山隧道中采用轨道运输方案，但皮带运输系统更加常用，皮带运输系统具有运输线路适用性强、装卸料灵活、可靠性强、安全性高、费用低、无污染等优点，洞内只要铺设一条轻型轨道即可。随着技术水平的发展，皮带输送机技术已趋于成熟，连续皮带输送机可无限延伸，目前成熟的技术水平输送机长度达到 15km 左右。

## 5.3.8 不同 TBM 机型设计要点

TBM 法隧道设计中，隧道直径、隧道坡度、最小转弯半径等要素因机型不同，要求迥异。隧道坡度主要考虑出渣和 TBM 的定向问题，最小转弯半径主要考虑 TBM 护盾长度与半径的大小关系。坡度太大，皮带出渣会出现一定的问题，设计时需要充分考虑。开敞式 TBM 要求转弯半径小，护盾 TBM 要求的转弯半径大。另外，在开敞式 TBM 中不同的撑靴形式对 TBM 转弯半径也有很大影响，一对水平形撑靴结构简单，转弯半径小，而两对 X 形撑靴结构复杂，转弯半径大。

# 5.4　TBM 特殊地质处置技术

地下工程特别是深埋超长隧道工程，往往地质条件错综复杂、千变万化，并且实施前对地质条件无法完全探明和掌握。在 TBM 施工中不可避免会遇到各类特殊复杂地质条件：软弱、破碎及变形的地层；极硬质、极完整岩石；突涌水、高地温、高地应力、岩爆等。根据 TBM 重大事故统计数据发现，引起事故的主要原因为突涌水和软岩变形，各种因素所占比例见图 5-4-1。设计中需针对具体情况制订详细的处理方案。

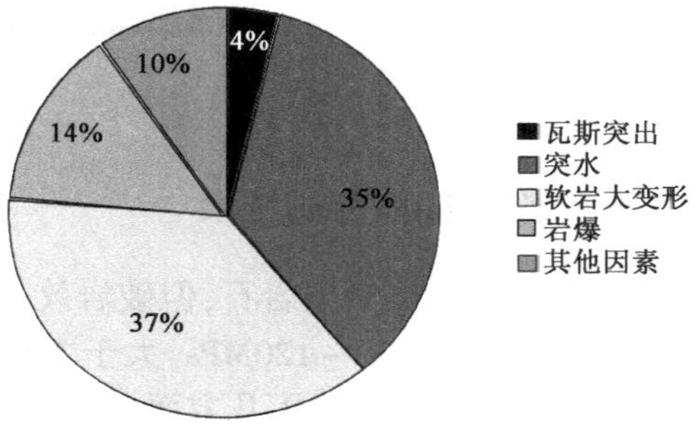


图 5-4-1　TBM 重大事故统计

## 5.4.1　软弱、破碎及变形地层 TBM 掘进技术

长段落的软弱、破碎及变形地层条件须在 TBM 选型中考虑，段落较短时，需考虑特殊的处理措施。软弱、破碎带及变形地层条件施工时，出现的主要问题有塌方、偏机、栽头、刀盘被卡、整机被卡等。应对措施主要有：

(1)利用超前地质预报对前方围岩进行预判，分析软弱、破碎段的规模，评判通过的可行性及处理预案。

(2)加强支护，必要时在刀盘内对掌子面及周边施作玻璃纤锚杆并注快速固结材料进行加固处理。采取优化的 TBM 掘进技术、掘进速度和掘进参数控制。

(3)破碎段掉块严重时，建议采用类似 McNally 的钢筋排支护系统，实践证明该系统高效、快速、可靠、安全，在破碎、松散段岩层中效果显著，见图 5-4-2。

(4)适当超挖，把盾壳与洞周开挖面的间隙从通常的 6 ~ 10cm，调整到 15 ~ 20cm，给围岩变形预留足够空间。

(5)对于护盾式 TBM，尽可能缩短护盾长度，适当提高推进液压缸压力，使 TBM 快速通过软岩地层。

(6)对于松散体洞段，特别是松散体富水洞段，TBM 难以穿越时，可考虑超前注浆处理后 TBM 掘进通过。

(7)规模较大的破碎段无法通过时，采用钻爆法开挖，TBM 步进通过。

(8)软弱地层机头下沉时，应后退 TBM，采用千斤顶调整机器姿态，对软弱区处理后通过。

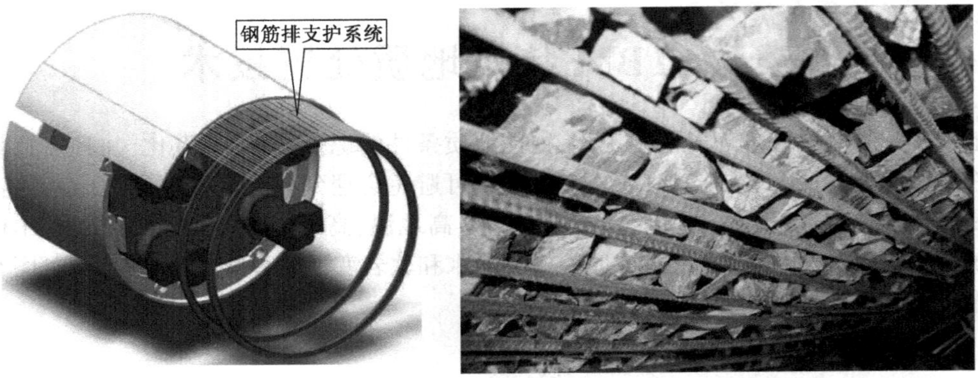


a)　　b)

图 5-4-2　McNally 支护系统

### 5.4.2　极硬质、极完整岩石条件 TBM 掘进技术

虽然目前 TBM 已经能够开挖极硬质、极完整岩石，但破岩效率不高，按照目前 TBM 技术水平，相对较为容易掘进的岩石抗压强度为 30 ~ 120MPa，大于 250MPa 将掘进困难。极硬质、极完整岩石条件对施工进度的制约主要体现在以下几方面：①刀具磨损较为严重，需频繁更换刀具；②设备故障率高；③掘进速度低。主要应对措施为以下几点。

(1)针对岩体条件及时调整 TBM 运行参数，用掘进速度控制 TBM 的开挖，既要保证 TBM 的高效运行，也应减少刀具刀盘的损坏。在硬岩地层，TBM 掘进过程中宜采用高转速、低贯入度、高推力、低扭矩的“两高两低”模式掘进，不断探索、优化，寻求合理掘进参数。

(2)极硬岩给 TBM 刀盘开裂、磨损、寿命带来极大挑战，应特别重视刀盘强度、刚度、耐磨性设计以及焊接质量。

(3)主轴承等关键部件寿命和可靠性成为重要的关注点，应该计算分析一定里程的不同岩石的隧道，TBM 运转多少“转”或“小时”能够打通该隧道。

(4)需要提高刀具磨损寿命和承载能力，开发使用韧性高、磨损性更好的大直径盘形滚刀或新型刀具，同时合理优化刀间距设计。

(5)加强设备维修保养、加强施工组织管理提升设备利用率：施工过程中合理筹划设备维修保养计划，做到不因某一设备(部位)损坏而导致 TBM 长时间停机，合理筹划平行作业。

### 5.4.3　特殊复杂地质条件 TBM 掘进控制技术

从对 TBM 正常施工影响的因素分析，突涌水占比达 35%，仅次于软岩变形。高地温虽然经常遇到，但危害相对较低，一般可控。高地应力、岩爆作为“孪生兄弟”，对人员、设备、工期、费用等影响较大，特殊埋深、特殊段落的岩爆对工程影响是灾难性的，一般轻微至中等岩爆可控，强烈及极强烈岩爆影响较大。

(1)突涌水：突涌水对 TBM 施工的影响主要表现为工期影响及设备浸水影响。一般由于 TBM 设备空间限制，施作超前堵水困难，见图 5-4-3。

①水量不大或可控时，揭示后实施封堵。若预判水量、压力等较大，风险较高，揭示后难以控制时，需提前封堵。

a)　　b)

图 5-4-3　TBM 施工突涌水

②注意"上下坡掘进"涌水处理的不同点。上坡掘进，一般风险可控；下坡掘进时风险大，设备可能被淹，一般应事先设置超强排水系统。

③实施中多根据岩性、岩层、富水等预判，结合超前预报综合分析确定前方情况，制订应对方案。目前可搭载 TBM 的较好超前预报手段有三维地震和激发极化法，瞬变电磁因设备干扰暂不能适用于 TBM 施工的超前预报。

涌水处理程序一般按照分流孔钻孔、表面封堵、表层封堵、浅层固结灌浆、测定涌水量及压力、封堵灌浆进行，见图 5-4-4 ~ 图 5-4-6。

图 5-4-4　分流泄压

图 5-4-5　涌水封堵

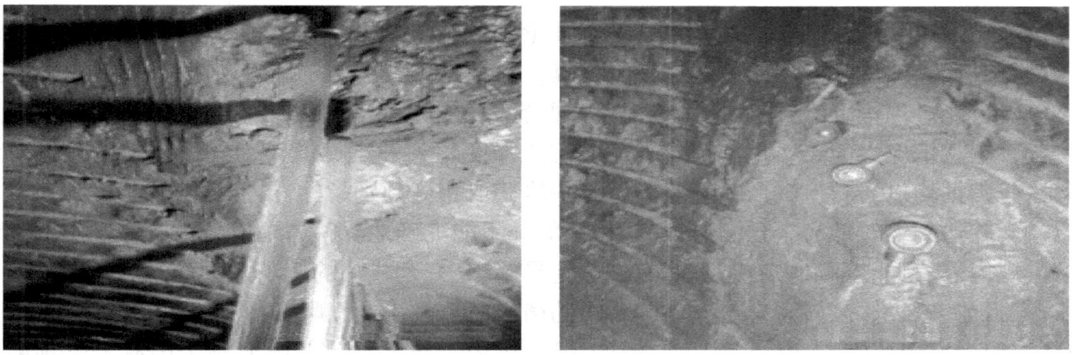

a)　　b)

图 5-4-6　掌子面灌浆止水

(2)高地温:TBM施工过程中,由于各类坚硬、致密岩石热导率较低,传热性能差,在岩体中易于聚集热能,因此随着隧道工程埋深的增加,地温一般也逐渐增加。另外,受施工距离长,通风效果差及TBM设备自身的散热等影响,往往会形成洞内施工温度较高的问题。目前研究表明,试图通过通风来解决岩温过高问题比较困难,且不经济。对于岩温超过40℃时,加强通风、增设局部风扇、洒水、放置冰块、冷却循环系统、设置隔热层,温度过高时甚至需注浆截水等措施。对于40℃以下时,多采用加强通风、增设局部风扇、局部制冰等措施。对于高岩温问题,应根据预测岩温、施工距离、高岩温段落、施工条件等综合分析,确定应对措施。

(3)高地应力岩爆。

即时型岩爆,发生在刀盘前部,容易造成刀具损坏、卡机,见图5-4-7;滞后型岩爆,发生在护盾后部,极大威胁人员及设备安全,见图5-4-8。

图5-4-7　即时型岩爆

图5-4-8　滞后型岩爆

①对于中等或强烈以下岩爆,除加强TBM设备和人员防护以外,利用开敞式TBM配置的装备,采用网片、锚杆、拱架、喷混支护或钢筋排支护等技术措施后,岩爆对TBM施工带来的影响一般在可控和可接受的程度。

②对于极强岩爆,TBM施工的经历还很少。目前,极强岩爆在时间、空间上难以准确预测和控制,只能采取恰当的选型防护设计、支护技术、超前钻孔释放和钻爆预先处理TBM再步进通过等方案减小影响程度和风险。

极强岩爆也可采取在TBM前方预先钻爆开挖超前导洞以解除围岩应力,即"导洞先行、后续扩挖"的部分断面开挖方案。

③对岩爆趋势预测已有多种方法,但以理论预测法最为常用。它本质是在对工程现场岩石取样分析的基础上,利用已建判据预测岩爆。目前最常用的几种理论判据包括:强度理论、刚度理论、能量理论、冲击倾向性理论、失稳理论、灾变理论和分维数理论。尤以强度理论应用最普遍,它将地应力与岩石单轴抗拉强度或抗压强度达到一定比值作为发生岩爆的判据。然而,这些判据均以岩石单轴压缩试验为基本手段获取相应判别指标,虽能反映某些因素对岩爆的影响,并达到以较低成本预测岩爆的目的,但并不能准确地反映高地应力区岩爆发生的具体位置、规模等,只能宏观地判断,不能有效地指导施工,完全成功的例子几乎没有。

④目前,以岩体微破裂定位技术为特色的微震监测技术在国际上得到了长足发展,特别是在硬岩矿山安全监测方面已得到了广泛的应用,国内该技术在水工隧洞施工中有岩爆预测的成功案例。

### 5.4.4　TBM卡机脱困专项处置技术

由于软弱破碎围岩塌方、大变形或遭遇松散体含水等地质问题，TBM卡机严重，尤其双护盾TBM，出现了持续1~5年被卡被困的工程，这些工程的不甚成功从某种程度上也影响了双护盾TBM的应用前景。TBM卡机脱困技术非常关键，主要有以下几种处理方式。

(1)超高压换步

双护盾TBM支撑盾和尾盾发生卡机时，可采用超高压泵站和辅助推进油缸进行超高压换步脱困，这一般适用于支撑盾和尾盾轻微被卡的情况。

(2)设备技术改造法

无法满足出渣需要及收敛变形速率快是造成双护盾TBM卡机的原因之一，可以从以下两个方面对TBM进行技术改造：①增加刀盘开口率，满足软弱围岩在掘进中出渣量的需要，在掌子面出现坍塌时能够及时将刀盘与掌子面之间的渣料出净。②增加边刀行程或在设备设计阶段扩大刀盘，在维持盾壳不变的情况下增大开挖轮廓面，增加围岩与盾壳之间的空隙，在围岩塑性变形未抵达盾壳的情况下快速通过。

(3)设备后退法

当TBM在步进及掘进过程中姿态失控，掘进趋势偏向过大，无法采用常规方法进行TBM姿态回调时，在刀盘前方浇筑钢筋混凝土导向台，进行TBM调向，使TBM后退。

(4)人工扩挖

在前盾被卡或超高压仍不能推动支撑盾和尾盾的情况下，可以通过人工扩挖的方式掏空盾壳周围以释放围岩作用在盾壳上的压力。具体方法如下：以伸缩盾观察窗和尾盾临时开孔为通道，向支撑盾、前盾和尾盾方向将围岩挤压的区域扩挖，并搭建临时支撑，将盾壳半圆以上部位全部掏空，见图5-4-9。

(5)开挖导洞

TBM机头因塌方和围岩收敛变形被困，被困部位为TBM刀盘和护盾，为确保设备安全首先尽快解除刀盘和护盾压力，可采取开挖上导洞和侧导洞的方式彻底解除TBM护盾上的压力，见图5-4-10；掌子面破碎岩体坍塌后挤压在刀盘前，导致刀盘无法转动，同时还需挖除刀盘前松散岩体。

图5-4-9　人工扩挖

图5-4-10　开挖导洞

(6)超前化学灌浆法

化学灌浆是对不良地质洞段进行处理的重要手段之一。利用灌浆泵压力将化学灌浆材料灌注到岩体裂隙中,使松散或破碎的围岩结成整体,提高围岩完整性,有利于TBM施工通过。在陕西引红济石项目及山西万家寨项目采用化学灌浆法均取得了成功,一般采用聚氨酯类(PUR)和硅酸盐改性聚氨酯类(Silicate Modified PUR)灌浆材料,见图5-4-11。

a)

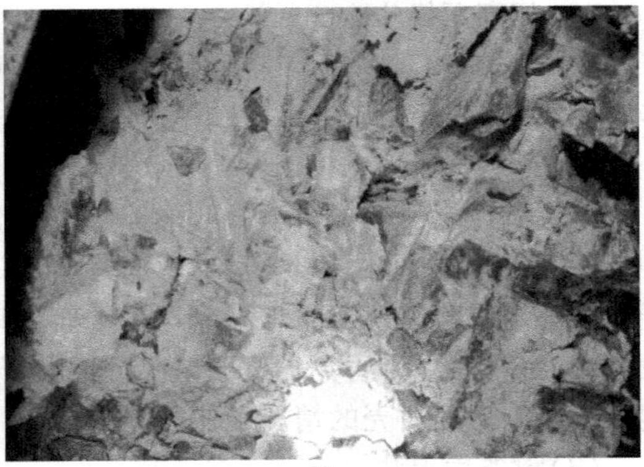

b)

图5-4-11 化学灌浆

(7)辅助坑道法

以青海引大济湟为例,双护盾TBM在第6次卡机后经过专家论证,考虑到此段断层破碎带距离长,采用其他辅助工法无法保证TBM顺利脱困,采用修建绕洞,提前修建正洞步进洞室,接收TBM通过。

实践证明,无论采用何种卡机脱困措施,在一定程度上具有局限性,科学合理地选择卡机处理措施是保证TBM顺利脱困的关键。

# 第6章 铁路TBM隧道施工技术及实例

## 6.1 断层、破碎带段 TBM 快速掘进技术

### 6.1.1 TBM 掘进中预防围岩坍塌的措施

1）围岩的预判

（1）超前地质预报：采用长短距离超前地质预报相结合的方式，长距离探测采用隧道地震波法（TSP/TRT）超前地质预报系统，短距离地质探测采用红外线探水等措施，再通过地质素描、地质展示图综合分析出护盾后围岩的岩性、结构、构造和地下水情况，判断掌子面前方围岩的工程地质、水文地质特征。此便于在进入破碎段围岩前，提前做好机械的刀具更换等需要停机处理的工作，以避免或减少 TBM 在破碎段停机；同时提前备好各种支护材料、防坍应急材料等。

（2）依据皮带输送机上岩渣情况判断掌子面情况。大致可分为四种情况：

①岩渣呈少量片状，并含大量粉末，则前方围岩非常完整，围岩强度高，可掘性差。围岩级别为：Ⅰ～Ⅱ级。

②岩渣呈均匀片状，粉末少，可以判定围岩为整体性较好的硬岩，强度不高，可掘性好。围岩级别为：Ⅱ～Ⅲ级。

③岩渣呈片状，并夹杂有适量大小不一的石块，可以判定围岩为发育的硬岩，此时刀盘有间歇性小振动情况。围岩级别为：Ⅲ～Ⅳ级。

④岩渣主要为大小不一的石块，而且渣量不均匀，有时多时少情况，也有连续堆满皮带输送机的情况，可以判定岩层节理极其发育，岩体破碎。此时刀盘振动加大，刀盘前方不时有异响。围岩级别为：Ⅳ～Ⅴ级。

（3）从掘进参数上（推进力、贯入度、扭矩等）判断掌子面围岩情况。也可分为四种情况：

①若在掘进时，扭矩先达到额定值而推力未达到额定值或同时达到额定值，皮带输送机上无大块渣料输出，围岩状态可判定为均质软岩。

②若在掘进时，推力先达到额定值而扭矩未达到额定值或同时达到额定值，皮带输送机上无大块渣料输出，围岩状态可判定为均质硬岩。

③高速挡掘进时,推进力大、扭矩低、贯入度小,围岩状态可判定为均质特硬岩。

④扭矩变化大且推力较小,此时应判定围岩状态为裂隙,发育、破碎。

后两种掘进过程中掌子面围岩判定方法,有助于在围岩露出护盾后,及时采取对应的围岩级别参数进行支护,确保施工安全。对于初步判定为围岩破碎的地方,可及时调整掘进参数,保证一个合理的推进速度。对于出现异常情况(如出渣中发现刮板、刀具配件等情况;无推力、刀盘原地转动连续出渣,且出渣量不减),则立即停机,然后技术人员进入刀盘,检查刀具及刮渣板情况,及时对受损部位进行处理;同时通过人孔、刮渣孔进一步观察围岩,判定围岩情况,提出相应的处理意见。

2)调整掘进参数

TBM 进入破碎围岩段时,由于围岩强度低,岩体完整性差,可提供的支撑反力减小,极易坍塌掉块,因此,需要及时调整掘进参数,降低推进力,减少扰动。掘进采用人工手动模式,各主要参数一般按以下数据控制:

转速:采用低转速 2.7r/min;

推进速度:≤额定速度的 50%;

贯入度:≤15mm;

撑靴压力:18~22MPa(180~220bar);

推进压力:50~10MPa(50~100bar);

扭矩:额定值的 40%~70%(变化范围控制在 10%以内)。

另外,在掘进过程中必须注意机器姿态的控制,要求每循环调向后机器姿态变化率不大于 5‰;同时严格控制循环进尺长度,严禁盲目掘进。TBM 正常掘进是 1.8m/循环,在破碎围岩段调整为以全圆钢拱架的架立间距为一个循环进尺的控制值,在护盾后及时架立全圆型钢拱架,严禁掘进完 1.8m 后再停机架立。

3)及早封闭围岩

通常情况下开敞式 TBM 初期支护分两个阶段完成。第一阶段为围岩出护盾后的 L1 区,利用钢拱架安装器、锚杆钻机进行锚网支护(包括钢支撑);第二阶段为距掌子面约 70m 的 L2 区,利用机械手喷射混凝土支护。在 TBM 穿越破碎围岩段时,利用湿喷机将混凝土输送管路接至护盾后 L1 区,建立手工湿喷系统;若为有水段,则另外配置一套干喷系统,在围岩露出护盾后,及时进行手工初喷混凝土封闭围岩,而后完成钢筋网、I16 型钢拱架及锚杆支护,再次利用紧急喷混凝土系统射喷混凝土封闭围岩(喷射厚度约为设计厚度的 1/2),形成"支护+围岩"的共同受力体系,待进入 L2 区喷射混凝土区域后,利用机械手复喷至设计厚度。

4)超前支护

在探测到不良地质段及破碎带范围较大距离较长的情况下,可采取超前导管注浆或化学灌注方式(具体施作详见相应的施工方案)加固刀盘及护盾上方围岩,提高围岩自身稳定性,能有效控制围岩出护盾前的变形,防止其大面积坍塌。

### 6.1.2 TBM 掘进中围岩坍塌处理方法

1)局部小面积坍塌

在围岩坍塌量较小($10m^3$ 以下)时,则 TBM 掘进按照平稳、快速的原则通过破碎带。支护工作快速紧跟(必要时先进行初喷混凝土封闭围岩),及时安装钢拱架。对于坍腔处,拱架未支撑岩面位置,则加型钢或方木法向支撑加固,以防止坍腔围岩继续变形、掉落;并沿洞室开挖轮廓采用钢板封闭坍腔,预埋注浆管,至 L2 区喷射混凝土支护后注浆回填坍腔。小面积坍塌处理方法如图 6-1-1 所示。

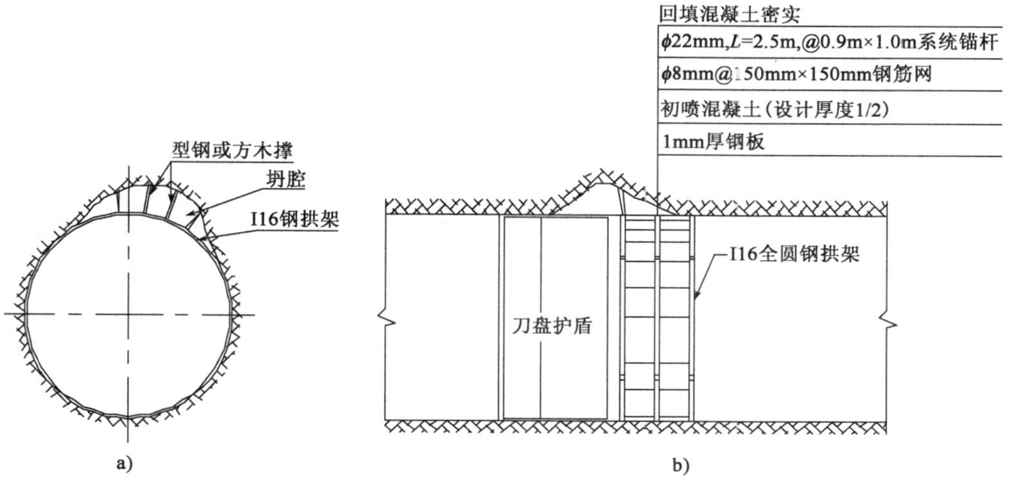


图 6-1-1　小面积坍塌处理示意

2)大范围坍塌

在出现坍腔深度大于 2m 的较大范围坍塌段时,TBM 掘进以防止坍腔进一步扩大为目的,应按先稳固坍腔、后 TBM 通过的原则,稳妥地通过坍塌段。对不同情况分别有以下几种处理预案。

(1)刀盘前方坍塌,已扩至掘进断面外

首先依据超前地质预报情况与现场掌子面围岩情况,判定前方破碎带长度,以及是否存在继续扩大坍塌面的可能。若坍腔能达到一定自稳状态,则继续推进,而后利用护盾做支撑,及时回填混凝土封闭坍腔;若围岩自稳性差,仍处在不稳状态,可利用刮渣孔空间,往前施作超前支护或采用化学灌注方式(需厂家提供专项方案)对前方围岩进行加固,防止其进一步坍塌。

(2)护盾顶部坍塌

如果掘进前方围岩破碎,护盾上方围岩垮塌严重,可利用护盾及后方钢拱架背覆槽钢及钢板封闭塌腔,然后回填细石混凝土,其目的一是稳固坍腔,二是固结护盾上方塌落围岩,以便减少往前继续掘进时的掉渣量。

(3)坍腔段支护

采用全圆钢拱架支护,并视围岩情况在下断面位置利用手持风钻钻眼,加密埋设拱脚处锁脚锚杆,拱架间采用槽钢连接;钢筋网布置在拱部 120°范围内;喷射混凝土封闭坍腔内临空面形成"支护 + 围岩"的共同受力体系;坍腔内采用型钢或方木法向支撑加固;沿拱架背部采用 1mm 厚钢板封闭坍腔,从浅到深预埋设 $\phi$60mm 注浆管,梅花形布置,在 L2 区注浆回填密实。

大范围坍塌处理如图 6-1-2 所示。

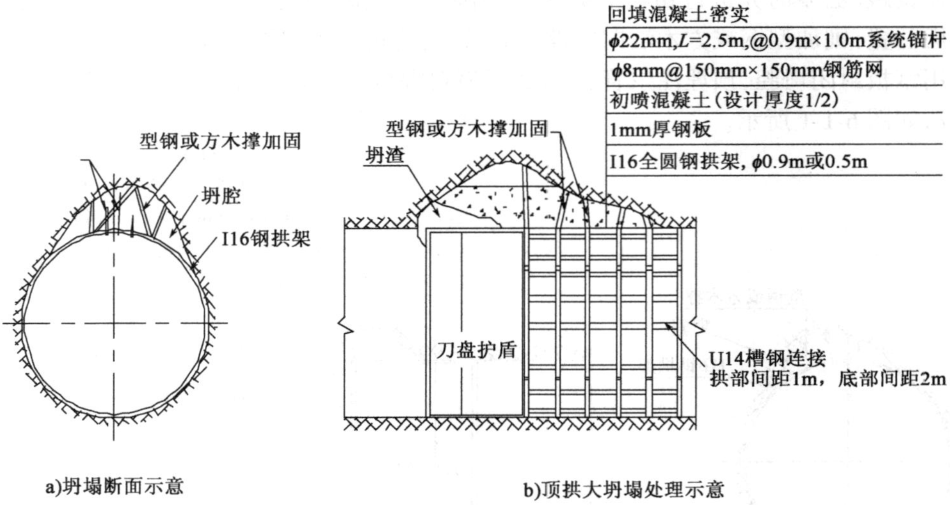


图 6-1-2　拱顶大坍塌处理示意

(4)撑靴部位坍塌

对于撑靴部位的坍塌,若不及时采取有效措施,TBM 不但无法撑紧岩面,还有可能因为撑靴压力造成坍塌的进一步扩大。对于主要在拱腰部位的坍塌,及时安装钢拱架,沿拱架背部铺设 1mm 厚的钢板封闭坍腔后,采用人工喷混凝土封闭围岩,而后采用细石混凝土回填密实坍腔,在混凝土达到可承受撑靴压力后,方可掘进。对于下部撑靴位置坍腔,可铺设 20cm × 20cm 的方木或枕木作为支垫体,保证撑靴受力。

### 6.1.3　TBM 快速掘进破碎段保障措施

1)保证 TBM 关键设备部件的完好

(1)在破碎围岩掘进期间必须保证刀盘护盾(顶护盾、侧护盾)正常使用,即保证护盾液压缸能达到设计工作支撑压力,将护盾张开,不出现泄压、漏压等现象。

(2)必须保证拱架安装器的正常使用,确保在围岩露出护盾后能在最短时间内进行全圆支护。

(3)两套手工喷射混凝土设备(湿喷、干喷),必须保证其一能正常使用。

2)支护及应急材料的储备

在围岩破碎段施工过程中,必须对用于现场支护的各种材料进行必要的储备,要求 TBM 现场至少保证表 6-1-1 中所列材料储备数量。

防坍应急材料储备数量　　表 6-1-1

| 序号 | 物 资 名 称 | 数　量 | 备　注 |
|---|---|---|---|
| 1 | 钢拱架 | 5 榀 | 加工成型的合格品 |
| 2 | 锚杆 | 90 根 | 自进式锚杆、砂浆锚杆、中空锚杆各 30 根 |
| 3 | 网片 | 30 张 | 15cm × 15cm |
| 4 | 铁皮 | $50m^2$ | 厚 1mm |

续上表

| 序号 | 物资名称 | 数量 | 备注 |
|---|---|---|---|
| 5 | 连接槽钢(U14) | 60m | |
| 6 | 支撑型钢 | 80m | 可为槽钢(U14)、工钢(I12)、钢管(φ100mm) |
| 7 | 方木 | 30m | 12cm×12cm |
| 8 | 小导管 | 70m | φ32mm 钢管 |
| 9 | 木板 | $2m^3$ | |
| 10 | φ60mm 回填注浆管 | 10 根 | 长 0.5～2m |
| 11 | φ22mm 钢筋 | 45m | 连接筋、加劲筋 |
| 12 | 回填废钢材 | 若干 | |

3)减少清渣量

采取针对措施,防止石渣大量掉落,减少清渣量。掘进过程中坍塌较严重时,在每次停机立拱时将下一循环的钢筋网和连接筋预先伸入护盾内,连接筋和网片固定好后再立拱架,使伸入护盾的连接筋形成悬臂梁结构,将大量的落石兜在网片上,减少清渣量,确保人员安全。

4)加强对露出护盾的断面进行监控量测

量测人员在 12h 内对露出护盾的断面进行观测布点,并获取初始读数。根据变形速率调整观测频率,及时整理观测数据并进行回归技术分析,对初期支护断面的安全稳定情况进行预判,形成日报。根据监控量测的成果及时修正支护参数。量测点间距按 3～5m/组进行布设,特殊断面增设量测点。

5)加强现场作业人员安全和技术培训

各职能部门认真做好员工岗前培训,并针对 TBM 掘进通过破碎围岩段进行施工技术、安全技术交底,详细讲解施工方案,要求现场的每个员工必须了解作业流程;各班长坚持班前讲话制度,明确当班内容,并重点强调安全防护措施。

特殊地段施工,实行工区领导及技术人员值班制,保证 24h 作业现场有管理人员,负责协调、指导现场作业,并在每个作业班组设一名专职安全员,负责检查、落实安全注意事项。

### 6.1.4 节理密集带 TBM 快速掘进施工技术

某隧道在花岗岩节理密集带掘进施工中,采用在刀盘内施作超前自进式锚杆,而后灌注新型化学浆液固结围岩的施工方案。此方案的重点在于利用新型化学浆液的黏度低、可注性好、渗透性强、固结时间快、黏合性好的特点,克服 TBM 刀盘前掌子面无法封闭处理、注浆浆液顺裂隙流入刀盘间将护盾、刀盘固结抱死等难题,并可以较少的人力、机械设备投入,快速固结围岩,使 TBM 能尽早进入可掘进状态,提高 TBM 的利用率,以加快掘进进度。

1)新型聚氨酯化学浆液

采用的新型聚氨酯化学浆液(以下简称"化学浆液")由 A、B 两组分组成,分别由体积不大的塑料桶装,搬运较为方便,施工时按 1:1 的体积比混合注浆。产品物理力学性能参数见表 6-1-2(以某产品为例)。

**某化学浆液物力力学性能参数** 表 6-1-2

| 产品特性 | A 组分 | B 组分 |
|---|---|---|
| 外观 | 淡黄色液体 | 深褐色液体 |
| 密度(kg/cm$^3$,23±2℃) | 1030±10 | 1240±10 |
| 黏度(MPa·s,23±2℃) | 100~200 | 100~200 |
| 混合比例(体积比) | 1:1 | 1:1 |
| 储存温度(℃) | 5~30 | 5~30 |
| 储存期限(月) | 6 | 6 |
| 反应终止时间(23±2℃) | 15~45s | |
| 10s 内黏度增加情况 | 可以从 100MPa·s 增加到 5000MPa·s | |
| 发泡特性 | 遇水反应迅速 | |
| 单轴抗压强度(MPa) | >50 | |
| 与干混凝土面黏结强度(MPa) | >4 | |
| 与湿混凝土面黏结强度(MPa) | >1 | |

现场选用注浆材料,主要基于以下几方面的特性:

(1)黏度低、可注性好,能注入岩土层中的细小裂隙或孔隙并形成良好的扩散充填。

(2)黏合性好,可与松散岩体形成很好黏合。

(3)材料固结时间可调(20s~5min),强度增长快,0.5~1h 即可达到非常高的强度(20MPa 左右)。

(4)具有良好的塑性,能承受随后 TBM 掘进扰动的影响。

(5)遇水反应快速膨胀,有效封堵水流通道。

(6)渗透性强,渗透范围可达 1.5~3m。

(7)配套设备简便、操作安全,工艺简单。

(8)材料不含有毒物质,符合环保要求。

2)超前注浆参数设计

由于围岩破碎钻孔成孔较差,为此选用 $\phi$25mm 自进式锚杆,其一方面作为钻杆使用,另一方面作为注浆管使用。其布设在拱部 150°范围内,长 3m,环向间距 1m,外插角 20°。超前自进式锚杆布设如图 6-1-3 所示。

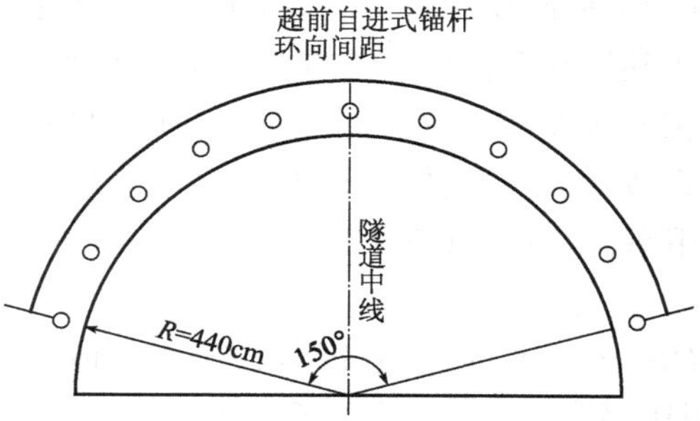


图 6-1-3 超前自进式锚杆布设示意

3)径向注浆小导管参数设计

为控制围岩变形,待掘进断面完成支护后,在拱墙范围内采用 $\phi$42mm 小导管径向注浆补强加固,小导管长 4m,纵环向间距为 1m,梅花形布置,注浆材料采用单液水泥浆。径向注浆小导管布设如图 6-1-4 所示。

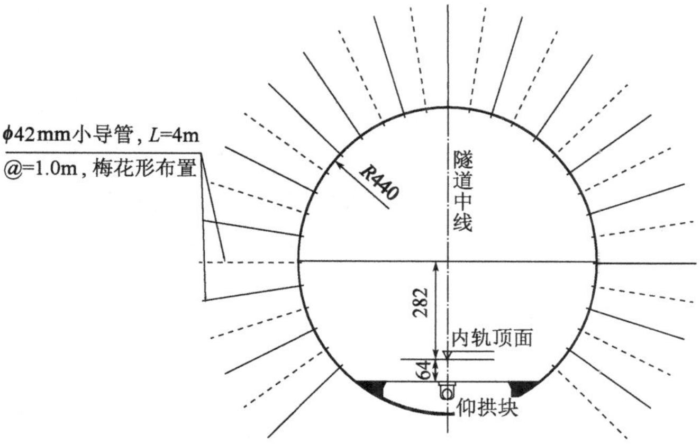


图 6-1-4　径向注浆小导管布置示意(尺寸单位:cm)

超前自进式锚杆注化学浆液施工工艺流程如图 6-1-5 所示。

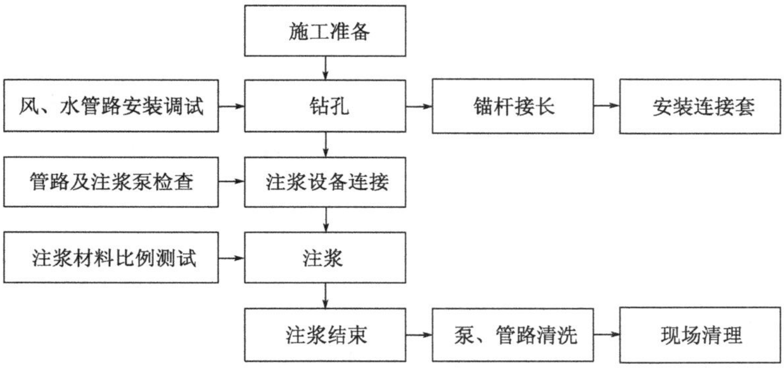


图 6-1-5　超前自进式锚杆注化学浆液施工工艺流程

4)自进式锚杆施工方法

(1)钻孔

在 TBM 刀盘隔仓内搭设简易作业架,利用刮渣孔空间,对掌子面前方围岩进行钻孔。钻孔采用风动凿岩机施钻,外插角为 20°,偏差不超过 3°,钻孔深度 3m。其断面布置如图 6-1-6 所示。

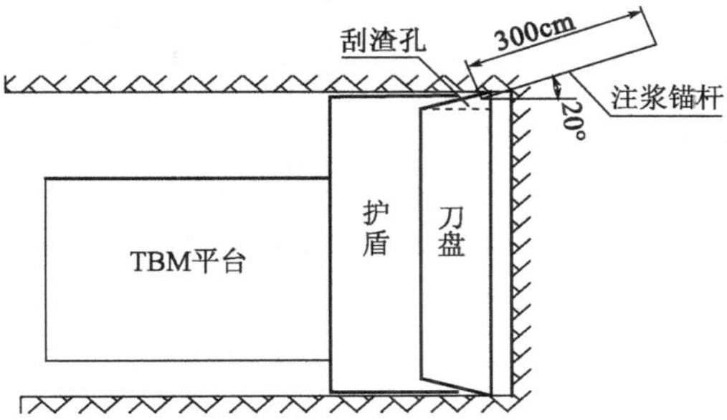


图 6-1-6　TBM 超前注浆锚杆施作示意

钻杆采用 ϕ25mm 自进式注浆锚杆,其同时作为注浆管,由于刀盘内作业空间狭小,钻杆长度不宜过长,因而选用单节长 1m 的注浆锚杆,采用连接套连接。即第一节前端套上钻头,当一节锚杆钻进后，在其尾部套上连接套连接后一节锚杆，直到每根锚杆钻到需要长度。注浆锚杆样式如图 6-1-7 所示。

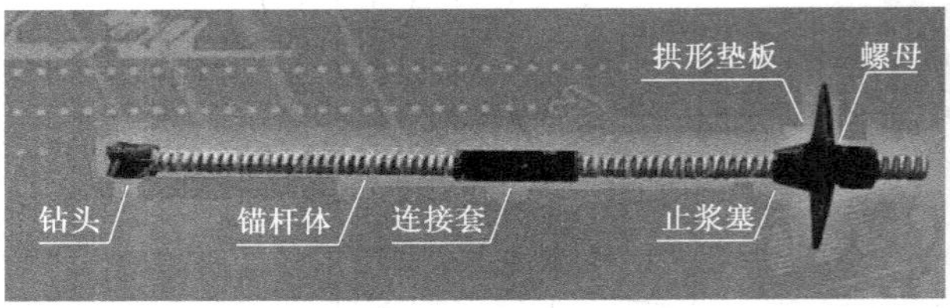


图 6-1-7　超前自进式注浆锚杆大样图

(2)注浆

通过快速注浆接头将锚杆尾端与注浆泵相连，注浆泵采用配套的专用于化学浆液的气动注浆泵，浆液按照化学浆液配比要求(A、B 两类材料 1∶1 配合)现场进行配制，注浆压力根据 TBM 刀盘前方掌子面浆液渗透情况确定，一般在 2～4MPa。化学注浆示意如图 6-1-8、图 6-1-9 所示。

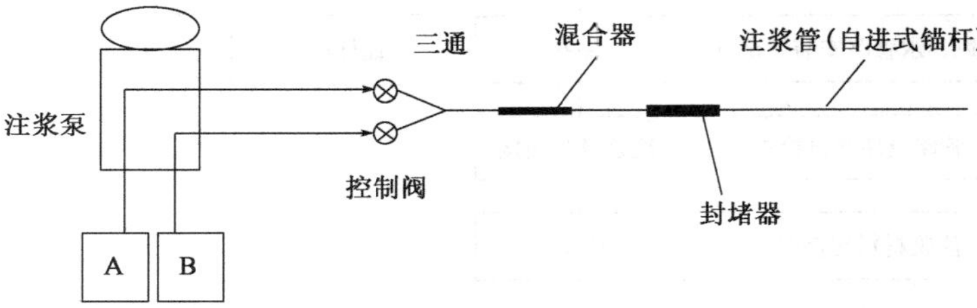


图 6-1-8　化学注浆示意

a)　　b)

图 6-1-9　化学注浆现场照片

5)TBM 掘进

在完成一组超前注浆加固后，TBM 开始掘进，采用缓慢低速推进，时刻观察皮带输送机出渣情况，以及 TBM 电机电流值、推力等，一旦有异常，立即停机进入检查，以防止出现大面积坍塌情况。每掘进完成3m注浆加固段后，则停机，进行下一组超前注浆加固，完成后，再掘进，以此保证TBM安全、顺利通过节理密集带。

6)围岩支护

TBM往前推进，围岩出露护盾后，应及时进行支护。

(1)初喷混凝土。每掘进一个立拱间距段后，对出露护盾的围岩及时进行人工喷射混凝土封闭，减少围岩掉块，同时确保立拱作业人员安全。

(2)架设钢拱架。架设全环钢拱架，局部围岩破碎段可加密拱架；纵向连接筋纵向交错布置；在岩石开裂有脱落迹象处，增加I12工字钢连接，以保证拱架整体受力。

(3)铺设网片。拱架背后，沿上半圆岩面铺设钢筋网片，网片间搭接1~2个网格。

(4)施作锚杆。采用螺纹钢加工生产出的L形砂浆锚杆，左右向交错锁定钢拱架。

(5)复喷混凝土。全断面喷射混凝土覆盖锚杆、网片，并全包裹拱架，形成刚柔并济的整体支护体系。

7)径向注浆加固围岩

为防止深层围岩松动变形对支护结构的破坏，造成围岩二次坍塌，在TBM掘进完成支护后，利用TBM设备平台对节理密集带及影响带围岩实施径向注浆加固。注浆孔可采用风动凿岩机钻孔，注浆管采用$\phi42$小导管，作业方式、方法与常见钻爆隧道相同。注浆采用水泥单液浆，水灰比1:1，注浆压力0.8~1.5MPa。

8)新型化学注浆使用效果

新型化学浆液有渗透性强、固结时间快等特点。在注浆前的试验中，检测出在40s时间，浆液出现固结。在1个注浆孔注浆，2m外的裂隙中有浆液渗出，并在适当的控制注浆压力后，溢出裂隙的浆液能快速固结，不会出现大面积的浆液渗出现象。现场注浆后的效果如图6-1-10所示。注浆加固后，TBM掘进过程中，推力能达到90MPa，且皮带输送机出渣中，所含大石块数量减少，掌子面也未出现大面积坍塌，且周边掉块也有明显减少，以致围岩支护及仰拱块铺设清渣等作业工程量随之减少，TBM作业效率有了明显提高；再加上径向注浆对围岩的二次加固，围岩收敛变形得到了有效的控制，各工序可正常开展，TBM掘进进度有了大幅提升，有关工程实例表明，在花岗岩节理密集地带，月进度由原来15~60m/月提升到120m/月以上。

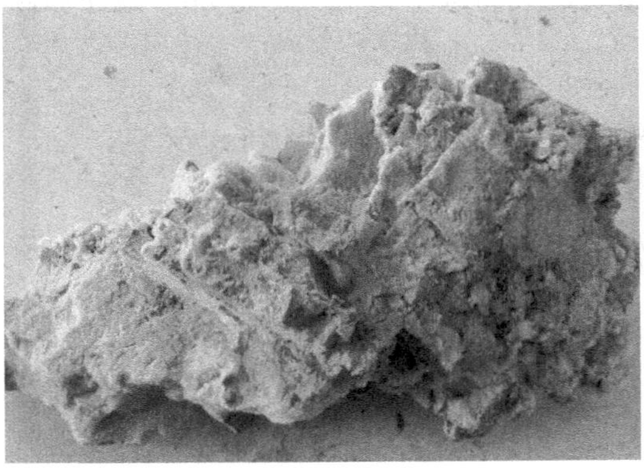

a)破碎围岩固结后的效果

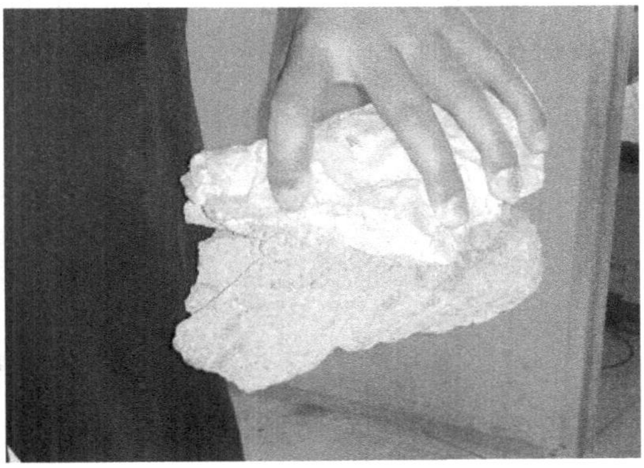

b)较高的黏合力

图6-1-10 新型化学注浆使用效果照片

# 6.2 兰渝铁路西秦岭隧道 TBM 施工技术

西秦岭隧道出口左线和右线各采用一台美国 Robins 公司 $\phi$10.2m 的主梁式 TBM。项目于 2008 年 9 月开工，左线 TBM 于 2009 年 10 月开始掘进，2013 年 4 月完成掘进，2013 年 12 月份正洞衬砌完成，2014 年 7 月 TBM 拆机运出隧道；右线 TBM 于 2010 年 1 月开始掘进，2014 年 5 月完成掘进，全隧于 2016 年初完成整体道床施工，2016 年上半年通车，建设过程持续近 8 年。TBM 掘进期间，虽遭遇高地应力岩爆、断层破碎带，但总体掘进顺利，采用了连续皮带输送机出渣、平行衬砌作业等技术。本书以左线为例对西秦岭隧道 TBM 施工进行介绍，左线第一阶段掘进平均进度达到 505m/月，期间创造了直径 10 ~ 11m 级 TBM 掘进速度的的世界纪录（846m/月），极大地提升了 TBM 应用于长大隧道施工的信心。

## 6.2.1 工程概况

西秦岭特长隧道位于新建铁路兰渝线中段，地处甘肃省陇南市武都区境内，隧道走行于秦岭高中山区，线路整体呈西北—东南走向，地势总体趋势西高东低，山体陡峭，沟谷深切多呈 V 字形。高程在 1000 ~ 2400m，相对高差约 1400m，隧道最大埋深约 1400m。隧址地区属北亚热带湿润向暖温半湿润过渡的季风气候，受境内高山深谷地形的影响，在气候上有明显的区域特征，气候差异悬殊，垂直分带的差异性明显，河谷炎热，山地寒冷。最高气温 38.6℃，最低气温 −8.6℃，年降水量（471.9mm）远小于蒸发量（1897.5mm），以东南风为主，土壤最大冻结深度 13cm。工程所属区地震动峰值加速度为 0.20$g$，动反应谱特征周期为 0.40s，地震烈度八度。

设计为 2 座单线隧道，线间距 40m。洞身均位于直线地段，进口段 11.6km 为 13‰上坡，出口段 16.6km 为 3‰下坡，进口轨面高程为 968.35m，出口轨面高程为 1064.631m。旅客列车设计行车速度为 200km/h，双层集装箱运输，双块式无砟轨道。

隧道洞身通过的主要地层为进口段约 8km 为石炭系下统砂质千枚岩，泥盆系下统灰岩、千枚岩，出口段约 20km 为下元古界灰岩、变砂岩夹砂质千枚岩、变砂岩、砂质千枚岩，以及断层角砾岩和断层泥砾。工点范围内断层较为发育，其中 F6 为区域断层，f54、f55、f59、f60 为次级断层。隧道的正常涌水量为 42566$m^3$/d，可能出现最大涌水量为 129209$m^3$/d。地质纵断面示意如图 6-2-1 所示。

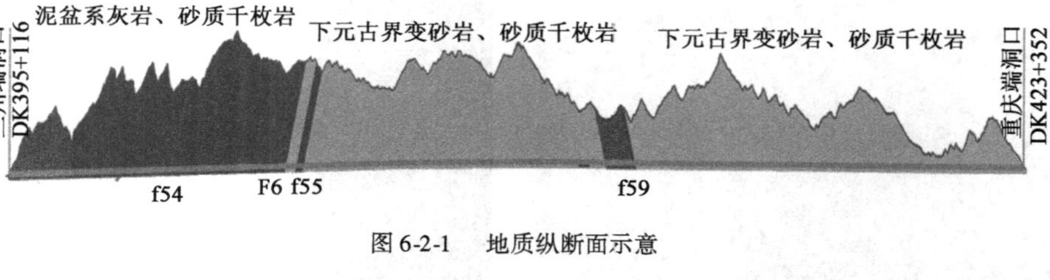


图 6-2-1　地质纵断面示意

## 6.2.2 工程特点及建设难点

1）工程及水文地质条件复杂，施工难度大

隧道最大埋深达 1400m，工点区域变质岩、沉积岩均有分布，洞身穿过 F6 区域性大断裂和

4条次级断裂,构造裂隙水发育,施工中存在高地应力、高地温、突涌水、坍塌等地质灾害,施工难度大,TBM施工风险高。

2)大直径长距离TBM快速掘进

西秦岭隧道TBM直径达10.23m,当时在国内仅次于锦屏隧道(12.4m),锦屏隧道TBM掘进了约5km。西秦岭隧道TBM则需连续掘进达15.6km,极具挑战性。

3)全线重点控制性工程,工期紧

西秦岭隧道为兰渝铁路控制性工程,计划贯通工期(含二次衬砌)68个月,若按传统的"掘进贯通—TBM拆机退出—衬砌"的单工序作业工法,将无法保证工期。

4)隧道埋深大、辅助坑道条件差、超长距离施工通风难度大

西秦岭隧道通过埋深大于800m段落16km,最大埋深达1400m,设置辅助坑道条件差,最远施工需风面距离洞口约20km,通风难度极大。

为解决以上问题,西秦岭隧道建设过程中研究和使用了一系列创新性解决方案。

### 6.2.3　施工组织方案

前期根据地质状况及TBM适应性的研究,进口约7km(F6活动断层前)地层岩性多变,软硬不均,断裂构造发育,采用钻爆法施工,设店子坪1号斜井辅助,左线采用平导超前和店子坪斜井贯通后再行扩挖,右线为全断面开挖。出口约20km以下元古界变质砂岩、砂质千枚岩为主,岩性较均一,软硬适中(岩石饱和单轴抗压强度30~60 MPa),采用2台敞开式TBM并行施工,并于距出口10km处设罗家理斜井以用钻爆法处理该段f59、f60次级断层和1km左右的石炭系地层,同时兼具TBM设备中间检修维护、TBM长距离施工接力通风、出渣以及作为运营防灾紧急救援站点等功能,在距离进口端7km的隧道内设置TBM拆卸洞,掘进完成后实施洞内拆机,设备解体后经隧道内运出,左右线分别由两家施工承包商施工。2008年8月施工单位进场后,重新研究了组织方案,店子坪改为并行设置两座斜井,左线取消平导改为全断面施工,在实际施工过程中,两家承包商的施工范围发生了较大的变化,实际施工组织方案如图6-2-2所示。

### 6.2.4　TBM掘进与二次衬砌平行作业技术

西秦岭隧道出口段采用TBM施工,连续皮带输送机出渣,有轨运输,要求在掘进完成两个月后完成衬砌施工,由此必须选择适当的方法,消除皮带输送机出渣、有轨物料运输等和衬砌作业的相互干扰,实现掘进和衬砌的并行施工。结合施工设备配置情况、连续皮带输送机的结构特点和施工设计图,研制了能满足通风及电缆管线、有轨运输机车、连续出渣皮带输送机穿越通行的模板台车和施工台架,并设置了配套的升缩式台架,实现皮带输送机支架的置换安装,通过工程实践和改进,最终实现了衬砌施工和掘进施工的并行作业。自2010年9月开始调试和试生产,截止到2013年12月,累计完成衬砌18.32km,期间第二阶段转场衬砌停工3个月,平均月进度495m,最高月进度842m。

重点解决了如下问题:①二次衬砌施工时连续皮带输送机出渣不间断;②二次衬砌时大直径软管通风系统连续运行;③同步衬砌台车行走不影响四轨双线有轨运输列车运行。

1)技术原理

因连续皮带输送机、通风管线、运输轨道等在隧道断面中位置是基本不变的,在设计衬砌

台车及作业台架时,考虑相应的行车限界、设备及管线通行限界和支撑,在此基础上进行衬砌台车、台架的门架结构优化设计。在皮带输送机及管线穿行位置设置相关的支撑构件,保证皮带输送机、管线的通行线性和支撑。门架下保证有轨运输设备的通行净空,在衬砌台车及施工台架之间设置可伸缩的门架结构,保证作业台架和衬砌台车之间的距离改变时仍能支撑皮带输送机及管线等。

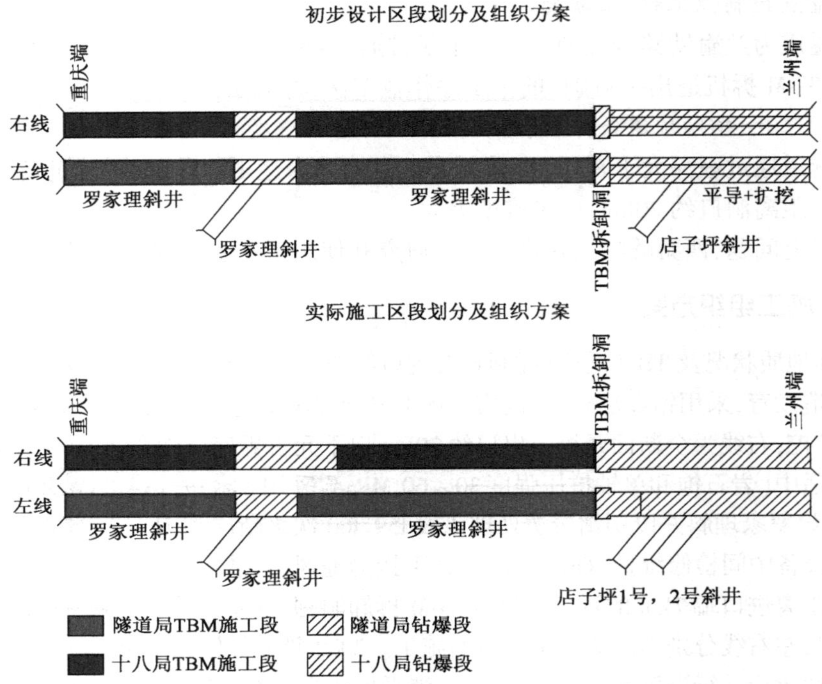


图 6-2-2 施工组织方案示意图

2)衬砌模板台车、作业台架、伸缩门架设计

(1)设计思路

衬砌模板台车和台架通过尺寸优化,采用不占用仰拱预制块上运输轨道、在边墙基础顶面另设轨道的方案,净空满足双线机车通行要求,骨架的结构尺寸由皮带输送机在断面中的相对位置及通风风管直径控制。

衬砌模板台车及台架包括衬砌模板台车、前工作台架、后工作台架以及伸缩式门架,均采用门架形结构,隧道设置双轨四线运输通道,轨距900mm,根据车辆尺寸,要求门架满足行车净空为:高度2.8m,宽度4.4m。保证两列机车能并行通过门架。同时在门架的一侧适当位置(圆心下822mm,中线一侧2900mm)预留皮带输送机通过净空并设置滑道支撑结构,皮带输送机通过台车及台架段时由相应的滑道支撑结构替换连续皮带输送机上原有的三角支撑结构,原有三角支撑结构每4.5m设置1处,具体结构如图6-2-3所示。

由于在施工过程中,工作台架和台车间的距离会时常发生改变,比如台车在灌注混凝土时处于固定状态,而此时工作台架需要前后移动进行防水板铺设、欠挖处理等相关工作,造成工作台架和台车间距离不断改变。此时,为解决处于台架和台车间的皮带输送机的支撑问题,在其间设置可以伸缩的门式支架，其长度能随台车和台架间距离的改变而伸缩，从而形成动态支撑皮带输送机的能力。

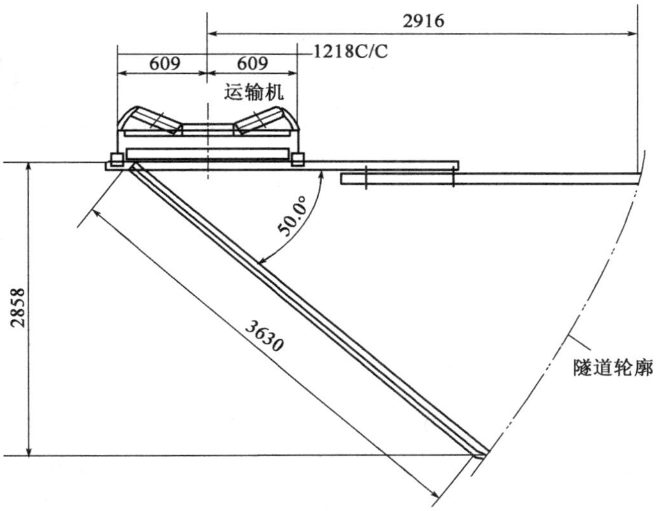


图 6-2-3　连续皮带输送机支架设置示意(尺寸单位:cm)

(2)结构方案

模板台车长 16.5m，模板台车断面如图 6-2-4 所示。为保证模板台车、台架静停或行走时不影响皮带输送机的正常运转，在模板台车、前工作台架、后工作台架和伸缩门架上均设置滑道托架托起皮带输送机，以替换皮带输送机原边墙的支撑三角架，可在台车、台架段拆下皮带输送机原边墙的支撑三角架而不影响皮带输送机的继续使用。滑道支承托架如图 6-2-5 所示。拆下的支撑三角架运到后工作台架后部，在已衬砌地段边墙重新安装以替换台架的滑道支撑结构，恢复皮带输送机原有的支撑状态。

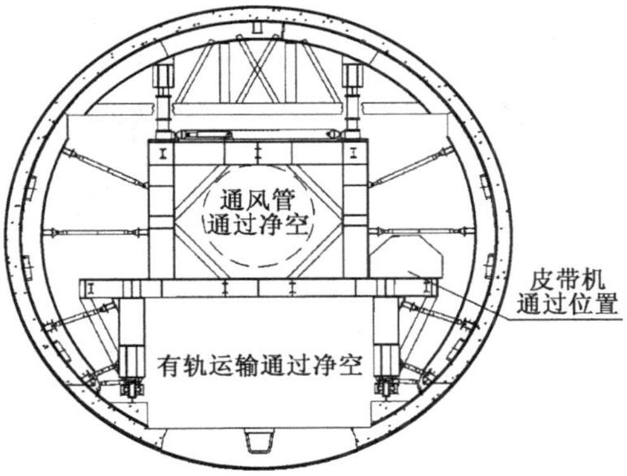


图 6-2-4　模板台车断面示意

在模板台车前布置前工作台架，前工作台架用于挂防水板、无纺布、拆风管、拆皮带输送机支架。若遇Ⅴ级围岩段需进行钢筋混凝土衬砌时，利用前工作台架绑扎钢筋。前工作台架结构如图 6-2-6 所示。

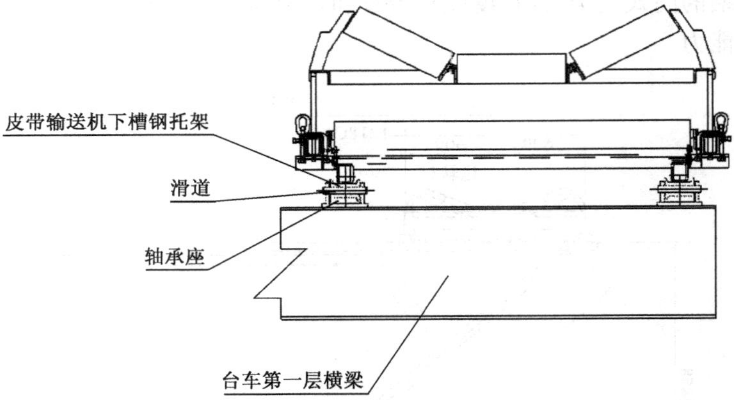


图 6-2-5　滑道支撑结构设置示意

伸缩式门架为一伸缩门架结构，每八个为1组，设置在前工作台架、模板台车、后工作台架之间。伸缩门架拉开后长度为34m，压缩后为17m，单幅门架长度为2m，门架间设2m的软连接，防止拉开间距过大造成皮带输送机跌落失稳。通过伸缩式门架的动态支撑，使皮带输送机支撑三角支架的拆除、安装而不会影响模板台车的正常工作。伸缩门架的结构如图6-2-7、图6-2-8所示。

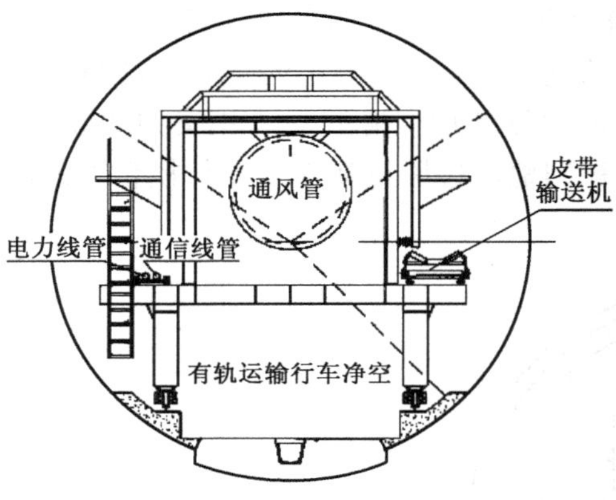


图 6-2-6　前工作台架结构示意

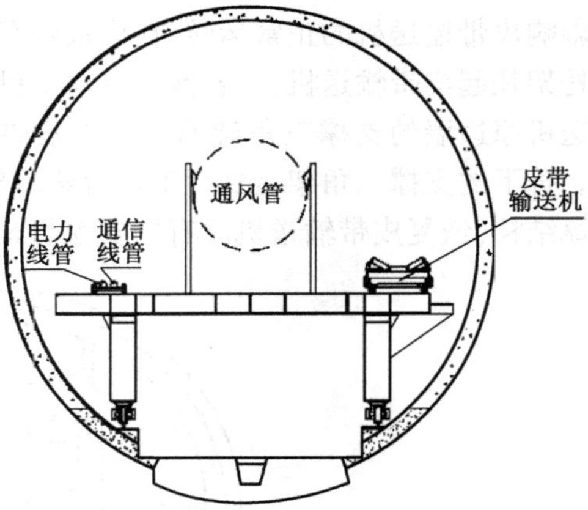


图 6-2-7　伸缩式门架断面示意

后工作台架长6m，用于混凝土养护、挂风管、皮带输送机支架安装。结构形式和前工作台架一致。

3）施工工艺流程

施工工艺流程如图6-2-9所示。

（1）边墙基础混凝土施工

为了保证台车、台架段的双线有轨运输，将同步衬砌台车行走轨道放置在边墙基础顶面上。衬砌施工前，先施作边墙基础混凝土。边墙基础放置台车轨道处高程即为运营水沟底高程，边墙基础采用定型异形钢模一次立模完成混凝土浇筑。

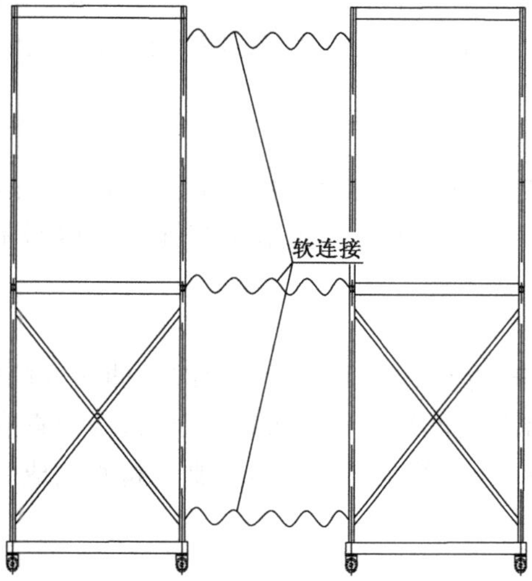


图 6-2-8　伸缩式门架纵向布置示意

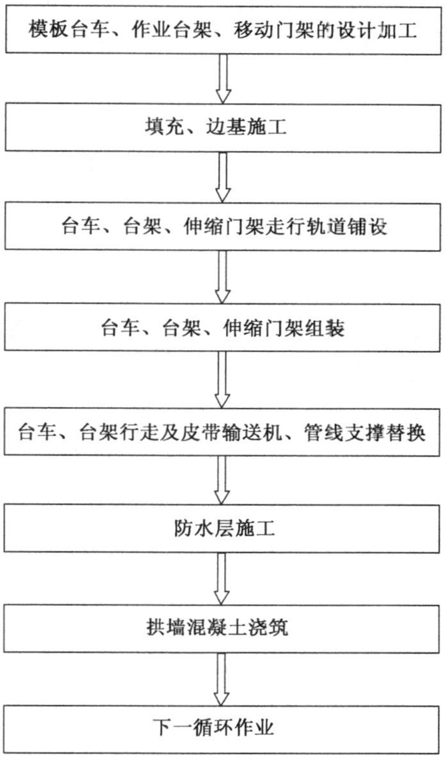


图 6-2-9　施工工艺流程

仰拱块两侧的虚渣采用人工清理,清理完成后开始安装矮边墙防水板、纵横向盲管,防水板、盲管要预留搭接长度,衬砌时与拱部防水板焊接在一起。防水板、盲管完成后浇筑填充混凝土,混凝土面与仰拱表面平齐。填充混凝土达到强度后,由测量组定出矮边墙准确位置后,立模浇筑混凝土。矮边墙模板采用定型模板,一次性浇筑。混凝土接缝预埋背贴式塑料止水带和中埋式钢边止水带。

(2)台车台架轨道铺设

边墙基础混凝土强度达到要求后,在边墙基础上固定台车、台架行走轨道,轨道距隧道中心线2.5m。轨道铺设长度满足台车、台架2个循环长度要求。台车、台架行走轨道可重复循环利用。

(3)台车台架组装

每组衬砌生产线由前、后工作台架,模板台车,两组拉伸式门架构成。

所有结构件在洞外组装完成后,整体行走进洞,后穿入皮带输送机、管线后达到工作状态。

(4)前、后工作台架前移

TBM掘进连续皮带输送机采用三角支架固定在隧道壁上。前工作台架行走至三角支架附近(4.5m左右)时,拆除紧邻前工作台架的皮带输送机三角支撑,然后再将前工作台架向前行走靠近下一个三角支架,前工作台架和衬砌台车间的伸缩式门架长度依次拉开,皮带输送机在门式支架和前工作台架的滑道上和滑道相对滑动并保证线性，再拆除前面的三角支架，由此循环往复，完成前工作台架的移动，一次最大可行走17m。后工作台架需要移动时，先行走至距离皮带输送机三角支架安装位置50cm左右处，然后将前工作台架位置拆除的支架安装到皮带输送机下面，再次行走后工作台架靠近台车4.5m左右，再安装三角支架，此时台车和后工作台架之间的伸缩式门架压缩，由此完成后工作台架的行走，一次最大行程17m。

(5)防水系统施工

利用前工作台架挂防水板、无纺布，拆风管、拆皮带输送机支架。若遇V级围岩段需进行钢筋混凝土衬砌时，利用前工作台架绑扎钢筋。同步衬砌施工中的防水系统施工与钢筋制作安装同钻爆法衬砌施工。

(6)同步衬砌台车就位

衬砌台车在前、后工作台架间行走，同时压缩前部的伸缩门架和拉伸后部的伸缩式门架，每次可行走17m，台车走行到位后，进行中线和高程测量，然后对台车进行锁定，再次检查皮带输送机在台架上的运行情况并及时进行纠偏，检查风管、电缆电线等是否正常。检查完成后即可浇筑衬砌混凝土。

(7)混凝土衬砌

输送泵设置在一侧运输轨道上，利用筒式混凝土输送车输送混凝土。按常规方法进行混凝土入仓浇筑。

### 6.2.5 长距离连续皮带及多级皮带出渣技术(以左线为例)

1)基本方案

皮带输送机出渣系统应在出口TBM掘进段，分两阶段布置出渣方案，第1掘进段采用主机皮带+洞内连续皮带+洞外转载皮带+洞外汽车倒运组成的运输体系；第2掘进段采用主机皮带+洞内连续皮带+斜井装载皮带+洞外上山皮带+渣场延伸皮带+汽车倒运组成的运输体系。

第1掘进段施工中，TBM上的主机皮带将石渣装载至连续皮带上后，经连续皮带穿越衬砌台车将石渣输送至洞外装载皮带，在转载皮带末端设置分渣器，实现皮带输送机运输和汽车运输的衔接。

第2掘进段施工，TBM上主机皮带将石渣装载至连续皮带上后，经连续皮带穿越衬砌台车将石渣输送至斜井交叉口，然后在斜井设置斜皮带将石渣转运至斜井口，再经洞外上山皮带和渣场延伸皮带转运至分渣器，实现皮带输送机运输和汽车运输的衔接。

2)连续皮带输送机布置方案及基本原理

(1)连续皮带输送机出渣方案

连接皮带输送机跟随TBM掘进延伸，是整个出渣级联系统的第一环。TBM掘进时，刀盘在主轴承的作用下转动，带动滚刀在掌子面上旋转刻划出一道道同心圆，随着滚刀力量的不断加大，岩石被滚刀挤碎并脱落。脱落的岩石被旋转到隧道底部的刀盘侧边铲斗里，输送到位于主梁内部的1号皮带输送机上(图6-2-10)，通过2号桥架皮带输送机、3号转载皮带输送机，渣体被输送到连续皮带输送机上运出洞外。随着 TBM 的向前推进,连续皮带输送机支架被安装在侧墙上不断向前延伸。连续皮带仓及主驱动安设在隧道洞口附近,皮带仓单次可储存600m 的连续皮带,随着 TBM 的掘进,皮带在恒扭矩电机的控制下不断向外释放,当释放完毕后,通过硫化橡胶高温热焊技术将新一段 600m 的皮带接入存储仓中,硫化一次一般需要 10h 左右。连续皮带输送机桥架在 TBM 步进段和掘进段采用两种不同的支撑方式,在 TBM 步进段(钻爆施工段)采用竖向固定支撑法将竖向支撑杆直接支撑在边墙基础上,横向支撑杆固定在与桥架横梁水平位置对应边墙上;在 TBM 掘进段则采用三角斜向支撑法将支架分别固定在与横梁水平位置对应、比同一法线位置高出边基顶面 30cm 处的边墙上,如图 6-2-11 所示。两种方式皮带输送机支架均通过膨胀螺栓连接固定,间距 4.5m。

a)

b)

图 6-2-10 TBM 主机出渣系统示意

a)TBM步进段采用竖向固定支撑法

b)TBM掘进段采用三角斜向支撑法

图 6-2-11 支架固定方法

(2)连续皮带输送机基本原理

连续皮带输送机主要由驱动装置、皮带存储及张紧装置、皮带延伸装置(移动尾段)、皮带架和托辊及皮带、控制系统等组成,有时需要在中间加装助力驱动装置(中间驱动装置)。理论上连续皮带输送机能实现无限延伸。随着向前掘进,在移动尾段的前面皮带架被不断地安装在隧道侧壁上向前延伸。移动尾段安装在后配套拖车上，随后配套系统向前移动，移动尾段装有上下、左右和倾斜可调整机构，以方便皮带输送机的调偏。皮带存储装置储存的输送带随着 TBM 的掘进，在自动张紧装置的控制下不断向外释放，当释放完毕后，可通过硫化技术将新一节输送带接入储带仓中。

(3)连续皮带输送机结构组成

连续皮带输送机除了储带装置、移动尾段外，其余结构与普通带式输送机都相似，下面对其主要的结构部件作简要介绍。

①驱动装置。

连续皮带输送机的驱动装置主要由电动机、减速器、驱动滚筒、联轴器等组成，出渣量大、运距长的隧道中间可增设辅助驱动装置即中间驱动装置。采用可控启动技术——变频调速装置，按可控速度曲线启动，以降低启动时皮带输送机的冲击。连续皮带输送机为多滚筒、多点驱动，为了协调各驱动装置以及启动时皮带自动张紧调节，连续皮带输送机采用控制系统可控制其启动和停止。

②皮带存储及张紧装置。

皮带存储及张紧装置主要用来储存和释放输送带，并为输送机提供正常运行所需的张紧力。图 6-2-12 为输送带在储带仓中缠绕的示意，其中，一端的滚筒固定，另一端安装在滚筒小车上。自动张紧装置通过钢丝绳拉动滚筒小车使其在轨道上移动，实现输送带的储存和释放，托辊小车用于防止输送带因自重而下垂，如图 6-2-13 所示。

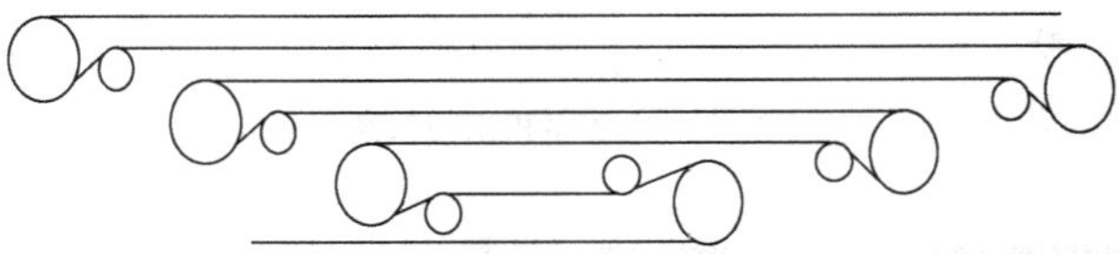

图 6-2-12 输送带在存储仓中的缠绕示意

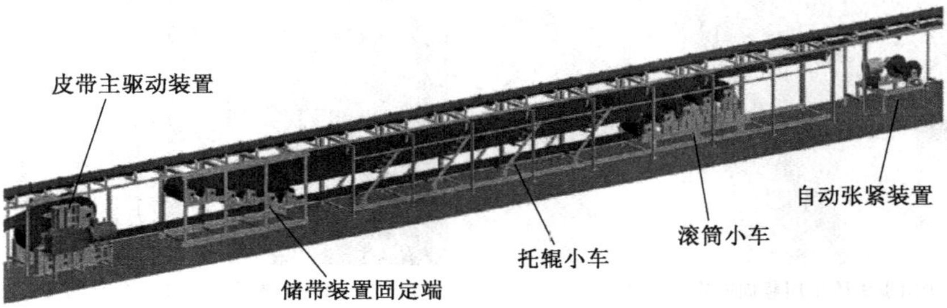


图 6-2-13 皮带存储及张紧装置示意

③移动尾段。

移动尾段安装在后配套拖车上，随施车一起向前移动，主要组成部分为移动尾段支架、缓冲托辊组、导料槽以及尾部滚筒，如图 6-2-14 所示。移动尾段置于托辊支架的正上方，通过与后配套系统连接的液压缸可以实现上下、左右和倾转的位置调整，从而调控和补偿皮带输送机的跑偏。石渣从桥架皮带输送机落到移动尾段缓冲托辊组的输送带上,并随输送带移动,由于重力作用,当石渣运出尾段一定距离时,会和输送带一起自动落到下方的承载托辊上,如图6-2-15所示。回程托辊可以在移动尾段到达前安装好,而承载托辊安装时,由于托辊支架上方有移动尾段的通过而不能提前安装,只能当移动尾段向前移动一段距离后,通过工作窗口安装。

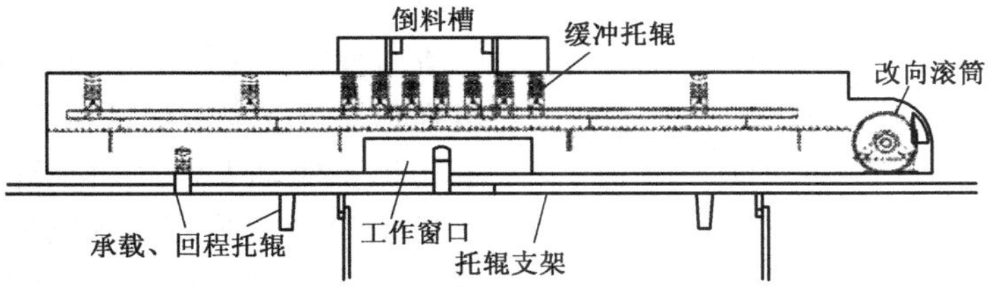


图6-2-14 连续皮带输送机移动尾段

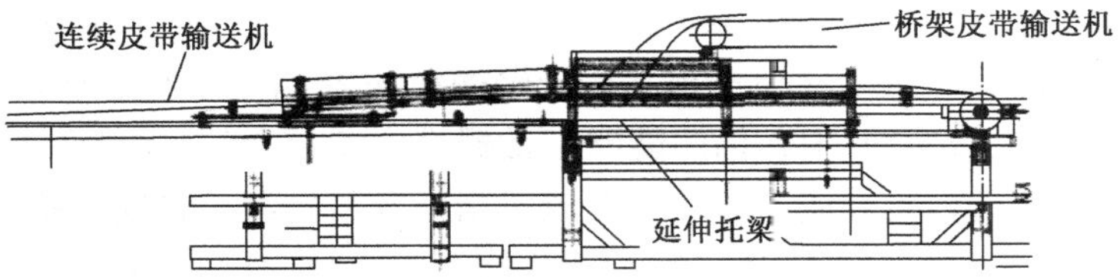


图6-2-15 石渣在移动尾段的转运示意

3)斜井皮带布置方案

在第2掘进段,连续皮带将石渣输送至斜井与正洞交叉口后,在斜井内设置5号斜坡皮带,通过斜井皮带将石渣继续输送至斜井口,斜井皮带主驱动安设在斜井洞口位置,由于皮带整体较长且为上坡运输,在斜井中部位置安设辅助驱动。连续皮带输送机由正洞转入斜井及在斜井内布置情况如图6-2-16所示。

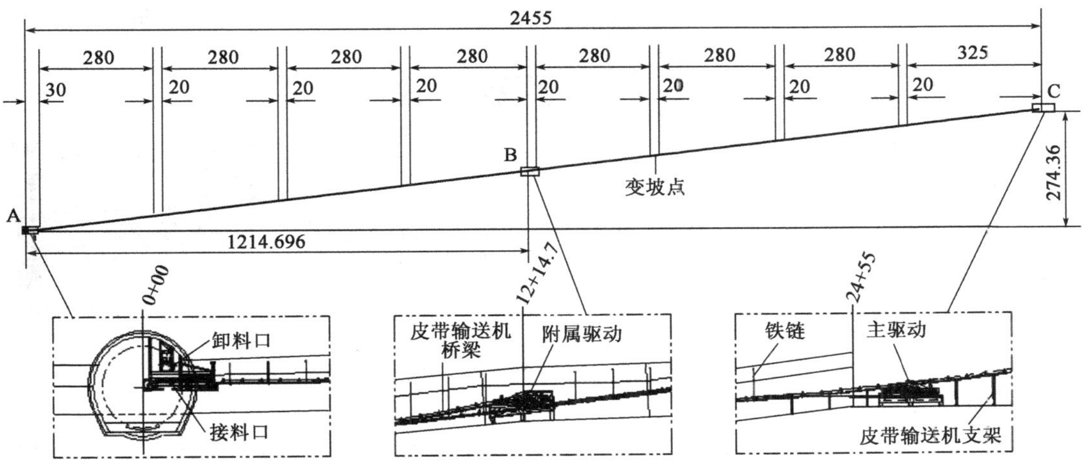


图6-2-16 斜井皮带布置(尺寸单位:m)

斜井内连续皮带输送机桥架通过铁链悬挂在斜井洞顶上（图 6-2-17），固定点采用长20cm、尾部带有连接钩的膨胀螺栓。为防止软连接方式的连续皮带输送机桥架在出渣时抖动造成构件损伤甚至连接松脱，桥架下方每间隔 20m 设置 1 道竖向支撑杆，底部通过膨胀螺栓固定。

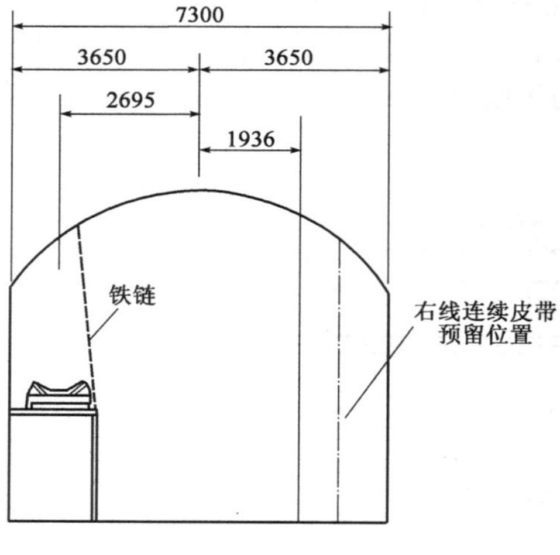

图 6-2-17　斜井内皮带布置方式（尺寸单位：m）

4）洞外皮带布置方案

渣体被斜井皮带输送机运出洞外后，经转渣器落到洞外转载皮带输送机上，洞外上山转载皮带输送机主驱动安设在山顶弃渣场外边缘的混凝土基础平台上，皮带输送机最大爬升坡度 20°，翻越山顶后以 7% 下坡，横跨河流、便道，总长度约 284m。跨河段采用三跨钢桁架梁形式，全长 60.2m，在皮带整体约 1/2 位置处利用便道边的一处自然平台整平后安装张紧装置，此处无宽桥架支腿，张紧装置重锤箱等总质量为 5.8t。皮带输送机布置如图 6-2-18 所示。为保证上山转载皮带输送机维护和检修期间 TBM 仍然能够正常掘进出渣，在斜井皮带和上山皮带输送机转渣器位置安装一小型分渣器，分渣器的一个分渣口指向 6 号转载皮带输送机，另一个分渣口指向临时弃渣场。在 6 号转载皮带输送机维护和检修期间，只需要切换分渣器的切换挡板，使渣体落到临时弃渣场地上用转运工程车转运即可，7 号延伸皮带输送机主要担负将运输到山顶的渣体向弃渣场内部输送的任务，主驱动电机同样安设在山顶位置。随着 TBM 的不断向前推进，为满足弃渣的需要，7 号延伸皮带输送机除主驱动电机位置不变外，皮带输送机支架等也将随着渣场的不断填筑逐渐向渣场内部延伸。

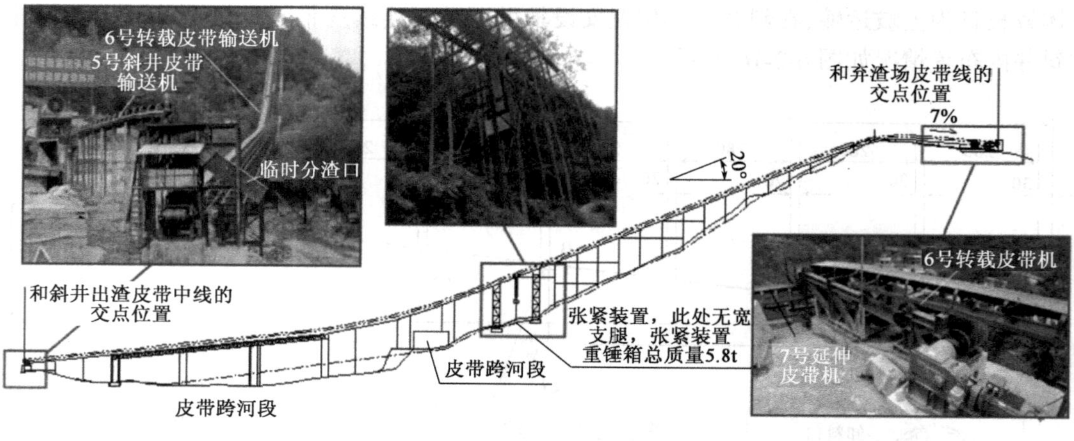

图 6-2-18　洞外皮带布置示意图

5）关键技术与创新

西秦岭特长隧道工程是铁路隧道施工中首次采用连续皮带输送技术实践案例，具有以下几个显著特点：

一是运输皮带路线复杂，多级皮带级联，从正洞经罗家理斜井出洞，在洞口经洞外皮带到达渣场，其中一级皮带出现问题，则整个系统瘫痪。

二是洞外需利用汽车进行弃渣转运，需要实现皮带运输系统和汽车运输的有效衔接。

三是需要在隧道内实施连续皮带的接长延伸，而在洞内空间有限，无法布置大型吊装设备，进而无法顺利按现行的工艺对隧道内的皮带进行延伸接长。

因此，针对皮带级联多、运输量大、皮带运输和汽车运输的衔接、隧道内连续皮带的接长延伸等问题提出突破性的解决方案。

（1）级联冗余技术

由于6号转载皮带处于洞外，受天气影响较大，而且坡度较大，一旦发生故障，可能造成全系统停摆。为提高整个系统的可靠性，在皮带方案的设计中，考虑了冗余措施。在斜井皮带和上山皮带输送机转渣器位置安装一小型分渣器，分渣器的一个分渣口指向6号转载皮带输送机，另一个分渣口指向临时弃渣场。在6号转载皮带输送机停机、维护和检修期间，只需要切换分渣器的切换挡板，使渣体落到临时弃渣场地上用转运工程车转运即可。临时分渣口如图6-2-19所示。

图6-2-19　临时分渣口

（2）洞外分渣器自动切换装渣技术

为适应TBM大断面快速掘进出渣量大、对渣料及时转运的需求，保证连续皮带输送机出渣与转运工程车之间实现无缝衔接，研究采用在连续出渣皮带输送机与转运工程车之间设计连续分渣器，使之将渣料连续自动分流到转运工程车上。连续分渣器主要由操作控制系统、主分渣机构、子分渣机构及框架组成，如图6-2-20所示。根据连续皮带输送机运转速度及出渣量，设计采用主分渣机构和子分渣机构两级相连，在主分渣机构和子分渣机构上均设置液压切换板。为防止渣料冲击对挡板的机械磨损，在主分渣机构、子分渣机构内部及液压切换挡板上加设耐磨板。连续分渣器下设3条正常转运车道和1条应急转运车道，当1个转运工程车接满渣料后，操作主分渣机构或子分渣机构切换板液压油缸动作，将切换板由原停放终端位置换位到另一个终端位置，渣料通过切换板切换到停放在另一条转运车道的空车内，如此循环，实现连续不间断分渣。为避免露天安放的连续分渣器在使用时渣料中有水或在严寒地区冬季施工时机构内部出现冻结情况，在主分渣器、子分渣器易冻结部位的外壳上设置外覆电加热板。

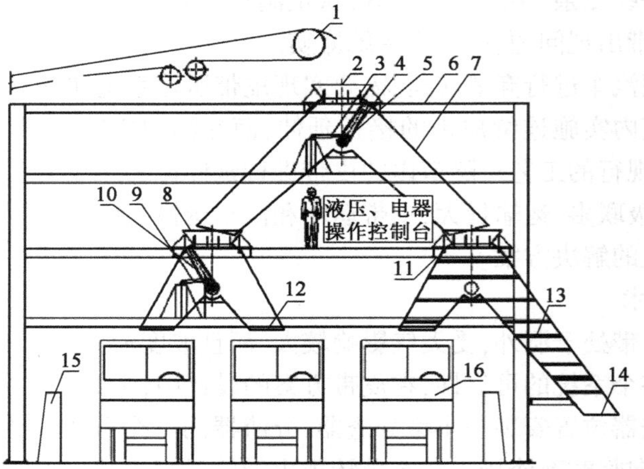


图 6-2-20　连续分渣器基本构造图

附注：主分渣器、左侧子分渣器显示结构内部情况；右侧子分渣器显示结构外部情况

1-连续给料装置（出渣口）；2-主分渣器受料接口；3-主分渣器切换液压油缸；4-主分渣器切换板；5-切换轴端密封；6-结构钢架；7-主分渣器梭槽；8-子分渣器受料口；9-子分渣器切换液压油缸；10-子分渣器切换板；11-限位板；12-子分渣卸料口；13-外覆电加热板；14-应急卸料口；15-混凝土防撞护墩；16-转运工程车

连续分渣器自动切换装车技术的成功应用解决了以往连续皮带输送机将渣料直接卸到堆料场，再用挖掘机和装载机将渣料装到转运工程车上无法实现无缝衔接转运的难题。3 条正常转运车道和 1 条应急转运车道的设置可以有效解决转运工程车在进出分渣器时需暂停分渣的技术难题，实现转运工程车彼此互不干扰，即便分渣器出现故障需要维修时仍可以提供接料口；减少了机械的投入和对施工场地的占用，也更经济。连续分渣器自动切换装车技术和传统装车技术对比如图 6-2-21 所示。

a)连续分渣器自动切换装车技术

b)传统挖掘机、装载机配合装车技术

图 6-2-21　连续分渣器自动切换装车技术和传统装车技术对比

（3）连续皮带快速无损收放及延伸技术

随着 TBM 的向前推进，连续皮带输送机支架通过膨胀螺栓以 4.5m 的间距安装在侧边墙上，并不断向前延伸。连续皮带按照 600m/卷捆扎进场，在使用时进行硫化连接。第一掘进阶段，连续皮带输送机从后配套承载石渣直接运至隧道出口，通过转载皮带输送机转运至连续分

渣器位置,通过连续分渣器自动分流装车并由转运工程车运输至弃渣场。第一掘进阶段与罗家理斜井钻爆段重庆端贯通后,拆除第一阶段出渣皮带系统,将连续皮带及支架回收、打包,待TBM步进通过罗家理斜井钻爆法开挖段后重新安装皮带支架,通过有轨运输将皮带卷运至洞内重新铺装,然后从斜井出渣。第一阶段掘进结束后,连续皮带最大长度为(5594m + 2113m + 600m) ×2,即16614m,约合28卷,常规人工卷收皮带任务量大、耗用时间长、容易出现人为损伤,影响皮带二次使用。而且受洞外组装场地限制及施工组织工期的要求,后续4部衬砌台车、作业台架在陆续完成洞外组装后即需要开始洞内无障碍行走,要求15d内必须完成皮带回收和皮带支架拆除工作,对短时间、高质量地完成皮带回收工作提出了较高的要求。为满足现场实际需要,考虑设计一种连续皮带收放装置,要求该装置必须具有:①连续皮带自动收、放与皮带运输的双重功能;②无损伤收、放皮带并有效预防皮带跑偏的功能;③不同卷收阶段平稳调速的功能;④卷收各阶段均能够有效提供驱动力的功能。

皮带收放装置主要构造如图6-2-22所示。

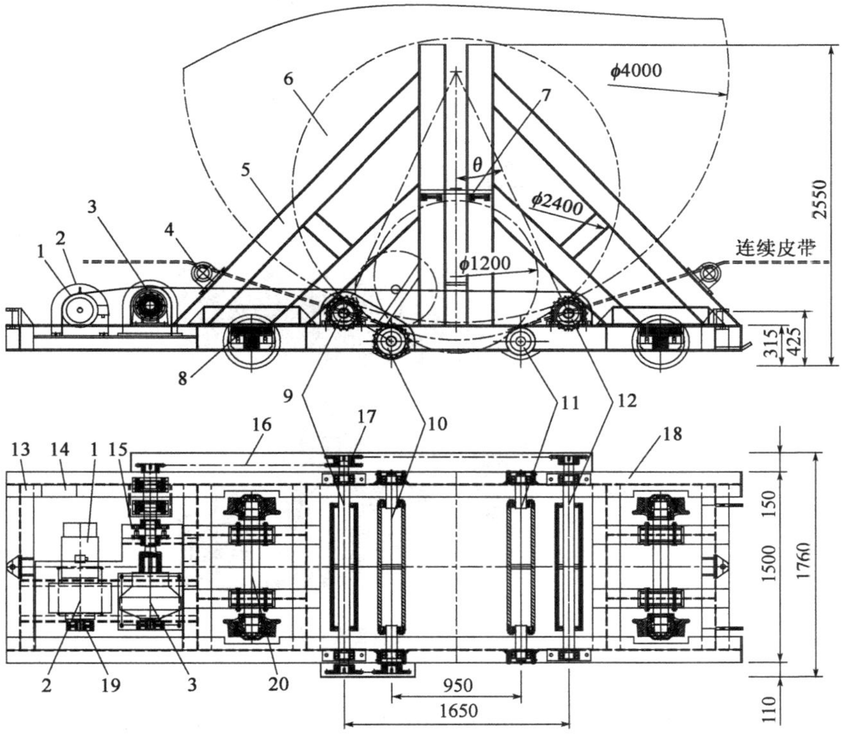


图6-2-22　皮带收放装置构造(尺寸单位:mm)

1-三相异步电动机;2-电磁调速电动机;3-减速机;4-导向辊筒;5-车架;6-连续皮带卷;7-可调式限位挡板;8-橡胶减振垫;9-驱动滚轮F1;10-驱动滚轮F2;11-从动滚轮B2;12-驱动滚轮B1;13-电控箱;14-电磁调速电机控制器;15-联轴器;16-传动链条;17-链轮;18-车架底盘;19-皮带轮;20-走行轮对

①连续皮带收卷。

a. 启动2号皮带收放机,同时启动主驱动电机,拉动洞内连续皮带往外输送,连续皮带穿过1号皮带收放机回收在2号皮带收放机上。初始卷收时,由于皮带自重较小,不足以提供足够大的摩擦力使滚轮带动皮带旋转,需要 1 ~2 名作业工人站在皮带卷上提供辅助重力,待皮带卷收到直径约 0.8m 时,皮带即可完全依靠自重随滚轮旋转,待皮带旋转稳定后,可适当提高旋转速度。

b. 当皮带卷直径小于 1.2m 时,依靠驱动滚轮 F1、F2 提供旋转动力,在皮带卷中心滚筒内穿入滚轴以防止皮带卷脱离驱动滚轮。

c. 当皮带卷直径达到 1.2m 后,取出皮带卷滚轴,随着驱动滚轮的转动,皮带卷自动滚入皮带收放机底部,并与驱动滚轮 F2 和从动滚轮 B2 相接触,依靠驱动滚轮 F2 提供旋转动力。

d. 当皮带卷直径达到 2.4m 后,随着皮带卷越来越大,逐渐接触驱动滚轮 F1、B1 并脱离滚轮 F2、B2。

e. 连续皮带回收 600m 后在主驱动侧用砂轮机截断皮带,并将皮带尾端收绕在 1 号皮带收放机中心滚筒上,用门式起重机将皮带卷提升一定高度,调整限位挡板,穿入滚轴将皮带卷悬空架起,启动 1 号皮带收放机,带动连续皮带反向释放 300m 到 1 号皮带收放机上。皮带收放装置现场作业如图 6-2-23 所示。

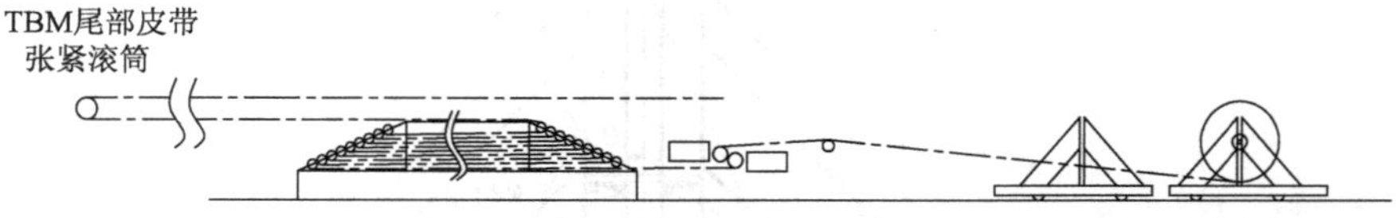

图 6-2-23　皮带收放装置现场作业

②连续皮带运输。

受皮带收放机穿越衬砌台车对车辆高度的限制,将皮带卷拆除外包装后用起重机吊放在两部皮带收放机上,每部皮带收放机各 300m。根据皮带卷直径调整好 1 号皮带收放机限位挡板位置,以确保皮带卷整体悬空至一定高度,2 号皮带收放机皮带直接安放在驱动滚轮上,由机车牵引皮带收放机进洞。

由于主驱动及皮带仓占用空间较宽,会侵入仰拱预制块顶部的轨道运输限界,因此,主驱动及皮带仓所在区段在掘进期间暂时不施作边墙基础和拱墙衬砌,轨道绕行通过该区段,并通过增设道岔设第三分支作为皮带收放装置专用轨道,内燃机车牵引皮带收放机进洞后直接停在主驱动的前方,而不会影响洞内施工材料的运输。洞内轨道布置如图 6-2-24 所示。

图 6-2-24　轨道布置

③连续皮带释放。

连续皮带的洞内释放分为转场过程中皮带输送机桥架重新布设后皮带铺装与 TBM 正常掘进期间皮带硫化接长两种情况。

首次皮带铺装前主要准备工作包括：a. 皮带输送机桥架只安装下层皮带托辊，而暂时不进行上层皮带托辊及托架安装；b. 通过轨道布置，将运输轨道延伸至主驱动—硫化平台—皮带仓的中轴延长线上；c. 在机车顶部安装一个 H150 型钢加工的倒 F 形支架，两只脚固定在机车上，横梁横挑在皮带输送机桥架正上方。皮带收放装置释放皮带作业如图 6-2-25 所示。

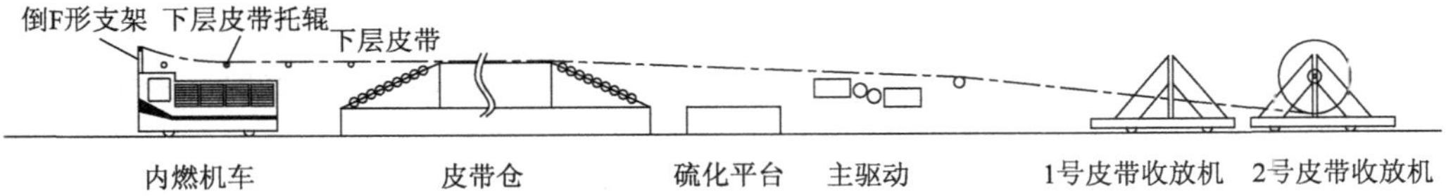


图 6-2-25　皮带收放装置释放皮带作业示意

皮带输送机桥架重新布设后首次皮带铺装工艺流程如下：

a. 启动 2 号皮带收放机，正转带动 1 号皮带收放机上连续皮带卷收到 2 号皮带收放机上，将皮带接头人工拖拽到皮带输送机桥架上后固定在机车支架横梁上，启动 2 号皮带收放机，反转释放皮带，通过机车提供拉力拖动皮带沿皮带输送机桥架进行铺装直至 TBM 尾部，并随着铺装的进行不断硫化接长皮带。

b. 下层皮带绕过 TBM 尾部皮带张紧滚筒后临时固定，随 TBM 步进牵引下层皮带铺装，并安装上层皮带托辊及托架，安装完成后，重新采用机车牵引沿轨道返回以铺装上层皮带。

c. 上层皮带铺装至主驱动及皮带仓位置后将皮带收入皮带仓，完成皮带铺装。

TBM 正常掘进后，皮带需要硫化接长时，只需在硫化平台处切断皮带，将新皮带卷外接头与既有皮带硫化后缓缓拉入皮带存储仓，并将内接头与既有皮带进行硫化连接形成闭合即可。

### 6.2.6　长距离施工通风技术

西秦岭隧道 TBM 施工段为独头掘进，不具备巷道通风条件，独头压入式通风是唯一可选方案，最长风管布设长度为 9840m，工作面风量要求达到 $20m^3/s$，总风压可达 6335Pa 以上。需要重点解决如下问题:①适应长距离通风而形成极高风压的风管、管路连接方案和修补方案;②通风主扇选型需满足长短不同距离条件下的掘进通风要求,具备较宽的风量、风压等参数调节范围。

通风管路采用新型高压柔性风管,直径2200mm,风管结构层中设置径向和纵向纤维强化,可以承受的最大工作压力达1.78MPa,每节长度100m,管间接头采用PVC材质的拉链式接头,风管接头处设置内外密封保护层,管内压力越高,接头处密封越紧密,特殊的接头形式和较大的节段长度使管路的漏风率能维持极低的水平。其套管式修补技术能在不停风的状态下对风管破损处进行快速修补。

风管破损状态如图6-2-26所示,包裹安装套管修补件如图6-2-27所示,套管通过拉链快速封闭如图6-2-28所示。

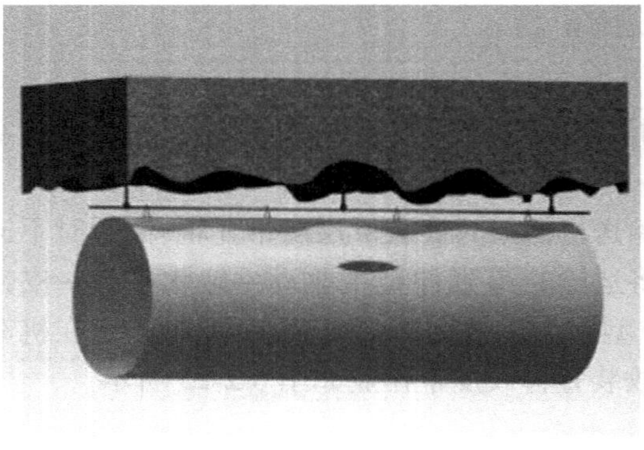

图6-2-26　风管破损状态

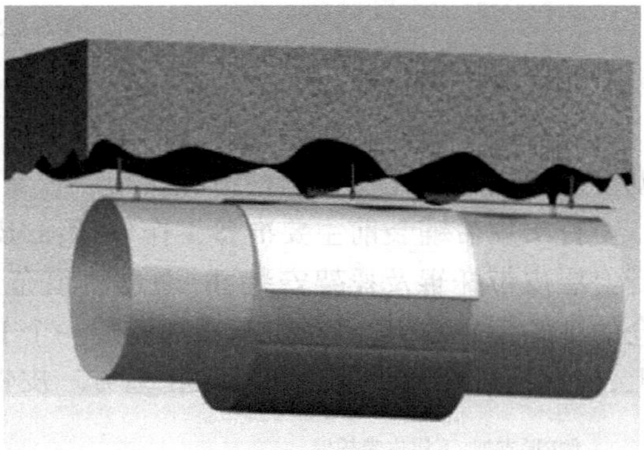

图6-2-27　包裹安装套管修补件

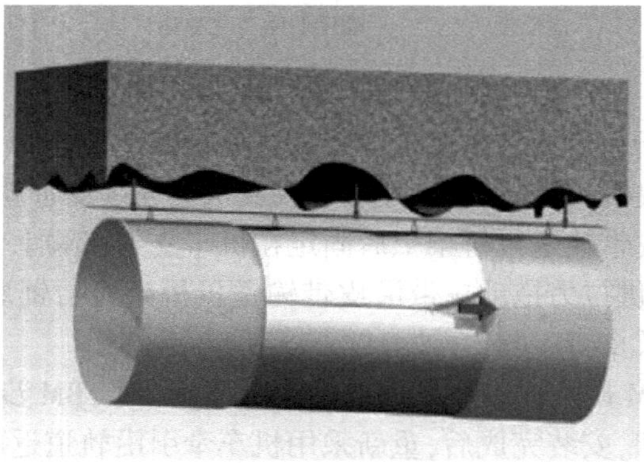

图6-2-28　套管通过拉链快速封闭

通风主扇采用变频轴流风机,系国内首次在隧道施工中采用节能变频轴流风机,主风机功率为3×160kW,可实现功率45~3×160kW的连续可调。

1)第一阶段通风布置方式

第一阶段为出口段7700m独头通风,采用强制式通风,洞口设置轴流通风机,直径2200mm风管接入TBM尾部风管存储器,如图6-2-29所示。

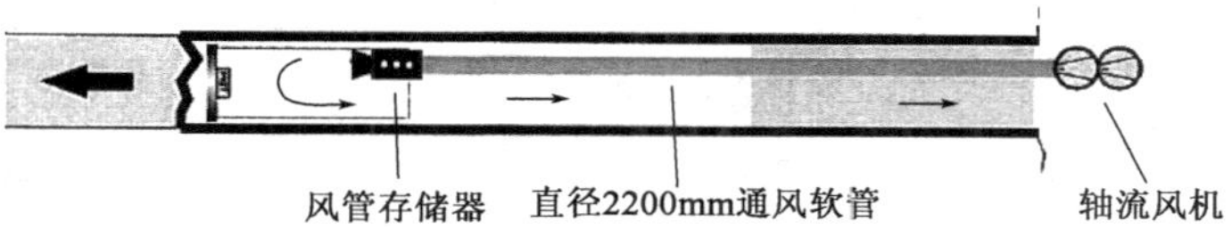


图 6-2-29 第一阶段通风布置方式

2)第二阶段通风布置方式

第二阶段,罗家理斜井口和正洞出口段存在 300m 高差,经实测,斜井至正洞出口端之间有较大的自然风流自正洞进口端进入,将主扇设在罗家理斜井底,向 TBM 进行强制通风,污风自斜井排出,但在 4 月份、5 月份及 9 月底和 10 月初自然风流变弱,在罗家理井口设置两台 110kW 风机向井底主扇供应新风,如图 6-2-30 所示。

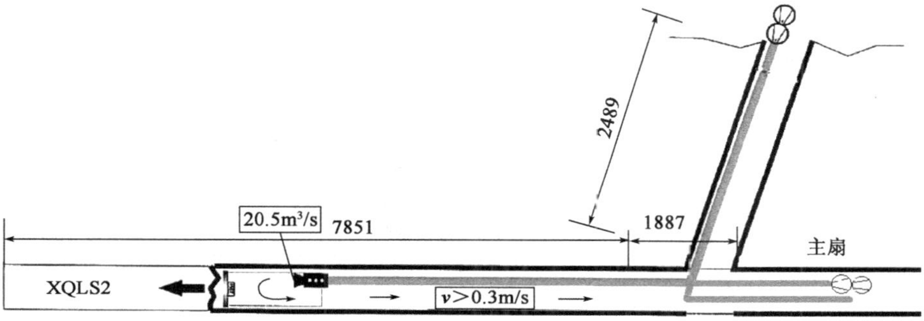


图 6-2-30 第二阶段通风布置方式(尺寸单位:m)

第二阶段斜井和正洞间的自然风流条件极大地降低了施工通风的难度。

### 6.2.7 长距离快速空载步进技术(以左线为例)

TBM 步进通过预备洞是掘进前的重要工序,步进的成功与否直接决定掘进施工是否能够按期进行。西秦岭隧道始发洞段长度达到 2.1km,罗家理境段 4.7km,步进距离相当长,且 TBM 不能利用自身撑靴动力进行移动,必须选择一种快速、安全的步进方法。结合 TBM 的结构特点和现场的工期要求,采用了混凝土弧形槽导向和承载、弧形钢板配合辅助推力液压缸作为步进驱动装置的滑动摩擦步进方法。该方法是在隧道预备洞底部施工弧度和刀盘一致的混凝土弧形结构,将刀盘支撑块和地面之间的钢板加工成弧形,在钢板上设置推力液压缸,液压缸推动 TBM 在钢板上滑行。TBM 在弧形槽内滑动步进从而实现 TBM 的自动调向。采用此方法仅耗时 26d 完成整个 2113m 的弧形滑槽施工任务,其中包括滑模调试和边基施工。在 TBM 拼装和步进机构安装完成后,一次试机成功,仅用 25d 完成步进 2113m,最高日步进速度 175m,远远超过传统的步进速度。

1)技术原理

在仰拱填充结构上设置混凝土弧形槽道,在弧形槽上铺设弧形钢板,在钢板上设置推力液压缸推动主机在钢板上滑动,由钢板和弧形滑槽之间的摩擦力提供步进推力的反力。混凝土弧形槽弧度和刀盘弧度一致,将刀盘及主机约束在弧形槽道内行进,实现自动调向。另外,弧形槽的弧度和仰拱预制块底部弧度一致,使得仰拱块安装的支撑工作量小,具有自然稳定性,从而减少了对步进的牵制。步进原理如图 6-2-31 所示。

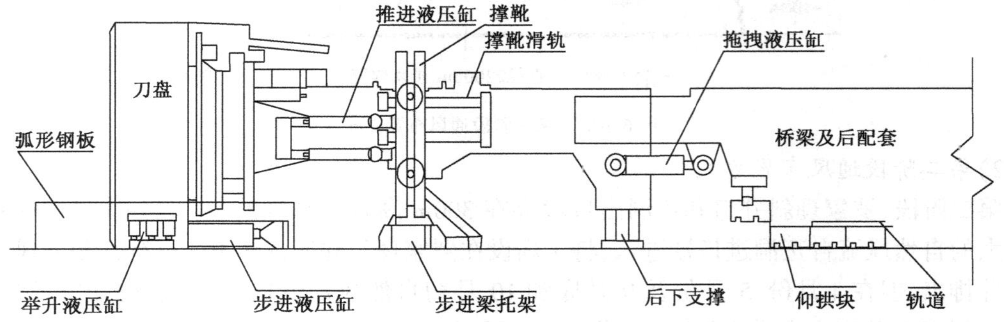


图 6-2-31　步进原理

2）方法及工艺

施工工艺流程如图 6-2-32 所示。

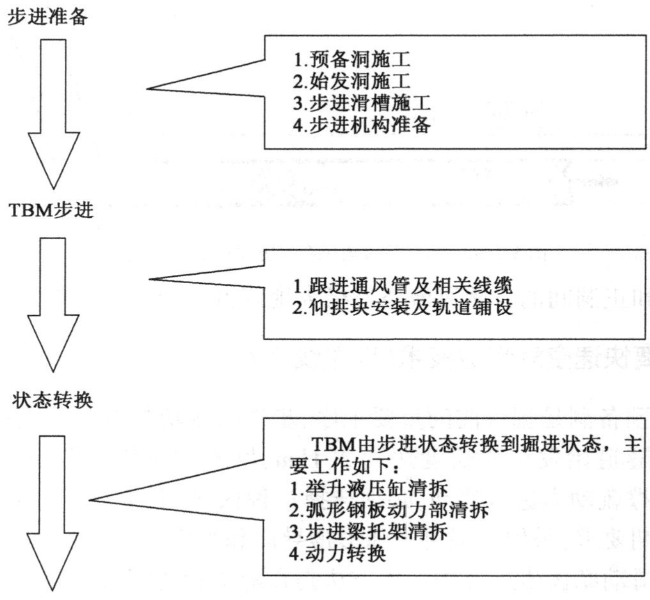


图 6-2-32　施工工艺流程

（1）步进准备——步进弧形滑槽施工

在预备洞及始发洞施工完成后，开始弧形滑槽施工，此为本工法的关键技术之一，通过设计专用的滑模和配置合理的施工设备、人员，实现弧形滑槽施工的高效率和高精度。弧形槽的基本结构如图 6-2-33 所示。

①滑模原理。

采用普通模板施工，立模速度慢，受混凝土浮力影响造成弧形槽精度低，由此可能造成摩擦面积减小而产生步进反力不够，故设计专用的滑模设备。采用低坍落度混凝土，实现混凝土边浇筑边形成弧面,并消除滑道纵向方向上的施工缝。滑模的原理如图 6-2-34 所示。

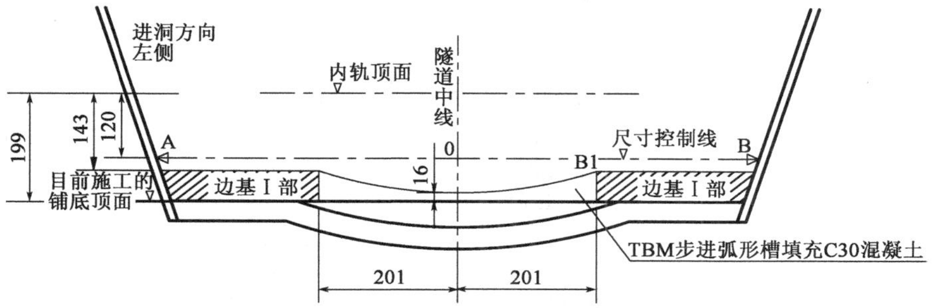


图 6-2-33　弧形槽基本结构(尺寸单位:cm)

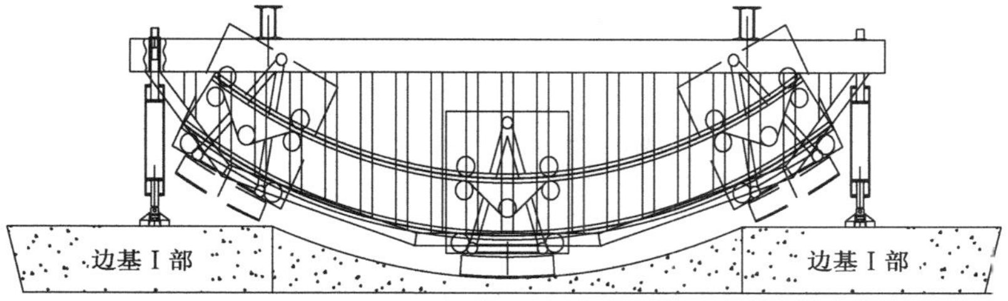


图 6-2-34　滑模断面

滑模通过设在边基上的钢轨在纵向方向上行走,其上的滑动机构将倒入槽中的混凝土抹成弧度一致的弧形结构。

②弧形槽施工方法及流程。

弧形槽施工待仰拱填充及边基施工后再开始施工。从洞内向洞外进行施工,采用两台滑模进行施工,钢轨导向,汽车运输混凝土,挖掘机初平后振捣,再采用滑模进行抹面,进行滑槽连续施工。在施工中,先清理基底工作面,其次进行混凝土入模及挖掘机粗平工作面工作,再次为 1 号滑模粗平工作面,最后为精平工作面。基本施工工艺流程如图 6-2-35 所示。

(2)步进准备——步进机构安装

步进机构由弧形钢板、举升液压缸、步进液压缸、步进滑行支架构成,提前进行加工和制造,在 TBM 组装时逐步进行安装。

①弧形钢板安装。

先将弧形钢板放在弧形槽上,然后再其上安放刀盘下支撑块,开始组装刀盘及主轴承。

②滑行支架安装。

TBM 步进时撑靴都已收回,滑行支撑架安装在撑靴下,用于支撑 TBM 主机及撑靴。滑行支撑架在 TBM 组装时一起安装完成,当 TBM 步进时滑行支架向前滑行。滑行支撑架安装如图 6-2-36 所示。

③举升液压缸安装。

在护盾两侧对应的位置焊接举升受力钢板,安装举升液压缸,通过升长举升液压缸使刀盘支撑块离开弧形钢板,使弧形钢板能向前移动换步,如图 6-2-37 所示。

④步进推进液压缸安装。

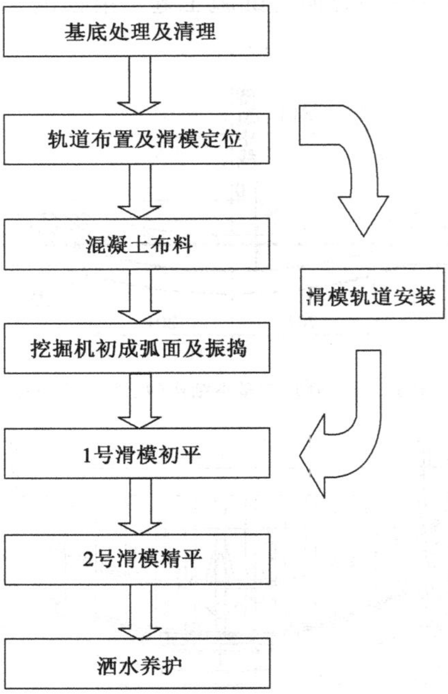


图 6-2-35　弧形槽施工工艺流程图

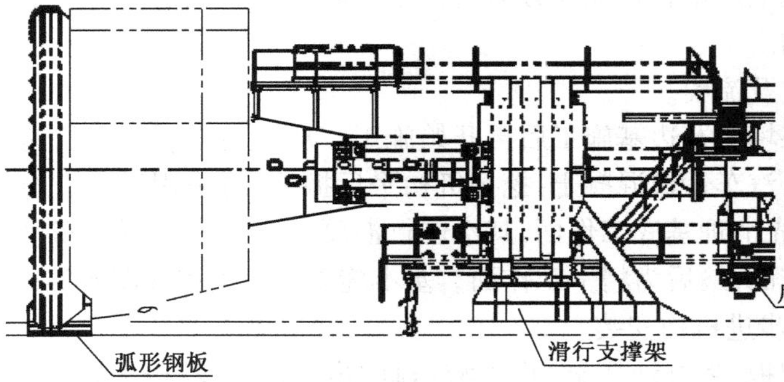


图 6-2-36　滑行支撑架安装图

TBM 组装调试完成后,安装步进推力液压缸,步进推力液压缸共两组,每侧一组,每组 2 个。步进推力液压缸前部与护盾连接,后侧与弧形钢板连接,每个步进推进液压缸推力 2000kN,行程 1.8m。其伸长时推动主机在弧形钢板上滑动,收缩时将弧形钢板拉回到刀盘支撑块的初始位置,具体如图 6-2-38 所示。

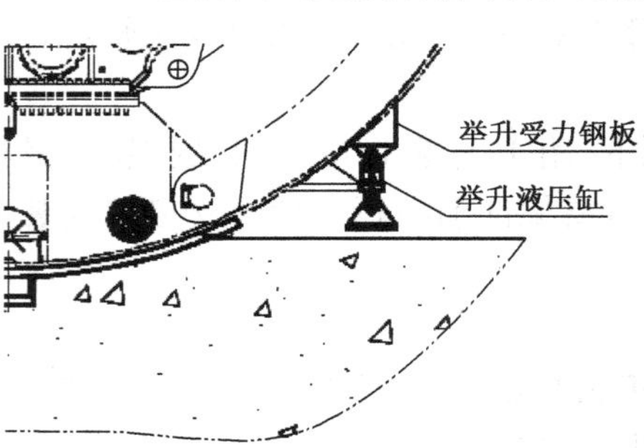


图 6-2-37　举升液压缸安装

(3) TBM 步进

通过控制各步进机构的动作及各动作的相互配合实现 TBM 的步进,整个步进的核心内容分为以下 4 个步骤。

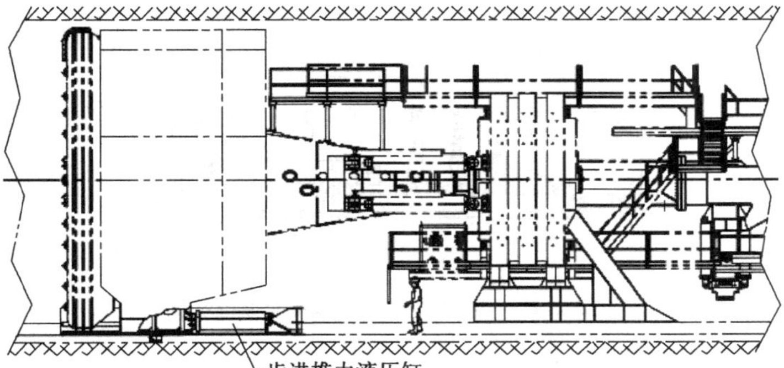


图 6-2-38　步进推进液压缸安装

①步进推进液压缸伸长。

TBM 主机通过两组 TBM 步进推进液压缸(4×2000kN,行程 1.8m)伸长,推进 TBM 主机在弧形钢板上向前行进,TBM 步进推进液压缸伸长的同时,主机推进液压缸一同伸长,具体如图 6-2-39所示。

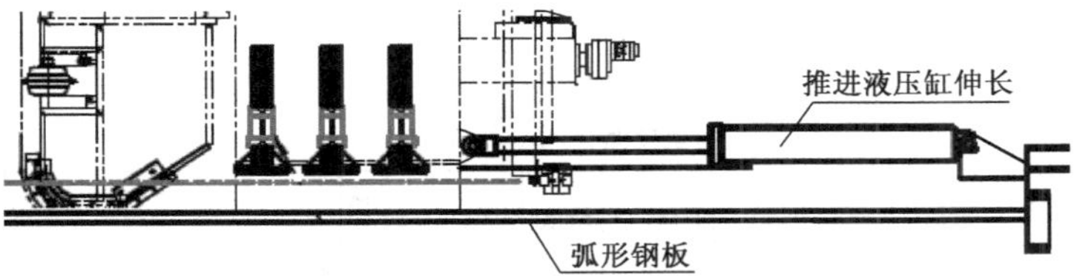


图 6-2-39　步进推进液压缸伸长示意

②举升液压缸举升、后支撑支腿伸长。

步进推进液压缸伸展 1.8m 后,用设在 TBM 主机护盾下方的两组举升液压缸(每组 3 个 1500kN 液压缸)把主机刀盘举升 3cm,使主机脱离弧形钢板,后支撑伸长至弧形滑槽上,举升滑行支架离地,如图 6-2-40 所示。

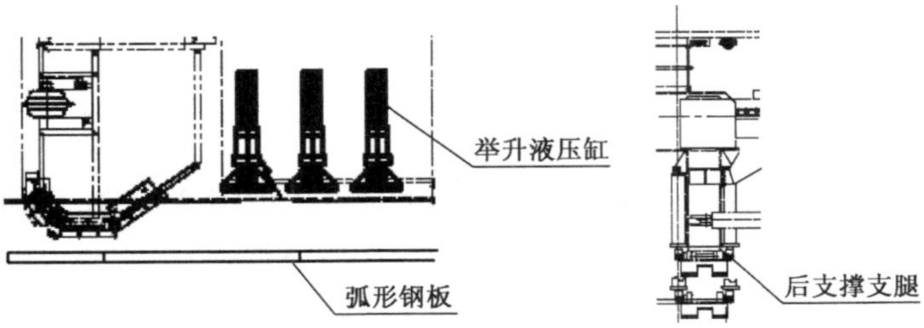


图 6-2-40　举升液压缸举升、后支撑支腿伸长示意图

③步进推进液压缸、主机推进液压缸收缩、后配套牵引油缸伸长。

TBM 主机被举升后,通过四组 TBM 步进推进液压缸(4×2000kN,行程 1.8m)收缩带动弧形钢板前行复位至刀盘下方,同时主机推进液压缸收缩,后配套牵引液压缸伸长,带动滑行支撑架前行。步进液压缸收缩完成后,举升液压缸和后支撑支腿收缩,把 TBM 主机放置在弧形钢板上及滑行支架放置在下部混凝土面上，具体如图6-2-41所示。

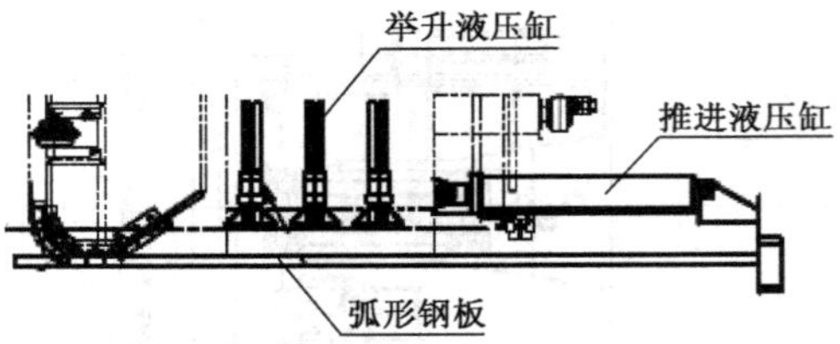


图6-2-41 步进推进液压缸收缩至原位示意

④后配套牵引液压缸收缩。

TBM主机重新放置在弧形钢板上，滑行支架放置在弧形槽混凝土面上，后配套牵引液压缸收缩，带动后配套在仰拱块上的钢轨上前行，完成一个步进循环。

(4)仰拱预制块安装、运输轨道安装

仰拱块安装和步进动作同时进行，利用TBM上配置的仰拱块专用吊机进行，完成6~7个步进循环(11~13m)后，对该段铺轨12m，同时对上段进行注浆作业，为提高步进速度，仰拱块两侧的混凝土填充施工在TBM的尾端50m范围外进行灌注及防水施工。仰拱块安装示意如图6-2-42所示。

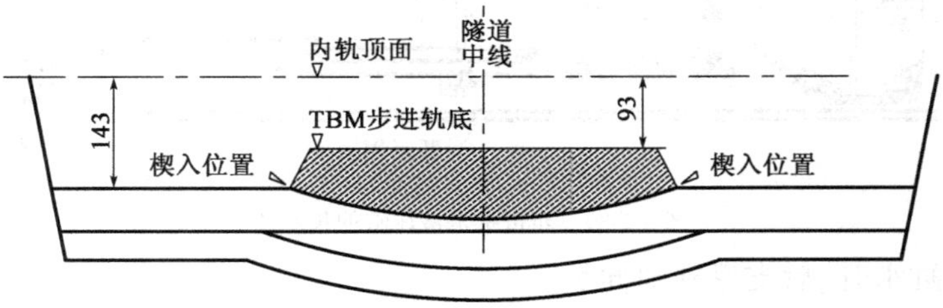


图6-2-42 仰拱预制块安装示意图(尺寸单位：cm)

# 6.3 南疆铁路吐库二线中天山TBM隧道施工技术

## 6.3.1 概况

中天山隧道进口端左线及右线各采用一台1996年从德国WIRTH公司引进的ϕ8.8m开敞式880E型凯式TBM施工，此两台TBM已经历过秦岭隧道、磨沟岭隧道施工，累计施工长度逾10km。本节以右线为例对中天山隧道TBM施工进行介绍。中天山隧道右线自2007年12月初开始掘进，至2013年9月中旬贯通，TBM掘进长度12476.7m。施工过程中TBM经历了抗压强度高达120MPa的完整花岗岩、围岩破碎的节理密集带、石英岩脉十分发育的变质砂岩等地层段，开敞式TBM实现了对各种围岩较为快速的掘进。

1)地形地貌、水文地质条件

中天山特长隧道位于新疆维吾尔自治区托克逊县、和硕县间中天山东段的岭脊地区，进口位于博尔托乌山北坡乌苏通沟的右岸岸坡，出口位于博尔托乌山南坡山前山脚下。中天山总体地势是中部高，北东和南西低，中天山特长隧道穿越博尔托乌山，博尔托乌山海拔 1100 ~ 2950m，最高海拔为2951.6m，地形切割较为剧烈，沟壑纵横，植被稀疏，相对高差 800 ~ 1200m；博尔托乌山北麓山前冲洪积平原海拔一般在 750 ~ 1100m 之间。

隧道地下水类型主要分为基岩裂隙水、构造裂隙水及岩溶裂隙水，其中基岩裂隙水主要储存在岩体表层风化带、节理密集带中，构造裂隙水主要储存于断层、构造节理、岩脉侵入接触带中，岩溶裂隙水主要储存在石炭系下的砂岩夹灰岩的岩溶裂隙中。

隧道通过区出露四套地层，主要为石炭系、泥盆系、志留系及上元古界的沉积岩及浅变质岩，并伴有加里东期及华力西期侵入岩体，各断层带尚有构造岩分布。出露岩石类型复杂，变质岩、火成岩、沉积岩均有出露。中天山隧道通过的地层岩性为泥盆系砾岩夹砂岩，长度约 1110m，泥盆系片岩夹大理岩，长度约 3113m，志留系变质砂岩夹片岩，长度约 9055m，中元古界片岩夹大理岩，长度约 2545m，中元古界混合岩夹片麻岩，长度约 2403m，华力西期花岗岩 2755m，加里东期闪长岩长度 1486m。

隧道区在大地构造位置上位于新构造活动强烈的中天山东段，属于天山华力西期和印支期褶皱带。在新构造分区上，属于中天山强烈隆起地区，地质构造复杂。中天山特长隧道穿过 3 条区域性大断裂（F2、F3 和 F4），8 条次级断裂，主断带宽度共计 420m。断层特征见表 6-3-1。

**中天山隧道断层特征表**　　表 6-3-1

| 断层代号 | 里　　程 | 断 层 特 征 |
|---|---|---|
| F2-1 | DyK146 +580 | 延伸大于 10km，主断层破碎带宽约 5 ~ 10m，主要由破碎岩组成，推覆位移较大 |
| F2-2 | DyK147 +020 | 延伸大于 100km，线状影像清晰，主断层破碎带宽 10 ~ 20m，主要由破碎岩、断层角砾组成 |
| F3 | DyK158 +320 | 破碎带宽 50 ~ 60m，由糜棱岩化岩和破碎岩化岩石组成，局部有加里东期闪长岩岩脉，为左行走滑断层。沿断层带有断层泉出露 |
| F4 | DyK160 +800 | 断层带宽约 150m，影响范围约 300m，主要由变质砂岩、片岩大理岩和混合岩、片麻岩、大理岩构成的构造混杂带，为左行走滑断层。沿断层带有断层泉出露 |
| f7 | DyK154 +520 | 逆断层，延伸大于 10km，破碎带宽 3 ~ 5m，主要表现为一套强片理化岩石组合 |
| f8 | DyK155 +890 | 逆断层，延伸数十公里，线形影像清晰，破碎带宽 5 ~ 10m，主要由断层角砾岩和糜棱片岩组成 |
| f9 | DyK157 +100 | 逆断层，延伸数十公里，线形影像清晰，破碎带宽 5 ~ 10m，由断层强片理化岩石组成 |
| f10 | DyK158 +587 | 逆断层，延伸大于 5km，线形影像清晰，破碎带宽 2 ~ 5m，由断层泥、糜片岩组成，沿断层破碎带具尖灭再现特征 |
| f11 | DyK160 +490 | 逆断层，延伸大于 10km，线形影像清晰，破碎带宽 2 ~ 5m，由断层角砾岩、糜片岩组成。系一走向断层 |
| f12 | DyK163 +500 | 逆断层，线形影像清晰，破碎带宽 5 ~ 15m，主要由断层角砾、强片理化岩石组成。系一走向断层 |
| f24 | DyK163 +200 | 逆断层，线形影像清晰，破碎带宽 3 ~ 5m，主要由强片理化岩石组成 |
| f25 | DyK163 +718 | 逆断层，线形影像清晰，破碎带宽 5 ~ 10m，主要由花岗闪长岩脉充填，两侧为强片理化岩石组成 |

中天山隧道断层里程、宽度及突水可能性见表6-3-2。

中天山隧道断层宽度及突水可能性一览表 表6-3-2

| 断层代号 | 里 程 | 宽度(m) | 突水可能性 |
|---|---|---|---|
| F2-1 | DyK146 +580 | 280 | 构造裂隙水及岩溶水发育,预测施工中突水可能性极大 |
| F2-2 | DyK147 +020 | | 构造裂隙水及岩溶水发育,预测施工中突水可能性极大 |
| F3 | DyK158 +320 | 100 | 构造裂隙水发育,预测施工中突水可能性较大 |
| F4 | DyK160 +800 | 300 | 构造裂隙水发育,预测施工中突水可能性极大 |
| f7 | DyK154 +520 | 100 | 构造裂隙水发育,预测施工中突水可能性极大 |
| f8 | DyK155 +890 | 80 | 构造裂隙水发育,预测施工中突水可能性极大 |
| f9 | DyK157 +100 | 80 | 构造裂隙水发育,预测施工中突水可能性极大 |
| f10 | DyK158 +587 | 50 | 构造裂隙水发育,预测施工中突水可能性极大 |
| f11 | DyK160 +490 | 80 | 构造裂隙水发育,预测施工中突水可能性极大 |
| f12 | DyK163 +500 | 50 | 构造裂隙水发育,预测施工中突水可能性极大 |
| f24 | DyK163 +200 | 50 | 构造裂隙水发育,预测施工中突水可能性极大 |
| f25 | DyK163 +718 | 50 | 构造裂隙水发育,预测施工中突水可能性极大 |

2)工程难点

(1)地质复杂。隧道洞身穿过3条区域性大断裂(F2、F3、F4)和8条次级断裂,构造裂隙水发育或较发育,存在突水的可能性较大。不良地质主要有高地应力、突涌水、高地温、岩爆等。

(2)长距离独头掘进。保证长距离通风质量、长距离运输问题的解决,复杂地质条件下的掘进组织均对施工组织者提出了很高的要求。

(3)TBM掘进与衬砌同步施工。TBM掘进与模板台车衬砌同步实施,对施工组织提出很高要求。

## 6.3.2 TBM掘进与二次衬砌同步施工技术

1)工程概况

中天山隧道衬砌设计为复合衬砌,TBM掘进段隧道内轮廓半径3.90m,为保证净空满足要求,模板台车按衬砌半径3.95m加工。二次衬砌施工分为边墙基础和拱墙两部分施工,其断面形式如图6-3-1所示。

中天山隧道右线前期施工配套3台16.5m长同步衬砌模板台车,其中一台配置两套模板,其中先行组装一套模板用于洞口预备洞段衬砌施工,后改装为TBM掘进段断面模板进行TBM掘进段施工。相对西秦岭隧道掘进出渣采用皮带输送机而言,中天山隧道的TBM掘进出渣采用有轨运输,并且其隧道净空要小,其同步衬砌的实现方法与组织方案和西秦岭是有差别的。

2)同步衬砌施工特点、重点、难点及对策

中天山隧道长,工期紧(46个月的合同工期),在进行隧道TBM的快速掘进的同时,还要保证二次衬砌的快速跟进。必须解决好以下问题:

(1)通风管道、供电线路、供水管路穿台车问题

通风管穿台车：台车设计时，在台车上台架中央预留通风管通过空间，并做好风管保护层，防止台车行走时台车刮破风管。

供水管穿台车：由于在仰拱块以上没有合适的空间供供水管安放，故拟将供水管放在中心水沟内向前延伸。

供电线路穿台车：主电缆放在二层台下转角处通过，并牢固固定在地面上，照明电线从台车模板内通过。

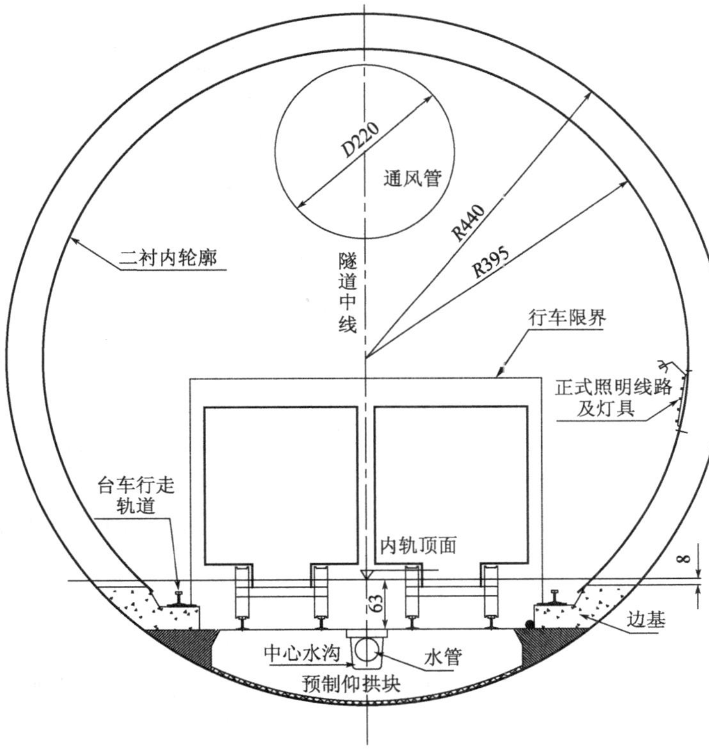


图 6-3-1　中天山隧道二次衬砌施工断面(尺寸单位:cm)

二次衬砌台车处管线布置如图 6-3-2 所示。

(2)洞内交通及各工作面施工组织协调通信问题

由于洞内工作面多、工点分散、线路长，为较好地协调交通运输和各工作面的施工，现场采用以下三个措施确保信息沟通。

一是手机信号延伸进洞。确保隧道沿线及掌子面均可手机通话，以此解决全隧长距离通信。

二是充分利用对讲机沟通。同时在 TBM 上、每列机车头尾、各工作面之间及相邻工作面(距离不超过最大作用距离)采用对讲机协调。

三是有线电话联系。有线电话主要放在 TBM 控制室及洞内运输中间有值班人员看守的应急道岔处，供洞内外之间联系。

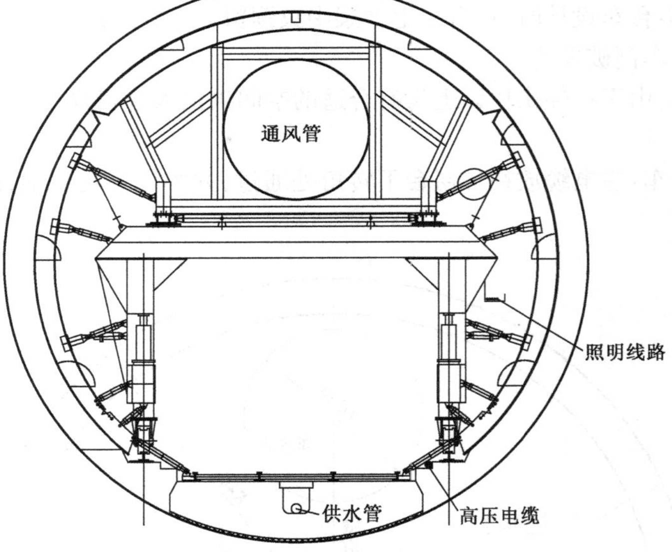


图 6-3-2　二次衬砌台车处管线布置示意图

(3)交通疏解和轨道车跳道问题

为疏解二次衬砌与 TBM 掘进同步以及与左线隧道间连接通道开挖所带来的交通影响问题,每隔 840m 左右(2 倍横通道间距)在横通道附近设置平交道岔一处,在连接通道开挖完成且二次衬砌通过后,拆除道岔以供调用。

相对于皮带输送机出渣条件下的同步衬砌而言,有轨运输出渣条件下的同步衬砌在运输组织上的难点更加突出。

3)同步衬砌施工技术

(1)模板台车选择

二次衬砌采用 3 台 16.5m 的模板台车,以满足台车下双线行车及其他限定条件的要求。台车按间隔距离 300m 左右,跳跃式向前衬砌,用于 TBM 掘进普通段施工。每台模板台车配套有各自的防水板铺设台架和修补架。

(2)拱墙衬砌前期施工准备工作

附属洞室(大、小避车洞)衬砌与拱墙衬砌同步施作。同时提前进行边墙基础的施作,尽量紧跟 TBM 后配套施工,以保证台车行走面混凝土强度,以及满足模板台车跳跃式向前衬砌。

(3)作业区间及运行线路布置

根据现场施工作业内容,分布有 TBM 掘进区、边基作业区、二次衬砌作业区及洞室开挖作业点。各作业区(点)分布示意如图 6-3-3 所示。

除 TBM 作业区外,每个作业区(点)都存在占道施工现象,为保证运输线路的畅通,需要合理布设左右线渡线道岔位置。根据隧道内运输及洞室开挖特点,洞内渡线道岔间距 840m 左右设置一个,左开、右开渡线道岔交错设置,以方便附属洞室的开挖装渣,又能达到快速行车的目的。

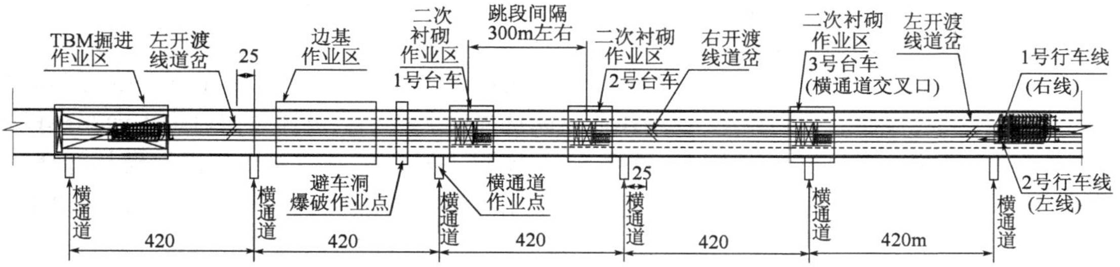


图 6-3-3 衬砌作业区间平面布置示意图(尺寸单位:m)

(4)工序安排

模板台车行走轨位于边墙基础上,台车门架净空能满足双线行车,台车长距离行走时,须停风对风管进行摘挂,对 TBM 的供风造成一定影响;故台车长距离移动会选择在 TBM 停机保养时段。附属洞室开挖爆破后,石渣会阻碍运输轨道,造成断道,对 TBM 出渣运输影响较大,所以洞室爆破一般选择在 TBM 停机不掘进时段内,爆破后及时组织人员配合专门用于洞室出渣配备的小型挖掘机疏通行车线,恢复线路的通行。

(5)边墙基础施工

边墙基础用于施工期间的台车行走,其断面形式见图 6-3-4。

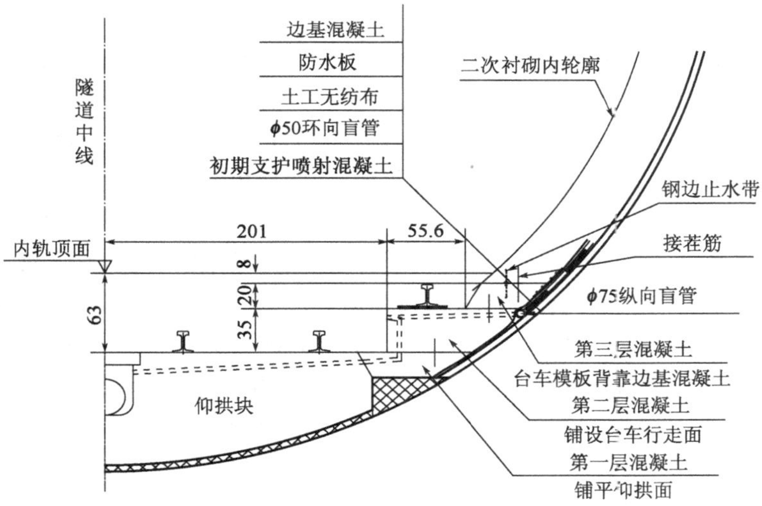


图 6-3-4 中天山隧道边墙基础施工断面(尺寸单位:cm)

(6)拱墙衬砌

①初期支护表面处理及防水板铺设。

采用专门的防水板铺设作业台架(其设计长度 15m,行走轨距与模板台车相同),先对初期支护表面进行处理,包括凿除初支表面鼓包部位,补平突然凹陷部位,割掉外露锚杆头、钢筋头等尖锐物,达到防水板铺设条件,经检查合格后进行防水板的铺设。

防水板按照设计要求采用无钉热合铺设法铺设,防水板环向铺设时,先拱后墙。先于拱顶垫层上正确标出隧道纵向中心线,再使防水板横向中心线与标定线重合,将拱顶部与塑料圆垫片热熔焊接好后，向两侧下垂铺设，边铺边焊。在搭接处，下部防水板需压住上部防水板。

②台车打磨及脱模剂涂抹。

TBM 掘进断面拱墙衬砌采用 16.5m 长的液压模板台车作业，为满足台车下双线行车的要求，台车设计上模板伸缩空间较小，现场作业只能选择体形瘦小人员通过窗口进入台车模板表面进行打磨、涂抹脱模剂。为加快施工进度，台车模板一般在每个循环间只进行局部打磨，间隔 10 个循环左右进行全面的打磨；每循环顶部采用打油枪进行喷洒脱模剂，边模采用粉刷滚筒进行涂抹。

③墙拱混凝土灌注。

拱墙混凝土施工采用泵送混凝土，输送管连接分料梭槽，通过分料梭槽首先从台车两侧中部窗口进行混凝土灌注，此过程要保证混凝土出槽口与混凝土灌注面高度不大于 2.0m；当混凝土灌注至中部窗时，将输送管接通至顶部灌注口进行灌注，一直到封顶。

### 6.3.3　TBM 掘进施工技术

1）地质情况

隧址区分布沉积岩、火成岩及变质岩三大岩类，地质条件十分复杂。出露地层岩性复杂多变，主要为泥盆系片岩夹大理岩，志留系变质砂岩夹片岩、角斑岩，元古界片岩夹大理岩、混合岩夹片麻岩，华力西期花岗岩，加里东期闪长岩等。各断层带尚有构造岩分布。TBM 施工段勘察设计主要地层岩性如下：

（1）志留系下统：为本隧道遇到的主要地层，分布范围较广，与上覆泥盆系呈角度不整合接触。岩性由软硬交互的青灰色、灰绿色绿泥石英片岩、薄～厚层状变质杂砂岩、粉砂岩、粉砂质板岩构成。变质砂岩：青灰色，中～细粒变余砂状结构，薄～厚层状构造，岩石由石英、岩屑及长石组成，硅质胶结。片岩：呈薄层状分布于变质砂岩、板岩之间，灰绿色，变晶结构，片状构造，主要由等粒状石英、绿泥石及云母构成，岩体中塑性流变状石英脉发育，脉宽 10cm 左右，长度 2～3m；岩体受节理切割而比较破碎，局部有挤压、揉皱现象。板岩：青灰、灰绿色，鳞片变晶结构，薄板状构造，主要由石英、岩屑及长石组成，板理面云母片富集，沿板理面易裂开，岩体受构造影响严重，节理、裂隙发育。Ⅴ级次坚石，$\sigma_0$ = 1200kPa，Ⅲ级围岩为主。

（2）志留系蚀变角斑岩：肉红色、灰白色，结构均一，块状构造，岩石中石英细脉和方解石脉发育。岩石由斑晶和基质两部分组成，各占 3%～5% 和 97%～95%，岩石致密。受构造影响强烈，岩石完整性较差，节理裂隙发育。Ⅳ级软石～Ⅴ级次坚石，$\sigma_0$ = 800kPa，Ⅲ～Ⅳ级围岩。

（3）花岗岩：主要出露于中天山岭脊北侧 DK146 + 920～DK149 + 655，长约 2735m。花岗岩呈岩株状产出，北侧与志留系下统地层呈侵入接触关系，南侧与志留系下统地层呈断层接触关系。花岗岩呈浅灰红色、灰色及灰白色，以二长花岗岩、钾长花岗岩为主，中～粗粒似斑状结构或中粗粒花岗斑状结构，块状构造。斑晶主要为浅肉红色钾长石，含量 15%～20%，基质由粒状石英、板状斜长石、钾长石及少量暗色矿物黑云母、角闪石等组成。物探资料显示，花岗岩段岩体的电阻率分布于 1000～2000Ω·m 之间，岩体的纵波波速分布在 2700～3000m/s 之间。节理、裂隙较发育，岩体较完整，Ⅵ级坚石，$\sigma_0$ = 1500kPa，Ⅱ级围岩为主，节理密集带为Ⅳ围岩。

主要岩石物理力学指标见表 6-3-3。

中天山隧道掘进机施工段主要岩石物理力学指标 表 6-3-3

| 岩土名称 | 密度（$g/cm^3$） | 抗压强度（MPa） | | 岩体完整性指数 $k_V$ | 石英含量（%） | 耐磨值（1/10mm） |
|---|---|---|---|---|---|---|
| | | 干燥 | 饱和 | | | |
| 志留系下统变质砂岩 | 2.7～2.79 | 74.2～178 | 60.2～159 | 0.3～0.75 | 5～30 | 2.76～3.91 |
| 蚀变角斑岩 | 2.69～2.79 | 52.9～75.4 | 37.4～63.6 | 0.4～0.75 | 20～40 | 3.73～4.74 |
| 华力西期花岗岩 | 2.6～2.72 | 87.3～90.9 | 70.2～73.8 | 0.30～0.75 | 20～45 | 4.13～5.48 |

表中角斑岩的石英含量是长石、石英的总含量（均值为30%），角斑岩中霏细状的长石、石英无法分辨。变质砂岩中的石英含量均值为20.1%。

隧址区内褶皱比较发育，总体上呈北西西向展布，主要发育华力西期和印支期褶皱带。主轴向北西，总体与主构造线方向相一致；褶皱两翼产状低缓，枢纽向东倾伏，轴面劈理不发育。

隧道工程区，根据断层规模及构造意义可以分为两级，一级为区域性深大断裂（F），二级为次级断裂（f）。本隧道通过一级断层3条，次级断裂7条。主断裂为坎普尔断裂（F2）、桑树园断裂带（F3）、包尔图断裂带（F4）。断带合计共10条，长度为300～500m。

此外在隧道区还分布有节理密集带，主要集中于花岗岩体、闪长岩体、混合岩等硬质岩地区。节理密集带围岩破碎，富水。

中天山隧道掘进过程中，岩体中较高的地应力容易引起隧道内软弱围岩（主要指断层破碎带）的流变失稳及坚硬岩石（主要指花岗岩、混合岩）的岩爆现象。

2）实际掘进围岩级别情况

从施工揭示的围岩地质看，共三套地层（五个段落），分别为志留系变质砂岩夹片岩（三段），志留系角斑岩、华力西期花岗岩。施工围岩级别情况见表6-3-4。

TBM施工各类围岩级别长度 表 6-3-4

| 围岩级别 | Ⅱ | Ⅲ | Ⅳ | Ⅴ | 总长 |
|---|---|---|---|---|---|
| 施工长度（m） | 1532 | 9550.7 | 1249 | 145 | 12476.7 |

同时对现场施工段的岩石进行取样，外送检测单位进行岩石力学试验，在TBM掘进的花岗岩段、岭脊段变质砂岩的主要物理力学指标见表6-3-5（其中岩体完整性指数是根据现场调查资料及围岩级别确定）。

取样岩石物理力学指标 表 6-3-5

| 岩土名称 | 参数分布 | 抗压强度（MPa） | | 岩体完整性指数 $k_v$ | 石英含量（%） | 耐磨值（1/10mm） | 凿碎比功 $a$（$kg \cdot m/cm^3$） |
|---|---|---|---|---|---|---|---|
| | | 干燥 | 饱和 | | | | |
| 华力西期花岗岩 | 范围 | 98.9～118.9 | 84.8～105.8 | 0.2～0.75 | 36～44 | 6.09～6.25 | 70.71～78.22 |
| | 均值 | 104.05 | 90.8 | — | 40.2 | 6.17 | 73.94 |
| 岭脊段变质砂岩 | 范围 | 91.7～98.4 | 84.8～91.5 | 0.3～0.75 | 54～55 | 6.02～6.09 | 71.98～72.74 |
| | 均值 | 95.87 | 88.2 | — | 54.7 | 6.06 | 72.37 |

3）TBM掘进施工工艺

TBM在步进、始发与试掘进期间，主要检验TBM的协调情况、液压系统、电器系统和辅助设备及皮带输送机系统的工作情况,对各设备进行磨合,进一步调整各设备系统,使其达到最佳状态,具备正式快速掘进的能力;通过TBM试掘进段施工,施工作业人员可基本熟悉设备性能,掌握设备操作、保养的技术要点,并初步总结出掘进参数的选择及控制措施;理顺整个施工组织,在TBM连续掘进的管理体系中抓住关键线路的控制工序,为以后的稳产高产奠定基础。TBM完成试掘进后,进行TBM各项性能与指标的评估,综合评定达标后可开展TBM正常掘进施工,TBM正常掘进施工工艺流程如图6-3-5所示。

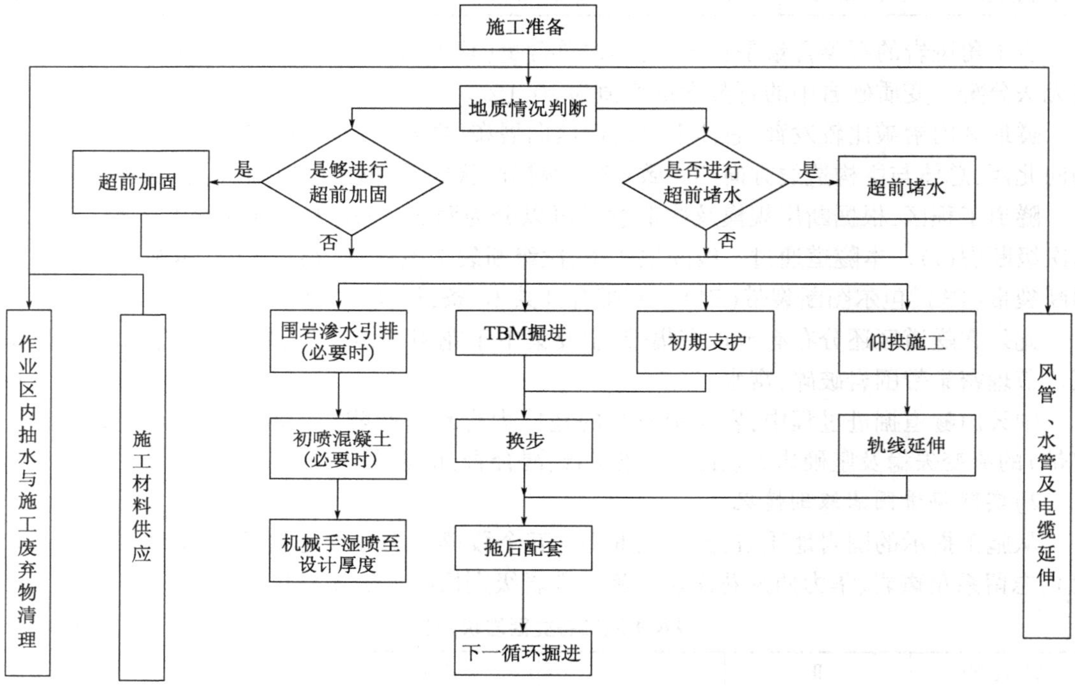


图6-3-5 TBM掘进作业工序流程

4)TBM掘进施工技术

(1)TBM掘进设备操作

TBM施工集掘进、支护、仰拱等工序作业于一体,在一般情况下,各工序可平行作业,TBM掘进步骤如图6-3-6所示。

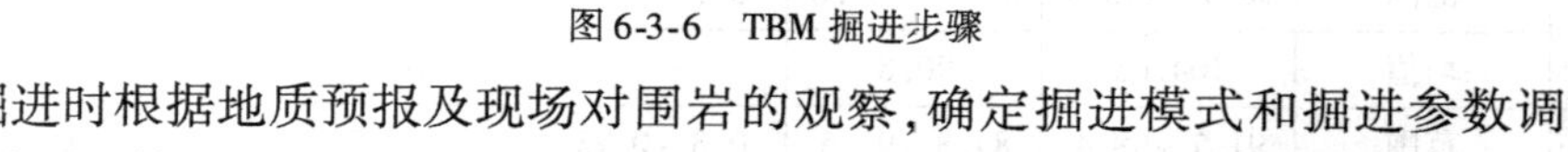


图6-3-6 TBM掘进步骤

TBM掘进时根据地质预报及现场对围岩的观察,确定掘进模式和掘进参数调整范围,适时调整掘进推力、撑靴压力、刀盘转速和循环进尺,在尽量保护设备的前提下实现快速掘进。

当主推进油缸达到最大掘进行程时,TBM需要停机换步。此时刀盘停止转动,放下后支撑和刀盘底护盾支撑,将撑靴慢慢收回并前移一个行程,撑靴前移到位后再次撑紧岩壁并收回后支撑和底护盾支撑,最后通过操作后配套伸缩油缸牵引后配套走行一个循环。在掘进过程中,操作司机应根据隧洞测量导向系统显示的掘进偏差适当地进行方向调整。

TBM 换步操作流程如图 6-3-7 所示。

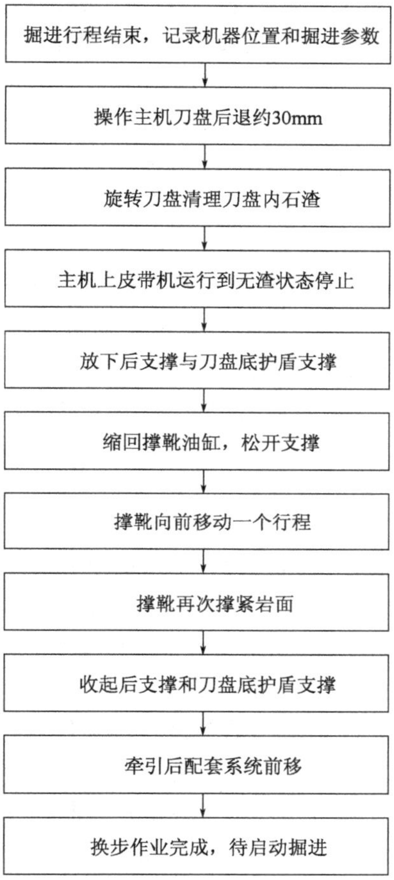


图 6-3-7　TBM 换步操作流程

TBM 在进行换步作业时,操作司机根据测量导向系统电脑屏幕显示的主机位置数据进行 TBM 姿态调整,完成对主机掘进方向和主机滚动值的调整,使 TBM 以合理的姿态工作。

(2)TBM 操作控制程序

主控室是 TBM 的心脏,设备上 90% 的指令在主控室内操作,其内部安装有操作盘,显示仪(包括参数显示、仪表显示、故障显示、状态显示及指示等),PLC 系统(可编程逻辑控制器)、调向显示等。最主要的操作盘上有上百个操作按钮及手柄,控制不同部位设备的运转。必须全面了解设备状态,掌握正确操作规则的人才能担当主驾驶员。

(3)掘进模式的选择

TBM 提供了三种工作模式:自动扭矩模式、自动推力模式、手动控制模式。一般来说,自动扭矩模式只适用于均质软岩,自动推力模式只适用于均质硬岩,手动控制模式操作灵活,适用于各种地质情况。

由于中天山隧道花岗岩段、角斑岩段和变质砂岩段属于硬岩,但分布不均匀,节理较发育,局部破碎，掘进时均选择手动控制模式。

(4)掘进参数选择及控制模式

TBM 掘进中涉及的掘进参数主要有 8 个：刀盘转速、刀盘推力、刀盘扭矩、电机电流值、推进油缸压力、实际推进速度、贯入度、推进速度电位器选择值。

若围岩较硬，掘进推力先达到额定值，此时应以推力变化为参照，选择掘进参数，控制推进压力不超过额定值；若围岩节理发育、裂隙较多或遇破碎带、断层带等时，主要以扭矩变化并结合推进力参数选择掘进参数。特别是在岩石软弱条件下一般采用扭矩和贯入度控制掘进，同时兼顾各种参数变化。

变化的岩石条件反映在与 TBM 设备和掘进进度有关的各参数变化中，如刀盘主驱动电流增大一般表明刀盘超载或刀盘前方出现松散孤石和破碎岩石；刀盘出渣超载一般表明工作面可能出现塌陷；刀盘旋转速度降低一般伴随刀盘主驱动电流增加或刀盘出渣超载；TBM 贯入度降低表明异常的工作面条件；TBM 撑靴油缸压力变化反应围岩变化；渣土碎块尺寸和数量参数为岩石条件变化提供信息；TBM 皮带输送机工作压力高表明皮带输送机超载，可能正进行非常破碎的岩体开挖等。TBM 主司机通过观察及时调整控制这些参数，这些关键参数将被自动记录和存储，以便于随后的调取查询。

(5)掘进方向控制

为了保证 TBM 的快速、准确掘进，TBM 配备 PPS(Poltinger Precision Systems)测量导向系统。PPS 导向系统测量 TBM 是以装在主机后面隧道边墙上的全站仪通过后视定向镜，前视位于主机上的两个马达棱镜，测得两个马达棱镜点的三维坐标($X,Y,H$)，通过数据线传输至 PPS 导向系统，PPS 以直观的三视图形式显示到电脑显示屏上。在进行换步作业时，驾驶员必须根据 PPS 导向系统电脑屏幕显示的主机位置数据进行调向作业，完成对主机的掘进方向和主机滚动值的调整，使 TBM 掘进方向控制在相对于隧道设计轴线限差之内，并始终保证隧道中线水平偏差和竖向偏差不超过设计限值。要求中线偏差控制在 ±3cm，高程偏差控制在 ±3cm。

为避免测量误差及 PPS 系统出现故障而发生偏差，采用两套独立的测量系统进行 TBM 掘进导向：PPS 自动导向系统和人工全站仪测量系统，两系统互相校核，确保掘进方向的准确性。由于 PPS 导向系统由人工测量提供基准，因此每次前移激光经纬仪时必须保证测量精度，确保移动前后 PPS 控制单元上的数据变化在允许的范围内。

5)超前地质预报

TBM 掘进过程中将超前地质预报纳入施工工序管理，超前地质预报以预报成果为依据，结合掘进参数、出渣情况和成洞质量对掌子面围岩做出较为准确的判断，从而为下一步掘进施工措施的选择提供借鉴依据。

(1)超前地质预报方式

超前地质预报设计按照“安全第一、预防为主”的原则制订，即超前地质预报以地质分析为基础，充分利用前期地质勘察资料，采用宏观预报、长距离预报、中长距离与短距离精确预报相结合，地质编录、物理探测与超前钻孔相结合，多种物探方法相互补充相结合，定性与定量相结合的综合地质预报手段。TBM 施工超前地质预报一般有 TRT、TSP、HSP-T 水平声波超前地质预报系统、高分辨电法探测、红外探测、地质雷达等超前探测方式。近年来，长距离隧道施工中主要以 TSP2003 + 超前探测，结合超前地质素描、超前红外探水以及地质展示的方式来进行超前地质预报。每次探测长度大约可达200m，但精度也会随距离的增加而有所降低。

(2)超前地质预报工作内容

按照图纸提供的地质资料，以及现场的具体情况针对以下地质问题进行地质预报，从而判定其对施工的影响程度。

断层及断层影响带的位置、规模及其性质；软弱夹层的位置、规模及其性质；岩溶的位置、规模及其性质；不同岩性、围岩级别变化界面的位置；工程地质灾害可能发生的位置和规模；含水构造的位置、规模及其性质。

6)TBM 辅助施工技术

(1)TBM 高压电缆延伸

TBM 用电采用10kV 高压电缆进洞，高压电缆通过电缆挂钩悬挂在隧洞右侧(掘进方向)大跨下边墙位置。电缆延伸利用 TBM 自带的电缆卷筒完成，根据提供的设备参数情况，约300m 换接固定长度，固定电缆延伸换接时，将整盘电缆由平板车运输进洞，采用人工转动电缆卷筒将电缆悬挂在隧洞边墙上；TBM 自带的电缆采用人工收盘在平板车上，通过内燃机车运送到后配套后部，然后启动电缆卷筒按钮，将电缆盘在卷筒上，最后由专业电工连接电缆快速接头。

(2)隧洞施工照明延伸

隧洞照明采用380V 电压供电。TBM 设备本身施工照明用电在正常情况下使用高压电源经变压器降压后的安全电源。在遇到突然停电或断电情况下，由后配套系统的发电机自动启动提供自身照明用电及安全设备用电。

主洞内的照明采用三相五线制，每30m 布置一盏隧洞防水日光灯，照明线支架安装在掘进方向左侧大跨上下部位，采用角钢加工，膨胀螺栓固定，在 TBM 掘进过程中安装完成。

(3)风水管线延伸

风管采用每200m/节的通风软管，存放在 TBM 后配套上风筒内，TBM 掘进后配套拖拉时，自动延伸。洞外设置一个备用风筒，倒换使用。风管自动延伸完成后，利用提升装置进行倒换，人工配合安装即可。

供水管采用6m/节的钢管，管径15cm，钢管间法兰连接。利用停机保养期间，视后配套自带的供排水管卷盘软水管使用情况，随机决定延伸水管延伸长度。

### 6.3.4 TBM 快速掘进长距离施工通风技术

前期左右线隧道施工通风分别采用独头压入式通风，其通风示意如图6-3-8所示。

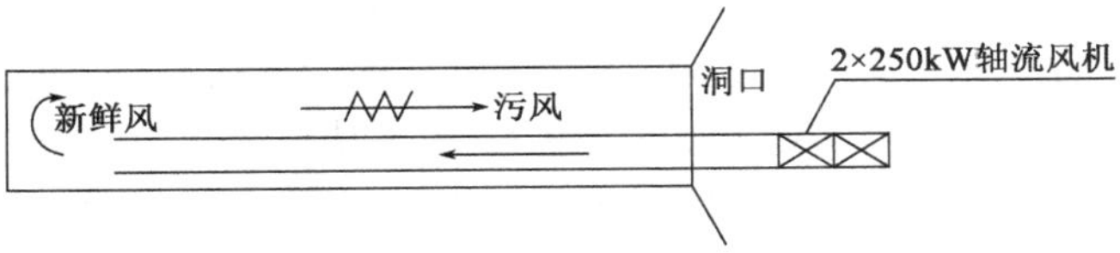


图6-3-8 独头压入式通风示意

新鲜风经 $\phi$2200mm 的风管引送至 TBM 后配套尾部，再由 TBM 设备上配套供风设施给掘进掌子面供风，其 TBM 设备区间内的供风示意如图6-3-9所示。

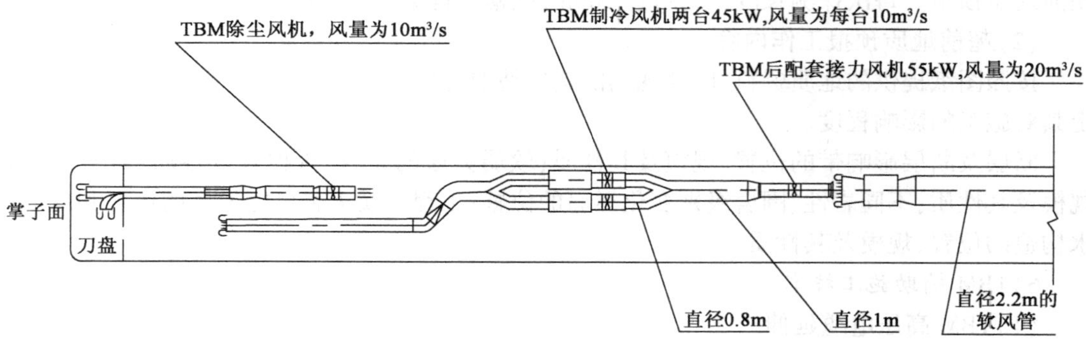


图 6-3-9　TBM 设备区间内供风示意图

随 TBM 掘进洞身长度的增加，独头压入式通风效果越来越差，无法保证 TBM 作业区足够的供风量，施工洞身长度 7km 后，改为左右线联合巷道式通风（第一阶段），新鲜风从右线进入，污风从左线排出，方案示意如图 6-3-10 所示。

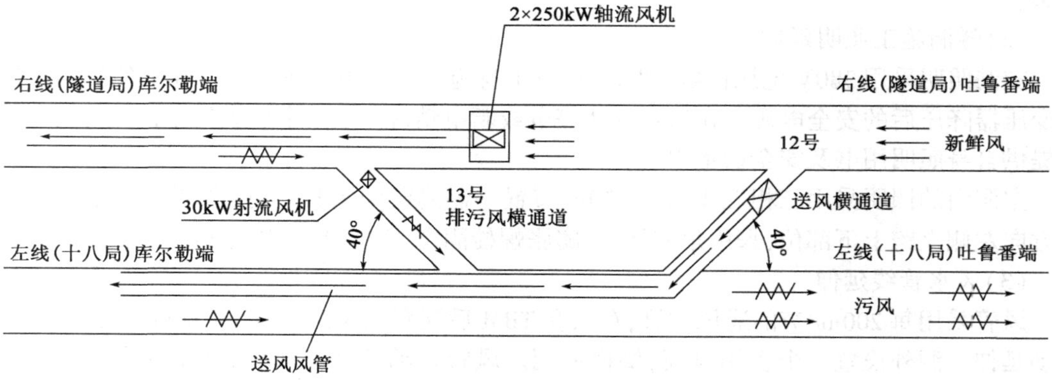


图 6-3-10　联合巷道通风（第一阶段）实施方案示意图

在第一阶段联合通风的实施下，当右线供风距离达 4. 8km，洞内作业环境逐步恶化，TBM 作业区间段高温（平均温度达 36℃）、高湿（相对湿度 80% 左右），对作业人员身体及心理影响特别大，现场作业效率也大大降低。为此在 2011 年 8 月份，依据通风科研小组提供的中天山隧道 TBM 施工通风方案，开始实施第二阶段联合巷道通风，新鲜风从左线进入，污风从右线排出，供风风机距离洞口 7220m，其方案示意如图 6-3-11 所示。

第二阶段巷道式通风至 2012 年 12 月，为保证隧道的最后贯通，利用 24 号和 25 号横通道实施第三阶段联合巷道通风，新鲜风仍从左线进入，污风从右线排出，其方案与第二阶段相似，仅横通道位置及通风机相应位置进行了调整，此时供风风机距离洞口距离 10120m，如图 6-3-12所示。

1）现场使用风机数量及参数

以上各阶段的通风机，均选用 2DT-160 型轴流风机进行压入送风，采用 2 台串联供风，其风机参数见表 6-3-6。

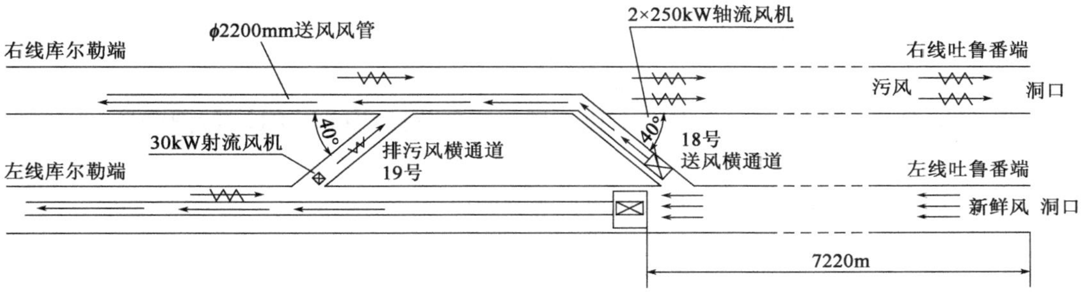


图 6-3-11　联合巷道通风(第二阶段)实施方案示意

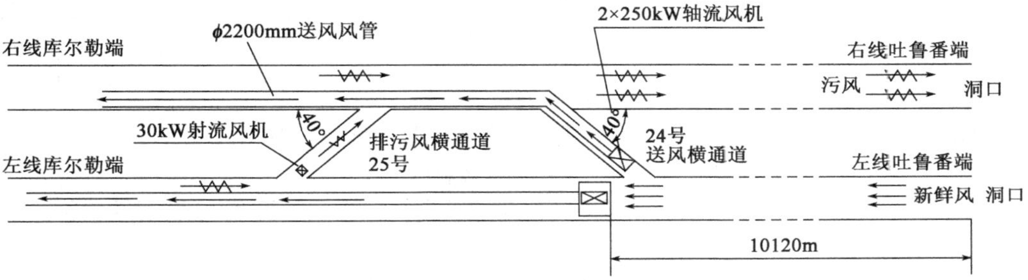


图 6-3-12　联合巷道通风(第三阶段)实施方案示意图

**2DT-160 型轴流风机参数**　　表 6-3-6

| 风管直径 | 电机功率 | 轴功率 | 风量 | 工作压力 | 转速 | 单台质重 |
|---|---|---|---|---|---|---|
| 2.20m | 250kW | 222kW | 60.8m³/s | 7.453kPa | 1470r/min | 1085kg |

排污横通道布置 1 台 SDS-112T-4PD1 射流风机引流,风机参数见表 6-3-7。

**排污风机参数**　　表 6-3-7

| 直径 | 转速 | 流量 | 轴向推力 | 出口风速 | 功率 |
|---|---|---|---|---|---|
| 1.2m | 1450r/min | 30m³/s | 1190N | 33.9m/s | 37kW |

TBM 配套多种风机,其参数见表 6-3-8。

**TBM 配套风机参数**　　表 6-3-8

| 风机 | 台数 | 电机功率 | 轴功率 | 风量 | 工作压力 | 转速 |
|---|---|---|---|---|---|---|
| TBM 新鲜风机 | 1 | 55kW | 51.5kW | 20m³/s | 1.37kPa | 1470rpm |
| TBM 制冷风机 | 2 | 45kW | 40.7kW | 10m³/s | 2.16kPa | 2950rpm |
| TBM 除尘风机 | 1 | — | — | 10m³/s | 背压 | 2950rpm |

2)施工通风控制标准及通风量确定

依据《铁路隧道全断面岩石掘进机法技术指南》(铁建设〔2017〕106 号),确定中天山隧道 TBM 施工通风控制标准如下。

(1)有害气体最高允许浓度值:

①一氧化碳:不大于 30mg/m³,特殊情况下施工人员必须进入作业面时,浓度可为 100mg/m³,

但工作时间不得长于30min；

②二氧化碳：不大于0.5%；

③氮氧化物：换算为二氧化氮低于$5mg/m^3$。

(2)粉尘：每立方米空气中含有10%以上游离二氧化硅的粉尘质量不大于2mg；

(3)温度：不得高于28℃；

(4)氧气含量：按体积算不低于20%；

(5)供风量：每人的新鲜空气含量不低于$3m^3/min$；

(6)隧道内风速：全断面不小于0.15m/s。

根据以上标准，由现场作业情况，初步计算出现场通风量需求数量见表6-3-9。

**理论计算需风量列表** 表6-3-9

| 施工人员呼吸 | 降温排尘 | 稀释机车尾气 | 满足洞内风速 | 总需风量 |
|---|---|---|---|---|
| $2.30m^3/s$ | $24.30m^3/s$ | $21.00m^3/s$ | $9.12m^3/s$ | $24.30m^3/s$ |

根据通风科研小组人员现场测试，洞内实测需风量见表6-3-10。

**实测需风量列表** 表6-3-10

| 降温所需风量 | 除尘所需风量 | 稀释NO所需风量 |
|---|---|---|
| $28.27m^3/s$ | $56.43m^3/s$ | $11.74m^3/s$ |

由于已采用除尘风机对作业面进行降尘处理，效果较好，因此现场通风重点还是解决作业面温度问题，综合考虑理论计算及实测数值，确定TBM作业区需风量为$30m^3/s$。

3)独头压入通风与联合巷道通风对比

压入式通风方式的原理为：在洞外设置大容量风机，风管送风口设在开挖面附近，通过风管将新鲜风从洞口吹入开挖面，污浊空气沿隧道流出。

联合通风属于巷道通风的一种。它是在两条平行隧道间每隔一段距离用联络横通道贯通，然后在两边工作面采用压入式通风。压入式风机安装在进风隧道内，污浊空气沿另一平行隧洞排出。

针对中天山隧道施工情况，独头压入式通风和联合巷道通风的优缺点对比见表6-3-11。

**独头压入通风与联合巷道通风对比表** 表6-3-11

| 项　　目 | 独头压入式通风 | 联合巷道通风 |
|---|---|---|
| 风管漏风控制 | 对漏风率的控制要求十分严格，需将总长的平均漏风率控制在0.35%以下。风管漏风的控制是决定通风系统成败的关键因素，同时需要增强软风管的承压能力 | 对漏风率的要求低于独头压入式。台车段百米漏风率控制在3.71%，非台车段的百米漏风率控制在0.57%以下即可满足条件。现场软风管能够达到要求 |
| 通风耗能大小 | 沿程能量损耗大，不经济 | 所用风机数目少，节约，经济 |
| 通风效果 | 两个隧道均处于污染状态。从现场实测通风效果看，当隧道掘进超过5km以后，两隧道通风效果差，施工环境较恶劣，主要表现在粉尘浓度高、施工时掌子面温度高 | 两隧道掌子面新鲜风量满足要求，工作面环境指标达到施工要求 |

续上表

| 项目 | 独头压入式通风 | 联合巷道通风 |
| --- | --- | --- |
| 对隧道的影响 | 风管沿隧道全长布置，对施工干扰大。风机可设置在洞口，不占用隧道空间，长距离供风时需增设一台轴流风机，对施工有一定影响 | 风管短，对施工干扰小；风机开通时，洞内噪声较大 |
| 回风控制 | 通风机安装在洞口外，不受污染空气影响 | 需要控制风流，使污风不回流到轴流风机送风口处 |
| 施工管理难度 | 对风管维护管理困难，但两条隧道施工无配合要求 | 要两条隧道的施工配合。要有详细的实施计划，统筹安排 |

4）通风实施效果及存在问题

随掘进长度的增加，洞内通风距离增长，洞内通风效果不好，直接表现在洞内作业环境较差：温度高、湿度高。现场对各阶段的洞内环境测试情况如下。

（1）联合巷道通风第一阶段后期通风实测情况

2011 年 6 月，对 TBM 作业区间段内的供风情况及环境温度、湿度进行了测试，数据分别见表 6-3-12、表 6-3-13。

**TBM 供风量测试数据表** 表 6-3-12

| 测点位置 | 风速（m/s） | 断面面积（$m^2$） | 供风量（$m^3/s$） | 有害气体含量（ppm） | | |
| --- | --- | --- | --- | --- | --- | --- |
| | | | | CO | $CO_2$ | $NO_2$ |
| 轴流风机前 50m 风管内 | 14.8 | 3.8 | 56.24 | — | — | — |
| 后配套喇叭风筒内 | 8 | 3.8 | 30.4 | 10 | 607 | 2 |
| TBM 设备桥出风口 | 15.3 | 0.964 | 14.75 | 8 | 589 | 2 |

**TBM 各作业点温度及湿度** 表 6-3-13

| 作业状态 | 未掘进 | | 掘进中 | |
| --- | --- | --- | --- | --- |
| 测量部位 | 温度（℃） | 湿度（%） | 温度（℃） | 湿度（%） |
| 刀盘 | 45 | 97 | — | — |
| 除尘风机口 | 40 | 94 | 41 | 92 |
| 主机上部平台 | 40 | 93 | 40 | 91 |
| 主机下部 | 39 | 92 | 40 | 90 |
| 设备桥上部平台 | 40 | 90 | 41 | 89 |
| 设备桥下部 | 39 | 91 | 39 | 90 |
| 喷浆桥 | 40 | 88 | 41 | 86 |
| 后配套拖车 | 37 | 87 | 38 | 86 |
| 后配套后 50m | 36 | 85 | 36 | 84 |
| 后配套喇叭风筒内 | 29 | 80 | 29 | 80 |
| 设备桥出风口 | 34 | 83 | 34 | 83 |

(2)巷道通风第二阶段通风实施情况

2011 年 8 月 13 日中天山隧道完成了巷道通风二阶段的改造,从通风效果看,效果不太理想。现场测试结果见表 6-3-14、表 6-3-15。

**第二阶段巷道通风 TBM 供风量测试数据** 表 6-3-14

| 测点位置 | 风速(m/s) | 断面面积($m^2$) | 供风量($m^3/s$) | 有害气体含量(ppm) | | |
|---|---|---|---|---|---|---|
| | | | | CO | $CO_2$ | $NO_2$ |
| 轴流风机前 10m 风管内 | 12.6 | 3.8 | 47.88 | — | — | — |
| 后配套喇叭风筒内 | 9.6 | 3.8 | 36.48 | 5~7 | 899 | 1~2 |
| TBM 设备桥出风口 | 15 | 0.964 | 14.46 | 5~7 | 1030 | 1~2 |

**第二阶段巷道通风 TBM 各作业点温度及湿度** 表 6-3-15

| 作业状态 | 未掘进 | | 掘进中 | |
|---|---|---|---|---|
| 测量部位 | 温度(℃) | 湿度(%) | 温度(℃) | 湿度(%) |
| 刀盘 | 45 | 90 | 未测试 | 未测试 |
| 除尘风机口 | 36 | 85 | 41 | 88 |
| 主机上部平台 | 34 | 86 | 39 | 87 |
| 主机下部 | 34 | 86 | 38 | 87 |
| 设备桥上部平台 | 34 | 84 | 39 | 85 |
| 设备桥下部 | 34 | 85 | 38 | 85 |
| 喷浆桥 | 33 | 83 | 36 | 85 |
| 后配套拖车 | 33 | 82 | 36 | 83 |
| 后配套后 50m | 32 | 85 | 35 | 85 |
| 后配套喇叭风筒内 | 30 | 85 | 30 | 85 |
| 设备桥出风口 | 33 | 87 | 33 | 87 |

5)洞内环境较差原因分析

从上表中测试出的数据,可以看出洞内作业环境超标,究其原因有以下几点:

(1)通风距离长,新鲜风供应不足,存在一定污风循环。

第二阶段巷道通风,通风机的位置距离洞口达 7.2km,这之间无其他导流风机等设置,反而有 1 台同步衬砌台车位于风机往洞口方向约 200m 位置,从洞身新鲜风流速测试看,风速小于 1m/s,隧道衬砌后的洞身净空断面小于 $50m^2$,则说明整个洞内供风量小于 $50m^3/s$。而单台风机的额定供风量为 $60.8m^3/s$,很明显看出左右线两台风机吸入新鲜风量明显不足,左右两线供风存在一定的污风循环。

(2)洞室开挖影响通风。

由于中天山隧道采用二次衬砌同步 TBM 掘进的施工工法,因而隧道内附属洞身等需要同步开挖,而在洞身段进行爆破作业,需要对风管、水管等进行保护,对于直径 2.2m 的风管,一般需要放炮间停风防护,否则会造成风管大面积破损。而这期间风管停风一般在 1~2h,为此间断性的停风也造成 TBM 作业区间供风不连续,作业环境空气流通不畅。

(3)TBM上的制冷机制冷失效。

TBM配备的两台制冷机,制冷效果均已失效,这两台制冷机是德国WENDE&MALTER公司二十多年前的产品,技术落后,该公司已对产品进行升级,不生产此型号的制冷机,若制冷机需要维修,则配件需专门定做,周期长、费用高。

(4)设备工作过程中产热量大。

TBM电动机在运转的过程中向空气散发热量,TBM的装机功率5400kW,功率大,散热量大;另外TBM刀盘破岩产生的热量也相当高,根据测量,除尘风机出风口出来的热风温度高达42℃。

(5)隧道埋深大,地热较高。

中天山目前埋深达一千多米,围岩温度较高,经过简便测试地热的温度约为31℃。

(6)空气流通性差。

TBM作业区间配套设备较多,占用空间大,此间空气流通不畅。

(7)设备用水较多,作业区间潮湿。

TBM许多设备制冷都采用水冷法,因而作业区用水量大,且隧道内局部渗水量大,水流较多,TBM作业区间潮湿,空气中相对湿度较大。

6)思考和改进的问题

中天山隧道为当时国内独头掘进最长的铁路隧道,对于长距离通风没有一个标准的参考模式。在实际施工中,针对现场作业条件的特殊性,在不断尝试和摸索中,对既有的通风方案进行优化,虽然有改进,但一直无法达到规范规定要求的作业环境。对于今后类似的工程,长距离通风还需注意在以下方面加强通风管理,提高通风质量。

(1)长距离通风采用巷道式通风方案是最好的选择,因而在左右线已掘进里程内,尽可能的提前开挖横通道,将通风机前移,缩短风管供风距离,尽量不要超过4km。

(2)提高风管防护效率,尽可能使用更加轻质的软风管,以方便收放,在TBM同步施工时,尽量减少因中途洞室放炮进行风管防护的停风时间;或研究更好的开挖及防护方式,保证一直正常供风,开挖爆破时不损伤风管。

(3)在作业段内增加射流风机,以加快洞内作业区间的回风速度,使作业人员人体感觉更为舒适。

(4)必须加强日常工作中对风管的维护管理,有必要设立专业的风管维护人员,及时对破损风管进行修补,并理顺风管,减小风量损失,以满足掌子面需风量。

(5)对高温高湿作业区内,加强对作业人员的劳动防护,现场配置齐全各种防护用品(如医疗箱、氧气袋、防中暑药品等),确保人身安全。

(6)对TBM施工的长大隧道,设备自身的制冷系统必须运转正常,以降低作业区的温度。

(7)加强现场组织管理,有条件情况下,增加作业班组人员配置,缩短倒班作业时间,以减少作业员工的劳动时间,提高作业效率。

### 6.3.5 TBM主轴承大齿圈快速修复技术

1)主轴承大齿圈损坏情况概述

2011年3月份,在施工过程中发现主轴承6号小齿轮有漏油现象,TBM刀盘与主轴承区域振动明显变大,并且主轴承区域有异响。通过内窥镜观察,发现大齿圈、小齿轮等都出现了不同程度的崩齿现象,为保证设备能够顺利完成剩余的掘进任务,决定停机打开检修。打开后经过查看,共174个齿,齿长280mm,模数22,发现6号、7号小齿轮前后两端轴承已经散架,滚柱已经脱落,小部分粉碎。有部分的滚柱掉入了小齿轮与大齿圈之间,导致小齿轮、大齿圈出现了异常损坏,部分齿损坏严重。其中7个齿崩损比较严重,20多个齿局部出现硌坑,严重影响力矩的传导使用。损坏情况如图6-3-13、图6-3-14所示。

图6-3-13　大齿圈的齿崩落

a)

b)

图6-3-14　脱落的大齿圈齿、损坏的小齿轮

2)修复施工难点

(1)结合强度牢固。

因断齿部位凹凸不平,且有隐形裂纹深入内部,需要进一步打磨至无裂纹状态,并且将结合部位打磨干净,修复圆润才可进行焊接。齿大多是从根部断裂,而且齿的不同部位受力不同,这对焊接的强度、牢固程度也是一个较大的考验。

(2)修复表面必须满足使用要求。

因TBM使用时可达到的最大扭矩为8700kN·m,所以对修复完成后的齿轮表面必须保证平整、光滑、致密,结合面必须无明显凸起等问题,尺寸精度必须满足使用要求。

(3)硬度要求高,易受热变形。

由于大齿圈需要承受巨大的扭矩,对齿的硬度要求也极高,经过现场设备仪器检测,焊接完成后硬度需要达到HRC45~HRC50区间才可满足需求。同时因齿较小,焊接时容易产生较高的温度,高温将导致齿焊接完成后变形,所以在焊接时需要保持焊接尽量处于常温状态,但这样将会影响焊接效率。

(4)应力释放不易控制。

焊接时将产生较大的内应力和表面层内的拉应力,在焊接过程中需要将应力充分释放出来,否则将严重影响修复的齿的寿命。

(5)操作空间狭小。

因洞室内空间狭小,无法将主轴承在现场解体,而传动轴孔直径不足60cm,只能够一个人上半身勉强进入,且无法完成相关修复作业。因此,为了保证主轴承内侧强度,只能在内侧开一个约60cm×80cm操作孔,用以修复作业。

(6)42CrMo4系中碳调质高强钢,可焊性较差。由于母材金属中含碳量高,在焊接过程中,母材金属的一部分要熔化到焊缝金属中去,致使焊层金属含碳量增高,焊缝凝固结晶时,结晶温度区间大,偏析倾向也较大,加之含硫杂质和气孔的影响,容易在焊层金属中引起热裂纹。特别是在收尾处,裂纹更为敏感。

(7)大齿圈修复后的精度保证难度大,受现场条件限制,只能用人工打磨来实现,需加工和大齿圈齿轮廓一样的模具。损坏的齿裂纹较深,打磨工作量大,打磨一段就得探伤,施工效率低。

3)修复大齿圈工艺的选择分析及实验

对小齿轮崩掉处进行了试焊接修复,采用了两种方法。

(1)直流焊机堆焊修复,采用的焊条型号为堆212,铬钼型堆焊电焊条,分别对三个齿崩掉处进行了焊接,第一个齿连续快速焊接,焊完后,进行打磨,发现焊接有裂纹,第二个齿由工区的焊工用郑州精工提供的焊条,每焊一道,进行清理焊渣,敲击消除应力,发现也有裂纹,第三个齿由郑州精工的另一个焊工进行消除应力焊接但仍有裂纹,表面硬度达到HRC50。

(2)仿激光焊机进行堆焊修复,表面发热量较少,焊接没有裂纹,但表面硬度为HRC28~29,和小齿轮芯部的硬度HRC30~31差距较小。

4)大齿圈的修复方案

(1)准备工作

清理主轴承齿轮箱内部的铁屑等杂物,准备修复用的材料。如氩气、直流焊机、仿激光焊机、角磨机、砂轮机、通风机、棉布、毛巾、探伤剂等。

(2)小齿轮修复及安装四个驱动刀盘的小齿轮

安装2号、8号小齿轮,更换新的轴承、密封(8号弧形损坏需更换),再安装对应的联轴器、传动轴、变速箱和主电机;清理刀盘积渣,防止刀盘被卡;先修复4号、5号小齿轮,倒进去安装,更换新的轴承、密封,再安装对应的传动轴、变速箱和主电机;再修复1号、2号、3号、7号、8号小齿轮的齿,进行裂纹探伤处理。将6号、7号小齿轮的轴堆焊,再委外加工;拆除刀盘固定物;试转刀盘,如还转不动则排查原因;点动刀盘的过程中仔细清理里面的大铁块。

(3)大齿圈的修复

①在1号、7号小齿轮孔处搭作业台架。1号为齿形打磨修复的作业孔,7号为焊接修复作业孔。

②将大齿圈损坏严重的齿转到7号小齿轮孔处。

③将损坏的齿进行打磨，打磨出来的面必须圆滑过渡，不能有直角。

④用氧气乙炔扫除表面油污，用丙酮清洗齿的修复面。

⑤齿的修复焊接采用激光焊的方式，三种焊材进行焊接处理，用专用的打底层激光焊条进行打底，再进行齿芯部的焊接，最后才进行表面较硬层的焊接。

⑥焊好后的齿进行齿打磨整形，将修复的齿打好清晰的标识，并做好记录。

⑦厂家修复后，工区对修复后的齿进行检验和探伤。

(4)修复后的安装及试运转

组织人员对主轴承内部铁屑清理情况和修复质量进行彻底的检验；恢复1号、3号、6号主驱动，将7号小齿轮孔封好；加齿轮油，进行清洗；进行试运转；恢复掘进状态。

(5)大齿圈修复后的状况监控措施

及时观察传动轴漏油情况；及时观察离合器损坏情况；加大主电机和变速箱的振动监测频率；4～5个月主动更换一次小齿轮轴承。

图 6-3-15　1号小齿轮上方的开孔

5)大齿圈修复的实施过程

(1)对没有备用件的3号、4号、5号负变位小齿轮轴进行了恢复。将6号磨损的光轴进行堆焊，加工修复。

(2)大齿圈焊接作业部位进行开孔，见图6-3-15。

(3)对损坏严重的齿进行打磨、探伤，见图6-3-16。

a)

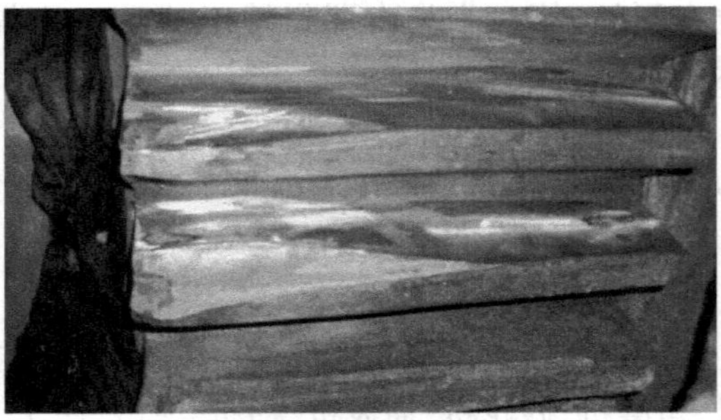

b)

图 6-3-16　打磨、探伤作业

(4)对打磨后的齿进行了堆焊、打磨、探伤，见图6-3-17。

(5)对损坏严重的7个齿堆焊粗磨后，进行精磨。

对状况较好的三连齿进行拓模，以三连齿拓模进行精磨，见图6-3-18。

(6)剩余162个齿有少量的损伤，进行了裂纹去除。齿的啮合长度达到原齿长(280mm)的80%就可以正常使用，不需要进行焊接修复。

6)大齿圈修复后的验收及状况检查

修复后进行了齿的啮合检查，对有压痕的部分进行打磨，使齿有大部分能啮合，检查记录见表6-3-16。

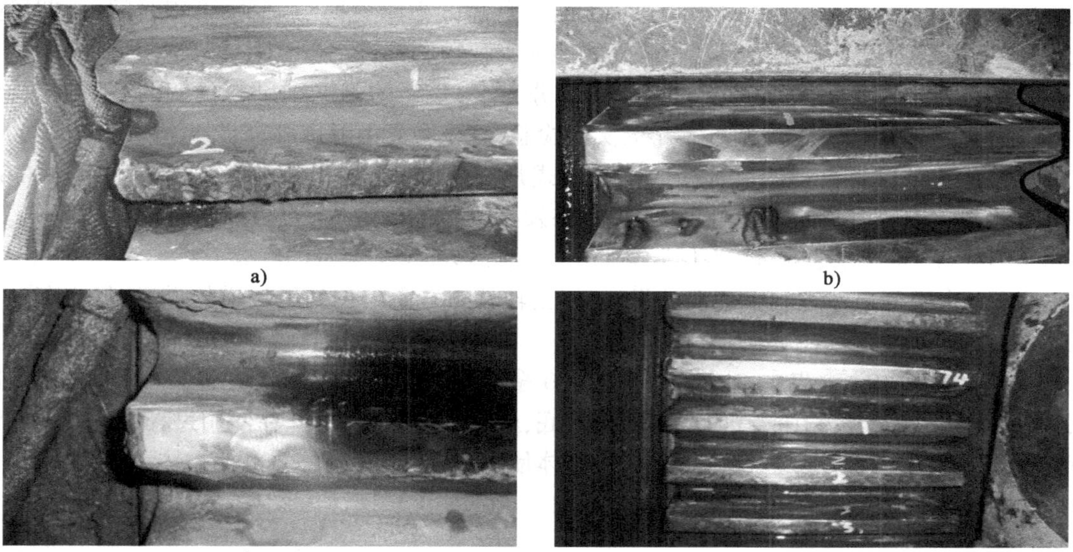


图 6-3-17　堆焊、打磨、探伤作业

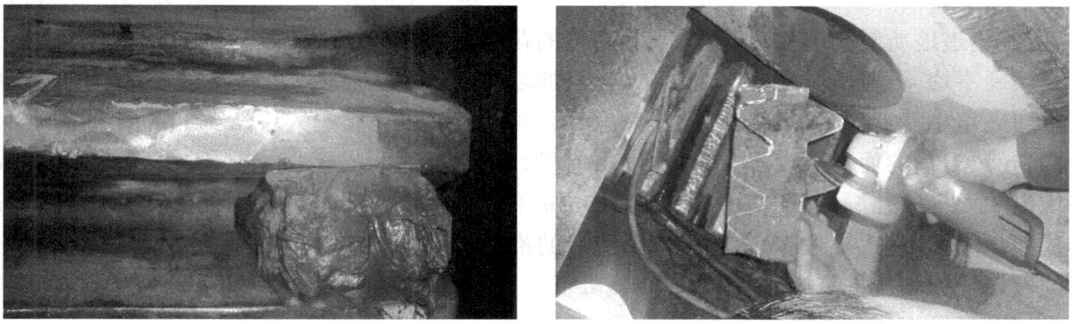

图 6-3-18　粗磨用的单齿拓模、做粗磨用的模具

**主轴承大齿圈检查记录**　　表 6-3-16

| | |
|---|---|
| 检验内容 | 1. 大齿圈修复情况；<br>2. 小齿轮修复情况；<br>3. 主轴承内杂质清理情况；<br>4. 6 号轴承座修复 |
| 检验结果 | 1. 大齿圈共修复 169 个齿，其中较为严重的断齿 7 个，其余 162 个为端头细小裂纹，经过处理，已经全部修复完毕。经探伤检测，无裂纹，检测硬度为 ERC49 ~ 52 左右，符合预期标准，合格；<br>2. 上部小齿轮四个（3 号、4 号、5 号、6 号），有断齿，已经全部修复完毕。经探伤，无裂纹，合格；<br>3. 主轴承内因小齿轮轴承损坏，落入滚道，破碎，经过多次的清理以及清洗，隔仓内使用摄像头观测，目前看不到铁屑等杂质；<br>4. 6 号轴承座有轻微变形，经涂抹胶填充后，已经恢复使用 |

7）主要经验及教训

（1）目前国内对齿轮的修复虽有一定的经验，但对于隧道掘进机这种大型的设备主要部位的齿轮修复还是第一次实施，且主驱动的结构复杂，洞内维修受空间和位置的限制，维修难度极大，修复后还要承受大扭矩、大推力的工作工况，维修风险极高。但如果更换主轴承，从现

场实际情况看，只有通过打迂回导洞到掌子面刀盘前方方能更换，至少要半年时间，工期风险极大，因此只有通过对齿轮进行开仓修复才能使工程顺利推进。

（2）由于工期压力过大，修复时简化了部分工序，最终的修复结果与预期的有所偏差，但是基本满足了使用的需求。经过2年的实践检验，直至中天山隧道胜利贯通，现场所修复的齿轮没有发生大的问题。证明所选择的修复方式是成功的，通过采用的修复试验，验证了TBM等含有大型齿轮设备的可修复性，相关设备在发生类似的情况时，也可以采用此种技术修复，既可节省工期，也能节省成本，为日后类似的齿轮焊修提供了宝贵的经验。

（3）本次修复虽然达到了预期的目的，使主轴承的寿命延长到了隧道的贯通，但也存在一些不足：

本次修复的174个齿中，7个损坏严重，20多个齿局部出现硌坑。在修复后期，由于空间狭小，时间紧迫，部分齿在清洗阶段未清洗彻底，焊接速度太快，因此在使用过程中发现部分齿有局部出现裂纹、断角等现象，虽然没有对整体使用造成大的影响，但也存在较大的隐患。

### 6.3.6 TBM刀盘洞内加固焊修技术

1）*刀盘损伤基本情况*

用于中天山隧道施工的TBM曾在秦岭、魔沟岭掘进了约10km，在中天山隧道的掘进过程中，由于隧道地质复杂多变：该隧道既有完整的花岗岩硬岩，也有节理裂隙发育的节理密集带，还有软硬不均、石英岩脉发育的变质砂岩段，加之隧道埋深大、地应力高且水平主地应力与隧道方向夹角小特点，导致掌子面围岩岩爆崩落，时常有坚硬完整的大块孤石卡于掘进中的刀盘中部，导致刀盘的面板磨损严重，其厚度由原设计的50mm磨损至一半，最薄处仅15mm，同时挤压出了大量的孔洞；刀孔座磨损了3～10mm不等；刮板座也已经磨损脱落严重。这些问题造成刀盘刚度不够，导致TBM无法使用正常的推进压力和掘进扭矩进行掘进，大大降低了刀具的破岩能力和掘进速度，掘进效率明显降低。为了解决这些问题，现场采取停机对其焊修。刀盘损伤具体表现如下。

（1）刀盘面板损伤

经过一段时间掘进后，面板磨损严重，大部分正面面板磨损到不足一半，部分面板被磨穿；整个面板，频繁出现开裂，若任其发展，将直接导致刀盘解体，如图6-3-19所示。

a)

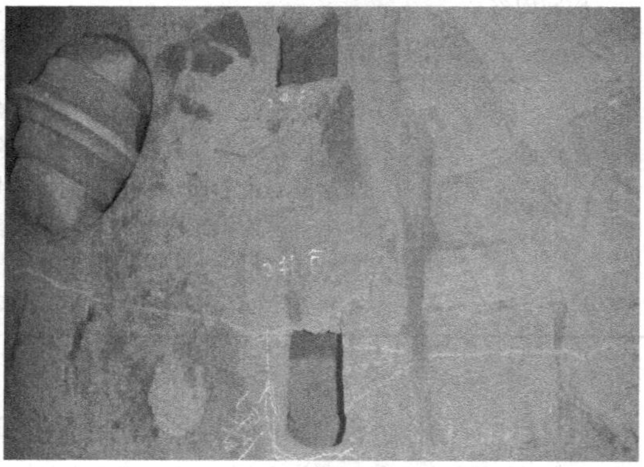

b)

图6-3-19　面板磨穿

(2)联结主筋板开裂

主筋板磨损严重,并伴有开裂,造成刀盘倾斜、偏重,如图 6-3-20 所示。

a)　　b)

图 6-3-20　联结主筋板开裂及修复

(3)刀孔磨损

刀孔磨损严重,大部分位置磨损至不足 5mm 厚,部分有开裂、磨穿的情况;高刀号刀孔的母座磨损严重,有的甚至磨损超过 10mm,造成掘进过程中刀具受力不掘进,损伤严重,如图 6-3-21所示。

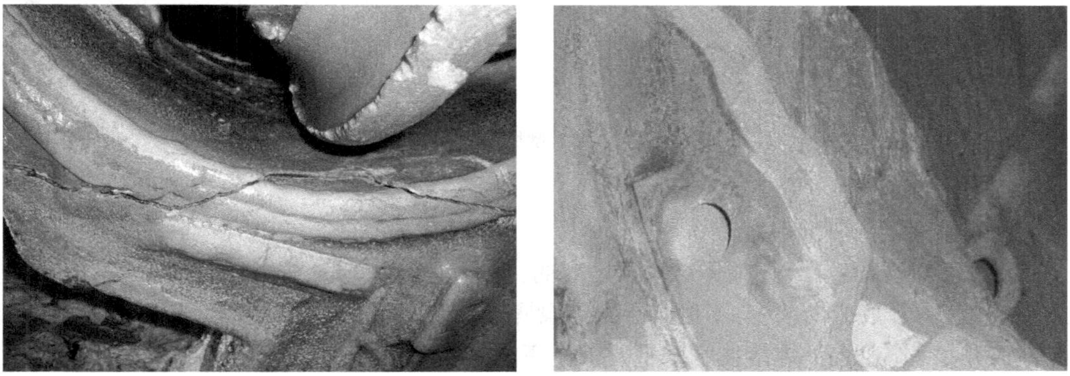

a)孔开裂　　b)刀孔母座磨损

图 6-3-21　刀孔损伤及焊修

(4)隔仓磨穿

隔仓面板频繁出现磨穿现象,裂纹较多,其进一步发展将导致面板及刀孔进一步受损,如图 6-3-22 所示。

(5)刮板母座损坏

经常出现磨秃的情况,刮渣板失效,影响出渣:大块石不能及时输出,对刀盘面板、刀具造成巨大损伤。对磨损坏掉的母座,现场采取重新定位、焊接,如图 6-3-23 所示。

刀盘是 TBM 掘进的关键部件,一旦瘫痪,则无法进行现场更换。为此,对其采用保护性的使用,现场做好监控检测,对于掘进过程中暴露出问题,根据其损伤程度,及时做针对性的处理。

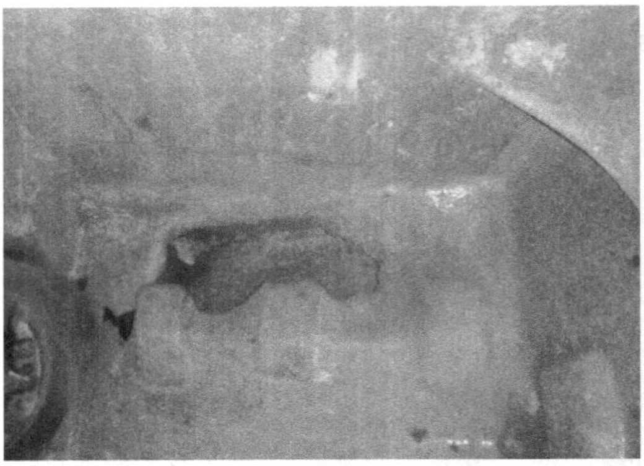

a)隔板磨穿

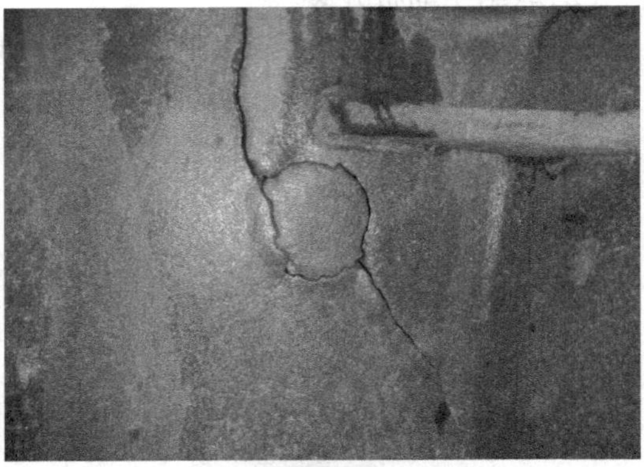

b)隔板开裂

图 6-3-22　隔仓损伤

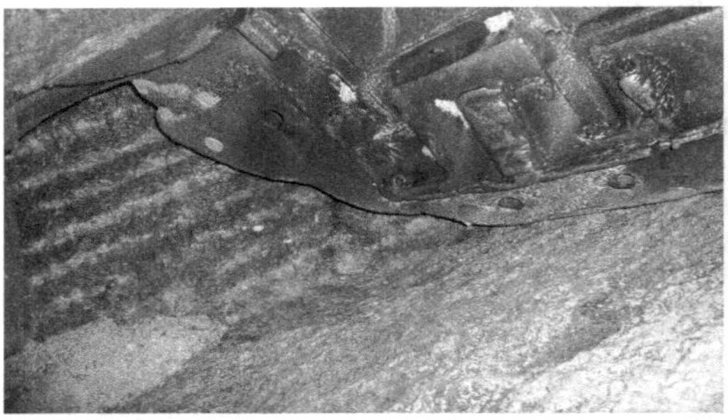

a)

b)

图 6-3-23　刮板母座损伤

2)施工重难点

(1)确保刮板母座准确定位。

(2)因刀盘磨损较严重,整体结构强度变弱,受力后容易变形,焊接加固隔仓时,若焊接方式不对,使应力释放方向改变,不但会导致刀盘隔仓变形,而且会导致刀盘与主轴承连接断面被拉扯变形,对作业人员焊接技术水平要求极高。

3)停机焊修施工步骤及方法

(1)前期准备工作

当刀盘磨损较严重影响掘进时,选择围岩状况良好地段停机,将刀盘后退 1.8m,正常保养。保养结束后,将所有刀座有问题的刀全部拆除,将 1 ~4 号刮板全部拆除;将刀盘母座有问题的刀具全部拆除。然后,将距离掌子面 1.1m,洞室左侧与右侧中心线偏下 4m 处设置为坐标原点,在长度方向上向前 1m、向后 0.5m,高度向上 1m、向下 0.5m 开挖洞室。洞室开挖完毕后,将石渣清理干净,然后将刀盘四号刮板座位置推到小洞室处,停机。将刀盘清洗干净,排空刀盘底部水,开始焊接工作。

(2)刀盘焊接修复方法

①刀盘整体强度加固位置及焊接方法。

加固位置如图 6-3-24 标识 A ~ F 所示:

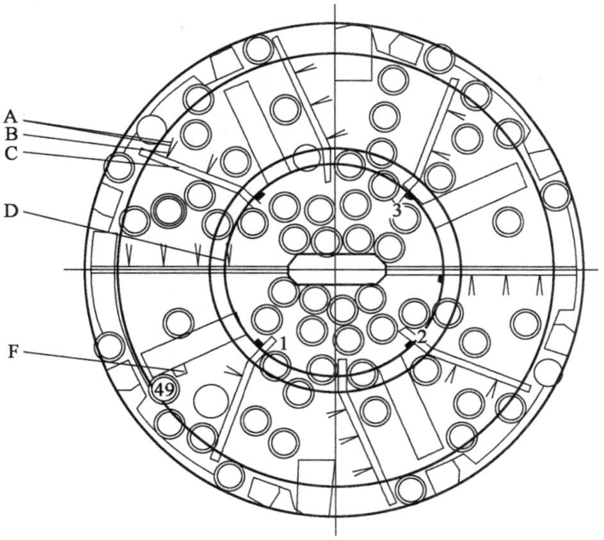


图 6-3-24 刀盘断面

②加固位置的焊接方法见图 6-3-25。

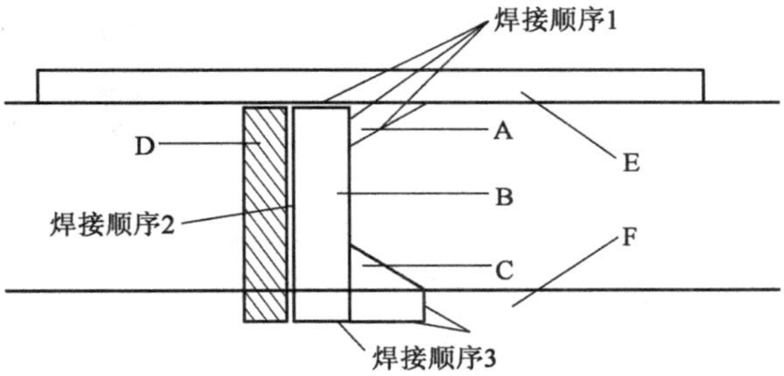


图 6-3-25 焊接顺序

图 6-3-25 为总图中 D 所标识的部位,共 4 个位置,此处优先焊接。焊接顺序:a. 先将 B 板焊接到 E 面上,焊接完毕后在同 D 面焊接;b. 将 A 板与 E 面焊接,完毕后再与 B 板焊接;c. 将 B 板与 F 板焊接;d. 将 C 板与 B 板靠拢,然后与 F 板焊接,完毕后再将 C 板与 B 板焊接。A 板 200mm × 200mm,厚 40mm;B 板 150mm × 900mm,厚 100mm。修复后见图 6-3-26、图 6-3-27。

(3)刮板座修复

刮板母座修复应注意的重点是防止定位不准和焊接后由于应力作用导致母座变形,修复主要步骤及方法如下:

①选择并加工修复位置。

a. 选择围岩状况良好、无水地段,而且掌子面轨迹完整,左下圆弧过渡段完整位置停机。停机后,将刀盘后退 3m,开始扩孔,扩孔长度约 2.6m(扩孔至掌子面圆弧边缘位置停止),深度 5cm。扩孔完毕后,刀盘后退至扩孔初始位置。

b. 在洞室两侧选取合适的焊接角度位置,在已经扩孔完毕后的位置打孔、放炮,开挖洞室 4 个,3 个短洞室,1 个长洞室。左下洞室纵向长度 2.7m(从掌子面向后配套方向),横向

0.8m,高度1m;左上洞室和右下、右上三个洞室纵向1.2m,横向0.8m,高度1m。

c.更换40~65号刀具。更换完毕后,刀盘空推至扩孔扩挖完成的掌子面一段,用新更换的刀具扩挖完成的边缘至掌子面的弧面位置重新扩挖修整。

d.当正滚刀贴到掌子面时,停机。将刀盘清洗干净,排空刀盘底部水,然后将刀盘第一组刮板座位置推到左下小洞室处,准备修复。

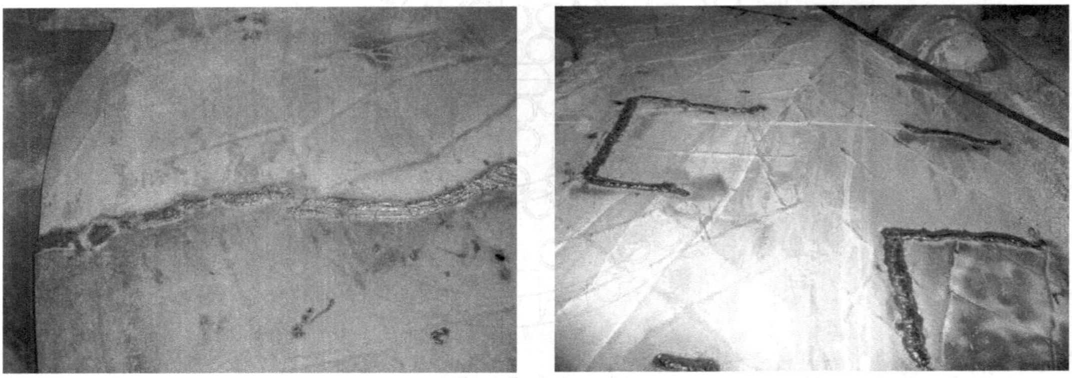

a) b)

图6-3-26 面板开裂修复

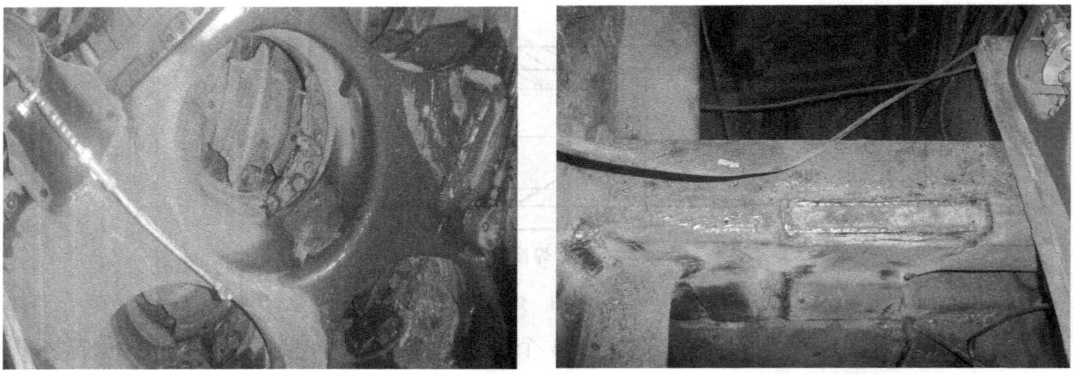

a)刀孔焊修 b)连接主筋板修复

图6-3-27 刀孔、连接主筋板修复

②修复方法。

a.先将刀盘空推到扩挖的洞室,然后把1号仓刮板座停在左下侧洞室(1号洞室)位置,停机。

b.将1号仓内刮板取下,并将刮板母座割除,切割位置在母座与刀盘母体连接处。

c.切割完成后,将刀盘推至掌子面,当刀与掌子面接触后立即停止推进,要求点动推进。

d.反转刀盘,将母座置于1号洞室底边以下5~15cm位置。将做好的整体刮板模具同做好的整体刮板用螺栓连接紧固,然后一起安装在现有刮板母座位置,使模具1号刮板位置的弧面与掌子面的弧面完全接触且成垂直弧面状态,将母座点焊到刮板母座根部。当传刀盘至1号洞室位置,将模具与刮板做的连接螺栓取下来,继续加固定位好的刮板母座,加固完成后,第一组刮板座定位完成。

e. 将剩余 2 ~ 8 号仓内刮板，依次按以上方法定位；待全部定位完成后，后退刀盘至扩孔小洞室处，开始焊接。

f. 焊接完成后，刮板背部按图 6-3-28 所示方式焊接加回筋板。

图 6-3-28 刮渣孔焊接示意图

③焊接工艺要求。

a. 用手电钻将裂纹两端尖处各钻一个 5mm 的孔，钻透。然后用碳刨钳从两个孔处向中间刨，直到看不到裂纹为止。刨开后会形成一个 V 形坡口，角度为 30° ~ 40°，坡口下端要求小于 10mm，之后用砂轮机将坡口打磨平整并保证没有药皮等杂质。

b. 在焊接之前，将焊条加热到 300°左右，保温 1 ~ 2h，烘干，随烘随用。

c. 焊接采用反接方式，即正极接焊钳，直流小电流短弧操作。焊接前，将裂纹处加热到 80 ~ 100℃，后方可开始焊接。采用 3.2mm 焊条打底，然后使用 4.0mm 焊条堆焊或直接采用二氧化碳保护焊机来焊接。每焊一道，就要用砂轮机将杂质打磨掉，并将焊过的位置打磨出金属光泽后才可以继续下一道。焊接完毕后，加热至 250 ~ 300℃，自然冷却。要求每道焊缝只能采用同一种焊条或焊丝焊接。严禁使用不同焊条或焊丝处理同一条焊缝。

### 6.3.7 TBM 主轴承密封洞内修复技术

1）概述

主轴承密封是隔断外界与主轴承的屏障，若施工过程中主轴承密封受损，则会出现漏油、进水、串脂、进粉尘现象，从而严重影响设备使用寿命。主轴承的地位十分重要，一旦停机，洞内处理难度增大，将严重延误施工工期。在洞内对主轴承密封系统进行修复，需先分离刀盘，才能解体主轴承密封，更换主轴承唇形密封、耐磨钢带、修复迷宫系统。主轴承耐磨环磨损见图 6-3-29。

2）施工重难点

刀盘安全牢固的固定；唇形密封的安装；耐磨钢带支撑环的修复及耐磨钢带焊接；内圈迷宫系统的修复。

3）施工步骤及工艺

（1）固定刀盘

掘进完一个循环后，刀盘后退 15cm，刀盘及刀盘周边清理卫生。

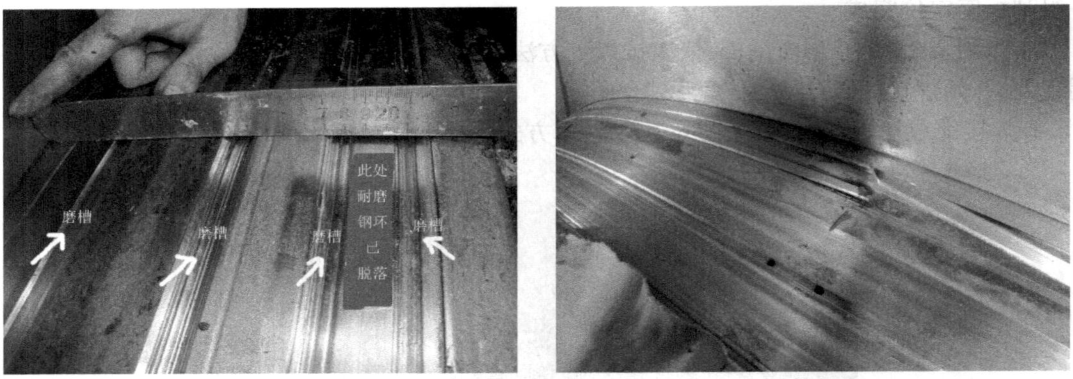


a)　　b)

图 6-3-29　主轴承耐磨环磨损

刀盘固定总体方案：刀盘的固定主要采用锚杆索固和钢板垫块固定。即利用刀盘上部的 3 个刮渣孔向周边岩壁进行钻孔埋设 $\phi$22mm 锚杆，然后利用锚固好的锚杆与刀盘焊接连成一体，起到索固定刀盘作用；利用下部 3 个刮渣孔，在刀盘下部安设钢板垫块，起到支撑刀盘作用。

刀盘加固工艺流程：刀盘定位→刀盘内搭设施钻平台→钻孔→锚杆安设→锚杆与刀盘焊接固定→刀盘底部垫块安设→主机脱离临界状态时的姿态测量→主机后退。

(2)刀盘与主驱动分离及部件拆卸

刀盘固定后，可采用两个 50t 千斤顶装设在刀盘后端钢板与护盾之间，同时进行加力使刀盘与主轴承指扣脱离。内凯后退 1.2m，以提供更换密封所需的作业空间。主要步骤如下：

①固定刀盘最终位置：转动刀盘使 48 号正滚刀所在格的刮渣孔位于正下方，46 号所在刮渣孔位于正上方。

②割除刀盘和主轴承连接螺栓保护盖板，割除部位打磨平整，清理螺栓。

③利用安装锚杆的时间拆除刀盘和主轴承连接螺栓，水平上下方向各保留 8 颗刀盘螺栓。

④刀盘螺栓拆除后马上进行清洗并在螺纹处涂油脂，使用风管布包裹，用宽胶带包裹封存，最终放置设备桥货架上保存。

⑤分别在渣斗上方、渣斗正上方刀盘隔板处上各焊接两个吊耳，利用 3t 倒链将渣斗吊起。拆松刀盘内渣筒与主轴承的连接螺栓，拆松主轴承渣筒的连接环扣，利用倒链将渣斗放置正下方刀盘隔板加强筋板上。

⑥刀盘固定后，在刀盘和主轴承迷宫指扣处作定位标记，分别在主轴承垂直中心线下部左右约 60°方向定位标记(可进入清渣孔最定位标记)。刀盘和主轴承上分别标示定位符号，可先采用刚性标记，为了更直观观察，可采用标示笔在刚性标记 100mm 处绘制定位线来作为二次定位标示。

⑦拆除刀盘预留的 16 颗螺栓。

⑧内凯后退 1200mm，以便提供作业所需空间。

⑨在主轴承前端面上焊接作业平台(图 6-3-30)。

⑩割除内圈防尘护板(防尘裙边)，打磨平整割除点。主轴承前端端面正上方(顶护盾弧板上)焊接一吊耳。

⑪从上往下依次拆除内圈外侧迷宫,内圈内侧迷宫。使用专用工具拆除内圈所有隔环、唇形密封。

⑫拆除主轴承盖板。

⑬拆除外圈主压环。依次拆除外圈所有挡圈、唇形密封。

⑭内圈迷宫、挡圈,外圈主压环、挡圈拆除后放置主轴承前端。内外圈唇形密封每拆除一条,通过吊刀孔转出。拆除所有唇形密封后保护好,倒运出洞外清洗、检查、保存。

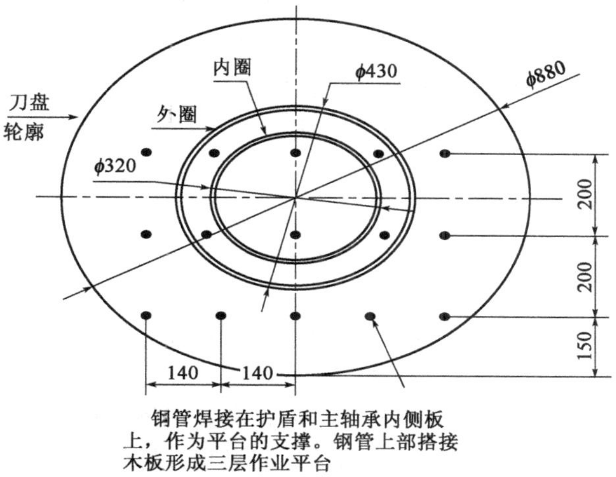


图6-3-30　作业平台搭架示意(尺寸单位:cm)

(3)内密封支撑环耐磨钢带更换

①凹槽制作。

a.拆下主轴承内密封支撑环后,把损坏的耐磨钢带拆除,清理凹槽内的残留物,用抛光机(纸砂片)把凹槽受损部位打磨光滑平整。

b.作好接缝准备工作。用抛光机打磨出宽5mm,深3mm,长120mm的凹槽,用磁力钻在支撑环前侧面上钻两个ϕ5mm、深130mm的孔,在凹槽中部打两个ϕ5mm向下的孔与侧面相通;并在侧面攻G1/4的螺纹,便于安装堵头。

c.凹槽外的表面必须用光滑黏胶带,防止黏结胶溢出污染。

②弹簧耐磨钢带准备工作。

严格按照长度标记将耐磨钢带切割成矩形,并插入凹槽;用光滑的黏胶带缠好耐磨钢带的接触面;把1895黏结胶按1:1的比例混合调和,均匀地涂抹在支撑环的母材和耐磨钢带上,并在耐磨钢带的接缝两端预留30mm不涂黏胶。

③耐磨钢带安装。

a.连接部分准备好后,必须使用专用夹具固定住耐磨条一端。从这一端,将耐磨钢带连续地插入凹槽。当凹槽整个环周紧紧地塞满耐磨钢带后,用专用夹具夹固定住耐磨条的另一端。

b.以耐磨钢带为中心,放置宽度约32mm的打包机钢带(或吊带及倒链);最后,放松专用夹具,以便连接部分内部也打上弹簧钢带。

c.使用夹持装置拉紧弹簧钢带打包机钢带(或利用吊带及倒链);作为辅助措施,用橡胶锤敲紧指定位置和整个环面，使耐磨钢带与母材更好地粘接。

④钢带的焊接。

a. 耐磨钢带夹紧之后，利用点焊将耐磨条和凹槽连接起来。接着，去除弹簧钢带，显露出约2mm的间隙，用SGMO焊丝WIG焊接方法填满。只有耐磨条的两端可以焊到一起；凹槽本身不可有任何连接。

b. 对焊接部位进行打磨，使焊缝与耐磨钢带接触面一样平整。

c. 焊缝冷却后，通过黄油枪从填充孔将新混合的胶合剂与金属切屑混合注入密封连接部分，注满后利用堵头把两个口堵住并使其不突出平面。

d. 胶变硬后（约24h），去除表面黏胶带和胶合物残留物。

耐磨钢带更换完以后，在钢带与支撑环对应的位置打出F3和O2油道孔，并清洗干净各工作面。

（4）内迷宫的修复及密封的更换

①更换主轴承部件图中20号密封（使用$\phi$13mm的“O”形密封条），把盖板安装到位，在安装过程中防止对密封损坏。

②对内迷宫受损的固定螺栓孔进行扩孔攻丝处理，把原M16×35－10.9的螺栓更换为M18×45－10.9的螺栓。

③利用专用工具依次安装内、外圈密封组件，在安装好每道密封后，在其唇口内涂满油脂；唇形密封在安装之前在密封安装缝隙处涂抹适量润滑脂，以保证密封顺利安装。

④安装防尘密封，根据挡边的磨损及修复情况确认密封的大小（$\phi$13mm或$\phi$14mm的“O”形密封条），利用胶水把密封与密封槽粘接在一起，防止密封移位，并在密封面上涂抹润滑脂。

（5）连接刀盘

①在主轴承盖板与连接法兰面的间隙部位塞石棉线、“O”形圈、泡沫板，以减少间隙。

②拆除作业平台，清洁结合面卫生。

③把定位销安装到位，推进主驱动，结合刀盘与主轴承迷宫。

④利用倒链调整连接渣筒与主轴承对接，紧固渣筒与主轴承连接螺栓。

⑤利用螺栓拉伸器十字方向安装刀盘的连接螺栓，对称预紧后最终紧固到位，每个方向4颗，其余依次安装。

⑥恢复原油脂润滑系统；拆除刀盘固定装置，恢复掘进状态。

### 6.3.8 TBM设备破坏性拆机运输施工技术

1）TBM设备使用概述

用于中天山隧道施工的TB880E设备于1996年10月引进，至1999年在西康线秦岭隧道中掘进完成5.24km，2000—2003年在西安南京线磨沟岭隧道中掘进4.2km。2007年4月中天山隧道中标后，重新对此设备进行了整修，2007年12月开始在中天山掘进，截至2014年9月14日，该设备在中天山隧道掘进达12.75km，累计掘进达22km。通过专家评估，该掘进机整机机况较差，在中天山隧道掘进过程中经常出现主轴承、大齿圈、主密封和传动齿轮损伤，刀盘主结构频繁开裂，主驱动变速箱故障频发，液压、电气等系统故障频发，在完成中天山隧道施工任务后不再恢复使用,建议报废。中天山隧道贯通后,为尽快完成隧道剩余工程施工,加快TBM拆机进度,决定在洞内实施破坏性拆机。

2)施工重难点

本次拆机工作是在洞内进行,而且需要保留部分部件,工期要求短,给拆机工作带来了很大的困难。

(1)TBM主体大型结构件要求保留。这些大型部件单件自重都在50～60t之间,使拆卸工作存在较大的安全隐患。

(2)洞内施工环境狭窄,操作困难大。

(3)无法安装拆机吊车,只能够采用洞内顶部打吊点,使用多部30～50t的电动吊机进行,有较大的安全隐患。

3)TBM拆卸前期准备阶段

(1)拆卸洞室施工

拆卸洞室大小需满足TBM拆卸的足够空间,且洞室围岩稳定,无掉块及滴水等情况,初期支护面光滑平整,地面经混凝土硬化,满足TBM步进等要求。同时考虑隧道为单坡排水,为保证洞内干燥和清洁,在洞室大里程端(出口钻爆段)两侧设置两个排水坑,用于截段出口端洞内渗水,同时在集水坑内埋设排水管引流至小里程段TBM步进洞内排出。

(2)拆卸洞的尺寸

根据TBM拆卸大件(刀盘、主轴承、内外凯等)的尺寸,确定拆卸洞的断面尺寸如图6-3-31所示。整个拆机洞的长度为60m。

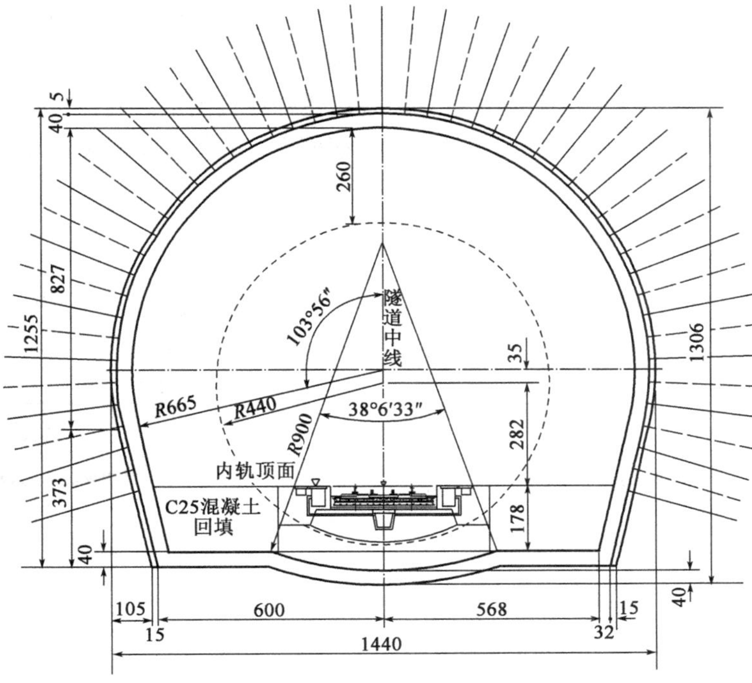


图6-3-31　拆卸洞衬砌断面尺寸(尺寸单位:cm)

(3)拆卸洞衬砌时间的选择

由于 TBM 拆机采用吊装拆卸方式,洞内起吊重量大,为保证拆机时不出现围岩掉顶等问题,决定拆卸洞衬砌完成后,再行施作吊点,进行吊装拆卸。

4)拆卸导轨及吊点的安设

根据 TBM 拆机方式及各种拆卸构件的尺寸及质量,现场需要提前布设电动葫芦行走导轨以及特殊件吊装和辅助吊装的固定吊点,见图 6-3-32。

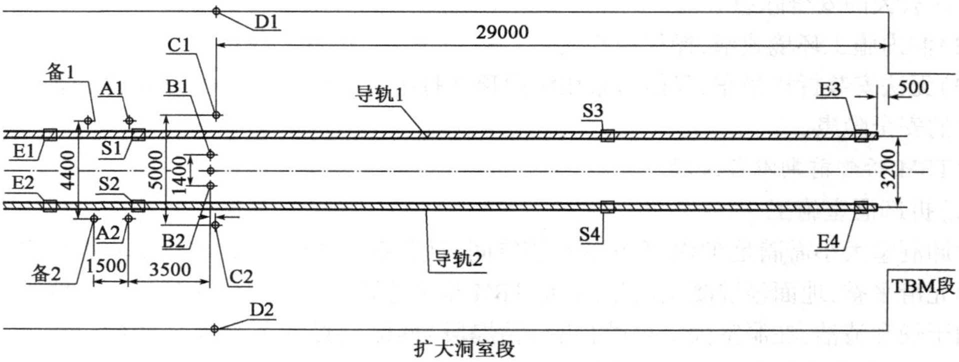


图 6-3-32　吊点及导轨布设(尺寸单位:mm)

(1)导轨的安装固定

根据拆卸方案,洞室顶部两边打锚杆、安装顶部导轨。现场选择 4 台 32t 电动葫芦和 4 台 20t 电动葫芦作为移动吊装设备,导轨选用 I45b 工字钢,导轨长度 54m,间距为 3.2m。导轨需安装在隧道拱部,采用锚杆固定,轨道断面布置见图 6-3-33。

根据已有工点大伙房 TBM 拆机经验,导轨采用锚杆焊接固定方式。54m 导轨由 6 根 I45b 工字钢焊接组成。导轨利用已打好的锚杆安装焊接固定。其固定示意见图 6-3-34。

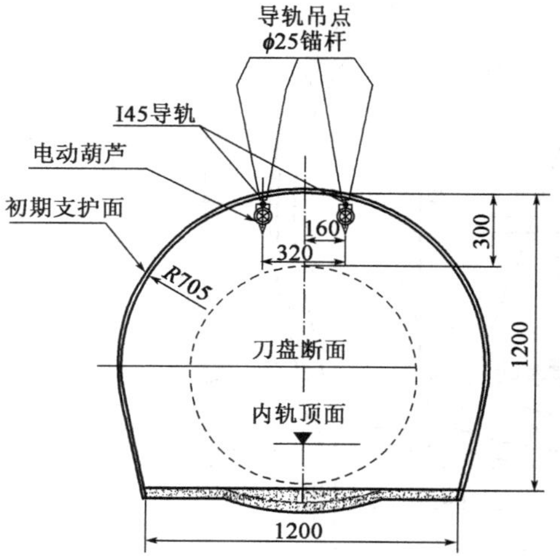


图 6-3-33　导轨布置断面图(尺寸单位:cm)

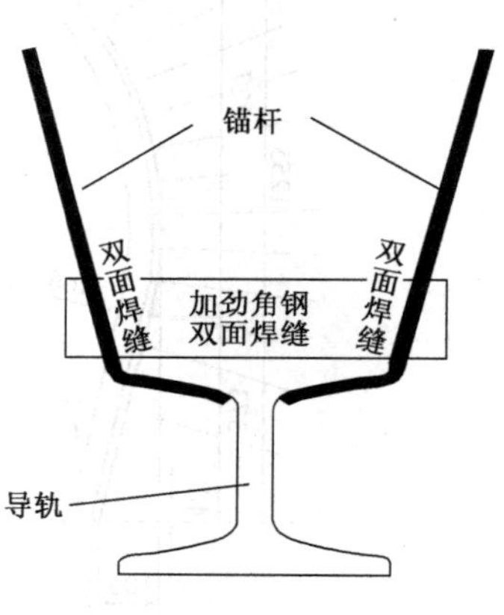


图 6-3-34　锚杆固定导轨

(2)吊点的安设

根据现场作业环境,每个固定吊点采用锚杆固定吊耳方式施作。根据起吊构件需要,固定吊点起吊重量分为50t和30t。不同起吊质量的吊耳及固定方式如下。

50t吊点:采用8根$\phi$25mm的锚杆固定,锚杆锚固长度为3m。

30t吊点:采用6根$\phi$22mm的锚杆固定,锚杆锚固长度仍为3m。

拆机前对专用工具、机具、材料及时进行采购,人员全部到位。吊装导轨与吊点必须经过工程部、安质部验收后方可使用。

5)TBM步进

(1)预备洞步进

在贯通点两侧分别打出两个3m×3m×3m小洞室,存放前支撑步进机构,预备洞室底部宽度不得低于8m(贯通点10m范围内底部宽度不得低于8.5m)。

地面进行硬化,保证地面平整。安装刀盘底护盾的步进机构,其他步进机构从进口进来安装。安装好刀盘底护盾的步进机构后开始步进;当步进到前凯不能够撑到岩壁时,前凯安装步进机构进行步进;当步进到后凯不能够撑到岩壁时,后凯安装步进机构进行步进;当步进到后支撑不能够撑到岩壁时,安装后支撑步进机构后继续步进,铺设仰拱块。

(2)拆卸洞步进

继续步进进入拆卸洞室,当设备桥到达拆卸洞交界处,把刀盘转到42号刀所在刮仓在正下方,47号刀所在刮仓在最上方。将主机与设备桥分离(先拆除管线连接),利用辅助泵站将TBM步进入拆卸洞室30m处停机,准备拆机,如图6-3-35所示。

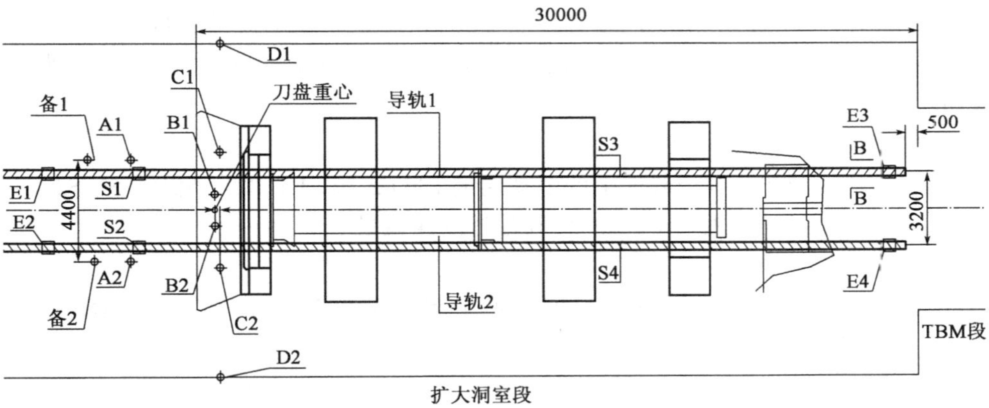


图6-3-35 停机示意图(尺寸单位:mm)

6)拆机实施工艺及步骤

TBM步进至指定位置后,利用已预埋的吊点和导轨实施拆机,拆卸实施过程如下。

(1)护盾与刀盘拆卸

①焊接顶护盾、用工具拆除连接护盾螺栓,利用两边电动倒链E1、E2拆卸顶护盾;焊接侧护盾吊耳,利用顶部倒链C1、C2和侧面倒链D1、D2拆除侧护盾,并装车运出。同时拆除护盾区域内的油管、阀块、平台、钢拱架安装系统、锚杆钻机等附属设备。

②拆除所有刀具、刮板及附属水管等。

③焊接上部刀盘吊耳3个。

④拆除刀盘中间连接螺栓和上部刀盘与主机的连接螺栓。

⑤利用顶部倒链B1、B2和侧面两个倒链C1、C2将半个刀盘(重65t)向上拉起脱离,同时主机退后2m。

⑥将上部刀盘放下,利用前面两个倒链A1、A2将刀盘放平后牵引前移,根据刀孔和齿刀位置进行分解(分解约5块,每块约8~20t)。

⑦刀盘前推2m至初始位置(图6-3-36),利用顶部吊点拆卸刀盘渣斗。

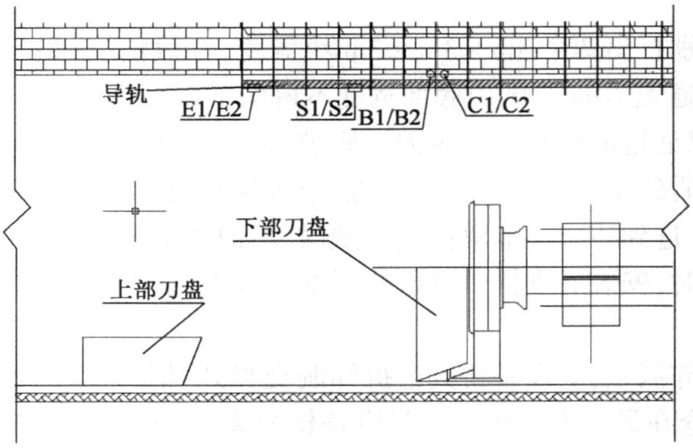


图6-3-36 下部刀盘拆卸示意图

⑧焊接下部刀盘吊耳3个,利用顶部吊点B1、B2、C1、C2固定,再拆刀盘下部所有连接螺栓,主机后退2m,把下半刀盘脱离,利用顶部吊点A1、A2将刀盘放平后牵引前移、平放、分解(分解5块,每块约8~20t)装车运出。

⑨拆底护盾处步进机构。拆夹紧缸。

⑩在拆卸刀盘的同时,利用导轨上的电动倒链E1、E2、E3、E4和手动倒链S1、S2、S3、S4拆除钻机、主电机、主变速箱、驱动小齿轮、传动轴等附属设备。

(2)主轴承拆卸

①主机前推,使主轴承上部吊点位于顶部两个倒链B1、B2下方,安装主轴承吊装工具,并与倒链B1、B2连接并受力(图6-3-37)。

②拆卸主轴承内密封迷宫及外迷宫挡圈,并取出内外密封及隔环。

③利用E1、E2拆卸支撑环和耐磨环。

④在下部分别焊接两个吊耳,与前方两上倒链A1、A2连接。

⑤拆除主轴承连接螺栓,后退主机1.8m。

⑥前方两个倒链A1、A2牵引,将86.5t主轴承放平后,前移分解,并装运。将内凯中的1号皮带输送机取出,将顶部除尘风道取掉,并清理油污,拆除外凯上所有附属设备。

⑦拆除凯氏与后支撑的所有油缸及其附属阀箱、油管,拆除推进油缸。

(3)上部前外凯拆卸

凯氏停止位置如图6-3-38所示。

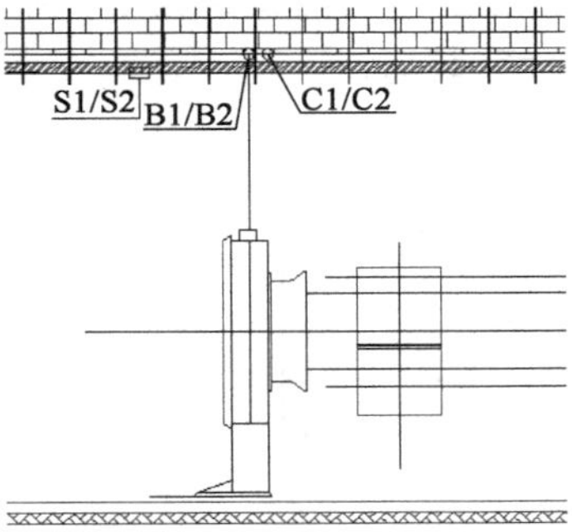


图6-3-37 主轴承拆卸示意

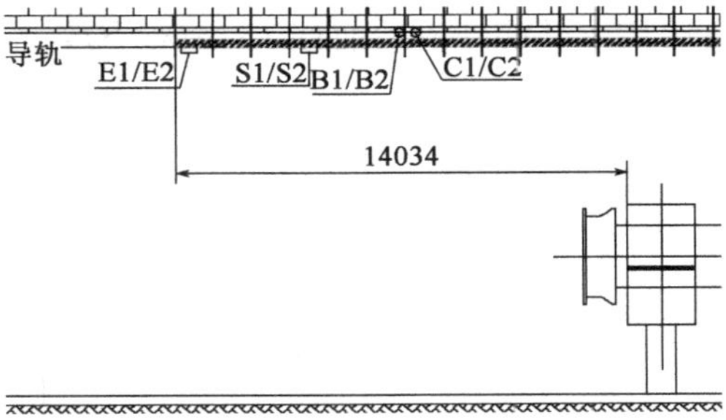


图6-3-38 凯氏位置示意(尺寸单位:mm)

①以原有吊点为基础,在上部前外凯重新焊接3个吊点如图6-3-39所示。

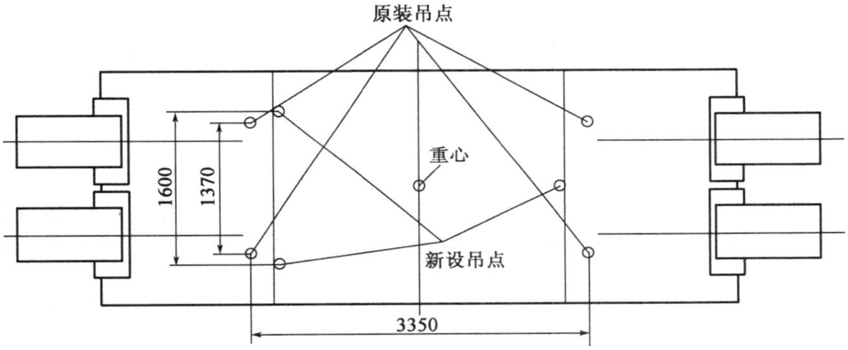


图6-3-39 前外凯上部吊点分布(尺寸单位:mm)

②上部前外凯左侧吊点分别与左侧导轨上两个倒链S2、S4相连受力,右侧吊点与专用吊具(图6-3-40)连接并用两个倒链S1、S3受力。

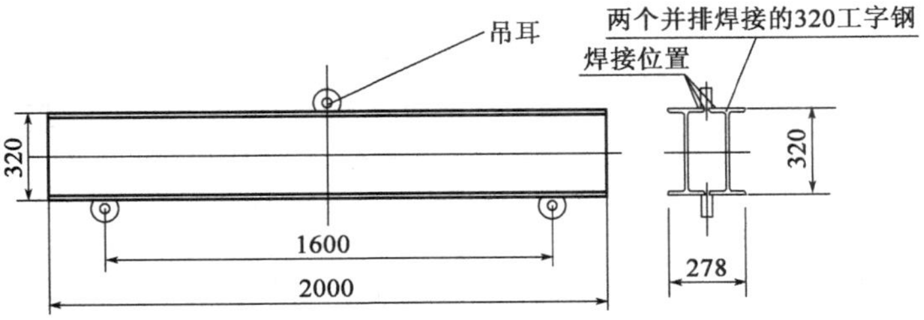


图6-3-40 专用吊具(尺寸单位:mm)

③拆除前外凯上下连接螺栓。4个倒链慢慢往上同时吊拉,与下部前外凯脱离后前移2m后下放,利用倒链牵引至前方侧面,平放地面后分解、装运。

(4)前内凯拆卸

①以原有吊点为基础,焊接内凯3个吊点如图6-3-41所示,采用3个吊点进行吊装。

②前方吊点分别与两个导轨倒链S1、S2连接受力,后方吊点与专用吊具配合与倒链S3、S4连接受力。

③拆除前后内凯连接螺栓。螺栓拆除完毕后，确认无设备与前内凯连接后，倒链同时吊拉，脱离下部前外凯后前移7m左右下放，平移至侧方后分解、装运。

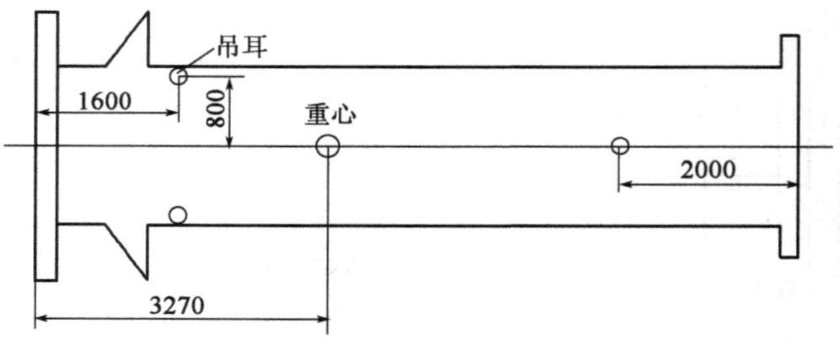


图6-3-41　前内凯吊点分布(尺寸单位:mm)

(5)下部前外凯拆卸

在下部前外凯拆卸焊接吊耳后，用导轨上的倒链S1、S2、S3、S4吊起，脱离地面后前移，平移至侧方后分解、装运。

(6)上部后内凯拆卸

以原有吊点为基础，在上部后外凯重新焊接3个吊点如图6-3-42所示。上部后外凯左侧吊点分别与左侧导轨上两个倒链S1、S3相连受力，右侧吊点与专用吊具连接并用两个倒链S2、S4受力。拆除后外凯上下连接螺栓。4个倒链慢慢往上同时吊拉，脱离后前移，平放地面后分解、装运。

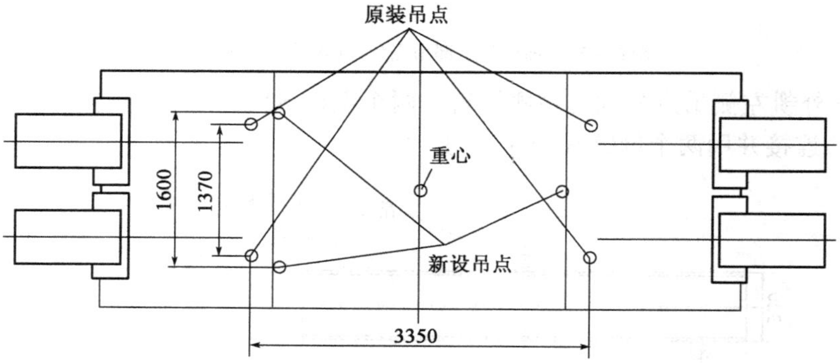


图6-3-42　后外凯上部吊点分布(尺寸单位:mm)

(7)后内凯拆卸

①以原有吊点为基础，焊接内凯3个吊点如图6-3-43所示，采用3个吊点进行吊装。

②前方吊点分别与两导轨倒链S1、S2连接受力，后方吊点与专用吊具配合与两个倒链S3、S4连接受力。

③用加工的钢支撑将架设备桥支撑起来，钢支撑架下部安装轮对。

④拆除后内凯与设备桥的连接。确认无设备与后内凯连接后，倒链同时吊拉，脱离下部后外凯和后支撑后前移，平放地面后分解、装运。

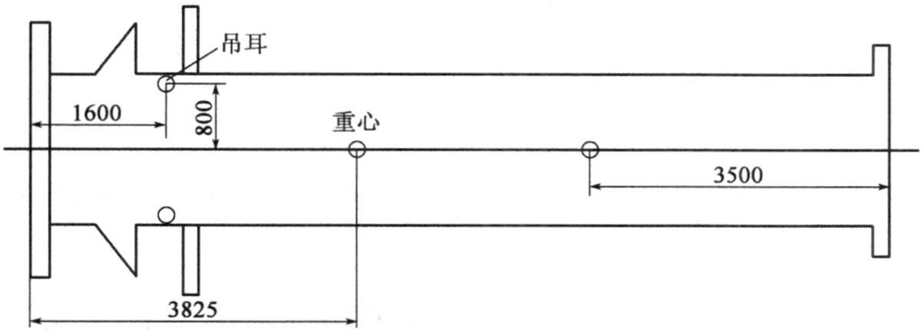


图 6-3-43　后内凯吊点分布(尺寸单位:mm)

(8)下部后外凯拆卸

在下部后外凯拆卸焊接吊耳后,用导轨上的倒链 S1、S2、S3、S4 吊起,脱离地面后前移、分解、装运。

后支撑拆卸:用导轨上的倒链 S3、S4 吊起,脱离地面后前移,利用 S1、S2 牵引平放后分解、装运。

(9)设备桥拆卸

将设备桥与 1 号拖车分离,同时拆卸设备桥上的小型附属设备。附属设备拆卸完成后,利用导轨上的倒链 E3、E4 对设备桥进行分解、装运。

(10)拖车拆卸

①先将主泵站、机械手、制冷机、皮带输送机拆除等拖车上小型设备拆除。

②在仰拱块两侧轨线,分别固定两个可移动 10t 卷扬机。将与 1 号拖车相连接的部位分开,把卷扬机安装在离 1 号拖车 10m 左右位置,拖拉 1 号拖车,直至可拆卸的位置。

③依次将 1 ~ 5 号拖车分离并拖到可拆卸的位置。将 6 号拖车与其他拖车分离,在拖车前部安装加工好的简易轨道,利用机车拖拉 6 号拖车指定的位置,机车倒回至 7 号拖车,用卷扬机拖到可拆卸的位置。依此方法将余下拖车拖到指定的位置。

④利用导轨上的倒链将主油箱、配电柜、皮带输送机架子等外围设备全部拆除吊运。

⑤采用拖车分离后拖拉的方法,依次对 18 节拖车进行拆卸、装运。

(11)电气拆卸

在主轴承脱离前正常供电。主轴承脱离后,切断 4 号拖车前面的供电线路,并对 4 号拖车前的电气部件进行拆除。拆除其他附属电气设备。当拆卸到 4 号拖车时,切断高压供电,改用低压供电来拆卸余下附属设备。

(12)部件分割方式及存放

对拆卸下来的部件,利用水刀进行分解,尽可能分解成小块装运。拆卸下来未能及时分解存示意图如图 6-3-44 所示,分解部件均存放在隧道左侧,并将分解好的部件及时运出。

7)运输方案

由于 TBM 老化比较严重,洞内高温高湿环境使后配套系统锈蚀严重。对 TBM 刀盘,主轴承和其他部件进行破坏性拆卸运输,保留凯氏。

(1)刀盘:根据刀孔和齿刀位置进行分解(分解约 5 块,每块约 8 ~20t)。

(2)分解主轴承成小部件。

(3)其他附属部件和后配套系统拆卸和切割成小于20t部件,利用现有的车辆运输。

(4)所有工序完成后,拖车可以在洞内运输时,分别将上部前外凯(62t)、上部后外凯(62t)、前内凯(63.5t)、后内凯(64.5t)、下部前外凯(60t)、下部后外凯(52t)运输至指定存放点。

(5)运输零部件的车辆选用出口的现有的出渣车辆,运输凯氏的车辆选用70t以上的重型拖车。

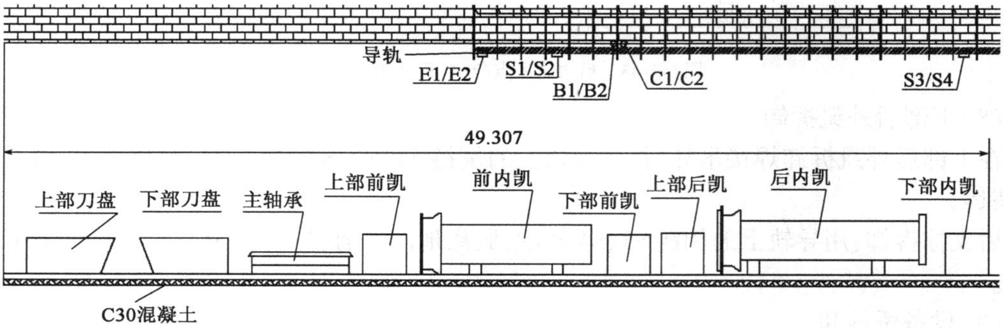


图6-3-44　存放示意(尺寸单位:m)

在零部件进行装车时,需要把车辆倒入导轨下方,使用倒链或者电动葫芦把零部件吊放到车上,然后运出。如果由于零部件过重或者外形尺寸太大无法装运,可以先分割成能装运的若干小块,然后再装运出洞外。

出口端二次衬砌完工及台车拆除完毕后,选用重型拖车对凯氏进行运输。通过车辆把各个部件运出洞外后,将部件运输到指定场地进行放置,集中处理。

# 下篇参考文献


[1] 龚秋明. 掘进机隧道掘进概论[M]. 北京:科学出版社,2014.

[2] 中铁第一勘察设计院集团有限公司. TBM 施工所需要的裂隙围岩等级划分及地质参数测试技术研究[R]. 1999.

[3] 余杰. 中天山隧道 TBM 掘进施工适应性研究[J]. 现代隧道技术,2014,51(3):57-60.

[4] 刘赪. 秦岭隧道建造关键技术[J]. 中国铁道科学,2003,24(2):132-136.

[5] 魏文杰. 中天山隧道 TBM 施工关键技术应用[J]. 建筑机械化,2014(3):64-68.

[6] 仲建华. 城市轨道交通工程硬岩掘进机(TBM)技术[M]. 北京:人民交通出版社,2013.

[7] 尹俊涛,尚彦军,傅冰骏,等. TBM 掘进技术发展及有关工程地质问题分析和对策[J]. 工程地质学报,2005,13(3):389-397.

[8] 张新伟,陈馈. 双护盾掘进机脱困技术[J]. 建筑机械化,2010,31(6):64-67.

[9] 王江. 引水隧洞双护盾 TBM 卡机分析及脱困技术[J]. 隧道建设,2011,31(3):364-368.

[10] 杨晓迎. TBM 在深埋超长隧洞断层破碎带卡机脱困施工技术[C]//中国水利学会地基与基础工程专业委员会第十一次全国学术技术研讨会论文集. 北京:中国水利学会,2011.

[11] 吴世勇,王鸽,徐劲松,等. 锦屏二级水电站 TBM 选型及施工关键技术研究[J]. 岩石力学与工程学报,2008,27(10):2000-2009.

[12] 赵勇. 隧道设计理论与方法[M]. 北京:人民交通出版社股份有限公司,2019.

[13] 陈馈,孙振川,李涛. TBM 设计与施工[M]. 北京:人民交通出版社股份有限公司,2018.

[14] 魏文杰,等. 改建铁路南疆线吐鲁番至库尔勒段增建第二线 SK2 标施工技术总结[R]. 洛阳:中铁隧道局集团有限公司南疆吐库二线 SK2 标工程指挥部,2014.